古今石油和化工人

第一辑

主编　翟海潮
叶建华　刘承彦
副主编　孙可华　刘国杰

U0809138

中国石化出版社
·北京·

图书在版编目（CIP）数据

古今石油和化工人. 第一辑 / 翟海潮，叶建华，刘承彦主编；孙可华，刘国杰副主编. -- 北京 ：中国石化出版社，2025. 4.
-- ISBN 978-7-5114-7897-9

Ⅰ. K826.16

中国国家版本馆CIP数据核字第20256ZF663号

未经本社书面授权，本书任何部分不得被复制、抄袭，或者以任何形式或任何方式传播。版权所有，侵权必究。

中国石化出版社出版发行

地址：北京市东城区安定门外大街58号
邮编：100011 电话：（010）57512500
发行部电话：（010）57512575
http：//www.sinopec-press.com
E-mail：press@sinopec.com
宝蕾元仁浩（天津）印刷有限公司印刷
全国各地新华书店经销
*
787毫米×1092毫米 16开本 32.25印张 524千字
2025年4月第1版 2025年4月第1次印刷
定价：98.00元

《古今石油和化工人》

编纂委员会

顾　问　魏　然　刘国杰　任子臣　李钟模　杨友麒
白国宝　周嘉华

主　编　翟海潮　叶建华　刘承彦

副主编　孙可华　刘国杰

主　审　沈　渭　杨元一　魏　然

副主审　赵占英

委　员　富志侠　赵正宏　王雪丽　赵占英　李爱青
孙　云　张美麟　王宝利　李乐年　李　玲
宫艳玲　白鸿博　武冀新　余　一　史丽珊
冯志清　于　伦

编辑部

主　任　孙可华（兼）

成　员　孙　云　张美麟　王宝利

《古今石油和化工人》

撰稿人·组织联络员·评论员

白鸿博	白　鹭	巢培萍	陈世滨	陈歆文	陈信华	崔秀芬	房根祥
费维扬	付文静	富志侠	高　波	宫艳玲	韩　玲	洪啸吟	侯国柱
胡　群	黄丽萍	黄尚顺	贺学圣	江建安	金　涌	靳红梅	居尔蕃
雷明川	李爱青	李春华	李春霆	李恒东	李建华	李乐年	李　玲
李清河	李毅敏	李雨芳	李志强	李钟模	林　安	刘安宁	刘安强
刘　昌	刘承彦	刘国杰	刘　丽	刘梅玲	刘　阳	刘　渊	吕东军
马向男	欧　其	任翠霞	任子臣	施用晞	孙宝福	孙可华	孙　云
谭春雷	汤建伟	田　瑛	田兆会	王凤岐	王国清	王海珠	王乐意
王雪丽	王宝利	魏　丹	魏　立	魏　然	魏小卉	魏　迎	武冀新
武四海	熊家林	徐立伦	徐立评	徐立训	徐立英	许国希	杨雪莲
杨友麒	叶建华	岳　敏	翟海潮	张鸿翔	张骥红	张利军	张美麟
张淑芬	张燕琛	赵　力	赵锡云	赵占英	赵正宏	郑惠英	周　丛
周建民	周瑶瑶	钟英竹					

CONTENTS

目录

序一
仰望的星空

钱玉贵[1]

在《古今石油和化工人》即将付梓之际，应叶建华先生之邀为之作序，我推之再三，诚惶诚恐。原因很简单，书中的化工前辈，大多系国之栋梁，声名如雷贯耳，功勋卓著，彪炳史册，即便是改革开放以后所涌现出的行业精英，亦非吾辈可以置喙；而其精神之深远，专业之精细，奋斗之艰辛，亦非同道者所能品察或揭示其真谛。思来想去，权作一次“补课”学习吧。

当然，这次学习，受益多多矣！

这是一部群英谱，记载了历史长河中，特别是近现代以来我国化工事业的开创者们，那些泰斗、大家、专家和奋斗者的生平事迹和精神风貌。显然，策划这套图书的编辑雄心勃勃，有着宏大构想，即从我国火药发明之化工肇始，到药王孙思邈、为石油命名的沈括、到《本草纲目》的李时珍、到《天工开物》的宋应星，均一一胪列，直到晚清再到中华人民共和国成立以来开创我国化工事业的先驱们，那些如星光闪耀的名字，如徐寿、范旭东、侯德榜、吴蕴初、陈调甫、徐名材、侯毓汾、吕时铎，甚至包括铁人王进喜等，可以说他们是中华民族杰出的代表，他们的丰功伟绩与日月同辉，也必将永远镌刻在整个中华民族的工业发展史中。

书中百余位人物，涉及了石油化工的众多领域，且谱系广泛，种类繁多，从人们日常生活起居所必需的领域，乃至国防尖端领域化工材料的生产、研发和利用；他们是发明者、开创者，甚至是一个产业和系统的缔造者、领导者，开启了我国石油化工行业波澜壮阔的辉煌历程；另外，该书还汇集了化工类别的多种科普知识，范围之广、涉及之深，非专业类或一般科普读物可以比拟，精英荟萃，各领风骚，蔚为大观。

---

① 钱玉贵系一级作家。中国作家协会会员，中国作家协会第八届、九届、十届委员会委员；中国化工作家协会主席。

1. 这是一部人物传记专集

就早期我国石油化工历史上的重要人物的事迹而言，也可以说是微缩版的伟人传记。全书各章均为人物传记小辑，篇幅长短不一，有的是简述传主的主要事迹和人生轨迹，有的侧重于就几个典型事件展开，有的注重表现传主人生几个重要时期的工作片段，但整体而言，都基本勾勒出了人物形象及其曲折而非凡的人生经历和做出的历史贡献。传主的作者，大多是身边人，有些是他们的后人、家人、同事、学生，因此读来令人印象深刻，也倍感亲切。其中大多文章除了表现出传主为事业的忘我奋斗精神外，也描写了他们在生活中的点点滴滴，反映出他们的人文情怀、家庭温情与朴素真挚的情感，这一部分的文字读来也令人感动。文章中还有作者的“自述”，如“油漆匠人周建民自述”“退而不休的富志侠自述”“为涂料奋斗一花甲的刘国杰自述”“涂料与辐射固化的洪啸吟自述”“中国工程院院士金涌自述”等，这类文章都写得朴实无华、真诚感人，令人信服。

通过范旭东的故事，我们知道了1915年底创办的久大精盐公司生产出了中国第一包精盐，它既是中国第一家精盐企业，后来也成为中国最大的精盐公司，著名的产品商标就是红色五星的“海王星”。后来在天津塘沽创办更加著名的永利碱厂。范旭东先生在创办久大之初就制定了三条处世原则：一是不利用公司的钱财谋私利；二是不利用公司的地位图私益；三是不利用公司的时间办私事。特别是在1934年提出的“四大信条”，使之堪称近代“企业文化之父”，即“我们在原则上绝对地相信科学；我们在事业上积极地发展实业；我们在行动上宁愿牺牲个人顾全团体；我们在精神上以能服务社会为最大光荣。”

通过侯德榜的故事，我们知道了这个一生功勋卓著、人格高尚的中国化工泰斗，除了一举打破了索尔维制碱70年的垄断，创造了世界领先的“侯氏碱法”，为中华民族争得了荣誉，将珍贵的英国皇家学会荣誉会员桂冠戴到了中国人的头上，而且在新中国成立后，他还在世界化肥领域又树立了一座丰碑，即作为“碳化法合成氨流程制碳酸氢铵新工艺”的首创人，对于我国农业的贡献厥功至伟。

通过吴蕴初“味精大王”的故事，我们知道了中国最早的“天厨牌味精”，是在1921年上海租用的一处阁楼里研制提取谷氨酸钠的技术获得成功后诞生的，到1930年上海天原电化厂如期试车投产，又经过一番不懈努力，才最终打败了一直在中国市场垄断且畅销的日本“味の素”，从此中国味精产品也成功进入欧洲等海外市场，甚至夺取了日本的“味の素”在东南亚的市场。

通过书中所讲述的一个个生动感人的故事，我们还将陆续了解到：

我国精馏分离学科创始人、现代工业精馏技术的先行者、化工分离工程科学的开拓者余国琮先生，我国石油化工先驱者之一魏文德先生，主持编纂了我国首部《化工辞典》的化学家、教育家王箴先生，我国盐类矿床地质学奠基人袁见齐院士，我国“染料之母”侯毓汾先生，我国木材胶的开创者吕时铎先生，我国涂料工业有“南虞北陈”之称的泰斗陈士杰、虞兆年先生，创建我国腐蚀与防护科学的杰出的左景伊和左禹父子，我国工程塑料的开拓者徐世泰先生，我国橡胶工业奠基人周国楹先生，我国流态化学科研究的开拓者郭慕孙院士，我国感光材料女专家邹竞院士，我国“502胶之父”葛增蓓先生，有机化学家和物理化学家朱道本院士，石油炼制专家胡永康院士，还有一门双院士的闵恩泽、陆婉珍夫妇，中国化学工程专家萧成基、孙铭夫妇等等。

当然，我们还将见识到早期化工界的老领导们，如被毛泽东主席赞誉为“功不在禹下”的吴亮平副部长，为我国化工新材料事业、国防尖端技术发展配套化工新材料体系建设做出重要贡献的陶涛副部长，我国石油化工奠基人林华院长等等。

特别值得提及的是，“拼命也要拿下大油田的‘铁人’”王进喜的英雄事迹。1959年10月1日参加新中国成立10周年国庆观礼，受到毛泽东主席接见后，回到北京饭店的王进喜，夜不能寐，写下了平生第一首诗：“北京见到毛主席，浑身是劲精神抖，满怀豪情干革命，永生永世不回头。”看到首都汽车因缺油而背上笨重的大煤气包，他竟一个人坐在马路上号啕大哭。听说大庆发现了大油田，主动请求去东北参加大会战，一心要甩掉我国贫油落后帽子。1960年冬，当井喷突然发生，现场没有重晶石粉，只能用水泥替代压井，看到泥浆无法融合沉底，铁人不顾当时腿伤，奋勇跳进泥浆池里，用身体搅拌泥浆，工友们也跟着跳进去，谱写了一曲用血肉之躯制服井喷的英雄赞歌。

2. 以时间为轴

叙述基本以时间为轴，讲述也是平铺直叙、娓娓道来。人物紧贴各个不同历史时期的事件与背景，将时代风云与人物成长和奋斗的经历交织一体；特别清末民初的历史背景，以及新中国成立后所发生的那些重大历史事件，在阅读过程中都一一重现，相当于让读者又重温了那些特定历史时期所发生的一切，从而加深了读者的历史代入感。以时间为轴，我们不难发现，所有的人物故事，犹如一颗颗晶莹闪光的珍珠，被民族振兴、国家富强、人民幸福这条深植于华夏儿女血脉之中的主线所串起，形成一条属于共和国荣耀的巨大项链，镶嵌在神州大地之上；同样，所有的人物故事，亦如璀璨星空那些光芒四射的一颗颗星辰，也将永远光耀在共和国的星空之上。

3. 精英荟萃

传主除了那些泰斗、巨匠级人物，多为石油化工行业的精英和翘楚，也包括名不见经传的“曾与周总理碰杯的橡胶老工人孙发成”这样的化工战线上的普通劳动者。可以说，正是他们每个人的奋斗历程，才构筑了整个中国石油化工事业的辉煌业绩，展现出中国石油化工从无到有、从小到大、由弱到强所走过的那一段艰难曲折而又可歌可泣的发展历程。自改革开放以来，同样涌现出了一大批石油化工战线上胸怀“国之大者”的开创者、探索者。全书后半部分所收集的人物群像，都有着鲜明的时代特色，在新时代、新时期的背景下，他们开拓进取、敢为人先；他们是杰出的石油化工方面的院士、科学家、专家、教授和理论工作者，以及优秀的企业家、官员，也包括民营企业家；如“开创企业‘心力管理’方法的刘鹏凯”“温州华峰集团董事局尤小平主席”等，还有远赴海外进行项目建设、为国争光、留下美名的奋斗者，如“鲁卜哈利沙漠里的金字招牌‘张建军创新工作室’”“沙特项目部奋楫笃行者郭超胜”等。他们从书中栩栩如生地走进我们的视线，他们的先进事迹同样感动着我们——正是他们的努力奋斗，才使得中国石油化工发展的主旋律始终昂扬向上，并形成如海浪般高潮迭起的和声，汇集成中国石油化工唱响世界的交响乐章。

纵观全书，我认为从这些民族精英们的身上所体现出的精神，值得我们继承和发扬光大：

（1）矢志不渝的爱国精神

以侯德榜为代表的那一代前辈先驱，从早年出国求学，到学成回国，其间历尽坎坷挫折，但他们义无反顾；特别是在民族存亡的关头，心系祖国，共赴国难；在民族大义面前，一身凛然正气。新中国成立后，在社会主义建设时期，无论顺境逆境，有的虽九死一生，仍无怨无悔，全身心投入祖国的石油化工事业的发展建设当中；他们胸襟宽广，目标远大，信念坚定，表现出崇高的人格品德和伟大的理想抱负！

（2）百折不挠的奋斗精神

他们在挫折面前不低头，失败压力下不气馁，顽强拼搏，积极进取，只争朝夕，将生命作为燃烧的火焰，直到化为灰烬，体现出真正意义上的“鞠躬尽瘁，死而后已”！

（3）勇于探索、开拓创新的精神

他们终身埋头于事业的探索、开拓、创新，把毕生精力奉献在所热爱的事业追求中，披荆斩棘，百折不挠，勇攀高峰，且治学严谨，脚踏实地；在他们的价值观里，毫无疑问，国家和民族的利益高于一切！

鲁迅说过：“我们自古以来，就有埋头苦干的人，有拼命硬干的人，有为民请命的人，有舍身求法的人，这就是中国的脊梁。”

我想，他们正是那样的人！

在本书众多作者当中，令我倍感欣慰的是，三位主编翟海潮、叶建华、刘承彦都是中国化工作家协会会员，另有会员田瑛、岳敏、杨雪莲、胡群等参与了采写工作。希望有更多的化工作家协会作家朋友们参与进来，写出更多的石油化工界的英雄赞歌，共同谱写我们伟大时代的精彩华章！

是为序。

钱玉贵

2024 年 9 月

序二
凡人书感动　史乘励后昆

叶建华[①]

2000多年前，司马迁忍辱负重创作的一部《史记》，被鲁迅先生称为“史家之绝唱，无韵之离骚”。它惊艳了历史、留存了史料、光耀了汗青，被后世奉为了圭臬。试想，如果没有司马迁的这部《史记》，后人到哪去寻觅十二本纪、三十世家、七十列传？我国历史上会少去许多叱咤风云的历史人物和动人故事，因此，我们要真诚地感谢先贤司马迁！司马迁之后涌现出了董狐、孙盛、吴兢、齐太史兄弟等秉笔直书、不惜性命的史官，留下了具存史、资政、记事、育人功能的《资治通鉴》《永乐大典》《四库全书》《二十四史》等史志，留存了中华民族的文脉春秋和精神财富。

新中国成立，开天辟地、山河一新。中华儿女为了祖国的富强不惜热血汗水，创造了无数举世瞩目、可歌可泣的人间奇迹。石油和化工行业（简称石化）堪称国民经济的支柱、国防安全的保障、人民美好生活的创造者。石化具有高温高压、有毒有害、易燃易爆的行业特性，给从业者增加了职业的考验，增添了出彩的考量。几代石化人不辱使命、顽强拼搏、不惜血汗、乐于奉献，谱写了无数动人故事。其中的先贤值得缅怀，英雄的故事值得记载。缅怀历史、讴歌先贤、礼赞英模、记录时代、激励后人不仅是政府及行业组织的责任，而且是民间凡人的义务。

曾经在中国化工博物馆工作的经历让我知悉，不时会有大量珍贵的历史资料和值得记录的人物离去。他们的精彩将淹没在时代的洪流中，覆盖在历史的尘埃里，委实可惜。石化行业大量的故事人物、历史资料需要抢救性采访挖掘、及时性记录出版。唯此才能对得起先贤，无愧于后人。

---

① 叶建华系中国作家协会、中国报告文学学会、中华诗词学会、中国书法家学会会员，中国化工作家协会报告文学委员会主任、中国化工作家协会副秘书长，文旅部高级书法家，国家一级书法师，《信息早报》原党委书记、总编辑。

令人欣慰的是，在这个缅怀历史、讴歌先贤、礼赞英模、记录时代、激励后人的方阵中，涌现出了翟海潮、刘承彦等一批被感动的石化人。

出生于中原大地的翟海潮是一位有着文学情怀的企业家。他将在企业中创造的财富慷慨地资助文化建设、文学事业。深深的石化情结，催生他为民间凡人创作出版《古今石油和化工人》（简称《石化人》）图书赞助资金、奉献力量。出生于孔孟之乡的刘承彦原本是一位化工专家，从小在心中种下了文学的种子，退休之后在阳光雨露的浸润下开花结果。他在沈渭的领导下，参与完成了《中国化工通史》，并在其中的《区域卷》中附录了孙铭、张珍、李苏、陈冠荣、成思危等15人的业绩，他认为，还有许许多多的石化人值得载入史册、流传后世。

2023年，刘承彦与翟海潮两颗同频之心发生了共振，并诚邀我一起策划民间凡人采编出版《石化人》事宜，并告知我已在中国石化出版社立项。当时，正值我受化学工业出版社委托承担了中国编辑学会“中国科技之魂”丛书侯德榜分册的采写任务，我多次婉拒了他们的邀请。不曾想他们执意邀请我参与其中，刘承彦先生有时一个电话长聊一个多小时，最终我被年近八旬的刘承彦先生的真诚感动；加之，由我撰写的几位院士、专家的文稿可在完成侯德榜分册之后提交，时间上并不冲突；同时，我也觉得这是一件很有意义的事情，便欣然允诺共襄此事、奉献微薄之力。此后，我们成为同舟共济之人，一起呼朋唤友，盛邀石化行业专家、学者、作家组成编辑部、顾问团和创作组。

出乎我的意料，旗帜甫树立，应者速云集。民间凡人著石化“史记”的工作得到了许多专家、学者的大力支持。因为许多有志有识之士早已心存共识，认为这是一件应当做、值得做、一定要做好的事。

在我们这个团队中，不仅有兢兢业业的编辑部主任孙可华和夫人张美麟、女儿孙云，而且有沈渭、杨元一、魏然、刘国杰、李钟模、杨友麒、白国宝、周嘉华、任子臣、富志侠等业内知名的专家学者，具有一定的权威性。

敬业、奉献、严谨贯穿着他们的一生。我们在2024年4月，召开了专题研讨会议，就本书传主入选、文章体裁、文字篇幅等事宜进行了认真研讨。此后，主编、编委、作者各司其职、有序推进。大家表示要尊重历史、敬畏文字、减少错误，本书要经得起历史考验；并且提出本书不搞商业化运作，不收传主任何费用，为文化出版市场喷涌一股清泉、激荡一缕春风。

参与本书采写的有近百位文友，其中有二十多位国家和省（市）级作家。他们在彰显文学性、可读性的同时，特别注重真实性，把真实性当作本书的生命。由于有些化工专业名词较为艰深，有的作者为了核实一个字的偏旁是否正确不惜查阅手册、请教专家、几易其稿。在本书的采编过程中，有很多人和事让我感动。80岁的顾问任子臣先生，为了核实一位传主的史料，2024年5月30日顶风冒雨驾车几十公里来到我家深入交流、核实史料，提出修改建议，令我十分感动。我在完成《国家设计大师陈鉴远》文稿后，不仅请本书顾问审核把关，而且通过李玲老师几经周折找到陈鉴远先生远在美国的女儿审核修改，最终得到了审核修改意见，以确保文稿准确无误。

本书作为《石化人》，传主有少数古代人物和近代化工先驱、泰斗（如徐寿、范旭东、侯德榜、吴蕴初等），以当代人为主，其中既有诺贝尔奖获得者屠呦呦，也有侯祥麟、闵恩泽、郭慕孙、汪家鼎、蒋士成、金涌等二十多位院士，还有与氟结缘的江建安，被称作“智多星”的石油物探一线工人周强，聚氨酯设备工匠张春锦，管理黑带大师、淄博市献血状元杨勇等一批在平凡岗位作出不平凡贡献的人物。传主涵盖了生产、科研、管理、出版、教育等领域，包含国防化工、新材料、橡胶、农药、化肥、胶黏剂等行业。年龄跨度较大，既有作古的专家泰斗，也有朝气蓬勃、身怀绝技、乐于奉献的年轻人。其中：格物致知、推本溯源的葛洪、孙思邈、沈括、李时珍；被毛主席誉为“工业先导、功在中华”的实业家范旭东；创造“侯氏碱法”、英国皇家化工学会荣誉会员、中国化工泰斗侯德榜；解决中国人穿衣难题的“的确良”之父蒋士成；挽救无数生命，诺贝尔奖获得者屠呦呦；味精大王吴蕴初；国家设计大师陈鉴远；不惜生命，献身国防化工的孙铭；宁可少活二十年，拼命也要拿下大油田的“铁人”王进喜；中国著名石油化工专家、国家最高科学技术奖获得者闵恩泽；等等。每一位都是一部鸿篇巨制，散落几页都会芬芳神州、生辉世间。作家和作者们煮海为盐、掇菁撷华、留存青史，将会成为新征程上中华民族的精神滋养、强体之钙。

由民间凡人采编出版《石化人》图书是一种有益的尝试，由于组织经验不足、水平有限，肯定存在不足之处。欢迎读者批评指正，我们将会不断改进。

我相信这是一件值得做的事情，一件有生命力的事情。据相关专家介绍，凡由国家正规出版社出版的图书，会有国家图书馆、博物馆、档案馆和私人藏书家等机构和个人收藏。若干年之后，即使个人藏书遗失，子孙后代也可查阅到想要寻找的图书资料。

有专家曾说：百年无废纸，千年纸变金。何况《石化人》并非废纸。期待你我拿起手中笔记录曾经感动你的石化人，祝愿千年之后的汗青史乘中有你的名字和故事。

让我们民间凡人一起来做并非平凡的事，让我们同心协力传递正能量，弘扬真善美。我们不是太阳，不能带来朝霞满天；但我们可以手执蜡烛，发出一丝光亮，如果亿万人手执蜡烛，那么也将带来满天光明。

我们有理由相信此项壮举将会得到更多有识、有志、有情人士共襄协力。我们有信心把它做成一个新时代文化出版界的品牌。

有感而发，以七绝一首作为结束语：

煌煌石化国之柱，遥望长空耀灿星。
喜有凡人书感动，欲留史乘逸新清。

是为序。

叶建华

2024 年 9 月

我国火药发明的先驱：葛洪、陶弘景、曾公亮

刘承彦[①]

马克思在《经济学手稿》第一篇第三章“机器。自然力和科学的应用”一节中曾高度评价中国的发明，他说：“火药、指南针、印刷术——这是预告资产阶级到来的三大发明。火药把骑士阶层炸得粉碎，指南针打开了世界市场并建立了殖民地，而印刷术则变成了新教的工具，总的来说变成科学复兴的手段，变成对精神发展创造必要前提的最强大的杠杆。”

火药的发明可以追溯到西汉开始的炼丹。诚然，炼丹的初心是制造长生不老药，故与医药密不可分，许多炼丹家都是著名的医药学家，但炼丹促进了黑火药的诞生。从汉代到宋代的一千多年间涌现了无数的医药学家和炼丹家及集大成者，窃以为其中最有名的要数晋代的葛洪、南朝齐梁时期的陶弘景和宋朝的曾公亮等。

1. 葛洪

葛洪（约281～341年），晋代著名的炼丹家和医药学家，丹阳句容（今江苏省句容县）人。字稚川，号抱朴子。葛洪少时家贫，以砍柴所得买纸抄书，刻苦攻读诸子百家，杂学旁收。葛洪的从祖葛玄是一个方士，精于炼丹术，号称葛仙翁，他传授过一个弟子，叫郑隐。葛洪起初跟郑隐学炼丹，后来又拜鲍玄为师。葛洪做京官时听说交趾郡（今越南）出产仙丹的原料朱砂，请求到勾漏县当县令，以便就近采料炼丹。晋朝皇帝同意后，他便带了一家人到南方去。到广州后，受到朋友劝阻，就留在附近罗浮山上修炼，过上他的“丹鼎神仙”生活，直到老死。罗浮山现有他的炼丹遗址。

① 刘承彦系中国化工信息中心原总工办主任，曾参与化工博物馆筹建。中国红楼梦学会、中国化工作家协会、中华诗词学会、天津市红楼梦研究会会员。

唐代大诗人李白可能见过葛洪的炼丹井，并为其赋诗一首。

炼丹井

闻说神仙晋葛洪，炼丹曾此占云峰。
庭前废井今犹在，不见长松见短松。

葛洪学识丰富，著作很多，大多散佚。《正统道藏》收入葛洪的著作有十几种，大部分是托名的。现存的足以代表他的学术思想的有《抱朴子内篇》《抱朴子外篇》《肘后备急方》。葛洪收集了很多单方秘籍，《抱朴子内篇》概略地介绍了这些内容，可说是集各家炼丹术之大成，在炼丹史上有重大影响。《抱朴子外篇》是儒家应世之术。《肘后备急方》详细记录了天花、伤寒、痢疾、结核病等传染病，还介绍了中药常山治疟疾、麻黄治哮喘、松节油治关节痛等单方，与现代应用大致相符，在医学史上有很高的价值。

2. 陶弘景

陶弘景（456～536年），中国南朝齐梁时期著名的医药学家和炼丹家，字通明，自号华阳隐居，丹阳秣陵（今江苏南京）人。他的祖父善解药术，陶弘景的父亲也深解药术，对他都有影响。陶弘景少年时读葛洪《神仙传》后，便有养生之志，15岁就倾慕隐逸生活。由于他读书很多，还不到20岁就被齐高帝（萧道成，427～482年）任为诸王侍读。37岁辞朝归隐。后来梁武帝（萧衍，464～549年）每有吉凶征讨大事，还向他咨询，被誉为“山中宰相”。

陶弘景在医药、炼丹、天文历算、地理、兵学、铸剑、经学、文学艺术、道教仪典等方面都有深入的研究，而对于药物学的贡献最大，这又和炼丹有关。他对当时的《神农本草经》加以整理校订，又补充了365种药物收在《名医别录》内，撰成《本草经集注》。

陶弘景对化学的贡献之一是记载硝酸钾的火焰分析法：“先时有人得一种物，其色理与朴硝大同小异，朏朏如握雪之冰。强烧之，紫青烟起，仍成灰，不停沸，如朴硝，云是真硝石也。”所谓“紫青烟起”是钾盐所特有的性质。陶弘景这一记述，是世界化学史上钾盐鉴定的最早记录。

陶弘景曾长期从事炼丹实验。梁武帝送给他黄金、朱砂、曾青、雄黄等原料，让他炼丹。他在炼丹过程中掌握了许多化学知识，例如：①他指出水银“能消化金、银成泥，人以镀物是也”。意为汞可与某些金属形成汞齐，汞齐可以镀物。②他指出胡粉是“化铅所作”，黄丹是“熬铅所作”。意为胡粉（碱式碳酸铅）和黄丹（四氧化三铅）不是天然产物，而是由铅制得。

清朝大学问家沈德潜在《古诗源》一书中选录了陶弘景的两首诗，反映了陶隐居山中炼丹又喜又悲的生活，也展现了陶的文学艺术才华。

诏问山中何所有赋诗以答

——答齐高帝诏

山中何所有，岭上多白云。

只可自怡悦，不堪持赠君。

寒夜怨

夜云生，夜鸿惊。凄切嘹唳伤夜情。

空山霜满高烟平。铅华沉照帐孤明。

寒月微，寒风紧。愁心绝，愁泪尽。

情人不胜怨，思来谁能忍。

3. 曾公亮

唐宋时期是我国古代科学技术的鼎盛时期。作为火药发明的前期准备炼丹术也有了长足的进步，特别是突破了“伏火”这一关键技术。到了晚唐，火药实际已经被发明出来。北宋大臣曾公亮（999～1078年）和丁度合编了《武经总要》一书，给出了具体的配方。可以说，我国黑火药的发明至此画上了一个圆满的句号。

火药配方

单位：%

火药名称	火药成分			
	焰硝	硫黄	木炭	其他
毒药烟球	30	15	3	巴豆、砒霜、狼毒等 10 种
蒺藜火球	40	20	5	竹茹、麻茹等 7 种
大炮	40	14	14	桐油、蜂蜡、干漆等 10 种

火药发明后，首先被用于军事，使冷兵器时代逐步向热兵器时代过渡。宋初，人们用火药制成火药箭，并加上引线，点燃后射向敌阵。人们还用火药包代替石头，用抛石机射出去，石炮就变成了火炮。北宋末年，出现了以爆炸为主，杀伤力较大的“霹雳炮”“铁火炮”，并朝着管形枪炮发展。到了元代，除了出现铁质、铜质的火铳外，还出现利用喷气原理的“火箭”之类的武器。

药王孙思邈

刘承彦

唐朝，疆域辽阔，经济发达，科技进步，文化繁荣，美国等不少地方都有“唐人街”，足见它已成为中华民族的象征和符号。

在璀璨的唐人时空中，闪烁着无数颗耀眼的星辰。孙思邈就是其中的一颗。无论是医学（养生）史，还是炼丹史，抑或文学（诗词）史，都留下了他浓墨重彩的一笔。

孙思邈，京兆华原人（今陕西省铜川市耀州区）。关于孙的年龄，历史上一直是个谜。

我国著名的养生专家万承奎教授在其与孙慧心编著的《老年人身心健康的五把钥匙》（陕西科学技术出版社，1989年出版）一书中写道：

我国唐代名医孙思邈在七十二岁写了《千金要方》，一百岁时写了《千金翼方》，流传至今，是部世界医学名著，百岁后仍热心为群众看病，到一百四十二岁逝世。

笔者1991年在党校学习时曾听过万教授的讲演，不但买下了这本书，还整理了他的录音，在亲朋好友中广为传播。我成了万教授的粉丝，自然也深信了他的142岁说。也许是受万教授的影响，现在不少人，还有书报网络，都主张孙是我国可能的长寿星。

翻开《旧唐书》一查：孙自称生于隋文帝开皇元年（581年），后历经唐高祖、太宗、高宗三代，卒于高宗永淳元年（682年），活了102岁（古人皆以虚岁计，即一出生即一岁）。足见，万教授的142岁说，证据不足。不过，孙能活过百岁，在古代已属罕见（孔子73岁，孟子和庄子84岁，墨子92岁）。孙之所以在历史上有名，与其“长寿之星”的桂冠也不无关系。

此公案令我疑惑不解的是，颇具权威性的《中国大百科全书·中医》卷，也在相关词条中采取了模棱两可的写法：孙思邈（约581～682）。不过，孙的确与凡人不同。据传，孙50多岁时，曾受到唐太宗的接见。太宗见他步履矫健、容光焕发、飘然若仙，不由得慨叹：“世上真有活神仙！”

然孙的主要成就在医药方面。

《千金要方》又名《备急千金要方》，（简称《千金方》）共30卷，约成书于公元652年（唐高宗永徽三年）。其时，孙已72岁高龄。孙认为：“人命至重，有贵千金。”故书名冠以“千金”二字。书首着重论述医德；书中广辑前代各家方书及民间验方，叙述妇、儿、内、外各科疾病的诊断、预防与主治药方、食物营养等。本书以脏腑、寒热、虚实分类，列证治232门。所列方剂，或一病而开数方，或一方而治数病，内容丰富，保存了唐代以前的不少医学文献资料。

《千金翼方》共30卷，为《千金要方》之续编，故称“翼方”。约成书于唐高宗永淳元年（682年），系孙去世前所著。卷首为“药录”，辑录药物800余种，详论其性味、主治等，其中有些是唐以前未收录的新药和外来药物。书中对内外各科病症的诊治，在《千金要方》基础上又有所增补；并收载了东汉张仲景《伤寒论》的有关内容；选录《千金要方》未载的方剂2000余个。现在的很多方剂皆依赖该书得以保存。

孙不但善医，且工诗。《全唐诗》收录孙诗若干首。又据文友武冀新介绍，《全唐诗续补遗》载有孙的《保生铭》。

人若劳于形，百病不能成。饮酒忌大醉，诸疾自不生。
食了行百步，数将手摩肚。睡不若高枕，唾涕不远顾。
寅丑日剪甲，理发须百度。饱则立小便，饥乃坐漩溺。
行坐莫当风，居处无小隙。向北大小便，一生昏幂幂。
日月固然忌，水火仍畏避。每夜洗脚卧，饱食终无益。
忍辱为上乘，谗言断亲戚。思虑最伤神，喜怒伤和息。
每去鼻中毛，常习不唾地。平明欲起时，下床先左脚。
一日免灾咎，去邪兼辟恶。但能七星步，令人长寿乐。
酸味伤于筋，辛味损正气。苦则损于心，甘则伤其志。

咸多促人寿，不得偏耽嗜。春夏任宣通，秋冬固阳事。
独卧是守真，慎静最为贵。财帛生有分，知足将为利。
强知是大患，少欲终无累。神气自然存，学道须终始。
书于壁户间，将用传君子。

此诗反映了孙的养生观。特别是开头两句："人若劳于形，百病不能成"点明了"劳动、活动、运动"等所谓"劳"对健康的重要性，于今也有现实意义。

鉴于孙对医药的巨大贡献，后人尊称其为"药王"。清时孙氏故乡的南五台山更名为药王山。

2013年，为编撰《中国化工通史》，笔者与好友李树国曾光临孙的老家，除参观著名的耀州瓷窑外，还瞻仰了孙生活、居住、修炼、著述的药王山故居。

最早为石油命名和记载毕昇活字印刷的北宋沈括

李钟模[①] 刘承彦

一提到“石油”和“印刷术”，可能无人不晓，但不见得人人都知道，二者都与一个人有点关系。这个人就是北宋杰出的政治家、卓越的军事家和著名的科学家沈括。

沈括（1031～1095年），杭州人。其晚年“退休”后在润州（今江苏镇江）梦溪园花费8年所著《梦溪笔谈》（简称《笔谈》），是中国古代科学史上的杰作，也是世界科技资料中的奇葩。全书26卷，加上《补笔谈》3卷、《续笔谈》1卷，共30卷，600余条，为杂谈式笔记，其内容涉及数学、物理、化学、天文、地质、气象、工程技术、生物和医药等多个方面，被著名的中国科学史专家李约瑟博士称作“中国科学史上的里程碑”。

沈括一生有着丰富的阅历，这也为其后来的巨著打下了坚实的基础。其父沈周，曾先后在泉州、开封、江宁（今南京）等地做官，沈括随其父到过许多地方，有机会广泛接触社会，增长见闻。

沈括24岁担任海州沭阳县主簿（县令的助手），并曾任代理县令，主持治沭工程，开百渠九溪，开辟良田7000顷。

宋仁宗嘉祐八年（1063年），33岁的沈括考中进士。先做扬州司理参军，后被推荐到京城编校昭文馆的书籍，又参与详定浑天仪。两年后补为昭文馆校勘。在此期间，沈结识了王安石，利用其研究成果为变法革新服务，受到王安石的信任和器重，被派到两浙视察农田水利和差役等，调查新法实施情况。在浙东察访时，沈观察了雁荡山的几座山峰。

神宗熙宁七年（1074年），44岁的沈调任佑正言、司天秋官正，提升知制造。他不但负责司天监的工作，且兼任神宗的侍从官。随后又任河北西路察访使并提

---

① 李钟模系中化矿山总局地质研究院高级工程师。中国科普作家，中国作家协会会员。

举义勇保甲。其间曾考察太行山，发现海陆变迁的迹象。后又兼判军器监，提高了武器的质量和数量。第二年担任回谢使出使契丹，成功地处理了边界问题。后官至翰林学士，权三司使。

王安石变法失败，沈也被弹劾，免去权三司使，先后任宣州（今安徽宣城市）、延州（今陕西延安市）等地的知州。在延州时，兼任鄜延路经略安抚使，考察了延安附近的石油储藏。因边防有功，沈52岁时，升为龙图阁直学士，但不久因西夏攻陷永乐城（今银川附近），以“措置乖方”的罪名被贬到均州（今湖北省丹江口）等地任团练使。他编成了《天下州县图》，被特许赴京进呈。哲宗元祐三年（1088年），沈被允许任便居住，实为“退休”。沈就定居润州梦溪园，直到65岁去世。

1. 最早为石油命名

沈括在延安时，对当地石油进行了考察。他在《笔谈》卷二十四“杂志一”中写道：

鄜延境内有石油，旧说高奴县出“脂水”，即此也。生于水际，沙石与泉水相杂，惘惘而出，士人以雉尾裛之，乃采入缶中，颇似淳漆，燃之如麻，但烟甚浓所沾幄幕皆黑。予疑其烟可用，试扫其煤以为墨，黑光如漆，松墨不及也。遂大为之。其识文为“延川石液”者是也。此物后必大行于世，自予始为之。盖石油至多，生于地中无穷，不若松木有时而竭。今齐、鲁间松林尽矣，渐至太行、京西、江南，松山大半皆童矣。造煤人盖未知石烟之利也。石炭烟亦大，墨人衣。予戏为《延川诗》云：“二郎山下雪纷纷，旋卓穹庐学塞人。化尽素衣冬未老，石烟多似洛阳尘。”

沈括对石油的科学命名，要比德国人乔治·拜耳1556年提出的petroleum（石油）一词早近500年。他对石油的产状、性能、用途做了大量研究。在其兼管军监期间，京城开封曾设有“猛火油作”，这是世界上最早的炼油车间，并生产加工石油产品“猛火油”，应用于军事。

2. 记载毕昇活字印刷

中国历史上的许多发明，受封建统治阶级“重文轻理”“百工之人，君子不齿”的影响，多为有事无名。沈括的伟大之处在于反其道而行之，在《笔谈》中用大量篇幅真实地记录了当时的科学技术人员与劳动人民的发明创造和科学技术成就。例如目前的资料显示，《笔谈》是唯一记载了布衣毕昇的活字印刷术的巨著。他在卷十八“技艺”中写道：

板印书籍，唐人尚未盛为之。自冯瀛王始印五经，已后典籍，皆为板本。庆历中，有布衣毕昇，又为活板。其法用胶泥刻字，薄如钱唇，每字为一印，火烧令坚。先设一铁板，其上以松脂蜡和纸灰之类冒之。欲印则以铁范置铁板上，用密布字印。满铁范为一板，持就火炀之，药稍熔，则以一平板按其面，则字平如砥。若止印三二本，未为简易，若印数十百千本，则极为神速。常作二铁板，一板印刷，一板已布字，此印者才毕，则第二板已具，更互用之，瞬息可就。每一字皆有数印，如“之”“也”等字，每字有二十余印，以备一板内有重复者。不用则以纸贴之，每韵为一贴，木格贮之。有奇字素无备者，旋刻之，以草火烧，瞬息可成。不以木为之者，木理有疏密，沾水则高下不平，兼与药相粘，不可取。不若燔土，用讫再火令药熔，以手拂之，其印自落，殊不沾污。昇死，其印为予群从所得，至今宝藏。

活字印刷术发明的意义自不待言；但若无沈君留其名，今天的人们也就无从知道毕昇其人了。

沈括博学多才，宋史有其记载。据《宋史·艺文志》记载，共有22种155卷。郭沫若说：“如此全面发展之人物，在世界史中亦所罕见，万祀千龄，令人景仰。”窃以为这一赞誉用在沈括身上也当之无愧。

杭州建有沈括墓并立有碑，属杭州市重点文物保护单位。

杏林圣手李时珍、赵学敏、屠呦呦

刘承彦

本草，系指传统的中药。

古语云：药有玉石、草木、虫兽，而云本草者，谓诸药中草类最多也。

“本草”一词，最早见于东汉人班固撰写的《汉书·纪·平帝纪》。书云：“征天下通知逸经、古记、天文、历算、钟律、小学、《史篇》、方术、《本草》及以《五经》《论语》《孝经》《尔雅》教授者，在所为驾一封轺传，遣诣京师。至者数千人。”《汉书·艺文志》中却并未记载《神农本草经》一书。至南朝梁人阮孝绪《七录》始著录《神农本草经》，共收药365种；但书中所载郡县多为东汉地名，疑为汉人所作。《神农本草经》问世后，又陆续有些本草著作出现。南朝齐梁人陶弘景于494~500年开始对以前的本草著作进行勘订整理，又加入他自己《名医别录》中的365种，共730种，汇编成《本草经集注》。

唐高宗显庆年间，苏敬等奉命修订本草，为《新修本草》（又称《唐本草》），共收药850种。

宋代的封建经济有了高度发展，科学技术也取得了众多成就，尤其是火药和印刷术的发明。金丹家无一不研究本草学；印刷术的发明使许多著作和资料得以流传。宋仁宗時命掌禹锡等增82种药物为《嘉祐补注神农本草》（简称《嘉祐本草》），宋徽宗時命曹孝忠等册定为《政和新修经史证类备用本草》，简称《政和本草》。《政和本草》是现存最早、最完整的本草原著。宋代以前的本草原著都已散佚，其内容也因宋代本草著作的收录而得以保存下来。这不能不说是布衣毕昇发明活字印刷术的功劳。

明清时期的医药学家在继承唐、宋、金、元药学成就的基础上，投入了更多的人力和时间从事药学研究。据不完全统计，明清时期的本草著作几乎在百种以上。其中最有名的当属明代李时珍的《本草纲目》和清朝赵学敏的《本草纲目拾遗》。自明清以来，由于西方医学和药物的介入，本草已不再是国人唯一的“救命”药草；但本草或本草学，含有丰富的化学知识，并运用和记载了如蒸发、干燥、蒸馏、萃取等化学工艺操作，为中西医结合奠定了坚实基础。尤其是自20世纪六七十年代以来屠呦呦等运用现代科技手段和方法发明的青蒿素，挽救了世界几百万人的生命，并因此为中国人获得了第一个科技方面的诺贝尔奖，似乎又使古老的本草学焕发了青春，甚至可以说是到达了巅峰，并指明了本草学今后的研究发展方向。

1. 李时珍与《本草纲目》

李时珍（1518～1593年），字东璧，号濒湖，人称李濒湖。蕲州（今湖北蕲春）瓦硝坝人。世医出身。

1596年刊行的《本草纲目》，可以说是中国古代最重要的药学著作。李时珍为编写《本草纲目》，至少花费了27年。他参考了与本草学有关著作八百多部，继承了一千多年本草学的传统。为了验证收集到的资料，李时珍花费了四年多的时间，带着徒弟和儿子跋山涉水、风餐露宿，到过湖北、湖南、江西、安徽、江苏等地，攀登过太和山（今武当山）、大别山、茅山、伏牛山等名山。所到之处，虚心向农夫、猎户、渔夫、药师等广泛请教，采集各种药物标本，写下数百万字的调查访问记，从而积累了丰富的实践经验。他认真地研读、参考了41种本草专著，吸取了诸家本草的精华。直到1578年才完成浩浩52卷、190多万字的科学巨著——《本草纲目》。这本巨著是在丰富的感性知识基础上，经过去伪存真、纠错匡正的深思熟虑，对本草学的研究进行了创造性的发展，建立了本草学的新体系。先前的本草著作中，大多继承《神农本草经》的体系，采取三品（上品、中品、下品）的分类法。这种分类法的科学依据是很不充分的。李时珍则采取振纲分目的方法，将1892种药物按16部分成60类。从无机物到有机物，从低级生物到各种植物、高级动物。分类的方法比较符合自然进化规律，向近代科学前进了一步。

在书中对每一种药物都以药名为纲，以八项分析为目，即先述释名、修治，突出气味和主治，次以集解和发明及正误，末段加附方。释名讲述药名的由来和考证。修治记述药物采集的季节和炮制的方法。气味论及药物的四气（寒、热、温、凉）、五味（辛、酸、甘、苦、咸），有毒与否以及炮制后的气味变化。主治讲药物的功效。集结列举诸家本草关于药物的详细说明，说明出产的地域，药物生长的形状，同类似药物在形态上的区别，采收的方法。在这部分李时珍常有自己的独到见解。发明是对药物主治功效的具体说明，这里李时珍常说自己的切身体会和实践经验。正误即纠正前人的错误，全书虽然只有70多条，但都是经过李时珍反复验证提出来的新见解。附方是根据药物主治范围，列举一些经方、时方、验方。显然增强了该书的实用性。书中还附有1100多幅精工绘制的药图。李时珍建立的本草学新体系和对药物全面系统的论述，不仅对本草学进行了总结，还有不少创造性的发展。

李时珍作为一名严肃的医药学家，他通过自己的医疗实践，明确地反对服食金丹，他曾厉声抨击红铅、灵铅之说，但是李时珍也像其他的正直的医药家一样，对于经过长期广泛临床应用证明是很有价值的一些来自金丹术的汞、砷、铅类制剂，还是将其收入《本草纲目》之中，故在《本草纲目》中，人们可以看到许多人工合成的药剂。

《本草纲目》确是一部流芳千古、誉满寰球的科学巨著。英国生物学家、生物进化论的创始人达尔文（C. R. Darwin，1809～1882年）曾在他的著作《动物和植物在家养下的变异》中，有关鸡的7个品种和金鱼的家化都是引用《本草纲目》中的资料。在该书中，他赞誉《本草纲目》为“1596年出版的中国百科全书”。英国科学史家李约瑟（Joseph Needham，1900～1995年）在他的巨著《中国科学技术史》中评价：“毫无疑问，明代的伟大的科学成就就是李时珍那部攀登到本草著作之顶峰的《本草经》……李时珍达到了与伽利略、维萨里的科学活动所隔绝的任何科学家所不能达到的最高水平。”

李时珍不愧是中国本草学的集大成者。

2. 赵学敏与《本草纲目拾遗》

赵学敏（约1719～1805年），清代杰出的药学家。他研读了大量文献，仅《本草纲目拾遗》中就引证医药书达282种，经史百家之书达343种。他还经常外出，深入民间，访医问药。

他所著《本草纲目拾遗》，成书于1765年（清乾隆三十年），时距《本草纲目》刊行已近两百年。

本书以“拾”《本草纲目》之“遗”为目的，共10卷，载药921种，其中《本草纲目》未收载的有716种，包含了不少民间药材，如冬虫夏草、鸦胆子、太子参等，以及一些外来药品如金鸡纳（喹啉）、日精油、香草，臭草等。本书除补《本草纲目》之遗外，还对《本草纲目》所载药物备而不详的，加以补充，错误之处给予订正。本书对研究《本草纲目》与明代以来药物学的发展起到了重要的参考作用，作为清代最重要的本草著作，受到海内外学者的重视。总而言之，赵学敏继李时珍之后，对药学成就做了总结。《本草纲目拾遗》代表了清代本草学的最新成就。

3. 屠呦呦与青蒿素

屠呦呦，女，1930年12月30日 ，出生于浙江省宁波市。听到她人生第一次“呦呦”的哭声后，父亲激动地吟诵着《诗经》的诗句“呦呦鹿鸣，食野之蒿”，就给她取名“呦呦”。父亲吟完后，又续了一句“蒿蒿青青，报之春晖”。从出生那天起，她的命运便与青蒿结下了不解之缘。

说到“青蒿”，早在《神农本草经》中就有记载，是种古老的中药，人们对它的认识，已有一千多年的历史。

屠1951年考入北京大学，在北大医学院（今北大医药部）药学系学习期间，对植物化学、本草学和植物分类学有着极大兴趣。

1955年大学毕业后，分配到中国中医科学院中药研究所。1969年1月，39岁的她以课题组组长的身份参与一个全国性的大协作项目——既是一项援外战备紧急军工项目，也是一项巨大的秘密科研工程，涵盖了疟疾防控的所有领域。接到任务后，她翻阅古籍，寻找方药，拜访老中医，对能获得的中药信息，逐字逐句地抄录，在汇集了包括植物、动物、矿物等2000多种内服、外用方药的基础上，编写出了以640种中药为主的《疟疾单验方集》，奠定了青蒿素发现的基础。她发现青蒿对小鼠疟疾的抑制率高达68%，但不稳定。为寻其原因，她再次重温古代医书。其一，青蒿到底是蒿属中的哪一种？其二，青蒿的药用成分是什么？其三，青蒿采收季节对药效有何影响？其四，最有效的提取方法是什么？屠反复思考、实验，最终选取了合适的蒿种，采用低沸点的乙醚进行萃取。经历多次失败后，终于在1971年10月提取出样品，对鼠疟和猴疟的抑制率都达到了100%。

1972年，屠从提取的样品中分离得到抗疟有效单体：分子式为$C_{15}H_{22}O_5$其为无色结晶体，熔点为156～157 ℃ 。屠将这种无色的结晶体命名为青蒿素，其具有“高效、速效、低毒”的优点，对多种疟疾有特效。

世界卫生组织（WHO）统计，现在全球每年有2亿多名疟疾患者受益于青蒿素联合疗法，疟疾死亡人数从2000年的73.6万人稳步下降到2019年的40.9万人。青蒿素的发现挽救了全球数百万条生命。

2015年10月5日，瑞典卡罗琳医学院在斯德哥尔摩宣布，中国女科学家屠呦呦获2015年诺贝尔生理学或医学奖。

2019年，她被授予中华人民共和国最高荣誉“共和国勋章”。

屠呦呦说，中医药是我国具有原创优势的科技资源，是提升我国原始创新能力的宝库之一。我们要发扬创新精神，始终坚持以创新驱动为核心，深入挖掘中医药宝库中蕴含的精髓，努力实现其创造性、创新性的发展，使之与现代健康理念相融合，服务人类健康，促进人类健康。

宋应星与《天工开物》

刘承彦

随着社会生产力的提高和商品经济的发展，华夏历史的车轮驶入16世纪末、17世纪初，即明末清初。当时欧洲处于后文艺复兴时期，封建制度走向崩溃，资本主义正在兴起，随之而来的是科学和技术的迅猛发展。这一巨大的“地壳”运动，也波及了欧亚大陆的另一端——中国。史学家把当时的中国称为“天崩地解”的时代。中国封建社会时期，内部也有了资本主义的萌芽。在这一大的历史背景下，出现了李时珍及其《本草纲目》、徐光启及其《农政全书》和宋应星及其《天工开物》等这样的伟大人物及科学巨著。尤其是宋应星的《天工开物》，被称为“技术百科全书”，被翻译成日、英、法等多国文字，可谓誉满全球。

1. 宋应星其人

宋应星，明代科学家（1587～约1666年），字长庚，江西省南昌府奉新县人。其先祖宋德甫以下五代都靠经营土地、农副业而发迹。至第八代孙宋景起，始由科第进入仕途。宋景是弘治十八年（1505年）进士，生前推行过内阁首辅张居正的“一条鞭法”，还在南京督造过奉先殿，是朝廷中身居高位的阁臣。由此宋家也成了奉新县的名门望族。

“君子之宅，三世而斩。”到了宋应星的父亲宋国霖一代，已是家道中落。宋国霖31岁时，才得长子宋应昇，万历十五年（1587年）宋应星出生。昇与星为一母所生，相差9岁，自幼关系亲密。

宋应星自幼聪颖好学，记忆力过人，识字后不及十岁便会作诗。后又致力于“十三经传”、程朱理学、历史以及诸子百家之书，可谓“读万卷书”。应星兴趣广泛，对音乐、诗歌、天文、医药、弈棋、绘画以及质测之学（自然科学）都十分爱好。这哥俩都抱有科举入仕、重振门风的夙愿。

万历四十三年（1615年），哥俩同去南昌参加科考并同时中举。29岁的应星名列第2，应昇名列第6，被称作“奉新二宋”。同年秋，二人又水陆兼程，离开江西北上，以应1616年的北京会试，不料落第而归，但哥俩并未失望。又分别于1619年、1623年、1627年、1631年先后5次北上会试，结果均名落孙山。最后一次应试时，星已45岁，昇已54岁，年过半百，双鬓见霜了。

宋应星决定不再参加科举考试。1619～1631年的5次会试，虽未达其金榜题名、重振门风的目的，但“失之东隅，收之桑榆”，多次“行万里路”，足迹遍及京师、江西、湖北、安徽、江苏、山东、河南、河北、浙江等省的许多地区，沿途他在田间、作坊从劳动群众那里调查到不少农业和手工业技术知识，写下了不少笔记。这为其日后“写十万文”《天工开物》积累了素材。

1634年，宋应星任江西省袁州府分宜县教谕。这是个未入流的九品以下的文职下级官员，主要教诲在县学里就读的生员，先后任职4年。而其兄应昇也赴浙江桐乡任县令去了。桐乡离全国著名养蚕、丝织中心嘉兴、湖州很近，星探望哥时，必定到嘉兴、湖州进行调查访问，这使他在《天工开物》一书中对这一带蚕丝技术给予了特别关注。

宋应星科举无望，便决心转入“与功名进取毫不相关”的实学，研究与国计民生直接相关的科学技术问题。教谕任期内，有更多的闲散时间，他便抓紧时机整理资料，著书立说。教谕四年，是宋应星的创作高峰期。1636年，50岁的宋应星在一年内便刊出《画音归正》（论音韵的书）、《原耗》（政治、经济杂文）、《野议》（政论集）、《思怜诗》（自选诗集）等书。1637年，他写就了一生中的代表作《天工开物》，但此时宋应星的经济状况不佳，幸有老友涂绍煃伸出援助之手，使该书当年就在南昌府出版。这是该书的初刻本，简称涂本。

1643年下半年，宋应星任南直隶凤阳府亳州（今安徽省亳州市）知州，这是从五品的地方官，也是他担任的最高官职，但到任后不及一载就挂冠归里了。

1644年，清兵南下，宋应星草成《春秋戎狄解》，借古讽今，在南方制造抗清舆论。入清后，他拒不再仕，在乡间过起了隐居生活。

宋应星卒年待考。当是康熙初年，大约享年80岁，或卒于1666年。

宋应星不但是科学家，还是个有批判精神的政论家、思想家、诗人，是位颇具特色的人物。为纪念他的勋业，他的家乡奉新于1987年建成了“宋应星纪念馆”，现已开放，供各界人士前往瞻仰。

2.《天工开物》其书

涂本《天工开物》，分上、中、下三卷，共18章，85754字，插图123幅。上卷6章，中卷7章，下卷5章。每章都从古代典籍中找出古雅的二字来命名。每章首都有“宋子曰”一段作为引言，对该章内容作提要性叙述，接下是正文。各章正文末都附以有关插图。上卷有《乃粒》（谷物）、《乃服》（衣料）、《彰饰》（染色）、《粹精》（米面）、《作咸》（食盐）、《甘嗜》（制糖）6章；中卷有《陶埏》（陶瓷）、《冶铸》（铸造）、《舟车》、《锤煅》（煅造）、《燔石》（非金属矿石烧炼）、《膏液》（油脂）及《杀青》（造纸）7章；下卷有《五金》（冶金）、《佳兵》（兵器）、《丹青》（朱墨）、《曲蘖》（酒曲）及《珠玉》5章。涉及工农业各生产领域。

一位曾5次追求进士功名的举人宋应星，为什么居然能写出这样一部书呢？从其为自己书斋的起名可窥见一二。宋将自己的书斋取名为“家食之问堂”。“家食之问”典出《易经·大畜》，其意思是研究在家自食其力的学问，而不以官禄为生，转义为研究实用技术。他的前半生在科举方面历尽坎坷，从切身经历中认识到读书人只埋头“四书五经”，而缺乏实际知识是儒者之耻。于是转而向工农群众求教，及时记录下技术知识并加以提炼，从而完成了这部杰作。

《天工开物》是部颇具特色的奇书。

第一，本书绝不是历代文献的堆积，而基本上是生产现场的实地调查所得。作者细心地记述了各生产领域内的技术过程、操作要点、原料及产品、生产工具形式。尤其是记述了当时工农业生产中许多先进的科技成果。该书除文字表达外，还有插图将生产情景再现出来，做到了文图并茂。

第二，《天工开物》是在一种先进而又有特色的技术哲学思想指导下写成的，可概括为“天工开物思想”。日本科学家三枝博音（1892～1963年）对此思想作了正确解说：“天工”是与人类行为对应的自然界的行为，而“开物”则是根据人类生存的利益将自然界中所包藏的种种由人类加工出来。这一思想，强调人与天相协调，人工与天工相配合，通过技术从自然界中开发出有用之物。有时自然界也会加害于人，人应该用技术来抗灾。在人力不可及时，只好等自然灾害自行消失。任何情况下，人都要积极主动，勤奋劳动，从而凸显“人工”的重要性。

这些思想，即使在现在，也无不有着积极的意义。

第三，《天工开物》不但对各生产过程予以详细叙述，还对原料与能源的消耗、成品产率、设备构造及各部尺寸等，都尽可能进行定量的描述，且绘出工艺操作图。对各种技术过程的定量描述，是该书的一大成就。三百多年前，能出现这样一部科技著作，确实令人赞叹。

要评价《天工开物》的历史地位，就要把它与前代的有关著作加以对比，看看它提供了什么新的贡献。中国古代科学技术素来发达，有许多重要的发明和发现，而且在明代中叶以前有不少领域居于世界领先地位。将《天工开物》与前代农书相比，在广度上不及北魏贾思勰的《齐民要术》及元代王祯《农书》，但某些地方在深度上有过之。除农业部分外，《天工开物》还广泛涉猎了多个工业部门，这是别的农书无法比拟的。

宋应星及其《天工开物》对中国古代化学的贡献主要有两方面：

一是在化学理论方面，他倡导火质说。他认为火质存于木内，木燃烧的过程就是释放火质的过程。宋氏火质说与德国化学家施塔尔（1660～1734年）1703年提出的燃素说有些类似。

二是他还提出化学变化的物质不灭思想。他隐约认识到化学变化前后物质的总量是不变的。例如，谈到土生金时说："土为母，金为子，子身分量由亏母而生。"（《论气·形气五》）又如，谈到水银和硫黄反应生成朱（硫化汞）时说："每升水银一斤，得朱十四两，次朱三两五钱，出数借硫质而生。"《天工开物·丹青·朱》其大意是银朱之所以比水银重，是因为硫参加变化的结果。这是化合概念和质量守恒定律的思想胚芽。

在化学工艺方面，他记述了许多居于当时世界先进水平的化工技术，其中最突出的有两种：

一是炼锌技术。《天工开物》在世界冶金史上首次记述了由炉甘石（碳酸锌）还原为锌（当时叫倭铅）的炼锌技术。这是准蒸馏法。

二是煤的分类。《天工开物》根据火焰、块度等化学、物理性质将煤分为明煤、碎煤和末煤3种。这相当于今天说的无烟煤、烟煤和褐煤（或泥煤）。

就某一特定工艺部门而言，《天工开物》不及前代工艺专著深入，但在广度上超过以往任何工艺书。把农业和手工业30个部门的技术综合在一起研讨，并配备大量插图，只有《天工开物》一书而已。这是个空前的创举，仅凭这一点就足以使此书在科学文化史中居于重要的地位。无怪乎英国的李约瑟把宋应星称为“中国的狄德罗”。而狄德罗（1713～1784年）是18世纪法国启蒙学派的领袖之一，著名的《百科全书》的主编。

在评价《天工开物》的历史地位时，还要把它与同时代及后代的其他著作进行对比。明代集大成形的科技书有朱橚（1362～1425年）的《救荒本草》（1406年）、李时珍的《本草纲目》（1596年）、茅元仪的《武备志》（1621年）和徐光启的《农政全书》（1639年）等，这些书在《天工开物》前已出版，所缺的是一部广泛论述工艺技术的书。这个空缺由《天工开物》作了弥补。与晚明其他著作相比，《天工开物》则成为征引对象。如明末科学家方以智（1611～1671年）在《物理小识》（1643年）的金石部谈到铜合金冶炼时，便直接引证《天工开物》，而且将宋应星称为“宋奉新”，颇含敬意。

自从福建书商杨素卿在清初顺治年刊刻第二版《天工开物》后，又促进此书在整个清代二百多年间的流传，为社会提供了一部标准的科技读物，并流传到日本、朝鲜和欧洲，被译成日文、法文和英文等，成为我国对外出口的书籍之一。

目前《天工开物》已成为世界科技名著，凡是要研究中国科技文化史的，无不引用此书，而且都给予了高度评价，认为它是了解中国古代社会实态和传统科技的一把钥匙。我国学者丁文江认为：“其识之伟，结构之大，观察之富，有明一代，一人而已。”

我们的传主，明末的举人宋应星，未能在仕途上光宗耀祖，却虚心拜工农为师，“读万卷书，行万里路”，写十万文，以一部《天工开物》不朽名著而名扬天下，为中国科技的发展书写了光辉一页，也为中国古代科技史画上了一个圆满的句号。

化工世家徐寿

刘承彦

中华人民共和国成立前，我国基本上没有独立的化学工程设计队伍及其管理机构。但化工科研开发则不然，在洋务运动兴起之后，就有了诸如徐寿世家那样家庭作坊式的化工科学试验活动并取得一定成效，从而开了晚清以来我国科研开发的先河。

《中国大百科全书 · 化工》卷中有“徐寿”词条。其中提到其次子徐建寅和三子徐华封，还简略地介绍了徐建寅的业绩。其实他的孙子徐尚武（徐建寅之子）在化工尤其是火药方面也颇有建树。徐寿祖孙三代，从洋务运动肇兴，一直延续到中华人民共和国成立初期，横跨近一个世纪，历经晚清、民国、中华人民共和国三个重要历史时期，颇具传奇色彩。

1. 徐寿（1818 ~ 1884 年）

徐寿，字雪村，中国清代科学家，我国近代化学工业的先驱。1818 年 2 月 26 日生于江苏无锡钱桥社冈里（今山北乡社冈里村），1884 年 9 月 24 日卒于上海。对数理、矿产、汽机、医学等均有研究。编译有《西艺知新》《西艺知新续》《宝藏兴焉》《汽机发轫》《测地绘图》《营阵揭要》《法律医学》《汽机手工》《质数证明》等书。在化学方面，译述有《化学鉴原》（化学原理及应用）及其《化学鉴原补编》（无机化学）、《化学鉴原续编》（有机化学）、《化学考质》（定性分析）、《化学求数》（定量分析）和《物体遇热改易说》（物化部分知识），并且参与了江南制造局出版的《化学材料中西名目表》《西药大成中西名目表》两书的编译工作，系统地介绍了 19 世纪 60 ~ 80 年代国外化学知识。他是中国近代化学的启蒙者，为化学元素命名法作出了可贵的贡献，参与清政府办安庆机器厂、上海制造局（江南制造局）等，对火药、枪炮制造有所创新。他曾与华蘅芳、吴嘉廉、龚芸裳等合作，于 1866 年造出“黄鹄”号船一艘，为中国自制轮船之始。1874 年左右在上海创设格致书院，传播化学知识。

2. 徐建寅（1845 ~ 1901 年）

徐建寅，字仲虎，1845年3月7日生于无锡，为徐寿次子，清末军工兵器专家。历任于山东机器局、上海制造局、湖北铁政枪炮洋务、湖北保安火药局、汉阳钢药厂（炼钢并制无烟火药）等。任福建船政大臣及驻德国使馆参赞时，曾赴英、法等国考察军事。后被张之洞调至湖北汉阳试制无烟火药。徐建寅"为感知遇之隆，忘危机之蹈，期于取材本地，以免仰给外人，日手杵臼，亲自研炼"无烟火药成功，举厂欢欣。1901年3月31日，徐建寅在厂监工，亲至拌药房，督同委员、工匠等人拌和药料，不料事故突发，机器炸裂，徐建寅当场轰毙，为国殉职，年仅57岁。徐建寅在化学、化工、军工、造船等方面，著译颇丰。译有《器象显真》《器象显真图》《测地捷法》《兵法新书》《轮船布阵》《绘画船线》等。尤其是所著《欧游杂录》，是我国近代早期的一本重要科技史料。

3. 徐华封（1858 ~ 1928 年）

徐华封，字祝三，徐寿三子，一生为发展我国近代化工科技与实业作出了巨大贡献。自1868年江南制造局翻译馆成立后，他不但翻译了《镀金法》《电气镀镍》《考试司机》《种植学》等书，还协助父亲校阅了《化学考质》等重要著作，共计219万字。1874年以徐寿为中坚筹建上海格致书院，他除了协助父亲参与管理外，还在科技咨询中发挥了突出作用。1898年，江南制造局创设工艺学堂，他担任化学教习。在他的言传身教下.不仅培养了如朱云龙等掌握近代科学知识的新型人才，还涌现出许多如香料大王李润田、味精大王吴蕴初等一批优秀实业家。1889年起，他创办广艺公司，生产矿烛、肥皂，向洋商发起挑战。继又创办广艺冶炼厂，生产的纯铅，质优价廉，深受欢迎。20世纪20年代，他又创办广艺机器制冰厂，人造冰产品还打进了上海英法租界地。徐华封在领导广艺公司与外商顽强苦斗的同时，还在他的家庭实验室里，带领三子徐文焕、八子徐文咸，与他的学生吴蕴初一起日夜奋战，终于研制成功了"天厨味精"，将日本的"味の素"赶出了中国市场。

4. 徐尚武（1872 ~ 1958 年）

徐尚武，字衡山，徐建寅次子，徐寿之孙，清癸巳恩科副贡，内阁中书，系我国兵工专家。京师大学堂毕业，留学日本。1913 ~ 1917 年，他汇参欧制之精微，融会家传之秘法，耗三世之心力资财而抉其奥，合百年之中西艺术而会其归，著成《徐氏火药学》一书，共 22 卷。这是迄今所见我国最早的一部全面、系统反映近代炸药科技成就的专著。书中对火药的概念、理论及制造工艺的论述，融会了徐寿、徐建寅、徐华封、徐家保、徐尚武祖孙三代的实践经验和理论认识成果，是对这一历史阶段火药生产技术发展的科学总结，也是研究中国近代火药发展的重要历史文献。他 1924 年研制成功安全炸药，最先仿制成硝化甘油炸药（TNT），可用于填装手榴弹、飞机炸弹、地雷、炮弹，较当时西方普遍使用的黄色炸药更为安全，也可用于开山采矿。

徐寿世家对科研开发条件的打造，颇具“家”的特色。1867 年，徐寿调任江南制造局，为工作方便起见，他在龙华路买地建成一幢五开间的双层楼宅院，上层为卧室和会客之用，下层辟有“化验间”和小车间，其中的“化验间”内有做实验的工作台，四周靠墙的柜子里放置着各种玻璃器皿、科学仪器、化学药品、试剂等；车间则用来进行小型机械加工和电气实验。在这个实验室里，徐寿、徐华封亲自实践他们在翻译西方化学、化工技术书籍时所遇到的疑难问题，通过实验解疑释惑。在这个实验室里，他们研究成功“电气镀金法”；在这个实验室里他们冶炼纯铅，并在其中提取贵金属。到 19 世纪 90 年代，这个实验室已由徐华封发展为小型工厂，生产当时社会上的新型产品——矿烛和肥皂，用来与充斥市场的洋烛、洋皂抗衡。另外，我国著名科技书籍翻译家朱云龙、香料大王李润田、化学工业巨子吴蕴初、实业家赵楚惟等，都是这个实验室里的常客。徐华封与他的弟子们，经常在这里切磋学问、交流心得。可以说，这是中国近代最早的家庭式化工科学实验机构。

工业先导范旭东

叶建华

1945年10月4日，范旭东在重庆病逝。此时正值毛泽东赴重庆与蒋介石谈判期间。毛泽东和蒋介石一致同意中止会谈一天，为范旭东吊孝。毛泽东亲书“工业先导，功在中华”挽幛，委派周恩来代表中共中央和毛泽东亲赴灵堂吊唁。毛泽东在回顾我国民族工业的发展时，曾说过我国实业界有4个人是不能忘记的，他们是“搞重工业的张之洞，搞化学工业的范旭东，搞交通运输的卢作孚和搞纺织工业的张謇”。以上足以说明范旭东的历史功绩以及在领袖和全国人民心中的地位。

笔者有幸在中国化工博物馆工作期间深入南京化学工业公司展览厅、档案室查阅了大量的有关范旭东和侯德榜的历史资料、图片，创作了《大厂传奇——范旭东等前辈在南京卸甲甸旁激荡的历史风云》长篇报告文学，经中国石化联合会会长推荐在《中国化工报》整版发表并补录再版的《中国化工风云录》。范旭东的一生如一部鸿篇巨制，受篇幅所限，特选取几页与读者朋友分享。

1. 创办实业报祖国

范旭东1883年出生于湖南长沙，1910年毕业于日本京都帝国大学应用化学科，1912年归国后在财政部任职。

一百多年前，中国人普遍食用粗盐。粗盐含有多种杂质，在销售过程中还存在掺假掺杂的可能性，氯化钠的含量仅为六成左右且不卫生，甚至对老百姓的身体健康有害。

因此西方人嘲笑说：我们喂家畜的盐都比中国人吃的盐好，还讥讽中华民族是“食土民族”。

面对这种现实，深深地刺痛了范旭东的心灵。他对西方人的嘲讽深感耻辱，对老百姓的食盐安全忧心忡忡，决心救生民于水火。范旭东立志要“在工商业范围内，以最低廉的价格，供给国人以大量的最上等的食盐”，决定自办新式盐厂，厚生利众，贡献国家。

范旭东曾留学、考察日本，看到外面的世界后开阔了眼界，更加坚定了救国救民的理想抱负。

1912年，留学归来的范旭东在亲友的举荐下到财政部任职，月薪300银圆，可算当时衣食无忧的上等阶层。可是，官场积弊太深，且改革无望，这种优游官场的富贵生活不是他想要的。他要为国家做事，为民族做事，为老百姓做事。

1913年，范旭东想去欧洲留学深造，恰好当时北洋政府与西方签订了一笔借款，以盐税作为抵押，拟委派政府官员去欧洲考察盐务，改革中国盐政，于是范旭东有机会加入了考察欧洲的行列。在欧洲，他亲眼见到了西方精盐生产技术，用机器制出的盐不仅颗粒小，而且色如白雪，纯度极高。

1914年，欧洲盐务考察完成，正当范旭东着手办理留学事宜之时，国内发来电报，要求他尽快回国创办新式盐厂。这让范旭东兴奋不已，因为他做梦都在想着如何建设一座先进的盐厂。可是，当范旭东抱着求道图新、创业救国的热情回到国内后，发现政府走马换灯、人亡政息，此后军阀混战、政府官员争权夺利，自顾不暇，国计民生之事无人问津。范旭东的一腔热情遭遇了一盆冷水，让他信心丧尽。因政府无望，壮志难酬，愤懑的范旭东觉得在官场没有前途，便毅然辞职，下海创业。

1914年夏，他首先在取盐便利的塘沽做起了粗盐提炼为精盐的实验。实验成功之后，便开启实施建设盐厂的创业计划。

身处乱世，一介书生创业，谈何容易。仅募集资金就十分费力，到处碰壁。不少人许诺入股，一旦真的找上门，马上就变为避而不见。他几次找梁启超帮忙，而梁启超问他招了多少股？范旭东每次都很无奈。

1915年，通过梁启超等人的呼吁，折腾了一年的久大精盐公司（简称久大）总算募集了5万股本。有幸的是清末状元、著名实业家张謇也入股成为股东。范旭东当即在塘沽买场地、建厂房。因缺乏人才，资金不足，他一个人包揽了多种工作。他本人既是技师，也是办事员；他的办公室，既是实验室，也是卧室；他的办公桌，既是床铺，也是实验桌。

1915年底，久大生产出了中国第一包精盐，品质优良，洁白粒细，不易回潮。产品的商标是红色的五角“海王星”，久大精盐虽遭到国内外盐商的疯狂抵制，但因品质好、价格廉，得到知名人士和民众的支持。在天津租界一上市，便被抢购一空，迅速扩大了市场。久大是中国第一家精盐企业，后来也成为中国最大的精盐企业。久大精盐大获成功，范旭东在市场上挖到了第一桶金，并增添了由盐入碱的壮志雄心。

2. 远交近攻克强敌

范旭东了解到中国作为世界人口大国，本国土法加工的纯碱远远供不应求。英国卜内门公司（简称卜内门）则借此机会限销产品、垄断价格，把纯碱的价格抬高到国外市场的六七倍而大发横财。那时1吨纯碱在中国的销售价格高达1盎司黄金，因得不到价格高昂的纯碱，百姓只得以酸馍为食，以纯碱为生产原料的工厂更是举步维艰。因纯碱是制作玻璃的原料，所以当时民间流传一句这样的话："中国人照不起镜子。”于是范旭东克服千难万险在天津塘沽创办了永利碱厂。

这里暂且省略大家熟知的从美国请来侯德榜担任技师长（总工程师）共同建设碱厂，解决红黑色碱品质量问题，夺取美国费城万国博览会和比利时商业国际展览会金奖的美谈，重点讲述如何运用“远交近攻”的策略让骄横的卜内门公司俯首称臣的案例。

永利碱厂成功投产，触动了卜内门的敏感神经，他们趁永利碱厂立足未稳之时采取先发制人的策略，首先抛出了降价竞销撒手锏，凭借雄厚的资本实力，将纯碱产品价格腰斩，降到40%以下，给永利碱厂开拓市场设置了重重障碍。永利碱厂只得艰苦应战，却难以打开市场，面临着严峻的生存危机。

范旭东为此忧心忡忡、寝食不安。一天晚上，他在阅读古籍时得到了先贤“远交近攻”智慧的启迪，于是，一个走出国门的营销攻心战略在他的脑海中酝酿形成。

20世纪20年代，中国和日本都是卜内门纯碱销售市场。日本工业发达，需碱量较大，被卜内门列为远东重点市场。范旭东通过情报部门获悉，日本的三井财阀（简称三井）和三菱财阀在争夺市场的过程中，由于自己没有制碱公司而处于不利地位，希望获得价廉物美并且稳固的纯碱供应渠道。范旭东认为三井是他实施营销攻心战的天赐良机，便亲往三井驻天津办事处，商洽请其代理永利碱厂在日本市场销售“红三角”牌纯碱事宜，双方一拍即合，三井欣然同意。随即签订了为期一年的代销合同。由于三井的分支机构遍布日本，加之“红三角”牌纯碱质量上乘价格又低于卜内门同类产品，因此推销“红三角”牌纯碱业务十分顺利。范旭东的营销策略出乎卜内门的意料，扰乱了其阵脚，为了不丢失太多市场份额，只得被迫跟随降价。因其在日本销碱量极大，一年下来损失惨重难以为继。

为此，卜内门远东事业部受到了来自本部董事会的严厉谴责。远东事业部不得不急忙终止了在中国的跌价竞销策略，并声明今后在中国市场上不再任意降价。到1928年6月，永利碱厂与三井的代销协议期满，卜内门为防止永利碱厂继续扰乱其日本市场，竟然主动代替三井，与永利碱厂订立了代销合同。该合同规定，自1928年11月至1931年10月，永利每年委托卜内门在日本本部和中国台湾代销纯碱15000吨。根据此项合同，1929～1930年，永利碱厂每年销到日本的纯碱几乎占其当年总销量的50%。永利碱厂在同卜内门的竞争中旗开得胜。

永利碱厂能够在日本市场取胜很大程度是当时的特殊历史原因。一旦日本本国的纯碱工业发展滞后，永利碱厂的纯碱销路必然受阻，范旭东先生深知此理。永利碱厂的持续发展只能立足于国内市场。因此，范旭东在大力开拓海外市场的同时，把工作重心转向了国内市场。因为永利碱厂与卜内门相比已具有一定的竞争优势。首先就质量而言，永利“红三角”牌纯碱质量不比卜内门的峨眉牌纯碱逊色。其次是卜内门的产品长途运输漂洋过海而来，距出厂时间较长，质量自然会受到一定影响。再次是随着国人抵制洋货、爱我国货运动的不断兴起，国产纯碱为国人所偏爱。最后是营业机构遍布全国各大商埠，为永利碱厂争夺市场提供了销售网络。永利碱厂凭借上述种种优势，由北向南逐渐蚕食卜内门的势力范围。永利碱厂还先后建立起华东、辽吉、沪、汉、港粤五大营业区域，一举摧毁了卜内门的市场防御体系。到1933年，永利碱厂的国内纯碱销量已达19855吨，卜内门为19702吨。永利首次在销量上超过卜内门，开始掌握中国纯碱市场的主动权。

在国际市场上，永利纯碱继打入日本市场后，1932年又打入南洋市场。市场的拓展进一步促进了生产的发展。1933年永利的纯碱产量增至33699吨，为1926年的7.5倍。为适应市场需求，1930年永利还添设了苛化烧碱车间。烧碱产品投放市场后，极为畅销，1932年其销量为116吨，次年即猛增到496吨。永利碱厂的经济实力和市场竞争能力迅速提高。

鉴于卜内门在中国市场日益不利的局面，1936年其向永利碱厂提出了配销碱品的建议。永利碱厂为集中精力开拓新业务，保持公司的持续稳定发展，欣然接受了卜内门的建议。双方通过多次谈判斗智斗勇，于1937年5月21日达成了为期3年的碱品配销协定。协定规定永利碱厂占55%、卜内门占45%，产品价格由双方协商决定。该协定实际上确认了永利在中国纯碱市场上的优势地位。

市场竞争是无情的。在中国纯碱市场中不可一世的卜内门此时竟在永利面前俯首称臣。永利碱厂在市场竞争中崛起，成为抗战前中国最大的化工企业，使国际化工界为之震惊，无不对之刮目相看。这个近百年前的成功案例对今天市场竞争日趋激烈的企业仍然有着重要的借鉴意义。

3. 登碱入酸比翼飞

酸碱为工业之母，尤其在兵凶战危的年代，酸在平时可制造肥田粉助力农业，战时可生产炸药助力国防。西方列强不惜运用政治、经济等多种手段遏制中国工业发展，实现其罪恶目的。

范旭东和侯德榜意识到，缺少制酸工业的中国化学工业仍是一只翅膀难以飞行，单脚行走难以致远。他们在获得纯碱工业成功后，决心创办制酸工业。

机会往往垂青有准备的人。当国民政府与英、德外商合作谈判破裂后，范旭东毅然接受了承建制酸工厂的重任。一边派出侯德榜率队前往美国联系工业设计、采购设备，培训人员；一边筹集资金、选择厂址、建设工厂。

侯德榜率领团队以“责任所在，拼命为之”的精神如期完成设计、采购、培训、建设任务，1937年2月一次试车成功，投资1200万银圆，远东最大的南京永利铔厂成功投产。为中国自主生产酸、碱两大基本化工原料工业打下了基础。

永利铔厂投产仅半年，日本侵略者发动侵华战争，先后占领天津、南京。他们对永利铔厂觊觎已久，希望利用中国人的工厂生产炸药来杀害中国人。于是软硬兼施与永利铔厂合作，范旭东和侯德榜等发出“宁举丧，不受奠仪”，即宁可为工厂开追悼会，也不与日寇合作的铿锵誓言。

在得到与永利铔厂合作无望的情况下，日本侵略者无耻地采取了毁灭性手段。1937年8月21日、9月27日、10月21日派遣战机在永利铔厂进行了3次狂轰滥炸，共投下87枚罪恶的炸弹。

为了保存中国化工火种，范旭东率领“永久黄”团队西迁四川五通桥，建成了新塘沽，优于索尔维和察安两法的“侯氏碱法”问世，惊艳世界，为中华民族在国际学术界争得了殊荣，在世界制碱技术史上树起又一座丰碑，同时，给予我国抗日军民取得抗战胜利以极大的鼓舞。

4. 手订信条培养文化

有一个中国企业文化代表团远赴美国学习企业文化，而据一家美国知名企业文化专员介绍，他们的企业文化来源于日本，于是这个企业文化代表团便前往日本，欲取回真经。当他们到达这家日本知名企业后，据企业文化部门专家介绍，他们的企业文化来源于中国，其中“永久黄”团体的“四大训条”为其主要来源之一。

1934年3月，范旭东在《海王》旬刊上发表《为征集团体信条请同仁发言》的文章，得到了广大员工的积极响应。在此基础上，范旭东亲自提炼制定了“永久黄”团体的四大信条：

“我们在原则上绝对地相信科学；我们在事业上积极地发展实业；我们在行动上宁愿牺牲个人顾全团体；我们在精神上以能服务社会为最大光荣。”

“四大信条”公布后，《海王》旬刊每期在显著位置均以醒目字体刊登，从1934年延续到1949年停刊，历时整整15年，在团体中起到潜移默化、深入人心的作用，“永久黄”团体“四大信条”开我国早期企业文化之先河。范旭东堪称“企业文化之父”。

“永久黄”团体的“四大信条”企业文化不仅辉煌了历史，而且照耀着今天和未来。“四大信条”企业文化在我国许多化工企业赓续弘扬、发扬光大。2003年9月13日，中国石化集团南京化学工业有限公司六届职代会第七次代表团长联席（扩大）会议，确认“永久黄”团体“四大信条”为“南化信条”。天津渤海化工永利化工股份有限公司将“永久黄”团体“四大信条”作为企业文化之魂，显眼之处，侯德榜楷书“四大信条”赫然在目、熠熠生辉。

另外，范旭东十分重视企业的宣传、文化工作，在1928年9月20日创办了《海王》旬刊，不仅亲自撰写文章，而且邀请社会名流马寅初、齐白石、徐悲鸿等撰文投稿。成为“永久黄”团体的喉舌，也是中国最早的企业报刊。

5. 相信科学重科研

范旭东在创办实业的同时，积极提倡科学救国，尊重知识、尊重人才，积极参与和支持科学研究工作。1922年，他出资十余万银圆创办了黄海化学工业研究社（简称黄海社），把久大、永利两公司给他的酬金用作该社的科研经费。这是我国第一家专门的化工科研机构。

范旭东诚聘获美国哈佛大学化学博士学位的孙学悟主持社务。黄海社以无机和有机化学为主方向，协助各厂解决技术难题，同时研究国际前沿课题。范旭东还先后设立静生生物研究所，研究植物；设立海洋化工研究社，研究海水中的宝藏，并用私人收益支持几个研究社运营。

抗日战争全面爆发后，黄海社迁至四川五通桥，开始从事西南资源的调查和研究。黄海社开创了我国无机应用化学、有机应用化学及细菌化学的研究，取得了一系列科技成果。黄海社西迁五通桥的几年间，取得了许多重大科技成果，造福了四川人民。如当时五通桥地区广泛流行一种“痹病”，即全身或局部瘫痪，不能动弹，并逐渐生疮化脓腐烂。一时间不少人都出现了这种症状，严重的甚至殒命，人们谈痹色变，却找不到原因。一些百姓烧香拜佛、祈求神灵，却无济于事，望痹兴叹。黄海社以人为本，专门对这种病进行了研究，发现这种“痹病”与食盐中含有氯化钡有关。围绕这种“痹病”，专家们研究攻关，最终攻克难关，这个曾经困扰人们多时的“痹病”很快就被消除，黄海社因此受到当地民众尊重与爱戴。

新中国成立后，黄海社业务分别归入中国科学院和原重工业部，继续为我国化工事业贡献力量。同时也为今天的改革开放、科教兴国等发展战略的实施提供可贵的参考。

6. 高风亮节垂青史

侯德榜视范旭东为良师益友。他在《追悼范旭东先生》一文中说道：“范先生之私德可与事业媲美，至纳妾蓄婢，更所禁绝。某友人以某事请，先生答曰，劝某某变节，犹劝范某娶小老婆也。先生有二女而无子，若是常人，则据以为娶妾理由，遍置小星矣；而范先生不取焉。”侯德榜对范旭东以兄相称，他们志同道合、私德高尚、三观趋同、同频共振，榜样的力量是无穷的。

范旭东一生抱着实业强国、科学救国的宗旨，“书生之念”远比“发财之念”浓厚。他在1935年和1942年，两次拒绝蒋介石请他出任国民政府实业部部长、经济部部长的提议，坚持不让国民政府官僚资本介入永利的事业，从不为财色名利所动。范旭东一生公私分明，生活简朴，在创办久大之初，就曾为自己规定了三个处世原则：一是不利用公司的钱财来谋私利；二是不利用公司的地位来图私益；三是不利用公司的时间来办私事。范旭东不仅是这样说的，而且是这样做的。他始终廉洁自律、公而忘私、身体力行，赢得了“永久黄”全体同仁的尊重。

范旭东作为企业创始人，以身作则倡导苦干精神。创办久大盐厂时，他每天和工人一起吃住，从设计厂房、设备选择到机械安装都躬身参与。他当总经理三十多年，将全部精力投入事业。范旭东甚至多年未支薪水，又常投资和助人，没留下什么私人资产。他去世后，其夫人和女儿得到企业资助才有了生活保障。

范旭东非常重视员工福利，从1924年起，范旭东就设立厂区医院、怀瑛幼稚园、明星小学校等，职工及其子弟可免费治病和上学。为提升职工素质，特意开设扫盲的工读班、普通班和特别班，以及培养技术工人的艺徒班等；不止于此，他还会为职工提供全面生活服务，比如事务部免费送煤到家，为职工提供公寓式住房并解决分居问题等。职工们都觉得受尊重、有奔头，因而尽力做到“责任所在，拼命为之”。

范旭东不愧为“工业先导，功在中华”。他的风范、品德、精神、故事将会永远激励后代晚辈、光耀青史！

黄海社社长孙学悟与“油漆大王”陈调甫

刘承彦

孙学悟与陈调甫都是范旭东创办“永久黄”团体的重要成员，故将其二人合为一传。

1. 孙学悟（1888 ~ 1952 年）

孙学悟，字颖川，山东威海人。1905 年，东渡日本就读于早稻田大学。1910 年，考入清华学堂（清华大学前身）留美预备班。1911 年赴美，入哈佛大学攻读化学。1915 年，获化学博士学位，因成绩优异留校任助教。1919 年离美回国。时值范旭东创办久大、永利两公司，深受范“工业救国”思想之影响，毅然放弃在开滦煤矿任总化学师的优厚待遇，就任久大盐业公司化学室主任，负责筹办黄海化学工业研究社（简称黄海社）。

黄海社在孙学悟的领导下，在无机应用化学和有机应用化学方面做了大量研究工作。特别是对永利碱厂碳化塔完成了系统查定和改进工作，大幅度地提高了纯碱生产能力。

正当黄海社事业蒸蒸日上，陆续获得实用性研究成果之时，抗日战争爆发，孙学悟忍痛率众西撤。1938 年春，到达长沙建设新社址。1938 年 10 月，武汉失守，长沙告急，不得已迁往四川。经过一年多颠沛流离，黄海社多年积累和收集的仪器、图书、资料损失大半。

黄海社入川后，在孙学悟的“化学研究不要在大城市凑热闹，要和生产相结合”思想的正确指导下，修改了黄海社社章，决议以协助化工建设为宗旨，从事西南资源调查、分析与研究，成为开发西南化学工业的智囊与钥匙。黄海社在抗日战争期间卓有成效的研究工作，有力地促进了西南地区的生产建设和科学技术的发展，支援了抗战，享誉西南，得到了华西人民的称赞。

中华人民共和国成立后，孙学悟毅然将黄海社社长室由上海迁到北京，并着手聚集分散在国内外的黄海社职工来京。在总社成立大会上，孙学悟满怀激情地说：“黄海自成立近三十年来，可说是一页坚忍死守的奋斗史。死守的是什么？死守的是一点信念，科学非在中国的土壤上生根不可。可庆的是，重视科学的新中国已经诞生，按人力、物力及一切条件来讲，从未有目前之优越。可深信中国自有历史以来，恐怕眼前便是科学在中国生根的时候了！”

从1949年秋开始，孙学悟和侯德榜、李烛尘一起，倡导永利、久大走公私合营之路。同年10月，他应邀列席了中国人民政治协商会议一届三次会议。1952年2月，黄海社董事会致函中国科学院，申请接管；月底，中国科学院同意接管黄海社，将其改名为中国科学院工业化学研究所，并任命孙学悟为所长。不幸的是，就在孙学悟准备为祖国科技事业大干一场的时候，癌症袭来，于1952年6月15日在京病逝。

孙学悟一生淡泊名利，坚定献身化工科研事业，矢志不渝，辛勤耕耘30年，在永利、久大、黄海做了大量科技领导管理工作，创造了辉煌业绩，受到人们的崇敬和爱戴。

2. 陈调甫（1889 ~ 1961年）

陈调甫，名德元，字调甫，苏州人。1917年在苏州东吴大学获硕士学位，是国内培养的第一位化学硕士。他是国内第一个在实验室用索尔维法获得纯碱的学者（1917年），接着他和范旭东、吴次伯、王小徐一起在天津用索尔维法以模拟设备制得纯碱8千克，为创立永利制碱公司奠定了基础，遂加入永利制碱公司。

由于他对我国特产大漆、桐油加工有深厚感情，曾广泛收集资料，写成《国宝大漆》一书。1929年征得范旭东同意后，他在天津创办永明油漆厂。他认真分析各国油漆产品的优缺点，以我国质优价廉的桐油为原料，调配成物美价廉的“永明漆”，成为我国涂料行业中第一个超过英、美技术标准的名牌产品，1933年荣获国民政府颁发的奖状。“永明漆”的入市，使天津地区洋漆进口量骤然下降，陈调甫和“永明漆”也因此声名大噪，被誉为“油漆大王”。他继而研制硝酸纤维素国产喷漆成功，并于1936年7月在天津国民饭店举办的喷漆展览会上获得各界好评。

抗日战争期间，陈调甫“宁为玉碎，不为瓦全”，坚决不与敌人妥协，致使财产被强敌抢掠，工厂被迫停业。他困居上海期间，仍坚持潜心研究涂料，并积极培养有志于涂料事业的青年人。

抗战胜利后，他经过550次中、小型试验，终于在1948年首先合成醇酸树脂，因其能喷、能刷、能烤，故名“三宝漆”。这是继“永明漆”后的又一名牌产品。醇酸树脂的研制及应用成功，是我国涂料发展史上自力更生的一个里程碑。

中华人民共和国成立后，到1952年陈调甫领导下的永明油漆厂，其不少指标已居全国同行首位，并承担向苏联、蒙古国、朝鲜、东欧各国的出口任务，还派遣技术人员赴朝鲜进行技术援助。1955年参加全国工商联执委会期间，受到毛主席的亲切接见。

1956年后，陈调甫患了心脏病，但仍笔耕不辍，努力编写《油漆词典》。1961年12月24日晚仍工作不息，25日凌晨1时，因心肌梗死，猝然离世，手稿仍留在桌上，享年72岁。

陈调甫为民族化工特别是涂料工业的发展鞠躬尽瘁，奉献终生。

中国化工教育家徐名材

徐立训　徐立评　徐立英　徐立伦[①]

徐名材（1889～1951年），字伯隽，浙江宁波人，中国著名化工教育家。上海交通大学首任化学系主任，入选《中国大百科全书·化工》卷。

1914年，一个留学美国麻省理工学院的爱国知识分子学成回国，被上海交通大学聘为教授，从此矢志不渝地致力于中国化学工业的开拓和发展及其教育事业，这就是徐名材先生。他不仅在上海交大执教近二十年，著书立说，创立化学系，培养了一大批英才；而且在日本侵华后临危受命，担任重庆动力油料厂厂长，炼制了大量战时十分紧缺的汽油、柴油等战略物资。1946年他在上海筹建中央化工厂。新中国成立后，担任华东工业部化工处处长，殚精竭虑，直至生命最后一刻。

1. 留学欧美　科学救国

徐名材出生于浙江鄞县一个大家庭，其父亲徐志鸿是清末秀才，热心公益事业的开明乡绅，曾当选为鄞县参议会副议长。他认为改变国家落后挨打面貌，应走科学救国、教育救国之路，他摒弃旧学，全力要把自己的子女培养成才，甚至不顾众人的反对，卖掉了祖屋以筹集学费，把8个子女先后送入大学的校门。

徐名材身为长子，遵父亲教诲，13岁考入奉化龙津中学，后入上海南洋公学（上海交通大学前身）。1908年，浙江省第一次考选官费欧美留学生，拟录取学生20名，徐名材当时正值高二暑假，即恶补高三课程，终于在200多名考生中脱颖而出，以第9名的成绩，获得官费留美的资格。同批录取的还有中国数学博士第一人胡文耀，中国第一位地质学博士翁文灏，中国工程师学会首任会长韦以黻，浙江大学数学系首任主任钱宝琮，以及未被录取、自费同行的北大校长蒋梦麟等。

① 徐立训等4位撰稿人均为徐名材之孙，徐立伦执笔。

徐名村一行1908年9月23日从上海出发，10月17日抵达旧金山。他先入康奈尔大学学习化学，次年到麻省理工学院初习冶金，后转为化学工程，他认定要“选择教课最难的学校，项目最繁的学科，埋首攻书”；1913年6月获得麻省理工学院化学工程理学学士，1914年6月获得麻省理工学院化学工程理学硕士学位。毕业后，徐即刻启程回国，满怀深厚的家国情怀和坚定的科学救国理念，立志要振兴祖国的化学工业。

2. 教书育人　桃李天下

徐名村1922年应聘上海交通大学化学教授。1928年创立化学系，为首任主任，1933年创立油漆研究所，1934年建立化工馆，曾在上海交通大学、浙江大学等多所院校任教近20年。1930年上海交大拟将数学、物理、化学三系组成科学学院，校长黎照寰提名徐名村任院长，徐坚辞，称自己愿全力专注于化学系的发展，多年后要与世界名校化学系一较高下。

徐名村参照麻省理工学院的教学体系，本着上海交大“求实学，务实业”的办学方针，对化学系的课程设置进行了改革，大幅增加与工学院和管理学院的课程结合，强调化学实验的重要，以培养有理论、懂实用的化工人才。他亲自讲授“普通化学”等基础课，在课堂上不用看讲稿，全英文授课，讲得条理清晰、引人入胜。在他的主持下，化学系从无到有，从弱到强，教师、学生数量逐年增多，科研规模和仪器设备的完美，均系其他院校望尘莫及，为国家培养了大批人才，桃李满天下，如钱学森、张光斗、张煦、汪道涵等都曾撰文表达对徐先生的感激之情。

徐名村无论是在校园散步，还是在公交车上，均手不释卷，或中文，或英文；他工作非常繁忙，一年365天基本上都在学校工作，晚上回家也很晚，孩子们暑期常随父逗留交大。徐身材不高，时年刚过40岁，却已满头白发，戴着一副高度近视的眼镜，他好学不倦、为人师表，大家送上绰号“徐老夫子”。

上海沦陷后，交大在法租界办学举步维艰。校长黎照寰和校友们举荐徐名村任重庆分校主任，依靠校友们的鼎力相助，从零开始，租借中央无线电厂的厂房，聘请留学归来的学生任教，仅用两个多月就完成了一系列筹备工作，顺利招生开课，在重庆给上海交通大学开辟出一席之地，为延续交大血脉作出了巨大贡献。

徐名材不仅自己教书育人，还拿出大部分收入资助6个弟弟妹妹和4个子女先后考入上海交大的不同专业，一门11人从同一所高校毕业，被传为佳话，成为上海交通大学的纪录。

为了纪念徐名材对交大的贡献，激励交大学子开拓上进。2013年4月，徐名材雕像落成揭幕，矗立在上海交大闵行校园内；2023年12月27日，“徐名材报告厅”冠名仪式在上海交大化学化工学院隆重举行，学校、化院、文博中心、校友会等部门领导、学生及亲属代表百余人参加。

3. 为国分忧　投身实业

徐名材1914年回国后，受聘到汉冶萍公司汉阳铁厂，他在此工作了8年，对冶金、化学等生产实践有了深入的了解，后担任汉阳铁厂钢铁处处长。因汉冶萍公司受日资渗透打压，每况愈下，1922年8月徐辞职前往上海交通大学。

1937年夏，徐名材参加资源委员会组织的赴英德两国考察团，设想引进煤制油生产工艺，并已与德孚公司订立草约，计划在江西省吉安建一座年产汽油5万吨、硫酸铔3万吨的工厂，但随着战事吃紧，计划搁浅。

1938年8月，校长黎照寰推荐徐名材到国民政府资源委员会工业处工作，分管化工、冶金两组，后任工业处处长，负责统筹规划全国的工业生产。面临国家危难，徐抛家舍业，孤身远赴重庆。

在日本对华全面封锁，抗战急需的各种油料极度紧缺，引进生产线无望的情况下，徐名材临危受命，接手已筹建3年、一直不能批量生产的重庆动力油料厂并任厂长。他加强研发力量，利用7种不同的工艺路线，开发出植物油裂解生产汽油、润滑油产品。1941～1945年，在徐名材的领导下，重庆动力油料厂共生产汽油40余万加仑、柴油160余万加仑、润滑油16万余桶，对战时大西南交通和工业运作起了重要作用。该厂的管理水平和所起的作用，被英美盟军称赞为“世所罕见”。

抗战胜利后，徐名材被派国民政府驻日代表团，向日本交涉、索回被日军从中国拆走的化工设备（如永利化工厂硝酸装置和广州纸厂的造纸设备）等。1946年徐名材任国民政府资源委员会中央化工厂筹备处主任，他撰写的《筹备中央化工厂之意义及其方针》为上海化工厂、南京化工厂和重庆化工厂的建设发展指明了方向。上述三厂后来发展为新中国的重要化工企业。

中央化工厂筹备处上海化工厂聚集了一批化工人才，占当时上海市化工人才数量的近一半。筹建初期资金短缺、困难重重，职工的生计受到影响。徐名材爱惜人才，不愿他们流散，他尽最大可能留住这批人，积极开发染料、橡胶、树脂类的新产品，维持企业的正常运转。上海解放后，向全国各地输送了数十人，成为新中国化学工业崛起的技术骨干。

新中国成立后，徐名材任华东工业部化工处处长，并一度兼任轻工业部上海工业试验所所长，在组织科技人才支援各地建设，组织恢复华东化工生产，组织企业调整和技术改造等方面，作出了重要贡献。他在自传中写道："处兹伟大时代，自当急起直追，加倍努力，完成数十年来未了的夙愿，并达到真正为人民服务的目的。"然几十年来的过度劳累，积劳成疾，严重的高血压病突然发作，医治无效，徐名材于1951年11月8日在上海病逝，享年63岁。华东工业部部长汪道涵作为徐的学生和领导，参加了他的追悼仪式。

2005年5月，位于燕子矶的南京化工厂与范旭东先生创建的南化公司合并，组建为南京化学工业公司。2023年4月，笔者进行了实地探访，让笔者感动的是徐名材作为南京化工厂创始人，他的雕像和资料在南京化学工业公司厂史馆和燕子矶化工新村社区党史陈列馆内均有展示。

4. 普及知识　培养后人

从留学麻省理工学院开始，徐名材先后在《留美学生年报》《科学》《科学通讯》《中国工程学会会刊》《工程周刊》《交大季刊》《交大校刊》等期刊上发表数十篇文章，内容涉及化学、化工的多个领域，如肥皂、工业酒精、毒气、植物油、桐油等。从徐名材撰写的文章可知，均与实际生产、生活紧密相关，反映了其忧国忧民、关心国计民生、为国解忧的科学态度。

徐名材撰文信手拈来，讲演才华横溢，时常担任上海交通大学重要学术活动的负责人。他还参加了中华化学工业会、中国工程师学会等社团组织。如中华化学工业会1922年成立于北京，是中国最早的化学工业学术团体，其会刊《中华化学工业会会志》（1929年后更名为《化学工业》）是国内创办最早的化学工业专业期刊。内蒙古师范大学金淑兰老师对此做过专门研究，她撰文写道："《中华化学工业会会志》从1922年创办到1950年停刊，历经28年，俞同奎、吴承洛、徐名材、王琎、戴济、徐作和、曹梁厦、王箴先后当过该刊物的主编或编撰，其中以徐名材任职时间最长，……在经费不足、稿件来源有限的情况下（徐）想方设法保证学会会刊《化学工业》的正常出版，对于联络化学化工界同志、普及化工知识、加强化工学术交流作出重要的贡献。”

1931年，著名实业家吴蕴初为培养有志上大学的清寒青年，出资成立“清寒教育基金”，至1937年因战争截止。徐名材作为此基金会的主要成员一直承担报名、考试、遴选等工作，六年始终如一。每年在高三学生和大一学生中各选10名，给予“清寒教育基金”资助，要求到上海交通大学、浙江大学、清华大学等学习化学专业，6年共选拔资助近百人。不少学生后来都成为国家栋梁，如钱伟长、王安、郭钟福、屠守锷、邹元爔等，遍布国内外。

中国化工泰斗侯德榜

叶建华

中国石化联合会会长李寿生在我采写的《化工泰斗侯德榜》一书的前言中说："纵观侯德榜的一生，在其事业的追求中，在其工作的作风中，在其人生的价值中，都给我们展现了一个伟人的风范和人格的魅力。让侯德榜的人生追求和人生价值永远闪光、永远传承！"

2023年5月，我受化学工业出版社（简称化工出版社）之托参与了中国编辑学会组织的《中国科技之魂》丛书侯德榜分册的采写工作。为了体现本书的史料真实性、文字可读性和内容新颖性的特色，开启了追寻侯德榜之旅，将采访的足迹烙印在了侯德榜先生奋斗过的工厂、学校、学会、研究院，走访了侯德榜的后代晚辈、化工史学专家，尤其是获得了来自美国国家档案馆和几所大学的大量珍贵史料、图片，经过一年来的采访，创作、思考，让我加深了对中国化工泰斗侯德榜的了解，继而增添了对侯德榜的崇敬。

侯德榜（名启荣，字致本）1890年出生于福建省福州市闽县南台坡尾村的农民家庭。侯德榜的一生波澜壮阔、功勋卓著、人格高尚，犹如一座精神富矿。他可贵的精神品质、突出的科技贡献、创新的思维方式、丰富的生平故事、独特的人格魅力无疑是新时代强国建设、民族复兴的文化和精神资源，值得我们发扬光大，受篇幅所限，只能挂一漏万，选取其中的几个片段与读者分享。

1. 勤奋好学添新典

侯德榜的女儿侯虞华在回忆文章《他是勤奋勤俭的普通人》中说："爸爸说：就天赋而论，我不算聪明，但我深知'勤能补拙'的道理。我一生之所以有些成就，除许多客观条件之外，主观上要归于勤奋。爸爸经常告诫我们，做学问要踏踏实实，要刻苦努力，这样即使天资差一点，也会有一定作为。'勤奋'是爸爸一生治学贯彻始终的最大特点。"听了侯德榜的教诲，无论我们的天赋如何，都将会从中受益。

有关侯德榜勤奋好学的故事很多。

侯德榜家土地较多，父亲体弱多病，家里劳动力少，小德榜从小就和妈妈一起下地干活。他口袋中总是不忘装上一本书，稍有空闲就拿出来阅读。放牛时坐在牛背上读，休息时坐在树荫下读，如饥似渴、手不释卷。

当地有一种抗旱取水的水车，需要几人骑在上面踩踏，通过人力转动木轴带动刮板链条，将低处的水提到高处。踩踏这种水车不仅需要力量，而且讲究协调，且有踏空摔伤的风险。小德榜在妈妈的默许下爬上了高大的脚踏水车，经过不长时间的练习，小德榜便得心应手、游刃有余。脚踏水车除了双脚忙活外，脑子和眼睛都闲着无事。于是小德榜便一边车水，一边看书，一举两得。此时，他正像田间的禾苗一样吸吮着自然甘霖，吸纳着知识琼浆。

一天，小德榜也许是被书中的故事所吸引，一时双脚失调，一脚踏空摔下了水车，双腿被惯性转动的脚踏撞伤。跌落地面时，他只感到一阵钻心疼痛，低头一看，腿上被撞出了几个大包。

几天伤好之后，人们又看到小德榜在水车上一边车着水，一边悠然地读着他喜爱的书。于是，在十里八乡传开了侯德榜“挂车苦读”的故事。

1911年，侯德榜连闯两关，顺利进入清华学堂高等科三班学习。侯德榜不顾纨绔子弟的嘲笑勤奋学习、刻苦研究，打下了扎实的学业基础。期末考试结束后，同学们都在教室里等待教师公布考试成绩。侯德榜仍旧在埋头学习，一些纨绔子弟以为侯德榜没有考好准备看侯德榜的笑话。

正在这时，一个蓝眼珠黄头发的美国女教师夹着皮包走进了教室，整个教室顿时一片寂静。该教师缓慢地打开成绩册，清了清嗓子，用流利的英语宣布了期末考试成绩，念出的第一个名字就是“侯德榜”，所有同学都竖起了耳朵。此刻教师提高了声调并带有欣赏之声：

“英文100分、三角100分、几何100分、物理100分、化学100分、国文100分……”10门功课门门满分，不折不扣正好1000分。10门功课1000分，在清华的历史上，不敢说绝后，但绝对是空前。按照今天的时髦用语，侯德榜是清华学堂妥妥的硬核学霸，也是值得清华乃至国家教育部门研究的现象。

侯德榜这位清华学堂的学霸以坚定的脚步、自信的智慧、辛勤的汗水继续书写着传奇。

1913年在美国麻省理工学院化工科学习，1917年毕业，获学士学位；再入普拉特专科学院学习制革，1918年又入哥伦比亚大学研究院研究制革，1919年获硕士学位；1921年获博士学位。

侯德榜在美留学期间不仅将学士、硕士、博士的学位收入囊中，而且将美国Sigmaxi科学会会员和美国Philamb-daupsilon化学会会员的金钥匙握在手中，让博士论文在世界学术史上千秋流芳，至今仍为制革行业引用的经典。

侯德榜在主攻所学专业之外，兴趣广泛、乐学新知。他还兼修了机械、建筑、电气，甚至演讲等学科知识。他利用假期，赴美国东部多家化工厂实习参观，深入了解美国化学工业。

勤奋好学如同一条红线贯穿着侯德榜的一生，他耄耋之年勤学仍如故，公交车上阅读口袋书，病床上坚持学习，不知感动了多少人。

2. 创新成果立潮头

勇于创新是侯德榜的生命禀赋。侯德榜中年之前所处的时代政治腐败、经济落后、民不聊生、外敌入侵，连一支温度计都难以购买。侯德榜和他的同人就是在这样的国度、这样的背景下打破索尔维制碱法70年的垄断，创造出世界领先的“侯氏碱法”，其中的智慧、艰难、付出难以想象。侯德榜却做到了，为中华民族争得了荣誉，将珍贵的英国皇家学会荣誉会员的桂冠戴在了中国人的头上。

新中国成立后，“侯氏碱法”得到大力推广，我国纯碱行业传承了侯德榜等前辈敢为天下先的精神，纯碱生产技术处于世界先进水平。2023年，全世界纯碱产能超过7000万吨，我国纯碱产能超过3000万吨，占世界总产能40%以上，稳居世界第一生产大国地位。

除了在纯碱行业树立了一座惊艳世界的丰碑外，侯德榜还在世界化肥领域树立了又一座丰碑。新中国成立后，共产党和人民政府十分重视民生问题，把解决人民吃饭穿衣问题列入了重要议事日程。在耕地有限、人口迅速增长的背景下，增加化肥生产与使用是解决粮棉增产，解决吃饭穿衣问题最为有效的办法。

侯德榜在听取下属汇报时，得到两个令他振奋的消息：一是大连碱厂刘嘉树总工程师在1956年做过食用碳酸氢铵生产试验并获得成功。二是中国农业科学院土壤肥料研究所陈尚瑾研究员使用大连碱厂生产的碳酸氢铵做过肥效试验，取得了良好的效果。

侯德榜便前往大连碱厂实地考察，清晰了自己流程简单、操作方便，不需特殊材料，用常压法生产碳酸氢铵的想法。他的这一想法得到原化工部批准后，1958年3月初，侯德榜便披挂上阵带领科技人员前往上海化工研究院建设小氮肥示范装置。侯德榜不顾年事已高，身先士卒、夜以继日，在上海市委、市政府的大力支持和建设者的共同努力下，1958年5月1日，如期建成年产2000吨合成氨、8000吨碳酸氢铵的小氮肥示范装置，生产出合格产品。

为了在全国推广小氮肥项目，侯德榜马不停蹄奔赴全国各地进行技术指导，其中七下丹阳成为美谈。丹阳化肥厂率先闯过设备关、技术关、经济关，成为全国示范和培训基地。1965年7月18日，《人民日报》第二版发表了《我国首创化肥生产新流程成功》《功成从失败中来》《勇气、办法、科学》等消息和评论文章。

由于小氮肥厂建设门槛低，适合我国国情。神州大地小氮肥厂如雨后春笋般迅速生长，遍地开花，于1979年达到1539家。从20世纪70年代中期开始，小氮肥厂的产量便占全国氮肥总产量一半以上，为我国化肥工业和农业发展作出了不可磨灭的贡献。侯德榜作为“碳化法合成氨流程制碳酸氢铵新工艺”首席发明人厥功至伟、光耀史册。

3. 热爱祖国成家风

爱国是侯德榜的生命底色，纵贯他的一生。他几次转行、拒绝高薪、不畏恫吓，只为国家富强。侯德榜的一生对爱国作出了生动诠释。

侯德榜在美国在为永利铔厂购买机器设备时，遵循与范旭东共同订立的“八字原则”（质优、快速、廉价、爱国），其中的爱国原则就是由于日本侵略我国，即使遇到优质、廉价的日本货也不购买，不能贪小利而失大义。

在永利铔厂投产半年后，抗日战争爆发，日寇觊觎永利碱厂和永利铔厂已久，通过各种关系找到范旭东和侯德榜，以提供保护之名希望与永利铔厂合作，企图以中国人的工厂生产武器杀害中国人。范旭东、侯德榜大义凛然，坚决拒绝，告诉日本人“宁举丧，不受奠仪”。为了保存中国化工火种，他们不得不告别天津和南京西迁华西建设化工新基地。

侯德榜在德国购买察安法专利技术时，因德国人已与日本组成轴心国联盟，不仅转让专利技术漫天要价，而且提出所产产品不许销往我东三省的有辱我主权的条件。侯德榜拍案而起、愤然终止谈判，离开德国。侯德榜义愤填膺、深有感触地说："难道黄头发、绿眼珠的人能搞出来，我们黑头发、黑眼珠的人就办不到吗？"他带领技术人员殚精竭虑、覃思赜奥、开拓创新终于自主研发成功优于索尔维和察安两法的"侯氏碱法"。

侯德榜留学美国8年，学成之后报效祖国。他竭力资助弟弟侯敬思、堂弟侯启泉、儿子侯虞篪、侄子侯虞钧等留美深造，并且都从事化工专业。侯德榜与出国留学的弟子们有言在先，国外虽好，不可留恋，学有所成，必须归来，如有违约，逐出侯门，永不见面。所有侯门弟子没有一人违约，学成之后都回国效力。爱国成为侯门家风、流芳史册。

4. 求真务实追到底

侯德榜一生翱翔在科技王国的星空，他在研发创新科技的实践中形成了求真务实、一丝不苟、身先士卒等良好习惯，既助力他的科学研究，也影响激励着无数人。

为了建设永利铔厂，侯德榜率领永利工作组前往美国联系设计、购买设备、培训骨干。在采购机器设备时，为了节省费用，采取了"不引进成套设备，只引进关键设备，自己能做的自力更生"的方略。在向多国厂商发出采购要约时规定了严格的材质、尺寸、误差标准。从700多张设计图样中一张一张比对、审查，从来自美国、德国、英国、瑞典等国的3万余份关键设备报单中，逐一进行计算、校核。结果选购了多国设备，但在安装过程中，与本国制造的设备全部能够配套安装并且严丝合缝，未发现接口有任何问题。他们精益求精、一丝不苟的工作作风，连外商也交口称赞。

大连碱厂流传着一个47与74的故事，记载着侯德榜的过往与美谈。一次，侯德榜在大连碱厂车间检查报表时发现有一项指标为74滴，立即产生了疑虑，马上拨通了车间主任电话，询问这项指标为何这么高。车间主任接到电话后一时也说不明白，赶紧到生产现场了解情况，结果发现是当班工人笔误错将47写成了74。

侯德榜对三级管理人员提出了严厉批评："当班工人的疏忽应该教育，要求他们加强责任心。而你们三级领导一级一级审批，为什么都没有认真审核就签上了自己的名字。假如由此出现生产、安全事故，你们都有不可推卸的责任。希望你们要引以为戒。"一番入情入理的话语，说得这些领导一个个面红耳赤。此后，各级领导都熟悉了业务，加强了责任心，发现指标异常都会予以关注，核查原因，为大连碱厂安全、稳定生产奠定了基础。

侯德榜奉行追到底的精神，他在研制"侯氏碱法"时为保证数据真实可靠，他对试验要求极为严格，硬性规定每一项样品必须重复30次，得到稳定数据后才可认定，一次都不能少，少了就要追究主管领导的责任。

苏联专家说氯化铵肥效不好，使正在进行的"侯氏碱法"工业性试验下马。他深入调研，反复研究，以国内外翔实的数据说明氯化铵是深受农民欢迎的好肥料，为"侯氏碱法"工业试验重新开工提供了理论支撑。

当化工部不断接到有接触沥青的公路工人患有皮肤病的消息时，沥青有毒之声甚嚣尘上。侯德榜接受这个课题后，深入调查、条分缕析，对石油沥青、煤膏沥青、天然沥青一一进行分析，得出了只有处理不当的煤膏沥青有毒的结论，使难题得到了妥善解决。

为了掌握第一手资料，侯德榜即使耄耋之年也仍然坚持爬铁梯、登高楼、进炉膛。病重期间将技术研讨会安排在家中召开，令人感动不已。

5. 责任所在拼命为之

在美国为永利铔厂采购机器设备期间，侯德榜夜以继日、废寝忘食，超负荷工作。他每天排出日程表，洽谈、参观、学习，要寄出哪些信函，要会见哪些客商，谈什么问题等，工作节奏十分紧张。他养成了当日事当日毕，每天写日记的良好习惯。

一天上午，他与外商洽谈合同，耽误了吃饭时间，回到办事处往口袋里装上几块糖果就赶往了下一个约谈地点。

长期的身体透支和大负荷的工作拖垮了侯德榜的身体。1935年8月，侯德榜染上了美国流行病牧草热，但他仍抱病坚持工作。10月14日，他给范旭东写了一封感人肺腑的书信：

弟在美两月来患所谓牧草热甚剧，在美国人中患此病者颇多，轻重不等。弟患此不幸甚重，夜间鼻不能呼吸，不能入睡，由此而失眠，白日精神疲惫。但历来仍勉强工作，晚间尚需十一二点始离公事桌返寓，所幸身体尚可支持耳。

弟实欲赶早结束回国。先母定下月中旬安葬。弟在美各国事务待了，竟至愆期，不能返矣。故前日私人致舍弟敬思一电，请其务必届时返里。因舍下仅余女眷，乏人主持，情实难堪。昨天接舍间来信，忽报知被盗，窃去物件颇多。乡野不安，人民流离失所，盗贼充斥，中国之大，竟无一片净土，可谓伤心。

私人身体、家庭情况、国事情形，无一不令人烦闷，若非隐忍顺应，将一切办好，万一功亏一篑，使国人从此不敢再谈“化学工业”，则吾等成为中国之罪人矣。

吾人今日只有前进，赴汤蹈火，亦所弗顾，其实目前一切困难，在事前早已见及，故向来未抱丝毫乐观，只知责任所在，拼命为之而已。最后成败，均看此时坚忍毅力如何，想同仁已鉴及此矣！

当夜侯德榜浮想联翩、辗转床头、久不思眠，吟诗一首：

思先母旅中自伤

母死七年未掩埋，弥留深恨莫能回。
一生苦干残躯在，半世鳏居血气衰。
增进技能堪自任，添筹资本愧无才。
弟兄离国更寒暑，儿女应呼归去来。

从书信和律诗中，我们可以读出当时的侯德榜为建设永利铔厂赴美国负责设计、采购、培训时的情景。

任务繁重、身患疾病、母未掩埋、家中失窃、妻盼早归，如同一座座大山压来，若没有爱国初心、坚定信念、坚忍毅力、乐观心态，怎能扛得起、顶得住。

侯德榜知道，压力再大也不能趴下；他懂得，为山九仞，功亏一篑；他害怕，如果因为自己导致永利铔厂失败，使国人从此不敢再谈“化学工业”，则吾等成为中国之罪人矣。

因此，只有排难前进、赴汤蹈火；只知责任所在，拼命为之而已。

苏东坡说：古之立大事者，不惟有超世之才，亦必有坚忍不拔之志。

赤子之心、感天动地、跃然纸上。今天读来，仍令我辈铭感五内、高山仰止。

6. 乐于奉献淡名利

侯德榜深受世人景仰，除了他对人类的科技贡献外，还有他的无私奉献。侯德榜如果学习索尔维向需要纯碱技术的国家、企业出售专利，他有可能成为中国首富，他却奉行“达即兼济天下”的中国文化，在美国出版英文版《纯碱制造》，将制碱秘籍公告世界，惠泽人类。

侯德榜生活俭朴，不沾烟酒，茶也很少饮用。饮食起居从不讲究，常穿打了补丁的衣服。使用的东西总是物尽其用，从不轻易扔掉。他的那把计算尺，是学生时代开始使用的，用到五十多岁才更换。他的收音机，用了几十年也舍不得丢弃，电子管老化了，更换一个又继续使用。

侯德榜先后赴美国工作多年，为了节约外汇，处处精打细算。他和永利同事住青年会宿舍，1938～1943年住纽约西34街青年会宿舍，每天房租仅0.75～1美元。1943～1948年住纽约西63街青年会宿舍，每天房租1.25～1.5美元。这在当时是非常低廉的房租。而他是手握千万资金的企业高管，在世俗眼光看来两者之间极不相配。侯德榜一直坚持在收费低廉的自助餐馆就餐，出入和下属一起坐地铁。

1964年秋，在准备“侯氏碱法”鉴定的过程中，侯德榜反复思考着，新中国成立后，党和国家不提倡以个人名字命名城市、街道和工厂，一个工业方法也不应用个人名义命名。他认为自己虽是首创者，但永利及大连碱厂许多工程技术人员也为此付出了努力，作出了贡献。如果再沿用“侯氏碱法”命名不妥。为此，他诚恳建议不再沿用“侯氏碱法”这一名称。化工部收到侯德榜的正式建议书后，经过研究采纳了侯德榜的建议，上报国家科委，在鉴定会上正式改“侯氏碱法”为“联合制碱法”，后来简称为“联碱”。

侯德榜一生乐于奉献，为黄海化学工业研究所、化工学会、化学会等社团购买办公用房和图书资料捐赠了巨额资金。据侯德榜长孙侯盛锽介绍：“被有些人称为‘大资本家’的爷爷去世时只有几万元存款。我们4家后人，每家只留了2万元。爷爷留给我们的金钱非常有限，但留给我们的精神财富却非常丰厚。”

侯德榜一生最大的爱好就是读书，他到过不少国家，只要时间允许，他都会逛逛书店，只要有喜欢的书就会设法购买。他多次搬家，家搬到哪里，这些书就跟到哪里。书柜里、走廊上都放着他心爱的书。

病重期间，侯德榜希望在百年之后这些心爱的藏书能够助力国家的科技、教育事业，为这些书籍找到最好的归宿。他用颤抖的手写信给周恩来总理，表示：“德榜体弱多病，恐不久于人世，对党和国家的栽培，无以图报，愿在百年之后，将家中珍藏的书籍捐献给国家。”

根据他的遗愿，其中的510册书籍捐给了化工学院即今天的北京化工大学。100多册书籍捐赠给了北京图书馆。

北京化工大学将侯德榜捐赠的图书视为珍宝，委派既懂英语、日语，又有计算机功底的老师负责管理。为每一本图书制作了一个专有卡片，翻译出作者姓名、图书名称、出版社名称、出版时间等内容。书籍无论大小，都单独使用一个档案盒放置，并做好说明。考虑这批图书大都年代已久，纸张发脆泛黄，为了减轻承受压力，改竖立为平放。对一些口袋小书，在档案盒中间系一根绳子，将图书固定，以减少震动。这批图书在北京化工大学不仅是珍贵的科技资料，而且成为爱国主义教育的教材。

侯德榜得到了党和国家的莫大信任，在新中国成立初期的20世纪50年代，先后当选、受聘各种职务20多个。继1949年9月出席中国人民政治协商会议第一届全体会议后，又当选政治协商会议全国委员会常务委员。1950年1月起先后出任中央财经委员会委员、重工业部化工局顾问、化工部化学工业技术委员会主任。1954年9月，当选第一届全国人民代表大会代表，后又连任第二届、第三届、第四届全国人大代表，还荣任第一届全国政协委员和第二届、第三届常委。1955年6月，选聘为中国科学院技术科学部委员（院士），同年11月当选中国民主建国会中央委员会常务委员。1956年任中国科学技术协会副主席。1958年3月7日，出任化工部副部长。

1974年8月26日，侯德榜走向了人生终点，享年84岁。

侯德榜的去世，震惊了世界。他的去世是中国尤其是化学工业的巨大损失。国内外众多机构、单位、个人纷纷前往吊唁或发来电报、打来电话深表哀悼。

1974年9月3日，在八宝山革命公墓举行了侯德榜追悼会。党和国家领导人朱德、周恩来、叶剑英、郭沫若及有关单位送了花圈。聂荣臻副委员长，全国人大、全国政协、化工部和家乡代表，生前好友及家属前往八宝山参加了追悼会。

中国科学院负责人周荣鑫主持追悼会，燃化部副部长徐今强致悼词。徐今强对侯德榜的一生给予了高度评价和充分肯定。

因为当时政治环境特殊，侯德榜的中国共产党党员身份、责任、义务被无故停止。同事和家人都知道，侯德榜生前十分珍惜共产党员身份，为此长期奔走以求。

党的十一届三中全会后拨乱反正，侯德榜的共产党员身份得以恢复。为了让这位功勋卓著的科学家、共产党员的追求得以达成，夙愿得以实现，灵魂得以安宁，经化工部专题申报，获得中共中央和国务院特批，5年后的1979年8月再次在八宝山为侯德榜举行追悼会。化学工业部孙敬文部长主持，相关部门领导和家属参加，会场庄严肃穆，侯德榜骨灰盒四周鲜花盛开，孙敬文部长在侯德榜骨灰盒上庄重地覆盖了一面鲜艳的中国共产党党旗，让党的好儿子得到了最终归宿，祖国和人民向侯德榜表达了深深的敬意！

味精大王吴蕴初

叶建华

1950年10月，北京中南海，一位刚从海外归来的民族实业界巨子，受到周总理的亲切接见。两人一见面，周总理就紧紧地握住他的手，高兴地说："味精大王回来了，欢迎，欢迎！"

这个"味精大王"名叫吴蕴初，是一个传奇式人物，坊间有"南吴北范"之说，他的名气与贡献可与被毛泽东誉为工业先导的范旭东比肩。

我因在中国化工博物馆工作及此后深入上海化工研究院采访调研，随着了解的深入，让我对吴蕴初敬意倍增，特煮海为盐选取吴蕴初人生的几个亮点载入青史，表达致敬并期待照亮后代晚辈。

1. 向上延伸产业链

吴蕴初出生于1891年9月29日，上海嘉定人。1906年考入陆军部上海兵工学堂半工半读化学专业，毕业后先后在上海制造局、汉阳铁厂、汉口筹办氯酸钾公司实习、工作。1920年，吴蕴初回到上海，与他人合办炽昌新牛皮胶厂并担任厂长。这期间，日商在上海倾销的"味の素"大获成功，引起了他的极大兴趣，于是便买回一瓶进行分析化验，发现日本"味の素"的主要成分是谷氨酸钠。

1921年，吴蕴初利用空余时间和夫人吴戴仪一起，在上海租用的一处住房阁楼里，开始研制提取谷氨酸钠的技术，终于获得成功，生产了第一批产品。吴蕴初将其取名为"味精"。攻克技术难关后便建厂生产"味精"，取名为"天厨牌味精"。

当时中国工业极为落后，制造"味精"的化工原料盐酸要从日本进口。日本人为了遏制中国人生产"味精"，不仅进口原料价高而且制造供应障碍。为了突破困境，吴蕴初燃起自己生产盐酸的念头，创办中国自己的氯碱工厂。通过多方努力，1929年10月成立了天原电化厂，于1930年11月10日举行隆重开工典礼，南京国民政府实业部部长孔祥熙到会并致辞，称赞吴蕴初："独创此厂，开中国电化工业之新纪元。”天原电化厂如期试车投产，日产盐酸4吨，烧碱、漂白粉各2吨，产品采用“太极”商标，开创了中国氯碱工业。由于吴蕴初高度重视产品质量，深受用户欢迎。一时间，太极牌产品风靡市场。天原电化厂所产盐酸完全能满足天厨味精的原料自给，烧碱和漂白粉则影响了英日商人垄断中国市场的既得利益，于是外商采用压价倾销措施阻滞天原电化厂，吴蕴初则采用降低包装费用等办法顽强抗衡。经过半年多角逐，天原电化厂取得胜利，产品在市场上站稳了脚跟。

随着天厨味精和天原电化厂的成功，吴蕴初没有故步自封，而是将目光投向了远方，考虑建立自成体系的天字号化工集团。

吴蕴初赴美国考察氯碱工业时，对美国通用陶瓷公司进行了重点考察。因当时天原电化厂所需的耐酸陶器向法国购买，价格畸贵。凭着当年做矽砖的经验，他认为，耐酸陶器必须而且可以自给。于是，吴蕴初引进美国技术着手筹建天盛陶器厂，该厂如期建成投产，生产出多种耐酸管、瓷板、陶器阀门和鼓风机等产品，填补了我国化学陶瓷的空白。

1934年，为了利用天原电化厂放空的氢气，成立了天利氮气厂，平时生产氨水、肥田粉，战时可生产炸药原料，得到国民政府高度认可。

由天厨味精厂为发端，因原料所需建成天原电化厂、因耐酸容器所需建成天盛陶器厂，因利用放空的氢气继而建成天利氮气厂。吴蕴初在中国化工的天空天马行空、左右逢源，不仅形成了自成体系、配套发展的天字号化工集团，而且带动了相关工业的发展，为国计民生作出了重要贡献，给落后的中国工业带来一抹亮色，创造了许多奇迹。

2. 巧妙推宣新产品

在贫穷落后的中国建设化工厂不易，销售化工产品、扩大市场份额更难。下面介绍两则吴蕴初销售产品、扩大市场的故事。

当时，中国市场流行畅销的是日本的“味の素”，了解中国天厨牌味精的人很少，如何才能让消费者知道自己的产品，吴蕴初和他的团队采取了不少策略但效果不佳。经过苦思冥想，一条妙计终于产生了。

一日，带着一小瓶味精的吴蕴初尾随张崇新酱园的推销员王东园走进了“聚丰园”饭庄。吴蕴初选了个距王东园不远的桌子坐定后，要了两菜一汤一碗饭，他有意端起汤来喝了一口，然后夸张地摇摇头，皱皱眉，掏出随身携带的小瓶，招摇地高高举起，缓缓地向汤碗抖了抖，撒入几粒味精。这番做作的行为引起了周围人的注意。吴蕴初这才不慌不忙地端起汤碗大口大口地喝了起来，并咂嘴咂舌地表示美不胜收之意。同桌的年轻人忍不住好奇，开口问道："喂，侬在汤里做了啥法，好香啊？"吴蕴初笑而不答，再次掏出小瓶给年轻人的汤碗撒了几粒味精，而后说："侬品品看，味道如何？"年轻人却又迟疑不肯。这一切早被精明的王东园看在眼里，他不由得凑上去尝一尝，待喝了一口后，不禁脱口叫道："好！好味道，你再买一碗，阿拉付钱！"随即移桌相就。

吴蕴初的销售团队在上海滩各大饭馆酒店如法炮制此推销妙法，结果大获成功，天厨牌味精味道好的风声在上海滩不胫而走，随之产品畅销市场。

当得知吴蕴初成功制作出味精却又缺乏资金后，王东园主动提出介绍他的老板张逸云与吴蕴初合作。资本与技术联姻，极大地助力吴蕴初天字号集团的发展。

吴蕴初取得国内成功后，并未就此止步，而是瞄准了国际市场登高望远。1926年，经过精心策划、认真准备，天厨味精厂选择高端产品"佛手"牌味精参加了在美国费城举办的万国博览会，以其优质的产品、精美的包装一举荣获金奖。此后，中国味精产品成功进入欧洲等海外市场，日本"味の素"在东南亚的市场也被中国产品取代。

中国天厨牌味精横空出世，引起了日本、欧洲等同行的焦虑不安，他们处心积虑想置中国产品于死地。吴蕴初也在酝酿应对之策。他想到了"穷则独善其身，达则兼济天下"。吴蕴初主动放弃味精的国内专利，希望全国如雨后春笋般生长出更多的中国味精厂。

此后，国内先后出现了十几家味精工厂和众多味精品牌，国货味精市场极大繁荣。日本的"味の素"除了在日本关东军占领的我国东北地区外，在中国的其他地区再也难见踪影。

3. 真诚爱国无底线

爱国，是吴蕴初的生命基因。

1932年第一次淞沪战争爆发，吴蕴初出钱出力支援19路军前线杀敌，得知日军使用毒气弹，便联合大中华橡胶厂和康元制罐厂研制了一批防毒面具，送给19路军，深得蔡廷锴将军赞赏，挥笔为天厨、天原两厂题词致谢。1933年国民政府发起航空救国活动，要求全国捐献50架飞机。吴蕴初耗资12万银圆，从德商处购置一架霍克全金属双座战斗机，后因试飞出现故障，德商修复后又赔了一架霍克教练机，1934年3月18日在虹桥机场举行天厨号命名及捐赠仪式，沪上各界名流到场观看飞机表演。随后战斗机入杭州笕桥机场战斗系列，教练机则归上海航空练习社使用。

抗日战争爆发，吴蕴初积极组织工厂西迁，保存中国化工火种。

新中国成立后，吴蕴初积极申请公私合营，1951年天原电化厂、天利氮气厂实行公私合营，1956年6月，将天原化工厂天利部分改为上海肥料工业研究所，上海制酸厂改为肥料研究所的实验工厂。以上海肥料研究所为基础，上海化工研究院在吴蕴初创立的天利氮气厂的原址上正式成立。

抗美援朝战争爆发后，吴蕴初闻讯女儿报名参军，虽心中有些不舍，仍陪同女儿到上海电台做节目，此事轰动海内外，“味精大王”动员女儿参加志愿军，由此产生了良好的示范效应。

吴蕴初在抗战期间曾经两度赴美考察，他对美国杜邦的股权保管方法大加赞赏，便产生了经营一个“中国式杜邦”的梦想。于是，1945年9月，本着“取之于社会，应用之于社会”的原则，吴蕴初决定成立“蕴初资产管理委员会”（后更名为吴蕴初公益基金委员会），自任主任委员，将他投资化工事业的全部股票拿出，由基金会统一保管。抗战胜利后，他又将味精发明权所得的收入，全部归入了基金会。

基金委员会规定：股票集中管理，永远不得变卖或转移；每年盈余一半用于投资天字集团各企业发展改造，一半用于资助化工科研教育事业。吴蕴初还特意聘请知名人士参与管理。后来，修改为年盈余半数用作社会公益，半数留作企业自身发展，“于必要时酌提蕴初遗裔之无力者教养费”。

1953年吴蕴初去世后，家属根据他的遗愿，将他所有的其他股票，也一并归入了基金会。吴蕴初的这种奉献、公益理念和实践，为中国民营企业树立了榜样，受到人们的景仰。

2023年11月10日，我在中国化学会采访时，办公室主任邓春梅向我介绍，吴蕴初先生是受科学界尊重的领导，曾担任中国化学会第五届（1937年）副会长、第六届（1938～1939年）副会长、第七届（1939～1940年）副会长、第八届（1941年）副会长、第十一届（1944年）理事、第十二届（1945年）理事、第十三届（1946年）常务理事。吴蕴初给予中国化学会大量的资金资助，为祖国的化工科技发展作出了卓越贡献。

1949年上海解放后，吴蕴初离开美国回到祖国，受到周恩来的亲切接见。周恩来十分重视原有的工业基础，对民族工商业者倍加关照。希望吴蕴初为新中国的化工事业继续努力。吴蕴初闻言备受鼓舞，即刻回到上海组织生产。之后，天字号工厂不但生产出大量化工产品，还努力创新技术、更新设备、培养人才，为新中国的化工发展作出了巨大贡献。

4. 化作春泥更护花

吴蕴初先生一生致力于实业救国、科技强国，十分重视教育事业和人才培养，在他的生命旅程中留下了许多雪泥鸿爪。

1928年，吴蕴初在上海创办了“中华工业化学研究所”，进行分析化验及科学实验。

1929年，原设在北平（现北京）的中华化学工业会因北方政局动荡，学会活动被迫中断两年多。吴蕴初甚为关切，热情欢迎该会南迁上海。中华工业化学研究所提供部分房屋并与该会合址办公，与该会建立了合作关系，协助该会迅速恢复了学会活动。天厨味精厂和天原电化厂积极加入该会成为团体会员。

1937年，吴蕴初还捐赠了上海市南昌路的一栋房产作为该会会所，这对于该会以及后来的上海化学化工学会的发展发挥了积极作用。

吴蕴初出身清寒，对于有志青年没有钱而想读书深有感触，特于1931年出资5万元，成立清寒教育委员会，聘请几位化学界知名人士任委员，每年考试选拔大学一年级化工系学生及高中学生各十余名，发放奖学金，送到浙江大学、上海交通大学、清华大学学习。同时在沪江大学化学系设立奖学金。先后培养了上百名优秀的高级科技人才。

吴蕴初非常重视对公司职工的教育培训工作。经他提议，天原电化厂董事会决定，从1932年6月起，每月拨款800元，作为工厂技术人员出国考察进修经费。

1935年2月，吴蕴初又在监事会上提议，“教育是百年树人之计，应该量力帮助”，决议将助清寒基金经费提高至3000元。钱伟长、屠守锷、王安等都受其资助后成为极有成就的科学家。

除此之外，吴蕴初早在1929年便成立了中华工业化学研究所，并与中华化工会合作创办了中国第一家专业化工刊物——《化学工业》。他还参与创办了中国工业标准化协会，支持发行会刊《工业标准化》。之后，还设立了“天厨奖金”，每年举办两次有奖征文活动，论文题目范围限于化学工业的学理研究和实际调查。

今日的上海化工研究院仍然保留着吴蕴初工厂的遗址，传承着吴蕴初刻苦钻研、务实创新的科学精神。2024年3月，在天利氮气厂成立90周年之际，上海化工研究院将氯碱公司捐赠的吴蕴初铜像竖立于院内以传承弘扬吴蕴初先生的文化与精神。中国石化联合会会长李寿生等领导欣然参加吴蕴初铜像揭幕仪式并致辞缅怀、题词寄语。

吴蕴初，不仅为祖国创造了天字号实业，而且为后人留下宝贵的精神财富，值得我们深情缅怀并将其精神发扬光大。

王箴与《化工辞典》

李乐年[①]

王箴先生是我国优秀的化学家、化学教育家、化学和化工社团组织活动家；晚年更是以担任《化工辞典》主编而名扬当代化学、化工界。

王于1899年出生于江苏省江阴县，1994年去世，他把毕生的精力贡献给了化工事业。

王于1920年毕业于北平清华学堂，嗣后公派到美国留学。他勤奋好学，手不释卷，学习成绩始终名列前茅。1923年获美国麻省罗宛尔纺织工学院染化学士学位，1924年获密歇根大学化学硕士学位，1926年获康奈尔大学哲学博士学位。

1923~1925年，王在美国与庄长恭、傅鹰等筹建中华化学会，担任第一届至第四届会长。1926年该学会迁回国内，对我国早期化学工业的发展起过非常重要的作用。

1926年，王回国后参与中央工业试验所筹建工作，并担任研究指导。1932年开始从事教学工作。历任厦门大学教授、化学系主任，浙江大学化工系教授，之江大学教授、化学系和化工系主任，上海交通大学化学系教授，沪江大学化学系教授。

从1952年起，王先后在上海市纺织工业局、化学工业局任职，系第三届全国人大代表。

1926年，王参加中华化学工业会，担任理事、常务理事。该会后更名为中国化工学会。1957年3月，王被推选为中国化工学会上海分会副理事长兼编委会主任委员。为表彰王的功绩，中国化工学会于1986年授予他“建会元勋，一代师表”的荣誉奖状。

---

① 李乐年系北京知青，曾在云南建设兵团屯垦戍边10年，返城后获经济学学士学位。中华诗词学会、天津市红楼梦研究会会员。

1946年，王与陈聘承、曹梁厦等发起创办科技期刊《化学世界》。王任总编纂、编委会主任委员，一干就是四十多年。

王通晓英、德、法、俄、日五国文字，且中文造诣甚高。他很爱写作，笔耕不辍，著作颇丰。

化学工业是近代才在我国发展起来的新兴工业，急需向国人普及这方面的知识。20世纪60年代初，当时的上海化工局局长提议编写一本《化工辞典》的创意。这一创意辗转到化工出版社，获得赞同。历史的重担落在了王箴先生的肩上。王也为此倾注了大量心血。

《化工辞典》是一本综合性的工具书，它的读者层面定位于具有中等文化水平及以上的专业技术人员、管理人员和生产一线工人。不仅化工专业人员可以使用，非化工人员也可以查阅。这部《化工辞典》无论是选词还是释义，都力求宽窄适宜、深浅适当、程度适中，体现基础性、科学性、通用性和实用性的协调统一。可见主持与领导《化工辞典》的编辑是一项非常艰巨、浩繁的工作。

王教书育人、著书立说，一向以严谨著称。为了编好《化工辞典》，他查阅了国内外各种辞书和辞典，兼收并蓄，博采众长，与化工出版社一道精心设计《化工辞典》的整体框架和内容结构。他主张编写这本辞典要坚持四个结合：科学性与实用性结合、专业性与通俗性结合、完整性与主导性结合、系统性与概括性结合。他提出收词原则是化工专业门类词汇要齐全，各专业种类词汇要有代表性。他要求平均每个词条200字左右，语言简练，用词准确，力求做到多一个字累赘、少一个字残缺。

王箴先生坚持亲自审稿，逐条把关，有时为了核对一个数据，常常要查阅大量的文献资料。在《化工辞典》的书稿档案中，保留着他1983年11月3日写给化工出版社编辑部的一封短信："关于芥酸、花生酸的溶解度都查不到，请复查。"可见他对词条内容的审查是十分严格的。为了使词条释义准确，用词恰当，有时他对每个字都要反复推敲。比如对"储"与"贮"和"萤"与"荧"的用法，王查阅了多种权威的文献后提出，当名词时用"储"，当动词时用"贮"；在化学上用"萤"，在物理学上用"荧"。

王在接受《化工辞典》主编这项任务时，已经年过花甲。他以一位老科学家热爱科学，以胸中所学报效祖国的赤子之心，投入这项工作中。他不仅在编辑中倾注了大量心血，还与读者建立了一座沟通的桥梁。《化工辞典》出版发行后，写给他的各种咨询信件接踵而来。有的询问化工产品，有的查询数据标准，有的索要产品配方，有的求解生产难题，有的提出意见和建议，还有的求助购买这本辞典。1986年，江西省宁都塑料厂助理厂长在写给王的一封信中说："由于您主编的这本书，内容丰富，很有实用和参考价值，我就委托出差的同志走遍全国各地新华书店，都未能如愿买到这本书。在十分无奈的情况下，特写信给您，希望能得到您的帮助。"对这些读者的来信，他都一一作答，尽量满足读者的各种需求。

王身体不好，常年患湿疹。可是他深知，"纸上得来终觉浅，绝知此事要躬行"。为了使《化工辞典》适合我国的国情，使每个词条紧密联系实际，王亲自深入化工企业和车间，调查研究并听取意见。其实湿疹这种皮肤病，最怕受到外界的刺激，而接触化工产品所带来的污染是很难完全避免的。尽管如此，王还是亲力亲为，从未止步。在组织编写《化工辞典》第一版时，他先后考察了上海水泥公司、天原电化厂和永利化学工业公司等化工企业和科研单位，收集了大量实验数据和第一手资料，使这本《化工辞典》的编辑建立在大量的调查研究和原始数据基础之上。在他的影响和倡导下，各专业编写组都纷纷深入实际、调查研究，力求使《化工辞典》编得更加适合科技发展潮流，更能够适应化工生产建设的需要。

王不仅主持《化工辞典》的编辑工作，也在作者、化工出版社和广大读者之间，开辟了一条通道、架起了一座桥梁。1969年8月，《化工辞典》首次出版发行，立即在社会上引起了轰动效应。在上海市首发的第一天，新华书店销售这本书的柜台前就排起了长龙。原化工部机关将这本书发给每个专业技术和管理人员，作为指导化工业务工作的重要参考书。时任党和国家领导人的李先念、国务院副总理王震和主管经济和工业的副总理，都备有《化工辞典》。《化工辞典》第二版发行后，王震副总理曾给化工部打来电话，询问该书的出版情况。国务院各经济和工业部门的领导同志，也都把这本书摆在自己的案头或书架上。2000年8月，时任全国政协副主席的宋健，在参观第八届北京国际图书博览会时，盛赞《化工辞典》是一本好书。

《化工辞典》的推出，在我国化工行业掀起了阵阵涟漪。《现代电镀手册》的编著刘仁志教授，在2013年回忆说，1969年，我刚从学校毕业参加工作，我学的是机械加工，却被分配到国营710厂的电镀车间。当时我对电镀一无所知，看着摆在车间里的坛坛罐罐，就知道这个车间至少与化工是有关的，于是就想找和化学化工有关的书来看。当时要找一本科技书十分困难，但机缘巧合，工厂情报室购进的一批新书中有《化工辞典》，我如获至宝，用工作证借来看，由此，知道了电镀是怎么一回事儿，开始熟悉了这一新的技术领域。

随着社会影响的扩大，这本《化工辞典》很快进入化工生产企业、科研单位、大专院校和读者的视野中，成为广大化工专业技术人员和化工爱好者的良师益友，对于普及化工知识、促进化工生产建设和科研教育事业的发展，起到了不可替代的作用，由此也成为化工出版社最畅销的优秀科技图书之一。

到20世纪90年代，《化工辞典》修订出版第三版，累计销售52万多册。到2013年该书出版第四版，累计印刷24次，印刷近百万册。1993年，《化工辞典》繁体版由我国台湾地区中央出版社购买了境外出版发行权，发行后在台湾地区及东南亚一带受到广大读者的欢迎。《化工辞典》第二版于1982年获得第一届全国优秀科技图书奖、1983年获化工部优秀科技图书奖，《化工职典》第三版于1994年获得化工部优秀图书奖。

王曾担任《化工辞典》第一版至第四版的主编，为其倾注了大量心血。1994年8月，王箴先生离开了自己终身热爱的化工事业，也把自己同他主编的《化工辞典》等书籍，紧紧地连在了一起。

书香贝叶过，接力有来人。从2012年起，《化工辞典》第五版修订工作启动。众多的化工专家、化工出版社的老中青编辑同人，接力传承，辛勤付出，默默奉献，使得这本《化工辞典》始终畅销不衰。

最后题小诗一首以作结。

海外学成赤子心，讲台三尺铸师魂。

著书寒暑燃烛炬，薪火传承引路人。

我国盐类矿床地质学奠基人袁见齐院士

李钟模

袁见齐，男，字省衷，1907年9月22日出生，上海市奉贤县人。自幼爱好读书，好学多思。1929年毕业于中央大学首届地质系，获理学学士学位，并留校任教。曾先后在中央大学、云南大学、唐山工学院、北京地质学院、中国地质大学任教研室主任、系主任、院长助理兼教务长、副院长、研究生部主任等职。

袁是我国著名的地质教育家和矿床学家，我国盐类矿床地质学的开拓者和奠基人。系中国地质学会名誉理事。60多年来，他培养了一代又一代地质英才，其中许多人成为当前地质战线上的重要骨干。晚年，袁以极大的热忱从事培养硕士、博士研究生及青年教师的工作，为地质事业后继有人作出了突出贡献。

袁早年在苏、浙、川等省从事铁、煤、金、萤石等矿产地质勘查以及地质构造、水文及工程地质学等领域的科学研究，获得了多方面的成果。1939年，他应邀前往昆明云南大学任教。时值抗战期间，海盐来源断绝，当地无盐业生产，百姓望盐兴叹。目睹民众缺盐的困苦，他转而从事盐类矿床的研究和开发工作。1940年，他利用教学之暇，亲赴滇中一带调查盐类矿床。同年，在他与朱熙人、郭令智合著的《云南矿产志略》一书中，对云南盐矿地质资源进行了初步总结。1940年8月，他应朱庭祜先生的邀请，进入盐务总局，直至解放前夕。这期间，他冒着风险、克服困难，跑遍了川、滇、黔、青、甘、新等省区的崇山峻岭、大漠戈壁。首次对我国西北地区的盐矿地质及其形成条件作了论述和研究。从此，我国西北丰富的盐矿资源始为世人所知。袁发表的论文和专著中所述及的资料和观点，即便在今天看来，无论是对盐类物质来源的分析、盐湖的成因探讨，还是盐类矿床分类的建立等，都仍然具有重要的指导意义，并成为我国盐矿地质学研究史中的重要文献。新中国成立后，为了寻找钾矿等盐类矿产资源，袁更是呕心沥血，数十年如一日，历尽艰辛，孜孜以求。由于袁在盐类矿床中的杰出成绩，在第一个五年计划的开始，他即受聘于轻工业部盐务总局，担任该局资源勘探队的顾问。根据世界发达国家农用化肥和农业生产的发展经验，他感到钾盐找矿工作刻不容缓，于是各处奔走呼吁，促进了钾盐工作尽早展开。在地质部支持下，1956年北京地院矿床教研室成立了以袁为首的盐类矿床科研组。不久，袁又加入了由中国科学院化学研究所柳大纲教授为队长、综考会组建的盐湖调查队，并任副队长。他还亲率北京地院师生赴柴达木盆地考察。1956年察尔汗盐湖钾盐矿床的发现，震动了先生。按照传统的钾盐成矿理论，内陆盆地一般不易形成钾盐矿床，但袁尊重事实、尊重科学，经过周密考察研究，于1961年写出了《中国内陆盐湖钾盐沉积的若干问题》一文，而后，形成高山深盆成盐成钾理论，被称为中国陆相成钾理论。这和中国陆相生油理论一样为世人瞩目。1959年，他组织北京地院师生三十余人，完成了全国盐类矿床分布规律和远景预测的研究项目。主编了我国第一幅全国盐类矿产预测图。同年，湖南衡阳盆地的找盐工作遇到困难，袁到现场指导，与轻工业部盐勘队的同志研究资料，踏勘剖面，提出了新的找矿方向。不久，盐勘队就钻到了厚盐层。为此，该队向袁发来贺电，特表感谢。1961年云南边陲江城县发现钾盐，袁又立即带领北京地院师生步行进入矿区，指导矿床的勘探和科研工作，对以后的滇西钾盐地质工作起了推动作用。

此外，袁为了发展和壮大钾盐找矿队伍，于1961年和1962年为地质部举办了两期钾盐训练班，主编了《钾盐找矿须知》等教材，并亲自授课，促进了盐矿地质工作。到1966年我国找到了一批石盐、芒硝、天然碱、石膏及钾盐矿产。1972年夏，先生又应邀去江汉油田，边参加油盐兼探、边系统传授钾盐成矿理论。他还带领青年教师奔波于山东、安徽、江苏、江西、湖南、湖北等省，亲自查阅资料，鉴定岩芯。在山东大汶口工作时，先生根据碎屑岩系内成盐成钾的中国特点，指出该区不仅有找到石盐矿床的可能性，而且有可能发现杂卤石等含钾的硫酸盐矿物。这个科学的预见，在1982年被山东地质局第一地质大队所证实，该队在大汶口52/ZK8孔发现厚1.18米、K_2O平均品位10.92%的无水钾镁矾钾矿层。

1978年底，武汉地质学院北京研究生部建立，袁出任研究生部主任并兼钾盐地质研究室主任之职。1981年，袁被聘为化工部化学矿产地质研究院科学顾问后，更是为中国的钾盐资源匮乏忧心如焚。1988年7月16日，先生不顾古稀之年，身患疾病，还躺在床上给化工部秦仲达部长写信，建议对青海察尔汗盐湖的固体钾矿和液体钾矿资源的合理利用进行研究，宜在二期工程上马之前，结合第一期采卤工程尽早开展，确保一期工程的均衡生产和二期工程资源的质与量，并建议找钾工作的重点应转向海相地层，还指出，我国许多地区盐矿地质工作程度还较低，前期的基础地质研究应尽快先行一步，构造、岩相古地理、物探等方面应有所加强，以便取得分析成钾条件的可靠资料，为进一步找钾打下基础。这些真知灼见仍能指导当前钾矿工作。

袁见齐教授为中国找钾倾注了全部心血，身患重病时为祝贺青海钾肥厂一期工程落成还写了一首感人肺腑的长诗：

戈壁明珠，察尔汗湖。高山深盆，众水汇潴。万年蒸腾，盐花闪烁，乃积乃淀，湖周千里。盐盖茫茫，碧波连天，卤液盈盈，流金铄银。盐粒晶莹，碾玉碎冰，钾钠镁锂，汇成宝藏。叹连绵昆仑，似玉屏风界断行旅。怅浩渺荒漠，如流沙河阻绝飞鸟。明珠蒙尘，瑰宝深藏。

地质尖兵，转战天涯。钻塔列队，帐篷林立。团结协作，胜利跃进。探宝人壮志红心，建设者铁骨钢筋。月夜星稀，踏碎河川寒夜冰；骄阳似火，走遍盐滩汉化霜。喜看高原爽晴，蓝天融入碧水；远眺大漠落日，彩霞幻出美景。波翻玉屑，珍珠盐宝气珠光；浪涌冰盘，光卤石雪团银絮。固液转化，精研成矿机理；界天划地，细查卤液储量。格物致知，穷自然之奥秘，实验开拓，发大地之富源。

卅年擘画，八载施工。察尔汗旧貌新颜；格尔木繁荣昌盛。万丈盐桥，汽车与火车并驰。百亩盐畦，钾盐与钠盐共结。钾厂矗立，机器轰鸣。钾肥流淌，滋育中原大地；青盐滚涌，支援华夏化工。天赋瑰宝，乃自然之伟绩，钾厂建成，亦改革之丰功。忝为盐湖旧侣，谨以日新为颂。

袁1931年加入中国地质学会，1979年当选为中国地质学会副理事长，后任名誉理事。1980年他主编的《矿床学》成为全国通用教材，于1988年获国家教委优秀教材一等奖。1988年后任中国地质大学（北京）教授、博士研究生指导教师、校学位委员会主任，曾任北京地质学会副理事长、《沉积学报》编委、《矿床地质》杂志常务编委、地质矿产部地矿司顾问、化工部化学矿产地质研究院顾问。发表专著及论文99篇，其中，80%是论证盐矿资源的。

袁1980年当选为中国科学院学部委员（院士），1956年加入九三学社，曾任九三学社第六届、第七届中央委员，九三学社北京市分社常委兼宣传部部长；曾当选湖北省人大代表、湖北省政协常委、北京市政协委员；1981年他以74岁高龄光荣地加入中国共产党。

袁见齐教授一生热爱祖国，热爱人民，毕生为祖国的地质事业奋斗。他不但学识渊博，学风严谨，而且品德高尚，作风民主，为人朴实无华。袁先生于1991年10月28日3时45分在北京逝世，享年84岁。

为化工教育事业奉献一生的恩师丁绪淮和余国琮教授

刘承彦

1. 丁绪淮

一遍又一遍地看着恩师的材料，一次又一次地回想起60年前的亲历往事，历历在目，恍然如昨。

那是1964年的8月底9月初，不冷不热，正是北方的大好时节。我从山东省淄博市一个贫穷的乡村，带着简朴的行李乘火车来到了天津东站。

“欢迎新同学”的大幅标语迎风招展。

“到家了！”我的眼睛湿润了。

高年级的大哥哥大姐姐们，把我们的行李搬上了校车，驶过海河上的解放桥，穿越繁华的市区，从六里台进校门，直奔学二小广场。

但见天大湖泊相连，碧波荡漾，绿树红楼交互辉映。天津大学真大真美啊。此时我方知：什么是乡下，什么是大城市；什么是中学，什么是大学了。

我分在了化工系化学工程专业，从辽宁锦西来的张鸿翔同学分在了化机专业，我们都是班上小头头，经常开会碰头，宿舍又紧挨着，来往比较密切。

系领导向我们介绍，咱们天大的前身是北洋大学，是1895年光绪皇帝御批的中国第一所现代化大学。咱化工系经过1952年的院系调整，更成了全国重点。我系光有正教授就二十几位。我们的潘系主任，是全国有名的电化学专家，系副主任张建侯被称作“万能科学家”……

听到这些话，心里自然是美滋滋的……

我们化学工程对口的是化工原理教研室，室主任是丁绪淮；化机对口的是化机教研室，室主任是余国琮。

1964年9月至1966年6月“文化大革命”前的这两年还比较平稳。给我们上课的大多数是讲师或助教。我清楚地记得：胡宗定老师一上课就举着《化学工业过程及设备》(俗称《化工原理》)说：这本书就是咱丁老师主编的。虽然署名的是张洪沅(四川大学)、丁绪淮和顾毓珍(华东化工学院)3个人，但最终校订的是咱丁老师。这是我国第一本关于化工原理的全国统编教材，全国化工院校都在用。由此我对丁老师更加肃然起敬了。

短暂的直接接触，并不能了解恩师的全貌。

1999年，中国科学技术出版社出版了《中国科学技术专家传略》一书，由钱三强作序。我们的丁老师榜上有名。后来我又收集了一些其他材料，在《中国化工通史·事业卷》中写下了丁绪淮一节。

丁绪淮，1907~1990年，字导之，安徽省阜阳县人。1920~1927年就读于北平清华学堂(留美预备班)。毕业后留学美国密歇根大学学习化学工程，1929~1933年先后获该校工程学士、工程硕士和科学博士学位。

他早在20世纪30年代就开始研究硫酸镁($MgSO_4·7H_2O$)溶液加晶种进行搅拌使溶液冷却结晶，并观察溶液过饱和度和晶体形成的过程，以令人信服的结果修正了迈尔斯(Miers)等人的有关论点。他的一系列科研成果使他被公认为最早开展工业结晶研究的科学家和该领域的奠基人之一。

20世纪50年代中期，他同张洪沅、顾毓珍共同编写，并由他最终校订的《化学工业过程及设备》，是我国第一本关于化工原理的全国统编教材，为我国化工院校普遍采用。

丁绪淮多次谈过："我的一生，主要贡献在教学。"他历任北洋工学院、重庆大学、浙江大学、南开大学和天津大学化工系教授，并兼任天津大学化工原理教研室主任，一直从事化工原理及化学工程的教学和科研工作。

丁绪淮从小亲见政治腐败、军阀混战、列强入侵等情景，培养了炽热的爱国心，树立了教育救国、科学救国之志。在1926年"三一八惨案"中，段祺瑞命令卫队向学生们扫射，丁绪淮曾身负重伤。中华人民共和国成立后，他曾任天津市民盟顾问，第三届全国人大代表。1987年5月，他将几十年勤俭积攒下来的1.6万元捐赠给学校，设立"丁绪淮化学工程奖学金"。临终时，他还嘱咐女儿将陪伴着自己一生的图书、杂志和资料全部捐献给天津大学图书馆。

丁绪淮把自己的一生心血都献给了中国的化工教育事业。

2. 余国琮

自2007年参与中国化工博物馆建设以来，我一直在收集和关注余国琮老师的资料。从网上到公开出版物，对余先生的赞颂之词可谓满天飞。我认为比较全面的还是李玲编委转给我的天津大学为余先生写的“讣告”：

中国共产党的亲密朋友，忠诚的爱国民主人士，第七届、八届全国政协常务委员，政协天津市第九届委员会副主席，民进中央第五届、六届、七届常委，民进天津市第四届、五届、六届委员会副主委，第七届委员会主委，第八届、九届委员会名誉主委，中国科学院院士，著名化工专家，天津大学教授余国琮同志因病医治无效，于2022年4月6日12时在天津逝世，享年100岁。

余国琮同志1922年11月出生于广东省广州市，1943年毕业于西南联合大学化工系，1945年起先后在美国密歇根大学、匹兹堡大学攻读硕士、博士学位，毕业后在匹兹堡大学任教，1949年在美国参加留美科学工作者协会并担任第一届理事，1950年入选美国科学家名录，同年夏冲破重重阻力，毅然返回祖国，在北方交通大学唐山工学院化工系工作，是首批留美归来学者之一。1952年起在天津大学化工系工作，1953年加入中国民主促进会，历任天津大学化工机械教研室主任，化工系、机械系副主任，化学工程研究所所长、名誉所长，天津大学化工学院名誉院长，精馏技术国家工程研究中心技术委员会主任。1991年当选为中国科学院院士。

余国琮同志是我国精馏分离学科创始人、现代工业精馏技术的先行者、化工分离工程科学的开拓者，长期从事化工分离科学与工程研究，在精馏技术基础研究、成果转化和产业化领域做了系统性、开创性工作。他提出了较完整的不稳态蒸馏理论和浓缩重水的“两塔法”，解决了重水分离的关键问题，为新中国核技术起步和“两弹一星”突破作出了重要贡献。他面向我国经济建设重大需求，开展大型工业精馏塔新技术研究，奠定了现代精馏技术的理论基础，形成了“具有新型塔内件的高效填料塔技术”，完全打破了国外技术的垄断，有力促进了我国石化工业跨越式发展。他致力于化工基础理论研究，提出气液平衡组成与温度关系理论的“余-库”方程，开创了计算传质学新研究领域，引领了化工分离学科领域发展。他是我国杰出教育家，是我国首批博士生导师，多年来坚持在教学一线教书育人，先后培养了博士生、硕士生近百人，为我国化工领域输送了大批专业人才。曾获得全国科学大会奖、国家科技进步奖、何梁何利基金科学与技术进步奖、国家级教学成果一等奖等奖项，并荣获全国五一劳动奖章和全国优秀科研工作者、天津市特等劳动模范等荣誉称号。

余国琮同志的一生是爱国的一生、奋斗的一生、奉献的一生。他热爱祖国、追求进步，为人师表、治学严谨，严于律己、平易近人，把毕生精力献给了党和人民的伟大事业。他的逝世，使我们失去了一位化工泰斗和慈祥的师长，是我国化工界、高等教育界和天津大学的重大损失。我们将化悲痛为力量，学习弘扬余国琮同志的高尚品德和行为风范，继续把天津大学的各项事业推向前进，为加快建设中国特色、天大品格的世界一流大学而努力奋斗！

遵照余国琮同志本人及家属意愿，丧事一切从简。告别仪式定于4月8日（星期五）上午9时在天津市第一殡仪馆滨河厅举行。

特此讣告。

2022-04-06 21：27：14

对余国琮先生感性认识较多的当数张鸿翔同学。这充分体现在他代表化机专业同学为余先生写的“悼词”上：

先师不复见，泪随海河流！

惊悉中国化工界泰斗，我们尊敬的老师、长辈，余国琮教授仙逝，仰天长号，悲痛万分。

我们是化工机械的学子，“文化大革命”十年中，教授长时间跟我们班一起学习、活动，结下了深厚的友情。特别是战备疏散在宝坻的半年多时间里更是朝夕相伴，日夜相守。先生的博学多识令人敬仰，豁达大度令人钦佩，音容笑貌让我们永远不能忘怀。

余教授您安息吧！您的丰功伟绩将与世长存，您在化工界、教育界的后来人将沿着您开辟的道路坚强地走下去！

余国琮教授永垂不朽！

中国石油化工先驱魏文德

孙可华[①] 孙云[②]

魏文德是一位中等个头、身体魁梧、戴着一副眼镜和蔼可亲的学者。他是图书馆的常客，经常要把外文书刊资料复印后带回办公室或家中分析研究。那时，我在资料室工作，所以魏总的资料复印都要经过我的手完成。

我的心中总有一种莫名的冲动，一定要写我所认识的魏总。文章草稿完稿后，经多方努力联系到魏总的女儿魏丹女士，魏丹看后提供了部分重要的资料，进行了矫正与修改。

魏文德1911年9月27日出生于河北省藁城县。自幼聪颖，读了几年私塾，于1923年考进藁城县高等学校，1925年考入河北省立第七中学，成绩一直名列前茅。1929年进国立北京大学预科，1931年考入国立北京大学理学院化学系，1935年以优异的成绩毕业，经系主任曾昭抡推荐，就职于民国实业家范旭东创办的塘沽黄海化学工业研究社（简称“黄海社”）承担海藻中碘、钾的利用研究，任助理研究员。

1937年“七七”卢沟桥事变后，日本占领塘沽，时局动荡，8月魏文德不得不离开黄海社返回家乡，10月辗转来到西安。1938年经人介绍到陕西省工业试验所任化验员。

日寇占领塘沽后，便强迫当地企业为日军服务，其中也包括黄海社，在遭到抗拒后，日寇进行了肆意破坏。范旭东等一众爱国实业家，毅然放弃了在塘沽的一切资产，带着图纸、技术人员及职工辗转千里迁入四川乐山，安家于五通桥，魏文德得知这一消息后便又回到了四川黄海社。在五通桥的这段时间里，设备仪器极其简

① 孙可华系中国石化北京化工研究院退休职工。法律专业本科。中国化工作家协会、中华诗词学会、北京诗词学会、天津市红楼梦研究会、北京朝阳区诗书画研究会会员。

② 孙云系中国人民大学新闻系毕业，学士学位。曾任《环球时报》记者。中国化工作家协会、天津市红楼梦研究会会员。

陋，研究工作困难重重，只能开展一些适合当地资源利用的课题。魏文德参加了五棓子化工综合利用的研究，并使一部分从五棓子中提取的产品投入了生产。

1946年，魏文德被黄海社选派赴美印第安纳州普渡大学研究生院留学深造，1948年获有机化学硕士学位。留学期间，魏文德接触了美国的先进科学技术，深切感受到西方国家对于中国的不屑和歧视，为报效祖国，毕业后他放弃了几所大学提供的优越条件，毅然回到了黄海社。

1949年，魏文德在北京芳嘉园黄海社新址，负责组建有机研究室并任主任。1954年2月魏文德随着国家化工科研机构的合并，在沈阳与"东北化工局研究室"等重组为"中央重工业部化工局沈阳化学工业综合研究所"，出任有机一室主任。

第二次世界大战成全了美国石油化学工业的发展。魏文德在美国留学期间就意识到石油化学工业的重要性。1950年魏文德在随中国科学院组织的代表团参观考察大连、沈阳、抚顺、锦州、长春、四平等地日伪留下的科研机构和页岩油炼制与煤炼油装置过程中，进一步感到石油化工是化学工业发展的趋势。石油化工可以获取大量的基础有机化工原料，要想赶上世界的步伐，发展石油化工刻不容缓。

1956年，魏文德被评定为二级工程师。他明确提出并积极开展石油化工的研究工作。在他的领导组织下，有机室开设了石油烃裂解制乙烯、丙烯及烯烃加工等基本有机化学品的一系列研究课题。1957年，他参加化工部代表团赴罗马尼亚考察天然气及石油的化工利用，考察后的魏文德更加坚定了他对石油化工的科研方向。

1958年，化工部组建北京化工研究院（简称北化院），魏文德又随沈阳化学工业综合研究所按专业拆分调整到北京，出任有机一室主任、副总工程师、副院长、技术委员会主任等职务，1978年起兼任总工程师，一直主抓有机化工的科研开发工作。

魏文德是我国较早从事有机合成和石油裂解分离研究的专家之一，是该领域的重要学术带头人，是国内外知名学者。他专业理论知识渊博，科研工作经验丰富，治学态度严谨，对技术精益求精。为北京化工研究院的创建和发展方向、研究领域的确定、长远规划的制定做了大量的卓有成效的工作，奠定了良好的科研基础。

当时，化工部明确北化院主要研究方向是合成有机化工原料、石油气和焦炉气的分离和利用。

鉴于当时世界化学工业的发展趋势，以及我国石油化工的具体现状和化工部的要求，魏文德主持开始了超吸附分离和蓄热炉裂解制乙烯、环氧氯丙烷及合成甘油、环氧乙烷、丙烯腈、羰基合成制高级醇等项目的研究，同时还领导并参加了重要国防化工产品中定剂、偏二甲肼、羰基铁粉、高锰酸钾催化剂等的研制，为其工业化提供了可靠的生产技术。

乙烯直接氧化制环氧乙烷的研究，起始于1957年在沈阳院时就已经组织研究的乙醇脱水制乙烯银催化剂直接氧化制环氧乙烷的工作，并且已开始乙二醇的研究。1960年以酒精脱水法制乙烯，在北京建华化工厂建成年产60吨的中试及小生产装置，这是我国第一套直接氧化法生产环氧乙烷的装置，为国防化工提供了高质量的产品。

魏文德积极坚定地支持时任院长林华提出的“北京化工研究院的科研方向是以石油化工为基础，研究开发有机化工原料”的主张，改变了北化院合成有机化工原料的科研方向。

以渣油为原料蓄热裂解制乙烯、丙烯技术成果，在全国得到推广应用，建起了一批小石油化工厂。基于世界现代乙烯工业的规模化发展需求，魏文德又适时地提出了进行管式炉裂解及深冷分离技术的开发研究，并陆续实现了工业化。

20世纪五六十年代，研究工作十分艰苦。我国的石油化工可以说是从零开始，所有的基本原料（如烯烃、一氧化碳等）都需要自己制备，中间试验的装置要自己设计制造并安装，关键设备除少量引进外，大部分必须自行解决。

为系统地进行石油化工研究，魏文德深入调查分析石油化工技术路线，认真制定科研规划，并积极主导建设了一批中间试验装置，为石油化工的发展奠定了技术基础。

在魏文德的组织下，开展了对国内各油田及进口原油等二百多种轻重质油（包括二次加工油）的裂解性能评价，并将其裂解性能、裂解炉型、工艺条件等与产品的组成、收率进行了关联，建立了整套裂解反应动力学模型、设计模型和裂解数据库等一系列的基础工作。建成了一套年处理原料油1000吨的裂解分离中间试验装置并进行了试验，所取得的数据对我国引进国外裂解技术起了重要的指导作用，为后期新型裂解炉的开发及高热废热锅炉的研究打下了坚实的基础，为裂解炉及裂解技术在国内立足作出了重要贡献。

1962年开始对石油烃裂解产品的分离进行了各种工艺流程的探讨，研究了中冷油吸收制乙烯、丙烯技术，其成果获全国科学大会奖。任丘减压柴油裂解获化工部科技成果奖。

对深冷分离法制冷技术及设备（如冷箱、膨胀机等）、工艺流程及操作进行了研究和创新，成功地打通了全流程，分离出合格的乙烯和丙烯，并提供了工业化数据。1963年用此成果在兰州化学工业公司，将由从苏联引进的设计能力为5000吨／年的油吸收分离装置，改建为2.2万吨／年深冷分离装置，是我国第一套万吨级的深冷分离装置。这项成果获得了1978年国家科技大会奖。

目前，开发出的北方炉CBL－Ⅰ至CBL－Ⅲ型等多种炉型裂解炉，已经应用于国产规模化大型乙烯工业装置中。CBL裂解炉（北方炉）技术和缓和加氢裂化催化剂及工艺分别获国家科技进步奖二等奖，缓和加氢裂化——蒸汽裂解工艺的研究获石化总公司科技进步奖三等奖。

加氢催化剂是高纯烯烃精制的关键之一，石油烃裂解经深冷分离获得的C_2、C_3、C_4馏分含有微量的炔烃（或）双烯烃，为了生产出聚合级的乙烯、丙烯、丁二烯和丁烯-1，需经催化选择加氢将其杂质脱除。

魏文德为配合引进技术的消化吸收和创新，从1974年开始陆续组织领导了对各馏分的加氢催化剂和催化过程的研究，研制出性能优良，与国外同类催化剂水平相当的催化剂。1978年至1983年C_2馏分气相选择加氢催化剂，C_3馏分气相选择加氢催化剂与C_3馏分液相选择加氢催化剂相继在大型乙烯生产装置上推广应用。1980年与美国鲁玛斯（Lummus）公司合作，开发了“C_3馏分液相加氢新工艺及催化剂”，1988年与1989年分别获得中国与美国专利权。

C_2馏分气相选择加氢催化剂制备工艺获国家技术发明奖四等奖，C_3馏分气相选择加氢催化剂与工业应用获化工部科技进步奖三等奖，C_3馏分液相选择加氢催化剂与工业应用获国家奖科技进步奖三等奖，C_3馏分液相加氢新工艺及催化剂获化工部科技进步奖一等奖、国家技术发明奖三等奖与优秀专利奖。

魏文德在科学研究中严肃认真、一丝不苟地从事科研开发工作几十年，一生坚持科学技术与生产建设相结合，始终自觉地身体力行。在推广所开发的技术时，他不顾年事已高，亲自带领青年技术人员下厂，帮助解决工艺流程和设备问题，直到全流程过关；在进行国家重点攻关项目——C_5分离中间试验时，魏文德经常清晨5点钟就到试验现场，查看数据，讨论试验中遇到的问题。

几十年来魏文德利用一切机会对有机化工原料的资料进行收集、研究、分析、整理，于1989年由中国化工学会石油化工学会组织科研、设计、生产和高等院校十多个单位的八十多位作者，主编出版了120万字分四卷，具有极高学术水平和实用价值的大型工具书《有机化工原料大全》，成为有机化工行业科研、教学与生产的必备工具书。

魏文德还发表了多篇论文和学术专著，指导和培养了一批硕士研究生和年轻有为的科技骨干人员。

魏文德始终秉承民国时期化工实业家范旭东1934年提出的四大信条："我们在原则上绝对地相信科学；我们在事业上积极地发展实业；我们在行动上宁愿牺牲个人顾全团体；我们在精神上以能服务社会为最大的光荣。"自始至终保持着强烈的事业心和高度的责任感，生命不息，工作不止。1988年退休后，仍然一如既往地勤奋工作，在病重期间，还关心和惦念着院里的工作。

魏文德1961年11月加入中国共产党，他关爱青年，淡泊名利，生活简朴，深受人们的尊敬和爱戴，在广大干部职工中享有崇高的威望。

1977年魏文德被授予北京市先进科技工作者称号，当选为北京市第 七届人大代表。1978年当选为中国化工学会石油化工学会第一届理事长。曾为国家科委化工专业组成员，化工部技术委员会委员，中国石油化工总公司技术经济顾问委员会委员。曾当选为中国化工学会第31届、32届及33届理事、常务理事及北京市化工学会副理事长。

魏文德就是这样一位默默奋蹄的老黄牛，病逝于1998年12月21日。我写这篇文章，也是对这位可爱、可敬学者的深深怀念，并以一首《蝶恋花》纪之。

历尽风霜松傲雪。峭岭危崖，遍揽春山月。
翠影撑天迎喜悦，沧桑道劲豪情晔。

矢志科研芳草协。伏案灯残，何惧艰深桀。
默默黄牛心圣洁，年华酿得泉香洌。

时代先锋侯祥麟

杨友麒[①]

2005年当中央电视台《新闻联播》播出“时代先锋”侯祥麟时，我们这些熟悉他的亲朋好友，怀着激动的心情纷纷奔走相告。

1. 青年时期追求真理　抗日战争时期加入中国共产党

1912年4月4日，侯祥麟出生于汕头的一个基督教牧师家庭。家里有8个兄弟姊妹，他排行老7。中学时期被送到上海二哥家读中学。1931年，他考入燕京大学化学系，1935年毕业。在读书期间，参加过对南京政府的请愿、为前线将士募捐等活动。大学毕业后，1936年考取中央研究院（上海）化学研究所研究生。他这时已经自学了一些马列主义的读物，在上海正好碰到了在燕京大学时的同学龚普生，于是他们联络了七八个思想接近的同学组织了一个读书会，每个周末都会到龚家讨论交流读书心得。1937年他向龚表达了想加入中国共产党的愿望，龚介绍他经长沙去重庆，1938年他拿着龚的介绍信到长沙找到湖南大学的张韵芝。在张的动员下参加了湖南文化界抗敌后援会的工作，并加入了中国共产党。按照党的指示，侯到重庆国民政府西南运输处参加用植物油为原料提炼液体燃料油品的工作。

当时的抗日后方，因国内没有石油的来源，燃料油奇缺，汽车不得不用酒精代替汽油当燃料。西南运输处炼油厂是用桐油为原料制柴油，供给大型运输车辆，也产少量汽油供给政府官员乘坐的汽车。1941年西南运输处炼油厂又改造成兵工署炼油厂，一同工作的有陈冠荣（后任化工部技术委员会副主任）、朱亚杰（中国科学院院士、工程院院士）等。

1939年虽处于国共联合抗战时期，但国民党中央已经内部出台“限制异党活

① 杨友麒系中国化工信息中心原总工程师，化工模拟与过程工程专家，教授级高级工程师。

动办法”，共产党员的联系随之转入地下单线联系。侯祥麟在重庆意外地碰见了龚普生，大家都很高兴，但是按地下党的纪律，侯祥麟并未告诉她已经入党。龚介绍他去找她妹妹，时任八路军重庆办事处担任周恩来的英文秘书龚澎，并向侯介绍了许多延安解放区的情况。

2. 留学美国期间组织留美科协和CACS（北美基督教中国学生会）动员留学生回国参加祖国建设

抗日战争期间国民政府禁止专业技术人员出国。1943年，应美国要求放开了考自费出国留学生的政策。

侯祥麟自从参加了炼油厂的工作，认识到中国缺乏燃料油的窘态。他到重庆后单线联系的上级是肖泽宽同志（解放初重庆市委组织部部长，后任北京市委组织部部长），他与肖商量出国留学计划，认为美国的炼油化工水平较高，留学最好去美国的工厂企业学习实用技术，得到领导的赞同，后于1944年3月顺利考取，12月动身去了美国。

1945年，侯祥麟在美国对读研究生拿学位没有兴趣，打算去工厂学习本领好回国大干一番，但按美国政策，没有美国的学位就去不了工厂，于是只好就读于美国卡耐基理工学院化学工程系，并于1948年获博士学位。

当时美国有一个CSCA组织，是美国人发起的，分为成东、中、西三个区，每年都会组织夏令营活动，参加的中国留学生很多，主要用来联络感情结交朋友。到1948年，通过民主选举，侯祥麟被选为东部地区副会长，于是他组织东区的Boston（波士顿）冬令营，介绍国内解放战争的大好形势，号召大家回国参加建设。他还找到匹兹堡大学的陈冠荣商量回到东北的具体办法。

此外，纽约的唐敖庆（后曾任自然科学基金委主任）、钱保功（后来任中国科学院武汉分院院长）也在酝酿成立中国科学技术协会美国分会，邀请侯参加。他得知此事后立即向党组织请示，认为：第一，名字叫中国科学技术协会美国分会不妥，因为美国对于外国团体在美国成立分会控制很严，不属于宪法保护的“结社自由”范畴；第二，组织不应关门，不能只吸收思想进步人士，也要团结思想有顾虑不想回国的人；第三，如果一时难以成立全美组织，也可以先成立地区性组织。于是各个有条件的城市就开始成立分会。

侯祥麟获得卡耐基理工学院化学工程系博士学位后，就想去波士顿地区，因为那边是学术之城，有哈佛大学、麻省理工学院（MIT）等一大批著名大学，也有许多优秀的中国留学人才，需要组织上去做工作。正好MIT有个《能源试验室》Hottle教授研究煤制燃油的课题，于是他与组织商量前往波士顿MIT工作。1949年初他前往MIT能源试验室，在Hottle教授手下担任副研究员，同时做波士顿地区留学生工作。一到波士顿地区就和当地的中国共产党党员陈秀瑛（在波士顿大学学习）、张钦楠（在MIT学习）联系上了，并成立了临时党支部。通过CSCA组织起读书小组，并且举办CSCA东区分会夏令营，吸引了比较多的中国留学生。我的两个姐姐杨友鸾、杨友鸿当时正在波士顿求学，就是在CSCA认识他们的，他们在那里了解到中国共产党和中国国内战争形势，从中也看到了中国的未来。

同年6月，美国已经有十几个城市成立了留美中国科学工作者协会分会，侯和几名共产党员共同推动，决定在匹兹堡召开“留美中国科学工作者协会”成立大会。因为会长一时间定不下来，于是大家同意先选一个“干事会”。大会推选了5位干事，侯被选为常务干事，负责日常具体工作。

1949年秋天，国内战局已经明朗化，中华人民共和国成立在即，徐鸣从国内返回美国，告诉侯：回国见到了周恩来同志，周指示要号召留美学生回国准备参加新中国建设。过去CSCA也好、留美中国科学工作者协会也好，都只号召留学生做回国的思想准备，现在转为要动员大家尽快回国。于是1950年5月，侯身先士卒搭乘了一艘挪威货轮经菲律宾、我国香港地区回到青岛，6月回到北京。

3. 回国后在大连工业化学研究所和石油管理总局工作

侯刚回到国内立即就被燃料工业部请去了，当时燃料工业部石油管理总局与清华大学化工系合作，成立了一个燃料研究室，聘侯祥麟为研究员兼清华大学教授。

不久他在美国时的共产党员关系转回国内，组织部征询他去哪里工作的意见，得知他已经担任清华大学教授后，就与统战部商量，让侯参加民主同盟清华大学分区。当时民盟北京市委书记是吴晗，不久吴晗选侯祥麟任清华大学分区代理主任。

1952年机构调整，清华大学的燃料研究室撤销，并入大连工业化学研究所，时任所长是张大煜。那时大连所有高级汽油研究室，室主任是彭少逸，彭随中国科学院代表团访问苏联期间，任命侯祥麟代理室主任一职。1953年，国内甲苯奇缺，侯提出用高级汽油研究室成果，将锦州石油六厂生产的正庚烷环化生产甲苯，做工业放大实验，得到燃料工业部的支持，侯参与了工业放大实验装置的建设和运行，其成果两年后进行了工业化投产。

1953年他作为石油管理总局代表，受命与煤炭管理总局代表共同主持抚顺矿务局研究所专业拆分，成立抚顺石油研究所。

1954年初，石油管理总局局长康世恩调侯祥麟回北京，任炼油处主任工程师。在这里，43岁侯祥麟认识了李秀珍，并于1955年除夕结为终身伴侣。

1955年中国科学院向苏联学习，设立学部。当初只有数学物理化学部、生物学地学部、技术科学部和哲学社会科学部4个学部。技术科学部第一批只有40个学部委员，侯是其中之一。同为化学工程方面的学部委员还有侯德榜、张大煜、钱志道等人，侯一直担任常务委员。

1956年元月，国务院编制“1956～1967年科学技术发展规划”，周恩来总理亲自挂帅，陈毅具体负责，范长江任规划组长。参加编制规划的除了中国科学院学部委员外还邀请了全国各方面专家约600人，一些苏联专家也应邀参与了指导工作。当时的指导思想是任务带学科，但是中国科学院方面强调基础理论研究，所以最后确定在51项重大任务外，增加了一项“基础理论研究规划”。规划的每个重大项目都分工成编制小组，侯负责第18项炼油组，即扩大液体燃料和润滑油的来源，提高利用率。由张大煜、傅鹰和侯祥麟主持，炼油部分由侯祥麟执笔。

12年科技发展规划制定完成后，成立了国家科委负责落实规划。由聂荣臻元帅任主任，下设若干专业小组，组长由一位专业部副部长担任，副组长由科研和生产负责人担任。炼油组组长是石油部副部长刘放，张大煜和侯祥麟担任副组长，侯还兼任了可燃矿物综合利用专业组的副组长。

4. 在石油科学研究院领导科技攻关

1958年10月，石油部石油科学研究院（简称石科院）成立，侯被任命为主管炼油的副院长。1958年解放军总后勤部向石油部提出订购140种油料清单。1959年侯向国家科委汇报，140种油品中有102种已经试制成功，但是还有一些航空油料技术上没有完全过关。

1960年后，由于中苏关系恶化，苏联专家撤走，石油部要求石科院全力以赴研制军用油品。当时国产的喷气机燃料经过试验台试烧，发现对于镍铬合金火焰筒有烧蚀问题。届时，国家航空油料鉴定委员会出面邀请中国科学院兰州化学物理研究所、大连化学物理研究所（简称大连化物所），北京石油学院，空军，总后勤部，三机部等部门专家共同协助石科院攻关。经过进一步精制和加入添加剂两种办法，都没有解决问题。

石油部部长余秋里，有一次对侯祥麟说："你再解决不了航空煤油问题，我就把你们石油科学研究院的牌子给倒过来挂！"大家提出应该拿苏联航空煤油来进行对比，因为多年来我国空军一直用的是苏联进口的航煤，没有发现烧蚀问题。是不是人家的航煤中添加了一种抑制烧蚀的添加剂？分析结果发现苏联航煤中的硫化物含量比国产航煤高好几倍，有可能是"杂质"硫化物起到了抑制烧蚀的作用?

于是石科院用超声波把硫黄粉掺入国产航煤，做了喷枪燃烧试验，没有出现烧蚀。侯祥麟大喜过望，与技术人员商量，将以比较容易得到的二硫化碳为基础的添加剂加入航空煤油中送去试飞，效果良好，1961年正式在炼油厂投产。国产航空煤油于1965年获国家新产品成果一等奖。此外，侯祥麟领导研制出多种特殊润滑材料，满足了中国发展原子弹、导弹、卫星和新型喷气飞机的需要。

20世纪60年代，炼油行业的流化催化裂化、催化重整、延迟焦化、尿素脱蜡及有关的催化剂、添加剂等"五朵金花"炼油新技术的研发，其中都有侯祥麟的重要贡献，推动和促进了中国炼油技术的成长和发展。

5. 燃料化学工业部石油化工科学研究院

1970年国家成立燃料化学工业部。将主管全国炼油化工科技工作交给新成立的石油化工科学研究院来管理。

1972年，石油化工科学研究院在石科院的基础上成立，院长是原化工部副部长李苏，侯祥麟任副院长。

1973年我由化工部第六设计院，调往石油化工科学研究院机械设备室担任计算机应用组组长、后任化学工程组组长，直接在侯副院长领导下工作。记得第一项工作就是调查石油化工行业计算机应用的现状，并着手筹备召开一次全国炼油化工计算机应用交流大会。1974年夏天，第一次全国炼油化工计算机应用交流大会在兰州召开了，侯祥麟代表燃化部主持了这次大会。

通过这次大会发现计算机应用作为当时的新技术，可全国炼油化工科学研究单位都没有计算机。大会之后我起草了一个报告，指出炼油化工科研系统在计算机应用方面的现状，建议成立炼油化工科研系统的计算中心。报告递交到侯副院长手里后，他非常支持，立即召集三家在京直属科研单位开会，决定由三个单位调集人员成立联合科研计算中心。

6. 担任石油部副部长　发起成立中国工程院

1978年“文化大革命”结束后，66岁的侯祥麟被任命为石油部副部长，兼任石油化工科学研究院院长和党委书记。1979年我国原油产量达到1亿吨，但是新的储量增加不多，而老油田自然递减得很厉害，可以预见到，今后的产量增加与维持都有困难。

经国家能源委员会等部委共同研究，由康世恩副总理传达中央“三包两保”意见：第一，包原油年产量一亿吨；第二，包原油商品率94.5%，即供应市场9450万吨原油；第三，包炼油厂成品油商品率90.5%。超产的和自用节约的统归石油部按超产油处理，可以出口弥补资金不足。两保：第一，国家保证石油用电供应；第二，国家保统配材料的供应。

侯祥麟作为石油学会理事长，1983年在南京召开了“如何用好一亿吨原油”的座谈会。1985年1月，中国科协又召开有17个学会、23个部委专家参与的“合理利用一亿吨石油”的论证会，会议由侯祥麟主持，并将《关于合理利用一亿吨石油的若干建议》提交给了国家各有关部门。

“文化大革命”之后，中国科学院恢复活动，发现原来的学部委员只剩下了117人，急需补选委员。经国务院批准，新增选了283名学部委员。1981年5月召开了第四次学部委员大会，侯被推选为主席团成员。会上选举了卢嘉锡为院长、严东生为副院长兼党组书记。

当时的中国科学院技术科学部几个学部委员，总觉得对技术科学不够重视，而且由于名额有限，不少搞技术科学的人才加入不了技术科学部，而不少工业发达国家除了科学院外都设有工程院。当时技术科学部的主任是师昌绪，他和侯祥麟联合了清华大学的张维、张光斗，加上吉林科学院光机所的王大珩与中国科学院计算所的罗沛霖作为发起人，给中共中央和国务院打报告，建议成立工程院。国务院把此件批给了中国科学院，请其考虑此事。中国科学院为慎重起见又征求中央各部委意见，这些部委正是技术人员聚集之地，都非常支持。最后中国科学院提出了组建工程院方案，由国务院任命一个40人组成的筹备小组负责筹备成立工程院。请各个部委推荐最多2名候选人，这样候选人大概可达200人，中国科学院推荐了30名本院的院士为候选人。筹备组负责组织投票选举，从中选出了第一批工程院院士97人。侯既是中国科学院院士，又是中国工程院的创始人之一，是我国为数不多的两院院士。

侯祥麟是一个为人低调务实、不屑虚名的典型。从1960年到1982年，作为石油科技界泰斗及两院院士他只发表了一篇论文，但指导过很多人写论文，没一篇署他的名。“他不让署。”石油科学研究院燃料研究室原主任刘济瀛感慨地说：“他把很多发表研究成果的机会让给了年轻人，自己甘居幕后。”

7.91岁受温家宝总理委托担任《中国可持续发展油气资源战略研究》课题负责人

2003年温家宝总理要求中国工程院做一个中国矿产资源可持续发展的战略研究课题，他心目中侯祥麟堪当此重任。5月的一天，温总理带着宋健、周光召、中国工程院院长徐匡迪、国家发改委主任马凯去侯祥麟家中拜访。看到侯祥麟虽然年事已高，但思维和身体状况还好，便决定把《中国可持续发展油气资源战略研究》的课题交给他来负责。

2003年5月温家宝总理在中南海主持了专题会议，讨论《中国可持续发展油气资源战略研究》课题的开展方针问题。会议决定由中国工程院牵头，侯祥麟任总课题组长，争取用一年时间完成。随即中国工程院组织了31位院士和相关单位的120名专家学者成立课题组。

次年6月25日正赶上侯祥麟向温家宝总理做课题完成汇报时，夫人李秀珍因患癌症陷入昏迷，侯祥麟汇报完下午赶到医院将喜讯告诉她，两小时后李去世。

2005年侯祥麟93岁，中组部、中纪委、中宣部、中央先进性教育领导小组联合将侯祥麟同志作为“时代先锋”推出。中国工程院、中国科学院、中国石油天然气集团公司（简称中石油）和中国石油化工集团公司（简称中石化）联合下发了“关于向侯祥麟同志学习的决定”。同年9月中央电视台、新华社、《人民日报》相继播出有关“时代先锋”侯祥麟的先进事迹和采访节目。

2008年12月侯祥麟因病在北京去世，终年96岁。

侯祥麟曾任中国石油学会理事长，中国化工学会副理事长，中国石化首席顾问、技术经济顾问委员会副主任，中国石油技术委员会副主任、高级顾问，世界石油大会中国国家委员会主任，全国政协第五、六、七届常委，国家科委发明评选委员会副主任，国家自然科学基金委员会委员，中国科学技术发展基金会副理事长等职务；并且是中共十二大代表。

合力打造“优质合金”《化学工程手册》的专家学者们

魏 然[①]

编者按：

由化学工业出版社（简称化工出版社）前副社长兼党委副书记魏然撰写的《一部化工科技鸿篇巨制——〈化学工程手册〉出版发行纪实》一文一经面世，立即引起了强烈反响和热议，几天之内点击量就近十万人次，用“好评如潮”四字来形容一点不为过。这是数百名化工专家和几十名化工资深编辑花费几十年心血合力打造的一块“优质合金”，仅书中提到的参与此项浩大工程且贡献较大的两院院士和知名专家就有苏元复、萧成基、时钧、汪家鼎、朱亚杰、余国琮、郭慕孙、陈家镛、陈学俊、袁权、胡英、时铭显、袁渭康、李静海、王静康、费维扬、欧阳平凯、钱锋、郭烈锦、谭天伟、戴猷元等几十人之多，这也许是化工出版史乃至整个化工史上绝无仅有的壮举。还有一点必须提及的，正如恩格斯所说“科学的发生和发展一开始就是由生产决定的”，《化学工程手册》（简称《手册》）由一版到三版，是由几代几百万一线化工人的实践和创新推动的，他们是这块合金钢的原料来源。本书遵循“有功之人必颂之”的宗旨，将此文选而刊之。只是受篇幅所限，对原文略有删节，标题也系编者另加。

《手册》从1978年启动第一版编撰至今，已经走过近半个世纪的历程。其间1992年开始修订第二版，2015年组织编写第三版。据统计，参加3个版次组织、主稿、编写、审稿和编辑的化学工程专家学者和专业人员650多人，其中中国科学院和中国工程院两院院士39人。

① 魏然系高级经济师，原化工出版社副社长、党委副书记。

1. 精诚所至　金石为开

化学工程是研究化学工业等过程工业发展共性规律的工程学科，是化工、石油炼制、冶金、食品、印染等类型生产重要的理论和技术基础。化学工程学科的主要内容包括传递过程原理及化工单元操作、化学反应工程、化工热力学、流态化和传质过程，以及化工系统工程学等。研究和掌握化学工程理论技术，对于加速新技术开发、提升科研设计和生产技术水平、提高生产效率和经济效益等都具有十分重要的作用。

新中国成立后，化学工程技术很快在全国化学工业和其他过程工业部门广泛应用并逐步发展，在一些分支专业领域取得积极科研和设计成果，具有了一定的规模和基础，但是当时国内缺少一套较为完整实用的化学工程参考资料，因此编辑出版一套适合国内需要、具有较高水平的化学工程方面的手册，成为化工科研、设计和技术工作者的多年夙愿。

化工出版社闻风而动，于1964年启动了酝酿已久的《手册》组稿工作，当时联系了高教部门和多所高校，终因主编人选迟迟未能落实而一度搁浅。1965年，化工出版社联系高等教育部在华东化工学院（现华东理工大学）设立的化学工程学术委员会，主任苏元复副院长同意组织编纂工作，并在召开委员会会议期间专题讨论了《手册》编写大纲和推荐撰稿人选。正当大家满怀信心推进后续工作时，不料“文化大革命”开始，编写《手册》工作再度搁浅，并且一放就是10年之久。

1976 年10月“文化大革命”结束，国民经济进入恢复发展时期，编辑出版《手册》也迎来重大转机。经过慎重考虑和多方协商，化工出版社把《手册》组稿任务转给化工部化学工程设计技术中心站（简称化工中心站），站长萧成基十分热心，同意承担编写《手册》日常组织工作。

1978年3月化工部恢复原建制，时任副部长冯伯华主管化工出版社工作。

冯伯华，1919年生，浙江宁波人，新四军老战士，历任南京永利宁厂厂长、化工部氮肥局副局长、石油化工规划设计院院长等职。化工出版社同志向他汇报编写《手册》情况后，他欣然答应出任《手册》编委会主任，并很快批准编写出版计划、编委会人员组成和召开编委会会议等事宜。

《手册》第一版编委会由23人组成，主任冯伯华，副主任5人，委员17人。其中中国科学院学部委员（院士）6人：华东化工学院副院长苏元复、南京化工学院教授时钧、清华大学教授汪家鼎、华东石油学院副院长朱亚杰、天津大学教授余国琮、中国科学院化工冶金研究所所长郭慕孙。

第一版《手册》的印刷发行分两个阶段：1980年到1989年出版单行本，全书26篇按完稿时间陆续印发。1989年到1995年出版发行合订本，全书26篇分6卷印发。合订本增补了必要内容，并做了一些技术修改和差错勘正，冯伯华作序。全书一千万字，堪称化工科技图书的鸿篇巨制。

《手册》第一版6卷内容分别为第1卷包括化工基础数据、化工应用数学和化工热力学3篇，第2卷包括流体流动、搅拌与混合、液体输送机械及驱动装置、传热、传热设备及工业炉、蒸发与结晶6篇，第3卷包括传质、蒸馏、气体吸收、气液传质设备、萃取及浸取5篇，第4卷包括增湿与减湿、干燥、吸附及离子交换、薄膜过程4篇；第5卷包括颗粒及颗粒系统、流态化、气态非均一系分离、液固分离、粉碎与分级及团聚5篇，第6卷包括化学反应工程、化工自动控制、化工系统工程3篇。

参加《手册》第一版编写和审稿工作的有全国各有关设计、科研和高等院校等二十多个单位，编写人员104人、审稿人员25人，合计129人，均为化学工程领域的专家学者，其中有中国科学院院士5人。

第一版主稿人、编写人和审稿人时钧，1912年生，江苏常熟人，化学工程学家、教育家，南京化工学院教授。他致力于低温煅烧矾土水泥、湍流塔、填料塔及填料特性、化工热力学及无机膜技术干燥技术研究，在强电解质混合溶剂体系的热力学研究、高压流体相平衡及状态方程的研究与应用、α-Al_2O_3管式陶瓷微滤膜制备技术等方面成果显著，1980年当选中国科学院院士。

第一版编写人、审稿人余国琮，1922年生，广东广州人，化学工程学家，天津大学教授。他长期从事化工基础理论、化工分离科学与工程研究，在精馏技术基础研究、成果转化和产业化等方面作出开创性贡献，1991年当选中国科学院院士。

第一版审稿人汪家鼎，1919年生，重庆人，中国著名化学工程学家和教育家，中国核化工技术奠基人之一，化学工程专业教育发起人之一，清华大学教授，1980年当选中国科学院院士。

第一版审稿人陈家镛，1922年生，四川金堂人，化学工程学家、湿法冶金学家，中国科学院化工冶金研究所研究员。在用湿法冶金方法处理中国难选金属矿、制备新型复合涂层粉末、多相反应工程、金属和抗生素及酶的分离原理和技术工艺等方面进行创新性科研开发，研究出高效萃取分离钒与铬、铼与钼等的新过程，利用自己研究成功的多种复合涂层粉末满足了国防工业需要，1980年当选中国科学院院士。

第一版审稿人郭慕孙，1920年生，湖北汉阳人，化学工程学家，中国流态化学科研究开拓者，中国科学院化工冶金研究所研究员、原所长。他早年命名为“散式”和“聚式”流态化，已成为化学工程术语。提出描述流体和颗粒两相流最简易的“广义流态化”理论，可适用于颗粒物料的受阻沉降、浸取和洗涤、移动床输送等工艺。相继研究稀相、快速、浅床等其他流态化方法，逐步形成“无气泡气固接触”理论，已应用于金属提取等资源开发利用。1980年当选中国科学院院士。

《手册》第一版的编辑人员有郭长生、谢丰毅、施承薇、张红兵、陈逢阳、苗廷秀、苗润生、陈志良、陈丽、郭乃铎、刘小蘋和李洪勋等12人。

《手册》出版发行以后立即在化工、石油、冶金等工业部门引起广泛而强烈反响，受到广大读者一致好评，很快成为化工及相关领域科研、教育、设计和生产技术人员的案头常备工具书。1993年6月21日《人民日报》发表文章称化工出版社《化学工程手册》和《化工辞典》等优秀图书，一版再版，誉满学界。

2. 同舟共济　众志成城

20世纪90年代，兴起了多学科交叉的现代化学工程学科，各种新的化工工艺技术不断涌现，包括化学工程中的信息技术，分离中的分子化学反应技术，热力学中的纳米技术，绿色化学中的离子化学反应技术，节能中的循环化学反应技术等，使化学工程学科在过程理论和设备设计方面都取得不少重要进展。

随着计算机的广泛应用、新型材料的陆续出现、能量的有效利用和环境治理的严峻形势，对化工工艺设计提出更为严格的要求，化学工程的创新发展就显得尤为重要和迫切，《手册》的再版修订自然也提到议事日程。1991年5月化工部在山东济宁召开第二届化工科技图书编审委员会会议时，就曾征求委员们对修订《手册》的意见。

化工出版社经请示化工部并商请部分高校后，于1992年启动了《手册》第二版修订工作，建立了编写组织机构。第二版编委会名誉主任是时任化工部副部长的贺国强，顾问有冯伯华、朱亚杰、张洪沅、邓颂九、吴锡军。主任时钧，副主任有汪家鼎、余国琮和陈敏恒，委员24人。编委会中院士13人：朱亚杰、时钧、汪家鼎、余国琮、陈敏恒、陈学俊、陈家镛、陈冠荣、陈鉴远、闵恩泽、胡英、郭慕孙、袁权，编委会下设执委会。主编为时钧、汪家鼎、余国琮和陈敏恒。

第二版《手册》共有29篇，分上、下两卷。上卷包括流体输送、搅拌及混合、传热及传热设备、工业炉、制冷、蒸发、结晶、增湿减湿及水冷却等17篇；下卷包括膜过程、气固分离、粉碎分级及团聚、反应动力学及反应器、生物化工、过程系统工程、过程控制和污染治理等12篇。

第二版撰稿人员阵容强大，邀请了全国化工界的知名化工专家、学者，有主稿、编写和审稿人员136人，其中主稿29人、编写84人、审稿23人，其中撰稿人员中有院士10人。

时钧为第二版主稿、编写和审稿人。汪家鼎为第二版审稿人。余国琮为第二版主稿和审稿人。郭慕孙为第二版主稿人。陈家镛为第二版主稿和审稿人。

第二版主稿人陈学俊，1919年生，安徽滁州市人，热能动力工程学家，西安交通大学教授。他是我国锅炉专业、热能工程学科的创始人之一，多相流热物理学科先行者和奠基人，对两相流与传热进行了比较全面深入的研究并自成系统，内容包括两相流流型、两相压降和分配、沸腾传热、临界热负荷、干涸后传热、两相及多相流测量等多个方面，1980年当选中国科学院院士。

第二版主稿和编写人袁权，1934年生，上海人，化学工程学家，中国科学院大连化物所研究员。在精密分馏和重水分离研究中实现由液氨生产重水的新方法，在研究多孔介质中相继传质基础上发展多个先进的脱硫过程，主持多管式高效精馏塔提浓重水法、多管塔液氨精馏法的研制，并负责714载人飞船和侦察卫星主能源——氢氧燃料电池的研制，1991年当选中国科学院院士。

第二版主稿和编写人胡英，1934年生，上海人，化学工程学家、物理化学家，华东理工大学教授。在气体溶解度分子热力学、缔合溶液热力学、多分散系统连续热力学、高分子溶液和高聚电解质溶液的状态方程、常压和高压流体相平衡实验测定以及流体混合物计算机分子模拟等方面，取得一系列成果，1993年当选中国科学院院士。

第二版主稿人时铭显，1933年生，江苏常熟人，化学工程与装备学家、教育学家，中国石油大学教授。他研制成功新型多种系列的高效旋风管及立管式和卧管式多管旋风分离器已在国内所有催化裂化装置上推广应用，在燃煤流化、气化等工程的高温除尘技术中研制成功新型旋风分离器，研制成功多系列气固快速分离及油气快速引出组合技术，1995年当选中国工程院院士。

第二版主稿和编写人袁渭康，1935年生，上海人，化学工程专家，华东理工大学教授。他在生物反应器的状态估计和控制、固定床电极反应器、超临界流体反应和（Computer Aided Design）反应器的模型化方面获得创新成果。在反应器动态行为研究中发展一种全新的动力学模型筛选及状态估计方法以及过程在线辨识方法，主持多个工业反应器的开发项目，1995年当选中国工程院院士。

《手册》第二版对第一版各篇章内容都做了不同程度的修改和增补，对不少篇章做了大幅度改写。增加了流体输送、生物化工和污染治理篇，将冷冻单独列篇，增加了化工材料内容，将化工应用数学改为化工应用数学方法编入附录。在增加篇数的同时，通过内容筛选、提炼及合并同类项等，将全书字数从第一版的1000万字，压缩到第二版的600多万字。

第二版编辑人员有刘哲、刘小蘋、孙世斌、陈丽、陈志良、陈逢阳、张红兵、苗廷秀、周国庆、郭乃铎、高钰、谢丰毅等12人。

经过《手册》编委会、主编、主稿、编写和审稿人员，以及出版社人员的共同艰苦努力，历时两年半，各篇章的编审和定稿工作于1994年底全部完成，并于1996年4月正式出版发行。

《手册》第二版是国家“八五”重点图书，是化工部门最具代表性的重要论著之一，对于促进化学工程学科健康发展，推广化学工程新理论、新技术、新方法，推动化工产业和相关过程产业发展，都具有十分重要的作用，面世以后在业界再次引起强烈反响。

在1996年总结《手册》第二版成功出版发行的编委会扩大会议上，两院院士、化学工程学家、燃料化工专家侯祥麟，中国科学院院士、物理化学家和激光化学家张存浩，两院院士、金属学及材料科学家、战略科学家师昌绪等出席会议并发言，对《手册》的修订给予高度评价。他们指出，《手册》具有广泛性和可查询性，既有传统领域，又有新的突破，在很多方面展示了国内专家研究、开发和工程实践的最新成果，具有中国特色，是化工界乃至学术界的巨著，在国内具有权威性。毕业于清华大学工程化学系、时任化工部副部长的李子彬，在一次听取化工出版社领导汇报时说：《手册》和《机械设计手册》等都非常好，我都用过，是社会效益和经济效益比较高的工具书。

1997年，《手册》第二版（上、下卷）获第三届国家图书提名奖，同年该书获第八届全国优秀科技图书一等奖。

3. 院士领衔　行稳致远

进入21世纪，化学工程与信息工程、生物信息学与生物化工、新型催化材料与反应工程、绿色化学新工艺与产品工程、能源化工与环境化工等的结合日益紧密，催化反应工程、分离系统工程、过程耦合技术、膜过程技术、工程放大技术、超细粉体技术、微化工技术、超临界流体技术等成为热点。化学工程学科逐步向着集约化、连续化、高效化、自动化、精细化发展，对化学工业及相关过程工业和国民经济相关领域发展起到越来越重要的作用。

特别是在全社会广泛关注资源利用、能源安全、生态环境保护和污染治理等与化学工程紧密相关问题越发受到关注的形势下，化学工业又面临产业转型升级、改善产品结构、提高质量效益、加强安全环保、实现绿色低碳发展等严峻挑战，人们在认真思考和探索过程工业发展新途径的同时，自然想到了《手册》这部对教学、科研、设计和生产有着重要影响的必备工具书，围绕《手册》修订再版的呼声也越来越多。2013年，有全国人大代表向工业和信息化部（简称工信部）办公厅致函，提出尽快启动《手册》修订再版工作建议。

在此背景下，化工出版社社长周伟斌、副总编辑周国庆和陈丽带队赴工信部、中国科学院、清华大学、天津大学、华东理工大学、南京工业大学等单位进行了多次调研和讨论，为《手册》修订再版做准备。经过充分调研、协商和准备，2015年初《手册》第三版研讨会在化工出版社召开，时任中国科学院副院长李静海院士、袁渭康院士、王静康院士、费维扬院士、欧阳平凯院士和戴猷元教授等领导和专家学者参加会议，正式拉开《手册》第三版修订再版序幕。同年4月，《手册》第三版编委会成立并召开第一次会议，讨论确定了修订原则、编写提纲和编写进度等。之后又召开多次编委会会议，强调把急需的化学工程最新研究成果补充进去，提高第三版《手册》的先进性、实用性、参考性和指导性。之后不久，《手册》第三版分别被列入国家“十三五”重点出版物出版规划项目和国家出版基金项目。

《手册》第三版编委会顾问11人，委员58人，其中两院院士29人。他们是余国琮、陈学俊、陈家镛、胡英、袁权、陈俊武、陈丙珍、金涌、李静海、袁渭康、王静康、费维扬、欧阳平凯、田禾、孙宝国、李洪钟、何鸣元、张锁江、陈建峰、岳国君、段雪、袁晴棠、钱锋、钱旭红、徐南平、郭烈锦、曹湘洪、谢在库、谭天伟。名誉主任由工信部副部长王江平担任，主任由李静海担任，副主任有袁渭康、王静康、费维扬、欧阳平凯和戴猷元（兼秘书长）。主编为袁渭康、王静康、费维扬和欧阳平凯。

《手册》第三版共有5卷30篇，其中第1卷包括化工数学、流体输送和搅拌及混合等6篇；第2卷包括传热及传热设备、蒸发和结晶等8篇；第3卷包括萃取及浸取、吸附及离子交换和膜过程等7篇；第4卷包括液固分离、气固分离和反应动力学及反应器等4篇；第5卷包括生物化工、污染治理和过程安全等5篇。

根据二十多年的发展，第三版增设化工数学和过程安全2篇，将原工业炉一篇并入传热及传热设备篇。增加一些已被实践论证科学、可靠、实用的新理论、新技术、新材料和新设备介绍，加强了对信息技术、多尺度理论、微化工技术、离子液体、催化工程、新能源等内容的介绍，删除了一些已经过时、参考价值不大的内容。

第三版主稿人38人，其中院士4人；编写人员198人，其中院士3人；审稿人34人，其中院士2人。

李静海，1956年生于山西，静乐人，化学工程专家，中国科学院原副院长。他建立具有普遍意义的能量最小多尺度（EMMS）模型，将其扩展到径向分布的计算和两态共存临界条件的确定，并将其研究成果推广到其他系统并应用于工业计算。开发了中小型设备中抑制氮氧化物的无烟燃煤技术并推广应用。1999年当选中国科学院院士。他和主编袁渭康牵头组织了部分篇章的编写工作。

第三版主稿人王静康，女，1938生，河北秦皇岛人，工业结晶专家，天津大学教授。她提出并合成了熔融液膜结晶、精馏结晶及反应结晶等新型耦合结晶，建立工业结晶与医药结晶一条龙的研发应用机制，开发的青霉素结晶新工艺与设备在全国普遍推广，完成反应结晶集成技术与模拟放大，为医药工业发展作出突出贡献，1999年当选中国工程院院士。

余国琮是第三版主稿人。胡英是第三版审稿人。

费维扬，1939年生，上海人，化学工程学家，清华大学教授。他在传质分离设备的数学模型、设计放大和性能强化等方面进行了系统研究，提出多种改进分离设备性能的有效途径，发明多种强化萃取分离的填料和设备，其中“内弯弧形筋片填料”分获国家专利发明金奖和世界发明特别金奖，2003年当选中国科学院院士。他牵头组织了部分篇章的编写工作。

欧阳平凯，1945年生，广西平乐人，南京工业大学教授、原校长。他创造性提出运用组合合成方法构建与优化生物化工过程，使我国FDP（纤维蛋白质降解产物）、L-丙氨酸等生产技术达到国际先进水平，首创研发气升式等系列高效生物反应器、生物分离等单元操作装置，2001年当选中国工程院院士。他牵头组织了部分篇章的编写工作。

第三版主稿人钱锋，1961年生，江苏扬中人，过程控制和过程系统工程专家，华东理工大学教授、副校长。他创新研发乙烯装置智能控制与优化运行技术软件，突破精对苯二甲酸装置全流程优化运行关键技术，发明汽油管道调和优化控制技术。2015年当选中国工程院院士。

第三版编写人郭烈锦，1963生，江西遂川人，工程热物理专家，西安交通大学教授。他在复杂约束条件气液两相与多相流及传热、油气集输的节能减排与高效安全关键工艺及装备系列技术、超临界水蒸煤气化制氢新原理、太阳能规模制氢等方面取得原创研究成果。发明油气水多相流在线测控技术与混输新工艺，研制出首套太阳能聚光催化连续制氢装置并中试成功。2017年当选中国科学院院士。

第三版主稿人谭天伟，1964年生，甘肃天水人，生物化工专家，北京化工大学教授、校长。他在脂肪酶及酶催化合成化学品上进行大量研究，实现有机合成用脂肪酶的生产和酶工业催化的应用，建立基于标志代谢物控制的发酵放大新方法并用于酵母发酵产品的工业生产，开发发酵废菌丝体综合利用工业化应用新工艺。2011年当选中国工程院院士。

戴猷元，1945年生，江苏宜兴人，清华大学副秘书长、教授。他先后承担液液萃取过程及设备的基本规律、新型膜分离过程、抗生素大规模生产关键技术创新等国家重大和重点项目研究，推广络合萃取法处理工业含酚废水技术等项目。作为编委会副主任兼秘书长，他审阅了手册所有的编写大纲和书稿，经他预审的书稿符合要求后按照分工提请主编审稿，他牵头组织了部分篇章的编写工作。

第三版编辑人员有张艳、傅聪智、刘军、陈丽、周伟斌、周国庆、仇志刚、郭乃铎、王金生、冉海滢、向东、孙凤英、李玥、赵怡、昝景岩、袁海燕和戴燕红17人，装帧设计尹琳琳。

在工信部、石化联合会、化工学会的支持、指导下，在参加组织编写各高校、科研和设计院所、企事业单位专家学者和出版社的共同努力下，《手册》第三版于2019年10月正式和读者见面，并入选全国“2019年出版百种科技新书”。

从第二版1996年初首次发行到第三版面世，时隔23年之久，科技人员和高校师生又有了新的工具书和参考教材可用，在广大读者中引起积极热烈反响。有位读者说：这套书非常好，都是业内顶级专家编写，知识全面，适合学习使用。有位读者推介：这部手册内容很实用，化工专业知识丰富，对于学习提高、开阔视野、拓宽思路、了解专业发展前沿、提高科研能力大有好处。一位新毕业大学生说：这部书比大学课本技术含量高，内容丰富全面，很适合像我这样参加工作不久的人学习深造。

相信秉持守正创新、与时俱进的《手册》，在广大读者的关心和呵护下，对于促进我国化学工程学科发展、推进化工和相关过程工业科技和教育进步、加快新时代中国式现代化建设将会发挥越来越大的作用。

中国石油化工的奠基人林华

孙可华　孙　云

林华，原名顾森，江苏无锡人，1913年7月27日出生于上海。1936年毕业于上海光华大学化学系。1940在重庆八路军办事处，经周恩来副主席介绍到延安，在延安自然科学院任化学系教员。

1941年初，林华接受徐特立院长下发的制造玻璃的任务。他不畏困难，创造条件，先后研制生产出玻璃、耐酸陶瓷、耐火材料等，有力地支援了抗日战争。1944年5月，在陕甘宁边区职工代表大会上，受到毛泽东主席、朱德总司令的亲切接见，并被授予甲等劳动英雄称号。

1945年初，林华奉调到瓦窑堡筹建西北铁厂并任厂长，1945年8月日本无条件投降后，林华又受命离开瓦窑堡到东北。历任大连化学厂副厂长，东北财经委员会工矿处干部，吉林化工区负责人，东北工业部化工局副局长等职。

全国解放后，1954年赴苏联学习化工生产技术管理，在学习和查阅资料中，接触到了化工技术发展的新方向——石油化工，奠定了他走石油化工道路的思想基础。1956年回国后，出任化工部技术司司长，1958年建立北京化工研究院（简称北化院）并出任院长，明确地提出了北化院的科研方向为石油化工，开启了他开发石油化工科研与生产的艰难之路。1960年林华在“反右倾”运动中受到错误批判而停职反省。为了能够继续工作，实现开拓石油化工事业的愿望，他毅然要求调到生活与工作条件比北京艰苦的兰州化学工业公司工作，因为那里有全国唯一的一套裂解分离制乙烯的生产装置。

他在兰化合成橡胶厂（304厂）出任副厂长时，正值国家经济最困难时期，他面对的工厂：粮食短缺、人心浮动、缺电、缺生产原材料，致使以粮食酒精为原料的合成橡胶厂面临全面停工的危险。要想全面恢复生产，他坚定地呼吁，必须改变原料路线，走石油化工之路。

1961年12月，林华在技术人员代表会议上组织讨论，确立了兰化走石油化工为原料的方向，从304厂5000吨/年乙烯入手，开始了兰化公司转型石油化工的改造。

1962年，化工部宣布纠正对林华的错误批判，调他回北京工作。此时兰化公司正在逐步走出困境，很多工作需要进一步向前推进，他要求继续留在兰化工作，表示兰化不翻身，决不离开兰化。

1962年6月，林华担任国家科委组织的石油化工考察团团长，到法国、英国、荷兰、比利时、瑞士、意大利等国进行了四个多月的石油化工工业考察，进一步验证了兰化已起步的石油化工改造的正确性。根据我国的国情，引进了12项成套技术设备。

回国后，林华向周恩来总理作了汇报，提出了以石油为原料，生产合成氨、合成橡胶、塑料、合成纤维的建议，并向化工部党组写了建议报告。后经周总理批准，引进的12套装置中，有5套石化装置建在兰化公司，使该公司真正转型为中国第一个石油化工生产基地。

乙烯是石油化工产业的核心，当今世界将乙烯产量作为衡量一个国家石油化工发展水平的重要标志之一。1961年底，兰化公司引进苏联技术，建成了一套以兰州炼油厂炼厂气为原料的方箱炉5000吨/年乙烯裂解装置，但是，由于炼厂气供应不稳定，不能顺利进行生产。林华组织科研设计人员，在这套装置上进行了以轻油为原料的裂解试验并取得成功后，于1962年下半年又完成了适应多种原料裂解的技术改造，取代了“粮煤化工”带来的原料困惑，开了我国石化工业的先河。之后又应用北化院的科研成果，将油吸收分离裂解气改为深度冷冻分离裂解气，提高了乙烯、丙烯的收率，节约了能耗，降低了成本。这套装置在经过技术改造后，乙烯年产量增加到2.2万吨，同时，深冷分离裂解气技术更加成熟，后来推广到了其他类似工厂。

与此同时，林华意识到，兰化公司的转型必须储备大批的技术干部，他及时调动技术人员的积极性，倡导举办了一系列的石油化工讲座，组织教师团讲授石油化工产品生产原理、工艺流程等，培养出200多名技术骨干。在原兰化公司设计研究院的基础上，分别成立了兰州化学工业公司研究院和第五设计院，一次性安排了近40项石油化工科研开发课题，分别进行科研和设计工作。

林华怀揣宏伟的乙烯梦，1962年我国引进并建在兰化公司的5套石化装置中，有一套根据我国当时国情引进了德国鲁奇公司3.6万吨/年乙烯砂子炉裂解和深冷分离技术制乙烯装置，解决了乙烯裂解装置吃“粗粮”的问题，由原油裂解生产聚合级乙烯、丙烯，增加了兰化公司乙烯裂解原料的多样性。

1965年，砂子炉动工兴建，计划第二年点火开车。1966年3月，邓小平、李富春等一行考察了在建的砂子炉工地，林华向领导们介绍了砂子炉的建设情况。在艰难的日子里，广大技术人员和工人以主人翁精神，坚持把砂子炉建成完工。1969年末，林华被安排到印刷厂劳动，但当他听说砂子炉三次开车不成功时，就主动要求到砂子炉车间劳动，他和工人干部一起研究原因，终于在第四次开车成功，生产出了合格产品。

1975年兰化公司又翻版建成了一套4万吨/年砂子炉乙烯装置。下游配套有3.45万吨/年高压聚乙烯、0.5万吨/年聚丙烯、1万吨/年聚丙烯腈及0.8万吨/年腈纶、0.33万吨/年丙纶装置。投产后的兰化公司转亏为盈，使原年亏3000万元到年净利润在1亿元以上。

到了20世纪80年代，兰化公司又引进了美国凯洛格公司开发的一种超短停留时间烃类热裂解制乙烯的毫秒炉技术，建了1套8万吨/年的乙烯装置，于1988年4月投产。至此，2套砂子炉裂解制乙烯装置完成了其历史使命，被淘汰封存。1992年，毫秒炉扩建为16万吨/年乙烯，并相应地改造和扩建了其配套设备。

回忆新中国石油化工发展的艰难历程，从5000吨/年方箱炉乙烯装置建成投产，兰化便开始承载着中国人开拓石油化工事业的历史，中国的第一个石油化工基地就在这里默默诞生了，管式炉、砂子炉、毫秒炉……成为中国乙烯工业发展的迭代引擎，树立了一座又一座丰碑，托起了新中国的乙烯梦，这些无不印有林华老院长的足迹。直到今天，人们还能体味到老院长当年追求石油化工科研生产发展的温暖。

春节前，我和女儿到北化院九十多岁的毛炳权院士与刘新香副总工夫妇家中采访时，当问到为净化乙烯、丙烯产品进行除炔研究，在碳二碳三气、液相加氢催化剂研发方面作出突出贡献的刘老时：“你一个人经常将岁数还小的孩子放在家中，在小试筛选出好的结果后，三次带着研究团队到了位于大西北的兰化303厂的砂子炉旁，在用石棉板搭成的试验室里配置试验装置，前后守候了一年多，不觉得苦吗？”刘老深情地回忆道：“每天想的就是如何能尽快地完成科研项目，所以没有感觉到苦。当年老院长林华就在兰化，他给予了我们不少的方便与关怀。”

兰化公司化肥厂合成氨的生产，以前是以煤为原料，不但工艺技术落后，而且由于煤炭量供应不足，生产受到极大影响。林华便组织研究、设计人员，利用乙烯装置分离出的甲烷氢和合成粗甲醇的吹出气为原料，进行常压催化部分氧化制合成氨原料气的试验。在小试、中试试验完成后，设计建成了1万吨/年的合成氨装置，其成本比以煤为原料降低了39%，将原本作为燃料气处理的甲烷氢变废为宝，节约了宝贵的烃资源。与此同时，林华又安排研究院进行重油常压气化制合成氨原料气的试验，通过完善和改进，将造气炉处理重油能力由原设计400千克/时提高到1200千克/时，不仅可以使用重油，还可以使用闪蒸重油和石油气等多种原料。重油气化制合成氨原料气试验成功，不仅为兰化公司合成氨生产拓宽了原料来源，还为国内其他工厂提供了技术与经验。

1962年，林华听说中国科学院兰州化学物理研究所的科研人员，在探讨做当时美国刚刚起步研究的丁烯氧化脱氢制丁二烯小试项目的工艺路线时，他非常兴奋，随即带领兰化技术处长、橡胶厂中试室主任和几名技术骨干去参观，从工业和经济角度分析了这个课题的前景和可行性，当即向该所所长提出兰化公司同他们合作的建议：由兰化提供中间试验，在兰化设计研究院建立50吨/年的试验装置，并提供丁烯原料等所需原材料，而由化物所出技术（技术人员、技术指导）。这也正好解决了化物所缺乏资金及原料的难题。

1963年，丁烯氧化脱氢制丁二烯50吨/年中试装置建成。化物所的尹元根主任、周望耀工程师同兰化研究院的同志联合组成试验组，日夜倒班，终于获得了丁二烯与顺丁橡胶的合格试验产品。

1964年，林华向国家科委作了汇报，引起国家科委、国家计委、国家经委的高度重视，于1965年决定投资400万元在兰化建设500吨/年试验装置。林华又组织化工部第一设计院同兰化设计院进行丁烯氧化脱氢制丁二烯500吨/年装置的建设，并配套30吨/年顺丁橡胶的设计。他们边设计、边施工，年底便拿出了合格产品并取得了万吨级的设计数据。与此同时，国家在锦州石油六厂建设了一座千吨级的丁烯氧化脱氢试验装置，并生产出合格的顺丁橡胶产品，这在当时是我国唯一靠自力更生解决的先进技术，并在此基础上建成了5个万吨级以上的工厂。林华与主要技术人员依靠此项技术，于1985年获得国家科学技术进步奖特等奖。获奖之后，他深感这项成果是依靠兰化公司一大批技术骨干和工人努力奋斗得来的，荣誉应该归于兰化公司，于是在当年与夫人李新一起回到兰化，将奖章、证书和奖金全部交给了兰化公司。

1975年，林华因积劳成疾病倒，回到北京住院几个月后，领导认为他已经不再适宜继续留在兰化公司工作而将其调回北京，出任轻工部进口办公室主任。在此期间，他组织了金山、辽化、天津、长寿等石油化纤厂和南京烷基苯厂的建设工作。1978年又出任国家科委二局局长。1981年任国家计委副主任，参与组织攀枝花、金川、包头等三大共生矿的开发建设和综合利用。1983年退居二线后还多次参与西北、西南水能资源考察，为开发大西南，建设我国西部地区而奔走。

林华80岁之后身体日渐衰弱，多次因心脏病和糖尿病而住院，他的身体条件已基本不允许他外出。他自觉时日不多，但心里总装着对我国化工、能源及西部大开发的思考和建议。于是在病中，他系统地将自己五十多年在化工、能源利用、三大共生矿、水能资源开发利用等问题的报告和信件收集到一起，由女儿施用晞整理汇编成册，并亲自冠名为《林华论化工及能源》，供后人参考和借鉴。

1992年，在全国政协会议上，林华发起并提出了成立中国工程院的提案之后，又写信给中共中央、国务院陈述成立工程院的重大意义。1994年6月中国工程院正式成立，林华成为首批院士并为主席团成员。

1997年3月11日，林华在北京逝世。他在生命的最后时刻，嘱咐家人“革命者四海为家，我死后不必落叶归根，丧事从简”。遵照他的遗愿，夫人李新决定待自己去世后，由孩子们将骨灰送往他们念念不忘的兰州，撒入中华民族的母亲河——黄河。

2005年，李新逝世，依照遗嘱，他们的骨灰被撒入了流经兰化石油化工厂（303厂）的母亲河，寄身于滔滔黄河，睡在母亲的怀抱里，永远陪伴着他亲手建立的我国第一个石油化工基地。

林华是北化院的首任院长。他致力于把北化院建成石油化工专业的研究机构，使北化院逐步形成了以石油烃裂解分离、有机及精细化工、高分子合成及催化剂、塑料改性及加工应用、化工环保为主线的石油化工领域的科研体系。

林华院长虽然在20世纪60年代初就离开了北化院，但是我见过林华院长，因为研究院每当有重大喜讯时，总会有他的身影出现，他的心永远留在了这里，他的魂融入了北化院石油化工的科研开发之中。1997年在他生命倒计时的关键时刻，他口授由其女儿施用晞及爱人李新纪录，写给时任北化院院长的一封关于研究院发展规划的建议书，这是他最后的寄望。今天，他的一座肖像坐落在北化院的实验大楼前，寓意着我们永远的缅怀。

前些日子，好友李玲在为我书写她的公公、婆婆萧成基与孙铭老前辈的事迹而准备材料时，发现了当年萧总收存的《缅怀林华》一书并寄给我。2023年在纪念北化院成立65周年时，我在一篇歌行体长诗《北京化工研究院风骨传承之歌》中写道：

君不知。
林老院长出延安，儒雅授课善雄辩。
初到北化任院长，事思密、行果敢。
高瞻远瞩搞石化，现已花开金灿灿。
当年风华入延安，一匹老马在身边。
徐老交代制玻璃，书生难坏遍“巡按”。
荒滩乱岗建企业，三无双手重实践。
狂生不怕落魄难，壮士何况皆硬汉。
玻璃、陶瓷解难题，三酸始得进金殿。
攻破堡垒即调防，不辞背包何知倦。
西北铁厂瓦窑堡，高炉上马建一半。
忽闻日寇举白旗，又接新令即转战。

今天，我就以这段歌行作为缅怀林华老院长的结语吧！让老院长留给北化院的风骨永传。

中国“染料之母”侯毓汾

张淑芬[①]

侯毓汾，女，1913年出生，江苏无锡人，中共党员，教授。曾任大连工学院（1988年3月更名为大连理工大学）化工系主任，从事染料化学及工艺学的教学和研究工作，重点研究活性染料及活性分散染料，为我国活性染料的研制、开发和生产作出了重大贡献。

1935年侯毕业于上海大同大学化学系，同年考入南京金陵大学化工研究所研究生，导师是戴安邦教授。1937年赴美国密歇根大学研究院深造。在校期间，她广泛涉足各类化工领域，密切关注国外的新技术，看到国外染料向我国倾销，决意攻读染料化学。1939年在美国密歇根大学获得化学硕士学位。

1940年4月回国后，她在上海进德女中、上海中法药学专科学院任教员；1942年在昆明中央电工器材厂技术室任副工程师。她利用云南的天然云母做原料，天然紫胶做黏合剂，制成云母纸、云母片和云母板等“云母制品电器绝缘材料”，从而大大减少了国外进口，也大力开发了国家资源。1943年2月，侯应聘到内迁至贵州遵义的浙江大学化工系任教。她建议并开设了“染料化学”新课程，并招收和指导染料专业研究生。1945年，她被内迁到重庆璧山的唐山交通大学矿冶系聘为教授兼重庆中央工专教授；1947年，任上海水产专科学校制造科教授。

中华人民共和国成立后，侯于1950年来到东北工学院，与她的同事们一起创建了中国第一个染料专业，任教研室主任。1952年全国高校院系调整，她来到大连工学院化工系任教授、系副主任兼染料教研室主任、系主任等职，还先后担任中国化工学会理事、染料学会理事长、国家教委化工组染料分组副组长、教育部学位授予单位化工评选组成员、全国科学大会代表、大连市科技顾问，以及辽宁

① 张淑芬系大连理工大学教授。

省政协第二届委员会常委，大连市第一、八、九届人大代表，中共大连市第五届委员会委员，全国、省、市三八红旗手。2018年4月10日，被中国染料工业协会评选为15位中国染料百年功勋人物之一。

1. 严谨治学　敢为人先

侯早年就对染料科研工作十分重视，在抗战期间极为恶劣的环境中，鉴于实验室紧张，她设法租用私人的空旧房屋，用自己的工资筹建实验室。我国的煤焦油和石油等原料缺乏，她探索利用川、黔特产五棓子为原料的工艺路线，经过实验将五棓子发酵、水解制成的产品命名“棓酸”，再用棓酸合成蒽醌型染料，终于制成了当时唯一利用天然资源的合成染料。这一新工艺路线的实现以及她发表的《棓酸染料研究》（浙江大学校刊，1944年）和《棓子工业概论》（化学工业，1948年）两篇论文均具有很高的价值。

1952年侯来到大连工学院后，率先开展染料科研工作，她以当时我国急需羊毛用染料的实际需求，提出进行含长碳链烷基的酸性染料研究，并开展了两种类型含高碳烷基酸性染料的研究工作，实现了含长碳链酰基的H酸酸性染料在羊毛织物上耐光及耐摩擦牢度的提升。20世纪50年代末期，我国活性染料的科研及生产均刚刚起步，有大量品种开发及基础研究问题亟待解决。1958年，侯主持活性基团方面的研究工作，解决了二氯均三嗪、一氯均三嗪及β-羟乙基砜硫酸酯三类国外已有商品染料的品种开发及结构设计。同时开发出新型活性基团氟磺酰基及氯乙酰氨基的活性染料，奠定了我国发展KN型活性染料的基础，多项活性染料科研成果在上海、天津、大连等地实现产业化。由于她在活性染料研究中的卓越贡献，1958年获得了全国三八红旗手、全国劳动模范荣誉称号。

活性分散染料是她领导下设计和开发的一类具有开创性的新型染料，将活性基引入分散染料母体，使染料既具有活性染料与基质反应能力，又有分散染料可使合成纤维着色的性能。1978年，侯在中国化工学会染料学术报告会上发表了活性分散染料的研究报告，得到了与会学者的高度评价。1981年，她接受了国家科委的任务，率领全系师生开展了丝绸染料研究，确定了丝绸与活性染料反应的官能团是丝绸肽链上链端氨基和支链上赖氨酸的氨基和组氨酸上的亚氨基，反应后形成的共价键键能很高，具有很高的湿处理牢度，筛选出29个色泽鲜艳、匀染性好、上色率高、牢度优异的品种，并实现产业化。该项目1986年获得国家教委科技进步奖二等奖。

1982年，侯代表我国首次参加第八届国际染料会议，并在大会上作了题为《天然纤维、合成纤维及其混纺物用活性分散染料的研究》的报告。这是国外尚未有成果报道的研究领域，受到了同行高度评价。

2. 潜心育人　桃李满天下

侯不仅为我国染料化学研究领域作出了巨大贡献，也为我国培养了大批优秀人才。半个世纪以来，她一直从事染料化学及工艺学的教学和研究工作，先后为我国的染料专业编写出《染料化学》《中间体化学及工艺学》《染料应用》《染料工厂设备及设计》等全国统一教材。她留下的《染料化学》和《活性染料》两部专著，至今仍为全国广泛应用的教材和参考书。她的辛勤劳动，使大连理工大学的有机染料及中间体教研室发展成精细化工系，并成为全国首批建立的博士点之一。

侯自1944年起指导研究生，1981年起指导博士研究生。她指导的第一个研究生徐僖院士一生都记得她对学生的无私帮助。在抗战后期唐山交通大学迁至四川璧山期间，她总是拿出工资的大半接济徐僖及班上贫苦学生。抗战胜利后的1946年7月，她离开四川回无锡，上了汽车，回头望了一眼送行的徐僖和一群贫苦学生，突然想起这群孩子今后怎么办？伸手从随身带的行李中拿出一包东西，打开车窗扔给了徐僖。侯离开以后，徐僖打开包裹，里面是侯从未戴过的金银首饰。通过变卖这些金银首饰，徐僖和那些贫苦的学生度过了艰难岁月。侯为国家培养了大批染料方面科研、生产的技术骨干。她培养的学生杨锦宗院士、周春隆教授获得中国染料百年功勋人物奖。

1992年，侯毓汾80岁高龄时，将自己一生积攒的3万元设立了奖学金，旨在勉励年轻人为中国的染料化工事业作出新贡献，并将珍藏的三百多册图书资料全部捐献给学校图书馆。

3. 高山仰止　精神长存

侯毓汾将毕生的精力，倾注于祖国的精细化工事业，在半个世纪的教学和科研实践过程中，她辛勤耕作、忘我劳动，为我国培养了一批又一批年轻有为的染料化工人才。她是中国染料化学专业的创始人，杰出的科学家和教育家，同时又是社会活动的积极参与者，是我国女性知识分子中杰出的代表，为我国染料学科及染料工业的建设和发展发挥了重大作用。

回顾侯毓汾毕生对染料科研事业所作的贡献，虽条件艰苦却始终追求真理、勇攀高峰，无不展现着她的拳拳爱国之情、孜孜钻研之志。回顾她甘为人梯、奖掖后学的半生教育工作，循循善诱、言传身教、著书立说、培养后继，将自己的全部献给教育事业，展现着她的烁烁树人之光、厚厚传承之力。回顾她严谨治学、潜心研究的一生，所获荣誉无数却淡泊名利、不忘初心，将有限的生命投入无限地为人民服务中的光辉形象，高山仰止、心向往之，先生精神永不忘怀。

我国木材胶的开拓者吕时铎

翟海潮[①]

吕时铎，女，1914年7月3日出生于福建省福州市，1929年9月考取福州师范学校，毕业后在福州萃文小学任教；1936年9月至1938年2月赴上海中法大学药学专修科学习；1938年9月至1941年2月进入国立厦门大学化学系。

吕大学毕业后，先后在福建省农学院农化系、福建省建设厅手工业处、广东商品检验局福州分局、美国陆军空军地面辅助队福州分处、上海亚洲食品厂工作。新中国成立后，吕积极响应党中央关于建设东北工业基地的号召，1950年8月奔赴东北林务总局化工处研究室任助理工程师，从此开始了与林业相关的研究工作。

1953年4月，吕调到北京中国林业科学研究院工作，先后在森林工业研究所和木材工业研究所进行科研。他在木材工业研究所开始了木材胶黏剂的研究。1958年，吕根据国家经济建设和发展的需要，开始研究脲醛树脂胶黏剂，用于黏结胶合板等材料，从而使我国木材用胶黏剂进入合成树脂时代。1964年，吕研制成功NQ64脲醛树脂胶，进一步提高了胶结质量且降低了游离甲醛含量，后在全国推广，并与上海扬子木材厂及上海轻工研究所协作下研究成功装饰贴面板浸渍用三聚氰胺树脂及胶压工艺，使纸质装饰贴面板质量大为提高。

1966年3月，吕调入中国科学院南京林业化学研究所（简称林化所）。1972年林化所组建胶黏剂研究室，吕担任室主任，她亲自带领一支队伍向胶黏剂的科技前沿奋进。1973年吕时铎、周淑贤带队，到上海木材一厂、扬子木材厂蹲点，经过详细的研究和系统的探索，为工厂解决了胶合板预压用改性脲醛胶问题。1973～1975年，吕研制成功“聚乙烯醇改性不脱水脲醛树脂”（简称52胶），1978

① 翟海潮系中国化工作家协会、中国红楼梦学会、中华诗词学会会员，中国化工作家协会报告文学委员会秘书长。曾任北京天山新材料技术有限公司副总裁，是该公司的创始人之一。曾任中国胶黏剂和胶黏带工业协会副理事长。

年获江苏省科学大会奖。

从1975年开始，吕带领团队开始乳液胶黏剂研究，研制的乳液胶黏剂主要用于人造板表面装饰，也可用于纺织、造船、电子、轻工等行业。1975—1977年研制成功的“醋酸乙烯—羟甲基丙烯酰胺共聚乳液”，于1978年获得江苏省科学大会奖。1978～1979年研制成功的“醋酸乙烯—丙烯酸丁酯—羟甲基丙烯酰胺共聚乳液”（牌号VBN），主要应用于以化学纤维为原料的无纺布，获1982年林业部科技成果二等奖。研制成功的“热固性醋酸乙烯二元及三元共聚乳液”（VNA、VBN乳液）为国内首创，研制的“高黏度乙烯—醋酸乙烯共聚乳液”在国内处于领先地位。

1980年，吕晋升为研究员。1986年吕70多岁高龄还担任博士生导师，带领学生、职工奋斗在科研第一线。每天清晨，人们总会看到一位精神矍铄的老人同年轻职工一起，匆匆迈进林化所的大门，开始一天的忙碌。她的身影仍然活跃在实验室、图书馆、车间里，仍在探讨和解决许多科研难题。

1980～1982年，吕带领课题组研制成功了“接触型乳液胶黏剂——丙烯酸-醋酸乙烯共聚乳液”，它是能在接触压力下快速胶结、可用于连续辊压胶粘工艺的新型乳胶，适用于聚苯乙烯、聚氯乙烯、有机玻璃、塑料贴面板、木材、金属、洗涤薄膜、纸品印刷笺等多种材料的胶合。该项目1984年获林业部科技成果三等奖。与二元胶三元胶一起，“自身交联型醋酸乙烯共聚及丙烯酸酯共聚乳液的研究”项目，获1985年国家科技进步奖三等奖。

吕学识渊博、治学严谨、谦虚和蔼、待人宽厚，注意培养人才，深得科技人员的推崇和敬重。她在乳液胶黏剂、脲醛树脂胶黏剂等方面发表文章十余篇。主要论文有:《关于胶合板工业中使用酚醛树脂胶的情况》(《林业实用技术》，1958（1））《醋酸乙烯-丙烯酸丁酯-*N*-羟甲基丙烯酰胺共聚乳液的研制试验报告》(《林化科技》1980（Z1））《接触型乳液胶黏剂——丙烯酸-醋酸乙烯共聚乳液及其应用》(《林产化学与工业》，1983（1））《丙烯酸乳液碱增稠性能的研究》(《涂料工业》，1988（3））《高固含乳液的制备方法》(《粘合剂》，1989（1））《用环氧树脂室温交联含羧基丙烯酸乳液交联机理的研究》(《中国胶黏剂》，1994（1））《软塑复合包装材料用室温固化乳液胶黏剂LPF—1的研制》(《粘合剂》，1990（1））。

吕于1987年退休，1993年起享受政府特殊津贴。退休后，吕还负责完成了“软塑复合包装材料用丙烯酸胶黏剂”的课题，用于取代溶剂型聚氨酯胶生产软塑复合包装材料，具有黏结力强、完全无毒的特点，且成本较低。

吕见证了我国木材胶黏剂行业从零开始，从小变大、由弱变强，以及技术和产品品质不断提升的全过程。吕首次在木材二次加工中推出脲醛树脂胶黏剂，用于各种林木产品（刨花板、胶合板等）生产，扩大了使用范围。上海当时是森林工业产品中合成树脂用得最多的地区，到20世纪60年代中期，上海人造板产量仍占全国的1/6。那时在胶合板工业中，还没有关于甲醛释放量的相关的标准，吕首次提出了关于甲醛释放量E1级标准要求，填补了该方面的空白。

吕是中共党员、九三学社社员，曾被评为江苏省三八红旗手、江苏省科委先进个人；曾任全国第五届妇女代表大会代表，南京粘接技术学会副理事长、林业出版社特约编辑。吕还创办了南京市科技协会。吕晚年在上海生活，于2014年12月19日于上海逝世，享年101岁，系我国开拓木材胶（水基胶）的长寿星，为我国的胶黏剂事业发展和教育事业作出了杰出的贡献。

创工业领域出版奇迹的《机械设计手册》出版人靳仲敏

魏　然

靳仲敏，1914年9月生，山西省岢岚县人。1937年参加革命，1950年加入中国共产党。曾任北京化工学院教务长，后调入化学工业出版社（简称化工出版社）。靳1966年2月被化工部任命为化工出版社副社长。1969年1月，化工出版社与部情报所合署办公，对外各自独立开展业务，靳为化工出版社负责人。同年4月原社长调离后，靳主持化工出版社日常工作。1970年7月，随着化工、石油和煤炭3部合并，3部门所属的3家出版社也合并，成立燃料化学工业出版社，靳为负责人。1978年3月化工部与石油部分离，8月化工出版社从部情报所分出，成为独立正局级建制单位，靳于10月被化工部任命为化工出版社副社长。1980年8月，化工部任命靳兼任化工出版社总编辑。

1. 不惧风险　富于远见

1966年开始的“文化大革命”运动，使全国出版工作受到严重干扰，出版科技图书被边缘化，化工出版社同全国出版界一样受到波及。1967年年中，冶金工业部北京有色冶金设计研究总院等单位的科技人员找到化工出版社，请求协助出版他们编写的《机械设计手册》。当时前来化工出版社联系的是《机械设计手册》编写组成员、化工部第一设计院的洪庆龄，接待的是社化机组编辑郭长生。

在此之前，我国没有自己的机械设计手册，工程技术人员使用的机械设计工具书主要是翻译苏联专家华西列夫斯基的《机械零件设计手册》。这部书虽然权威性高，但内容有限，全部为“苏式”标准，因此不能完全适应中国机械设计和机械工业发展的需要。在“文化大革命”那个特殊的年代，编写科技图书同出版科技图书一样，都是要冒很大的风险。北京有色冶金设计研究总院的刘福祐、成大先等人，自发联络北京钢铁设计研究院、化工部第一设计院和北京煤矿设计研究院等15个设计院的几十位工程技术人员，躲过“造反”和“革命”口号的喧嚣声，开始了《机械设计手册》的编撰工作。

在吸收、采纳国内外工具书优点的基础上，《机械设计手册》介绍了各种常规和通用机械设计理论、数据和技术，采用中国机械设计国标，介绍国产材料和产品，其中很多数据是作者通过实地调查和测算获得的第一手资料。经过一年半多的艰苦努力，新中国第一部具有中国特色、规模在300多万字的大型机械设计工具书终于脱稿了，这让每一个参加编写的人员都激动不已，但是当编著者把样稿先后拿到四五家出版社后，为了规避“文化大革命”期间出书风险，都以“忙于运动、无暇出书”为由婉言谢绝。接连吃了好几个“闭门羹”之后，手册编写组几经周折，找到了化工出版社。

当时全国正处于批判“学术权威”和“白专道路”的热潮中，组织出版科技图书确实不能不让人手捏一把汗，但是分管编辑业务工作的副社长靳仲敏（时任出版社生产组组长）听了郭长生等人的汇报后认为，化工出版社是科技出版社，出版科技图书无可非议。靳当时非常理解大家对在“文化大革命”风口浪尖出版科技图书产生的顾虑，同时也想到了后果。他明确地对大家说：“如果出了事，无非把我弄到五七干校去，和你们无关。”于是他顶着各方面压力，毅然决然拍板承接下了《机械设计手册》的出版任务，成为出版这部工具书“第一个吃螃蟹的人”。靳的果敢举动，让编写组的同志喜出望外和深受鼓舞，由衷赞赏他的过人胆略和远见卓识。

在靳的领导下，化工出版社内抽调郭长生、谢丰毅、张红兵、侯銮荣、施承薇、卜健民、胡家烈等精干力量，全力投入《机械设计手册》的编辑、审稿、校对和印务工作全过程。同时委派化机组编辑郭长生、谢丰毅到有色冶金设计院，直接参与《机械设计手册》编写组的活动，做到图书出版工作向图书编写环节延伸。经过手册编写组和出版社历时两年多的共同努力，克服当时印刷厂和装订厂因搞运动时常停工停产的困难，向化工部供销局申请图书压膜专用PVC薄膜制作精装书封面，严把编校质量关，《机械设计手册》第一版（上、中、下3册），在1969年6月至1970年6月正式出版发行。作者署名为《机械设计手册》联合编写组。

2. 功勋图书　影响深远

《机械设计手册》正式出版发行，结束了中国机械设计领域没有大型工具书的历史，得到了社会各界特别是机械设计界的认同和好评。我国著名机械专家、原机械工业部部长沈鸿在评价《机械设计手册》时说：化工出版社出版的《机械设计手册》，综合了我们多年很多有用的数据，是一本很好的工具书，在我国经济建设中起到了积极作用，为我国科学技术出版历史立了一功。

靳在职期间，《机械设计手册》出版发行了两版。第1版在1969年到1979年近10年间，尽管当时我国社会经济生活正处于从不正常向恢复性发展的过渡时期，定价10元的《机械设计手册》发行量达到了30万套。改革开放以后，《机械设计手册》的修订再版工作加快。第2版（上、中、下3册）于1979年出版发行，作者署名仍为《机械设计手册》联合编写组。首发时，排队等候在北京王府井新华书店的读者急不可耐，竟挤碎了书店的玻璃柜台，足见当时广大科技工作者和工程技术人员对科技工具书的渴求。这本因封面颜色而得名的“绿皮书”走进了设计单位、科研院所、大中专院校和工厂企业，机械设计人员几乎人手一套，成为广大设计工作者、科研教学人员和工业企业技术人员的必备工具书。

1984年和1985年两年时间，《机械设计手册》重印3次共70多万册。其中1985年重印40多万册，创造了化工出版社单套图书重印数量纪录。此后，这部手册几乎年年重印。1987年重印《机械设计手册》时，推出了第2版（修订）版本，对1980年后新颁布的一些标准作了增补。

靳离休后，《机械设计手册》修订发行了4版。1994年3月，《机械设计手册》第3版（1～5卷）出版。同年4月化工部办公厅与化工出版社联合召开《机械设计手册》发行百万套庆祝会。2002年3月，《机械设计手册》第4版出版，几个月就销售近万套。2008年《机械设计手册》第5版出版，发行量近7万套。2016年《机械设计手册》第6版出版，发行量超过4万套。1986年、1996年、1998年、2001年和2004年，《机械设计手册》5次获全国优秀畅销书奖，一度名列科技畅销书第2名。据统计，《机械设计手册》面世以来，累计发行量达到130万套。

3. 为出好书　殚精竭虑

《机械设计手册》出版以后，先后获国家级科学技术奖2项：1978年获全国科学大会科技进步奖重要成果奖，1995年获全国优秀科技图书二等奖。获省部级科学技术奖5项：1979～1982年度获化工部优秀科技图书奖，1999年获全国化工科技进步奖二等奖，2000～2002年获石油和化工优秀科技图书奖一等奖，2003年获石油和化工科技进步奖二等奖，2010年获中国机械工业科学技术奖。无论是获得科学技术奖，还是获得优秀畅销书奖，靳仲敏都没有在《机械设计手册》署名，充分体现了他只讲奉献、不求索取的崇高精神境界。

从1969年到1982年，靳作为主持化工出版社日常工作的副社长、总编辑，除了领导出版《机械设计手册》外，还领导编辑出版了一大批在业内具有较大影响的重点科技图书。特别是在“文化大革命”期间，出版工作一度被视为“雷区”，有的出版社为避风险不得不停止正常工作，但靳一切从事业出发，不计个人得失，忠于职守，力挽狂澜，敢于拍板，敢于担责。他经常对同事们说，你们就放心大胆工作，成绩是大家的，责任我来承担。正是由于他的这种刚毅和执着，拯救了一批正在排版却要拆版的图书和已经排好版却要弃印的图书。

靳作为革命老前辈，品德高尚、一身正气，作风朴实、实话实说，尊重知识、爱惜人才，待人诚恳、关爱下属。化工出版社的校对工作一直以来都是靠眼睛和手工操作，工作艰辛繁重，分配办公室时，靳特地嘱咐把阳光充足的南房安排给校对人员，让大家深受感动。

靳在职期间和生前，领导出版的图书数以千计，但他从来没有在包括获奖书在内的任何一本图书中署名。1982年8月，靳从副社长职位上离休。1984年9月1日因病逝世，享年70岁。

化学工程学家国家设计大师陈鉴远

叶建华

我在中国化工博物馆工作时，在研究国防化工、化肥工业、有机硅产品、化工新材料时有一个人始终绕不开，并且是一个重要角色，这个人就是被誉为国家设计大师的陈鉴远。我于2023年和2024年多次前往北京化工大学采访调研，听取了不少陈鉴远校长的故事。

陈鉴远是一个学富五车、跨界赋能、视野开阔、认真细致、与人为善的领导大师、中国工程院院士。陈鉴远的一生如滚滚洪流，让我们撷取其中的几朵浪花，以表景仰缅怀。

1. 冲破阻力回祖国

陈鉴远，1916 年6 月出生，1936 年以优异成绩考入南京中央大学化学工程系。1937 年抗日战争爆发，他随中央大学迁至重庆。1940 年6 月毕业，获工学士学位，留校任工业分析实验助教。1942 年7 月，陈鉴远先后在重庆桐油裂炼厂、昆明云南化工材料厂研究室、贵州大学从事化工生产与教学工作。1946 年4 月赴天津参与接管敌产天津纸浆造纸公司。这个公司是用芦苇亚硫酸盐法制浆造纸的大型企业，日产纸能力70 吨。陈鉴远负责该公司制药、制浆两车间。他带领工人积极修复设备，摸索掌握生产技术，很快恢复了蒸煮液制备及制浆生产。

1947 年1 月，陈鉴远赴美国留学，先后入衣阿华州立大学化学工程系，纽约州叙拉古大学研究院化学工程系研究人造纤维，获硕士、博士两个学位，前途一片光明。新中国成立后，他响应祖国的召唤，申请回国，却遭到了美国方面的阻挠。1950年在日内瓦参加国际和平会议的周恩来总理得知情况后，冲破美方重重阻挠，通过政治和外交途径帮助陈鉴远等12位留学生在1950年10月回到了祖国的怀抱。当时，《人民日报》曾登出这一消息。不久，周总理亲切接见这些归国留学生。在一一握手交谈中，周总理问陈鉴远："听口音，你是江苏人吗？"陈鉴远说："是的，总理，我是江苏淮安人。"周总理笑着说："哎呀！我们还是老乡啦！"两双大手握得更紧了。

从此，陈鉴远将所学回报祖国，为祖国的化学工业奉献了一生。

2. 开拓磷肥稳根基

新中国成立初期，各行各业发展迅速，人口增长较快，棉粮争地矛盾突出，如何才能缓解矛盾？各方的共识是迫切需要增加化肥施用量。除了氮肥、钾肥外，磷肥也非常重要。磷肥在促进农作物根系和茎叶发育、增强作物抗逆性，新陈代谢，提高作物产量和品质、改善土壤结构、提高土壤肥力、促进农业发展等方面都发挥着重要作用，因此，加快磷肥生产、供应的议题摆上了国家和化工部领导的案头，而当时我国的磷肥生产技术资料几乎一片空白。

当时的陈鉴远志向远大、青春洋溢、乐于挑战。当得知组织上安排他从事磷肥研究时十分兴奋，他暗暗下定决心，一定要不辱使命、攻克难关、报效祖国。他接到调令后迅即背上行囊来到上海华东工业部化工处设计室任副主任，并负责南京一个新建保险粉工厂的设计。没有技术资料，他与上海交通大学合作进行了锌粉还原法制保险粉的试验研究，于1954年初完成了工艺设计。

1954年2月，该设计室与中央重工业部化工设计公司合并。陈鉴远随即被调入北京，任化工设计公司基本化学工业科科长，领导磷肥与硫酸专业的工艺设计。在与有关专业人员的密切合作下，主持制定技术方案、核查数据、审阅图纸，并深入现场处理设计施工和试车中出现的问题，相继完成了我国第一批大型过磷酸钙肥料厂及配套的大型硫酸生产装置的设计，以及万吨级钙镁磷肥厂的通用设计，使两个大型磷肥厂及配套工程顺利投产，并培养出一批磷肥设计和生产人才。

陈鉴远不辱使命，成为我国磷肥工业的开拓者。

3. 挥舞椽笔绘宏图

毛泽东主席高瞻远瞩、深谋远虑，即使在我国国民经济极度困难、技术极度缺少的情况下，仍然下定决心化解美帝国主义的核讹诈，自力更生研发原子弹、氢弹等核武器。生产核武器离不开重水。由于美西方国家的制裁，无法获得现存的生产技术，只能依靠自己研发。这个艰巨的任务自然交给了1956年成立的化学工业部。化工部领导迅速调兵遣将、配备强将担此重任。1958年，根据上级决定，北京化工设计院专设七室，综合配备工艺、设备、土建等各专业人员，负责重水、火箭推进剂偏二甲肼、液氢等国防尖端配套化工新材料生产装置的开发、设计。陈鉴远任北京化工设计院副总工程师兼七室主任。1965年，七室发展为化工部第六设计院，陈鉴远任院长兼总工程师。在我国发展国防高精尖技术急需化工新材料的紧要关头，他勇挑重担，克服重重困难，组织了孙铭等一批设计人员直接参加重水和化工新材料的开发研究工作，及时圆满地完成了设计任务。重水，即氧化氘，是核反应堆的中子慢化剂和冷却剂，也是氢弹中的核炸药氘化锂的原料。偏二甲肼是高能液体燃料；液氢是当代使用的高能液体燃料中比燃烧能量较大，比冲最高的一种。在他的主持和参与下，先后成功地开发了水电解交换法、硫化氢—水双温交换法、液氨精馏法、液氢精馏法等4种生产重水的工业技术，并成功地主持设计了重水、偏二甲肼、液氢和超氧化物等装置，重水和偏二甲肼技术达到国际先进水平，为满足我国“两弹”、火箭和其他国防化工产品的需要作出了重大贡献。

陈鉴远代表化工行业成为我国第一颗原子弹专家组成员，参与了研发工作。1964年，我国第一颗原子弹爆炸成功，其中有他的重要贡献。1966年国庆节，他作为我国第一颗原子弹爆炸成功的主要功臣之一，随毛主席和中央其他领导人一起登上天安门城楼，成为他一生的美好记忆。

40多年来，陈鉴远领导设计了40多项化工工程，在科学技术转化为现实生产力这一技术开发过程中，创立了一套科学有效的化工技术开发程序，多次应邀作学术报告和发表论文，传播技术开发的有关知识。

20世纪80年代以来，陈鉴远还建议并组织进行千吨级四氟乙烯新工艺、万吨有机硅单体、氯化法钛白和三聚氯氰等重大课题的技术开发工作，并取得明显成效。他探索和建立的科技开发程序和方法，对化工新技术的开发应用发挥了重要的指导作用，对加快科研成果工业化速度，提高投资经济效益有重要的作用和深远的意义。

1988年中国国防科学技术工作委员会授予他“献身国防科技事业荣誉证章”；

1989年建设部向他颁发荣誉证书，授予他“中国工程设计大师”的荣誉称号；1993年当选中国工程院院士。

4. 勇挑重担育桃李

1982年6月25日，陈鉴远任北京化工学院院长。他一上任，就召集全院系主任和教学骨干开会，强调教学必须与科研相结合，阐述这一办学方针的必要性和迫切性，介绍国内外知名大学的实施情况。在任职期间，他曾多次给国家领导人写信介绍北京化工学院现况，通过扩大招生、增加学术带头人和技术骨干培养研究生和博士生，开展国内外学术交流，邀请国外教授讲学，大力开展科研工作，提高学术水平，扩大科学领域，从青年中培养解决技术难题的能力，他多次请示上级领导希望能承担一些国家的基础研究和参加国家重大攻关难题。在他的带领下，北京化工学院开展了一批高新技术项目的开发研究，如碳纤维及其复合材料的研制、超临界萃取技术的应用和创新，不仅创出了科研成果，教学水平也得到了很大提高。他为人谦虚、勤奋好学、知识渊博、功底深厚、治学严谨、诚挚处世，努力工作、鞠躬尽瘁，直至临终前，还评阅了上万字的国家自然科学基金奖和国家科学进步奖审报材料，写出了数千字的评审意见。

1995年5月22日和23日，陈鉴远在清华大学参加全国重点化学工程联合实验室评议会，24日参加南方农药中心论证会，25日在中国石油大学（北京）参加《化学工程手册》编委会会议，他还准备参加26日在人民大会堂召开的全国科技大会。他满怀热情回报祖国，以人民的需要为自己的最高理想。

除本职工作外，陈鉴远还承担了许多社会工作和参加学术活动。他历任中国化工学会理事，美国化学工程学会西格玛（Sigma）学会会员，中国制冷学会副理事长；国家科委化工组成员及新型化工材料专业组副组长和生物医学工程学科副组长；国家自然科学基金委员会化学工程学科评审组成员；国务院学位委员会第一届学科评议组成员；国家科学技术奖励评审委员会委员及化工组组长；北京市人民政府第一届专业顾问；北京化工学院名誉教授等。

陈鉴远因心脏病突发抢救无效，生命定格在1995年5月26日，享年79岁。

中国涂料工业北方泰斗陈士杰

谭春雷[①] 田兆会[②]

在中国涂料界，素有“南虞（兆年）北陈（士杰）”之称，陈士杰被业界誉为“北方涂料泰斗”。

陈士杰，男，1917年1月4日生于上海，1942年毕业于北京辅仁大学化学系（后并入北京师范大学），早先从事过颜料研制工作，1953年开始专注于涂料领域，并倾其一生。在树脂研制、涂料产品开发、产业发展规划、行业教育培训、国际交流合作、技术引进消化吸收等诸多方面，成绩显著、贡献突出。

陈于1953年进入陈调甫创办的天津永明油漆厂（后更名为天津灯塔涂料有限公司），1965年响应国家号召，投身三线建设，到兰州援建化学工业部西北油漆厂。1979年调回天津市油漆总厂任副总工程师兼涂料研究所所长，并担任终身技术顾问。

1954～1958年，陈重点从事飞机与汽车用涂料的研究开发。当时正值国家第一个五年计划，涂料行业基础十分薄弱。苏联援建中国的156项工程，按与苏联签订的协议要求，必须试制和开发各种苏联牌号的涂料，难度很大。国家首先组织天津、沈阳、大连、上海等地的油漆厂，在沈阳化工研究院油漆室的配合下，开发研究涂料新品种以满足要求。为完成试制涂料新产品任务，以陈士杰为核心成立了专门的新产品组。他们克服了原料、设备、检测等配套条件极差的困难，出色完成了所承接的各项任务。1954年他所领导的新产品组完成了80多个飞机配件和机身所需涂料品种的仿制。1955年研制成功苯胺甲醛改性醇酸树脂浇注料，解决了航空电器的关键问题；成功研制季戊四醇、豆油醇酸树脂涂料作为飞机蒙皮涂料，系国内首创；研制了短油度醇酸树脂代替硝基漆中原来使用的中

---

① 谭春雷系中国涂料工业协会副秘书长。

② 田兆会系《中国涂料》常务编委，中国涂料工业协会专家委员会委员、甘肃省涂料工业协会会长。

油度树脂，以提高漆膜的硬度与耐久性；研制了癸二酸醇酸树脂，用以制备高弹性耐热涂料；等等。基本解决了我国航空涂料的自我配套问题。1956年9月9日，《人民日报》头版报道：沈阳飞机制造厂试制的我国第一架喷气式飞机试飞成功，聂荣臻元帅参加和主持第一架喷气式歼击机验收会。中国当时成为世界上少数几个能生产喷气式飞机的国家之一。

鉴于其在航空涂料领域的突出贡献，由陈士杰主持、杨厚湛等技术精英组成的新产品组被评为国家重工业部先进小组，陈代表新产品组参加了全国先进生产者代表大会，受到毛泽东主席、周恩来总理等中央领导同志的亲切接见。

1958～1960年，陈开展聚氨酯涂料的研制工作，研制出多种不同性能的聚氨酯漆。

1959～1963年，为研制飞机用漆，研制了乳液聚合、溶液聚合的丙烯酸树脂，进一步提高了飞机用涂料的质量。

永明油漆厂新产品组另一项重点任务是研制汽车涂料。醇酸树脂改性硝基漆是最早使用的汽车涂料，研制了不干性短油醇酸树脂代替原硝基漆中使用的中油度醇酸树脂，以提高漆膜的硬度与耐久性，拓展在汽车涂装中的应用。研制成功硅改性醇酸树脂硝基漆，作为我国自制的第一代轿车——红旗轿车涂料。

除研制飞机、汽车涂料外，1960～1963年，他还研制出90-A、90-B、90-C不同醚化度的丁醚化/异丁醚化氨基树脂，为工业涂料提供固化剂；成功研制三门峡水电站工程所需的环氧防锈漆，形成了环氧涂料系列产品；研制了癸二酸醇酸树脂，用以制备高弹性耐热涂料。这些专用涂料在国内处于领先水平。

1964～1965年初，陈重点从事双组分聚氨酯涂料的研制。其中异氰酸酯加成物合成后的稳定性是获得性能优良的聚氨酯涂料的关键节点，为打破当时西方国家的技术封锁，自行上马脂肪族多异氰酸酯缩二脲（HDI）合成装置，成功合成了国产的HDI。陈主持了前期研究，奠定了基础，规划好了合成路线，在投身大西北建设后继续指导，该项目于一年后取得圆满成功。

1965年，陈已年近五旬，他投身三线建设，只身赶赴兰州，援建西北油漆厂。1968年工厂军管后，他在车间实验室研发了带锈转锈涂料，对带有铁锈的金属表面不用处理可直接涂装，节省人力与成本，深受用户欢迎。

陈在兰州14年，除进行“聚氨酯抗磨弹性涂层”试验，研制并投产了“蓖麻油自干醇酸磁漆”外，还对“节代油会战”的成功发挥了重要指导作用。20世纪70年代初，本来落后的甘肃省农业连年减产，粮油紧张，每人每月供应5市两食用油，且多是苦涩的云芥油，但陈所在的甘肃油漆厂每年要耗去食用油100多万斤。为此甘肃省委发出要大力节约食用油的号召。为此，厂党委组织“节代油会战组”，由刘国杰任组长（改革开放后刘任化工部涂料研究院副院长、教授级高级工程师），陈担任技术顾问，用非食用的桐油和饱和的合成脂肪酸代替配方中一半胡麻油，国内首创了脂肪酸—植物油醇解法合成醇酸树脂技术，一年内节代食用油10多万斤，完成会战目标要求。1976年化工部在兰州召开节代食用植物油现场会，这一“不与民争食”的经验在全国推广，项目成果获1978年甘肃省科学大会奖，陈获得甘肃省先进科技工作者称号。

其间，陈还借调到化工部规划院，从事全国涂料行业发展规划工作。1972年，燃料化学工业部组织全国涂料产业调研，陈担任西南、西北片区的组长。他克服困难、一丝不苟，对我国涂料产业的布局和中长期发展规划，从技术角度予以论证，提出见解与具体建议，由此被评为化工部规划院先进工作者。陈是我国涂料行业第五个五年计划主要编制者之一，并参与了第十个五年计划的编制工作。

1979年，已经62岁的陈士杰被调回天津，任天津市油漆总厂（天津灯塔涂料有限公司）副总工程师兼涂料研究所所长。主持开发了一系列丙烯酸酯涂料产品，研制超长油度醇酸树脂（60%～70%），以及由此生产的胶玉磁漆等十余个涂料出口产品。陈在关心灯塔技术进步、产品开发的同时，时刻关注国际同行业技术水平，把大量精力投入国外先进技术的引进、国产化工作上。经过认真咨询、比较、论证研讨，天津灯塔涂料有限公司决定引进德国赫伯茨公司的阳极电泳漆和美国宣威公司的丙烯酸建筑乳胶漆，陈凭借高超的技术和流利的英语口语，在技术交流、谈判中起到了无人企及、不可替代的重要作用，为两个项目的引进立下了汗马功劳。成功引进后，陈积极组织消化吸收，在短时间内实现了国产化。

陈在致力于科技研发、提升技术水平的同时，还特别注重科技人才的培养和行业整体技术水平的提升，通过实际工作中的传帮带和讲学著书，为涂料行业培育技术精英。1957年4月，化工部在天津永明油漆厂举办全国第一期油漆技术培训班，陈担任主讲，授课教材汇编为《普通涂料工艺学》。参加第一期培训班的

50多名同志，日后大多成为支撑涂料行业发展的核心力量，曾被业内人士戏称为“涂料界的黄埔一期”。1973年化工部在兰州组织全国第二期涂料技术培训班时，陈以自身的学识、行业积累和1957年在天津的培训教学经验，再次进行了培训授课。陈自述“这可以说是天津第一期《普通油漆工艺学》的延续，我有幸是唯一参加第一期及以后数期培训讲课的教师”。陈与孙缀负责对兰州培训讲义进行审定后出版《涂料工艺》9册，深受广大涂料从业者欢迎，在业内被广泛应用并连续出版。

1981年受化工部委托，陈与虞兆年等共赴巴黎，代表中国出席国际涂料标准化（ISO/TC35）会议，提出关于涂层耐磨性测试方法的改进意见，并被采纳，列入国际标准。1983年，赴奥地利与西德等国家和地区，考察赫斯特公司的涂料工业系统等。

陈是《涂料工业》的资深编委、顾问；曾担任中国化工学会涂料学会副理事长，中国涂料颜料标准化技术委员会委员，涂料产品标准化技术委员会主任等职。曾荣获甘肃省先进科技工作者、化工部规划院先进工作者、天津市化学工业局先进科技工作者等称号。2005年9月，在中国涂料工业协会（简称中国涂协）成立20周年大会上，中国涂协授予陈士杰“中国涂料行业终身成就奖”。2015年，在中国涂料工业100周年暨中国涂协30周年纪念活动中，陈士杰与陈调甫、虞兆年等19位并列中国涂料工业“百年功勋人物”。

他人到暮年，仍念念不忘涂料行业的振兴与发展，利用一切可利用的机会，指导年轻科技人员秉承传统工艺技术，了解行业发展趋势，留下了“佛要金装，人要衣装，物要漆装”的经典之句。

记化工部副部长陶涛

富志侠[1]

陶涛，女，1917年7月生，广东潮阳人，生于上海。化工部副部长，我国发展化工新材料工业的主要领导人之一和具体组织者。为发展我国配套化工新材料体系建设作出重要贡献，深受大家的尊重与敬仰。

1. 身为管理者勇于担当　与职工同甘共苦

20世纪70年代，“偏二甲肼”是我国发展导弹等航天事业急需的火箭液体推进剂燃料，国家确定由黎明化工研究院（原北京化工研究院五室）李俊贤院士领衔，将其研制的液相氯胺法“偏二甲肼”工艺进行产业化。

液相氯胺法“偏二甲肼”生产装置在建设期间遇到了困难，化工部便派时任二局副局长的陶涛带领工作组，进驻到黎明化工厂蹲点。在陶的带领下，工作组全面深入基层，经与工程设计、施工技术人员反复研究评估后，决定将原部分装置推倒，由化工部第六设计院完善设计并重新改建。1967年底，在车间主任洪虎（原吉林省省长）主持下一次开车成功，1968年1月生产出合格产品，她带着合格的“偏二甲肼”样品回到了北京。

当时的黎明厂生活条件非常艰苦，职工住在干打垒的土坯房里，吃的是青稞面馒头（大通县海拔2400米、水开仅有92摄氏度），那时没有高压锅，蒸出的馒头不熟而且粘牙。时为学徒工的我，曾在食堂看到有人把馒头往墙上摔，竟能粘到墙上，但是，从北京来的陶局长没有要求特殊招待，每天都与普通职工一起到食堂排队打饭，与干部职工同甘共苦。

① 富志侠系原化工部军工办副主任，教授级高级工程师。

2. 重视基层人才的选拔与三线建设

陶非常重视从基层选拔人才。科技部黎懋明（女）就是陶经观察，从基层选调到北京的女干部。

当时黎在七〇一所（原北京化工研究院五所搬迁到青海）参与“偏二甲肼”成品的质量分析工作。七〇一所在大通县老爷山以北，七〇四厂（黎明厂）在老爷山以南28千米处，两地间隔近10千米，黎曾数十次骑着自行车往返于七〇一所和七〇四厂之间，对“偏二甲肼”做取样分析。黎工作的能力和工作精神，陶局长都看在眼里、记在心上。

“偏二甲肼”试产成功后，她回到北京。当化工部二局需要从外地抽调技术干部充实到部机关技术岗位时，黎懋明经陶局长举荐，从七〇一所调到化工部二局工作。后来，黎懋明又被科技部选中，成为科技部副秘书长。

当年，在“备战、备荒、为人民”大趋势下，三线建设如火如荼。国防化工配套技术的科研开发及产业化，成为十分重要的一环。按中央的方针三线建设要分散、靠山、隐蔽。陶率队负责考察选点时，交通非常不便，经常要步行翻山越岭，遇到崎岖的高山峻岭，便只能乘坐直升飞机考察。她以科学严谨的精神，为国防化工企业在全国的布局，作出了特殊的贡献。

3. 建立全国军品化工配套网络体系

陶领导下的化工部二局，克服重重困难，奋力组织化工力量建立起全国军品化工配套网络体系。当时的口号是发展国防，需要化工做什么，我们就攻克什么。

当年我国潜艇下水，需要潜艇舱内的氧气供给，这成为化工配套急需解决的问题。当时可行的方案是生产“超氧化钾药板”，利用化学药剂吸收舱内的二氧化碳产生氧气，以保证艇员的吸氧需求。她组织北京化工四厂研发攻关，终获得成功，保质保量地完成供给。像这样的例子在二局还有很多。

在她的主持领导下，国防化工产品在品种、质量和数量上了满足军工急需，逐步形成了全国国防化工配套体系，每年召开的产销订货会（包括科研项目委托），达到了供需双方的高效合作。

当时，对完成任务的时间节点，曾有这样的戏称：完不成，提头来见！可见任务之重和工作的严肃程度。

全国国防化工配套体系的形成，离不开她的周密筹划和心血付出。她在化工部党组和主管副部长李苏的领导下，积极组建化工新材料的科研开发队伍，根据化工部直属科研力量较强、装备条件较好、各有擅长的科研单位及生产企业的情况，分别组织建立了各类化工新材料的专业研究室。如有机硅、有机氟等新型合成材料研究室，工程塑料研究室，辐照聚合高分子合成材料研究室，特种涂料研究室，特种橡胶制品研究室，稀有气体和特种气体研究室，特种感光材料研究室，重水及其他稳定性同位素研究室，低温工程研究室，液体及固体推进剂原材料研究室等，使化工新材料能够在国内立足。

4. 二局与国防化工发展史

在陶领导下的国防化工发展史，堪称坚忍不拔、可歌可泣。为记录这段历史，由陶主编，聚集当年会战研发人员编写了《国防化工事业的创建历程》一书。

我1984年从青海黎明化工厂调到二局工作时，接手的第一项工作，就是联系科工部门召开第一次《国防化工事业的创建历程》编写会议相关事宜。此书历时数年收集、编审，2006年以内部史料印刷，由化工部原部长秦仲达作序，原部长顾秀莲等题字。她为我留存的书签下了："富志侠同志"成为我永久的纪念。

1988年化工部进行机构改革，撤销化工部二局，在科技司设立"化工部军工办公室"，全面接承原二局职能。时年我已是军工办公室副主任，负责国防化工科研管理工作。在完成"国家四大武器工程"配套化工新材料任务工作中，还时常得到她的关切与指导，受益匪浅。

陶为人德高望重，化工部原一局、二局的老同志们，都对陶十分敬仰与关切。陶每年过生日，老同志们均派代表前往家中看望，我有幸参加过一次。在其后的岁月里，二局老同志聚会，陶时有参加，大家互致问候、畅谈过往。在我被调到中国乐凯胶片集团任副总经理一职后，有一次参加二局聚会，她还亲切询问我乐凯的发展情况，鼓励我要发扬国防化工人的好传统，做好自己应尽的工作，为国争光。

2013年她与世长辞。她为国防化工贡献了自己的一生。她那刻苦钻研、辛勤工作、不遗余力完成上级交办任务的精神，值得我们学习。她那作风朴实、脚踏实地、严于律己、平易近人的品格，是我们化工人的骄傲。我们将永远缅怀这位可敬可爱的部长！

中国腐蚀与防护工业开拓者、传承者左景伊、左禹父子

孙 云

1. 左景伊

左景伊，1918年5月27日出生于湖南省湘阴县，为晚清重臣左宗棠曾孙。

左景伊生性颖悟，初中毕业时以湖南全省会考第二名的成绩考入长沙明德中学，1936年以优异成绩考入清华大学化学系。1937年抗日战争爆发，清华大学被迫南迁，左随学校先后转入长沙临时大学和湖南大学就读。1938年学校继续南迁，在昆明成立了西南联大。国民政府为了尽快培养抗战急需的军工人才，从全国大学中招收了一批二、三年级的学生，进入重庆中央兵工专门学校大学部学习，左毅然报考了应用化学系。1941年，左毕业后被分派到泸州国民政府第二十三兵工厂任硫酸车间技术员。1944年，他考取了国民政府兵工署公费留美学习资格赴美学习，1946年学成归国。

1950年，左景伊参加了中央重工业部化工局生产技术处的工作，处长为王林。他在中央重工业部化工局生产技术处任工程师时，主要的工作内容就是了解国外发达国家化学工业的发展。在查阅资料时他注意到美国的著名期刊《化学工程》（*Chemical Engineering*）上经常刊登有关腐蚀的文章。

《化学工程》（美）1950年第11期中的一篇由巴拉什（J.P.Balash）等43位腐蚀专家合写的长文《（化工）结构材料》（*Materials of Construction*）中，详细阐述了多种材料（金属、合金、非金属等）在各种腐蚀介质（酸、碱、盐、气体等）中的耐腐蚀性能。他认为这是一篇非常重要的文章，它的内容是所有在使用或生产化学物质的工厂中，工程技术和管理人员都必须具备的知识。

当时我国大学里的化学、化学工程等课程中并没有这方面的知识，包括他自己在内，对文章中提到的相关材料名称都十分陌生，因此，他认为应该将这些知

识尽快介绍到国内，于是他迅速将其译成中文。

在实际工作中，化工企业的大型化工设备、管道等一旦被腐蚀，轻则跑冒滴漏，重则发生爆炸、火灾，造成人员伤亡、财产损失，还会对周边的环境产生各种污染。可是单凭一篇翻译过来的专业文章很难得到应有的重视，为了扩大腐蚀与防护领域的影响，左决定写一本关于腐蚀与防护的专业书籍。

左从尤里格主编的《腐蚀手册》（原版）中吸取了一部分材料（材料耐蚀性分类表，及伊文思写的“腐蚀理论大意”），另外增写了第二篇“化学工业的构造材料”，从1951年开始编写，于1953年10月由北京科学技术出版社出版发行，这是我国第一部有关腐蚀专业的书籍——《耐腐蚀的化工材料》，首次把腐蚀与防护科学系统地介绍到了国内。这是左的第一部科学著作，那年他35岁。

1953年秋，左景伊从重工业部化工局调到北京化工实验（研究）所。当时的北京化工实验（研究）所的副所长，就是他在重工业部化工局时的老领导王林。王林分配他担任了化工室聚氯乙烯扩大试验设计组组长，为塑料室已试验成功的聚氯乙烯扩大试验及大规模生产做工业设计。当年底由于全国化工研究机构的变化，北京化工试验所、化工试验所杭州分所与化工试验所沈阳分所合并，成立了中央人民政府重工业部化工局沈阳化学工业综合试验所（简称沈阳所），左景伊随北京化工试验所迁往沈阳。由于左景伊在北京试验所化工室做聚氯乙烯扩大设计中有突出的成绩，1954年初，王林便派左景伊往南京永利宁厂协助该厂解决工程技术问题。

左景伊到南京永利宁厂要解决的技术问题：“分析硝酸吸收塔内NO及NO_2的成分。”这是一道在国际上多年未解的化工分析难题，左景伊利用一个简单、巧妙的方法解决了这道难题，并将写好的论文送到厂里。此论文在沈阳所科研论文评奖活动中，被评为该年度（1954年）最佳奖，因此，左景伊被评为沈阳化工研究院先进生产者。1954年底，中国科学院在北京召开的一次分析化学会议上，左景伊的这篇论文发表在《化工技术》杂志上。

1954年9月，国家要开展腐蚀方面的研究工作，时任沈阳所副所长的王林（主管全所科技工作）急电南京召回了对该项目有兴趣的左景伊，负责组建沈阳化工研究院腐蚀研究室。这是我国最早以“腐蚀科学”命名的研究实验室。左由此开始了一生的防腐蚀科研工作。

左当时的研究重点是生漆。在中国的传统家具中，生漆的使用源远流长，早在《山海经》中便有对漆树的记载，但生漆与金属的结合力很低，还不及酚醛清漆，左在研究中加入了一种填料，使其与钢的结合力提高了10倍，远超过了其他合成漆。生漆的耐热性也远高于合成漆，左利用生漆作为耐酸砖衬里的胶泥，获得良好效果。左对生漆涂层的干燥方法做了改进后，由自然干燥需24小时以上改为加温干燥缩短至几小时。

1955年六七月间，王林副所长应化工局生产司司长邀请，带领左景伊到天津化工厂帮助解决生产问题。问题解决后，化工局生产司感到化工生产中腐蚀问题的严重性，于是决定年底在沈阳所召开一次全国性腐蚀问题会议。

会议如期在沈阳所召开。参加会议的除化工部所属各工厂、设计、研究等单位外，一机部、冶金部、石油部、纺织部、军工部门、高等院校、中国科学院等相关单位也派了代表参加。

大会由左景伊主持，并作了题为《关于生漆的耐腐蚀性能及应用技术》的报告，受到大会的好评。会后这篇报告被《化工技术》（后改名《化学工业》）发表于1956年第3期。大会除了学术报告外，还解答各工厂提交的六七十个腐蚀问题，左在会上对各项问题逐一提出解决方案，受到代表们的好评。会后化工部看到此次的腐蚀大会效果非常好，决定以后每两年召开一次这样的腐蚀会议，并指派专人负责，直至“文化大革命”开始前。

1956年8月5日，《人民日报》全文发表了左景伊写的介绍腐蚀科学的文章《防止金属腐蚀的科学部门》。受到了国家科学技术委员会的重视，决定筹建腐蚀学科组，由一机部负责，北京机械科学院为挂靠单位。此后一年的时间，左景伊应科学普及出版社函约，又写了一部3.6万字的《金属的疾病》科普著作，于1958年1月出版。

1956年，左景伊从资料中看到欧美国家尚处于专利保密的不透性石墨消息，敏锐地感觉到这是一款耐腐蚀的一流产品，于是在缺乏详细资料的情况下，仿制成功了耐酸且导热性均极高的不透性石墨，并设计制造了一台小型不透性石墨泵。

1957年，召开的第二届全国腐蚀问题会议上，左景伊作了题为《金属腐蚀的原因和防蚀途径》《阴极保护的理论和应用》两篇报告。其中《金属腐蚀的原因和防蚀途径》一文在《化工技术》上发表，并被一些大专院校和化工厂用作教材。

会下，左景伊将不透性石墨泵用不透性石墨管连接，从盐酸储槽中抽出盐酸循环运转，展示了不透性石墨的优异性能，与会代表都是第一次看到这种材料的设备。那时正好有一个苏联化工考察团来到沈阳院参观了这个展览会，他们回到莫斯科后，遇到正在苏联访问的沈阳化工研究院的院长林华（兼任化工部生产司司长），特地谈了对这一展示的印象。随后，多个东欧国家陆续派专家来院内考察不透性石墨实验厂。国内也相继建设了几家不透性石墨厂。这一年左景伊被评为沈阳市先进生产者，并当选沈阳市政协委员。

1958年，左景伊从资料中看到糠醛耐高温胜过甲醛，生漆也耐高温，如果将糠醛和生漆中的漆酚合成，便有可能产生耐高温的树脂新品种，于是左与助手简化了提取漆酚的方法，很快制成新品种的漆酚－糠醛树脂。将新塑料涂在钢板上，在400℃的电炉上进行高温试验1小时后，与它同放在炉中的普通苯酚－甲醛树脂相较，苯酚－甲醛树脂已烧成了灰烬，而漆酚－糠醛树脂却完好无损，证明漆酚－糠醛树脂是一种优良的耐高温塑料。

那年冬天北化院在北京召开塑料学术会议，有知名苏联学者领队的代表团参加，时任北化院院长的林华知道左景伊研制出耐高温树脂的消息后，指名要左参会作报告。会后苏联代表团团长作了来宾总结性发言，特别提到了几篇报告，包括左的研究报告。他说：这种耐高温（200～400℃）的塑料很有用，例如可做飞机刹车片材料，急速刹车时温度可能短期上升到二三百摄氏度，常用的酚醛塑料都会遭到破坏，如用这种耐高温塑料，可以缩短机场跑道。

1958年七八月，左景伊作为特邀代表参加了在北京召开的“民主党派中央扩大会议”，受到了毛泽东主席的接见，周恩来总理在人民大会堂设国宴招待了各与会代表。

经过几年的各地调研，1960年国家科委腐蚀学科组正式成立，挂靠在中国科学院，左景伊担任了腐蚀学科组秘书。

在沈阳化工研究院（1956年沈阳所更名为沈阳化工研究院）期间，左景伊除了开发防腐蚀生漆、漆酚—糠醛树脂、不透性石墨、沈1-D缓蚀剂等新产品，还带领研究室人员在国内率先研究开发了化学镀镍、橡胶衬里、耐酸瓷砖衬里等多项当时在国际上具有先进水平的技术，这些技术后来在工业界得到广泛应用，有力地促进了我国工业防腐蚀水平的提高。

1965年8月，沈阳化工研究院的腐蚀研究室搬迁到了兰州，并入化工机械研究所，左景伊一家也一同搬到了兰州。同年11月，左在中国科学院长春应用化学研究所参加“全国电化学会议”上，作了题为《极化曲线的面积因素和寻找阴、阳极面积比例的途径》的报告；12月又参加了由科委学科组化工分组，在北京主持的两年一次的“全国化工腐蚀会议”，会上左景伊宣读了《应力腐蚀破裂》《寻找阴阳极面积比》两篇论文。《应力腐蚀破裂》是一篇总结国外对这一重要问题的多种研究成果和理论发展的论文，后来有些腐蚀研究单位把它当作教材介绍给研究人员阅读。

1965年，石油部在四川长庆发现了一个大油气田，为了预防油气井的腐蚀，于9月约左景伊等几位腐蚀学专家去成都开会研究，并到威远、重庆、长寿等地观察天然气腐蚀情况，后决定分工研究试制气井缓蚀剂等。

他回到兰州后，次年初即开始研究试制缓蚀剂，经过大量的试验，成功研制出“兰4缓蚀剂”，投入四川气田经实际试验，与其他同类产品（包括国外产品）相比“兰4缓蚀剂”更好。

1972年，左景伊申请由兰州化工机械研究所调到兰化公司研究院二室。当时二室在研究合成橡胶原料丁二烯时，遇到一项棘手的腐蚀问题。这也是时任兰化公司副总经理林华调左景伊到兰化研究院的原因。

当时兰化公司在丁烷氧化脱氢攻关中，遇到了材料在高温氯化氢气体中的腐蚀难题。丁烷氧化脱氢反应器是以氯化氢为催化剂，因原料混合气体中盐酸气，在反应温度为560℃，设计的不锈钢试验装置每次开车试验不到24小时，设备就会腐蚀穿孔，因盐酸气泄漏而停车。之前派的专家在二室成立了一个腐蚀研究小组，一年多的时间里，试验了多种材质的试验装置全都以失败告终。

林华经理知道左在防腐方面颇有成绩，于是点名要左到兰化公司研究院解决试验装置的腐蚀问题。左不负众望，经过仔细的计算及对设备的观察，确认：有未受到注意的结构问题，致使产生了冷凝的盐酸溶液，在室温下使10毫米厚的不锈钢管穿孔。在观察中找出了这一结构处，依据左的改造方案，这一困惑了一年多的盐酸气泄漏问题顺利解决，得到相关部门的高度评价。

由于解决了这道难题，1973年至1974年连续两年他被评为兰化公司研究院和兰化公司先进工作者。

左景伊恢复工作不久，看到美国有几部腐蚀数据手册，这类手册对广大工程技术人员极为有用，它可以正确选择材料而减少腐蚀所造成的损失。于是他决心将国外几种手册的数据收集汇总，并加上自己多年来的一些实验数据（如1955年科研实验中获得的生漆数据），用适合我国习惯、简单明了的符号表格列出，还增加介绍了腐蚀力和选材原则的章节，使其成为不仅是国内也是世界上最完整的一部腐蚀数据手册。在领导的支持下，左从1975年开始编写，于1982年由化工出版社出版了这本《腐蚀数据手册》，并于1995年增订再版，书名改为《腐蚀数据与选材手册》，该书出版后即被选入《中国优秀科技图书要览》。再版内容增加了以腐蚀介质为主题的选材数据，选材原则指导等。

1978年，左景伊调入北京化工学院，带领数名教师开展了应力腐蚀等方面的研究，使学校腐蚀与防护科研水平和影响力迅速上升。1979年，中国腐蚀与防护学会成立，左被选为学会首届副理事长。

左在腐蚀与防护领域硕果累累，发表论文90余篇，出版了多部论著。在理论研究方面，提出了“腐蚀破裂三阶段理论”，证实裂缝内加速反应，解答了国际长期困惑的应力腐蚀机理；专著《应力腐蚀破裂》受到同行专家的高度评价。1988年关于“应力腐蚀破裂”的研究获国家教委科技进步奖一等奖。其后又提出了利用电位-pH值图分析裂纹尖端钝化与腐蚀动力学过程的方法，系列成果获得1993年国家教委科技进步奖二等奖，受到国际著名腐蚀权威、比利时教授Pourbaix的高度评价。

2001年，九三学社北京市委员会成立50周年时，左景伊与王选、邹承鲁、张光斗等28名社员获得优秀九三学社社员荣誉证书。他先后任中国腐蚀与防护学会副理事长，国家科委腐蚀学科组第三分组组长，中国化工学会化工机械与自动化学会副理事长，中国化工防腐蚀技术协会副理事长，全国防腐蚀工程标准技术委员会副主任，中国科学院金属腐蚀研究所开放实验室学术委员，浙江大学和北京科技大学兼职教授等学术职务，1990年获得享受国务院政府特殊津贴。

2. 左禹

1977年，在中国的历史上有许多大事，但最令莘莘学子难忘的是这一年的10月21日，党中央作出了恢复高考的决定。

左禹初中没毕业就下乡劳动，两年后抽调到当地陶瓷厂做了一年的装窑工人，之后又调到兰化公司石油化工厂的丙纶车间，做了一名化纤装置操作工，这一干就是6年。那些年左禹从来没想过6年后他会何去何从，当然，那时的中国大地也没有给人们太多的想象空间！

左禹在这一年的冬天改变了自己的命运。他以优异的成绩进入了甘肃工业大学金属材料专业。那年他已经25周岁，而他的父亲左景伊，一个在中国腐蚀与防护领域作出过突出贡献的科学家，还没有完全落实政策。也许是因为左禹的出身问题没有完全解决，他没能进入心仪的大学。大学毕业后他又以优异的成绩考上了北京钢铁学院腐蚀专业的硕士研究生。

对于左禹来说涉足腐蚀专业从一开始似乎是偶然，不过无论是偶然还是必然都不会影响一个对知识充满渴望的人，为了自己所学而付出汗水与心智，作出自己的贡献。

左禹说自己并不太像父亲左景伊，在他的印象中父亲不苟言笑，是一个典型的“老派知识分子”。小的时候他们一家总是跟随着父亲的脚步迁徙，从北京到沈阳、从沈阳到兰州，最后又回到了北京。

左禹的大学专业没能自己选择，可以说是命运为他安排了“金属材料”这个专业，毕业之后他报考了北京钢铁学院金属材料硕士研究生，可命运又一次和他开了个玩笑：在入学体检时他被查出色弱。北京钢铁学院金属材料专业的导师犹豫了一下，却被腐蚀专业的导师挖了“墙角”。就这样他进入腐蚀与防护领域，与父亲在同一专业里探索前行。

研究生学习期间，在导师的指导下他参加了“金属材料的热腐蚀机理研究”，1987年获得国家教委科技进步奖二等奖。1988年，他又以136分的高分通过了国家英语水平考试，获得了出国学习的机会，赴美国麻省理工学院做访问研究。在美期间，左禹在“非晶态合金氢脆”研究方面取得了重要进展。

左禹在硫化氢环境中的不锈钢应力腐蚀、亚稳态小孔腐蚀、铝合金阳极氧化等方面开展了一系列卓有成效的研究，20世纪80年代作为主要承担人开展的“催化吸收稳定系统奥氏体不锈钢应力腐蚀开裂研究”，1989年获得中国石化总公司科技进步奖三等奖。

对于腐蚀专业的科研项目，左禹的研究方向和研究课题与其父亲左景伊不同，自从左禹进入腐蚀与防护领域以来，从没有与父亲在同一个课题组，为此他说："父亲那时对我还有些不满，但我还是一直坚持自己的研究方向。"

左禹不太善于言谈，他说：我1977年才上大学，已经25岁了。那时的学习压力很大，被耽误的时间太多，所以要抓紧一切时间学习，哪儿还有什么兴趣爱好！不过他还是笑着说："哦，对了，我喜欢踢足球，上学的时候会经常踢，不过毕业之后就不再踢了，而是把所有的精力都放在了工作上。"

1996年，左禹开始担任北京化工大学主管科研和学科建设的副校长。那时的北京化工大学正在进行"211工程"的申报和建设工作，但是在众多的"211工程"院校里，北京化工大学当时的实力并不占优势。

左禹在担任科研副校长后，便着重加强了学校的纵向科研，他说："作为高水平大学，必须加强纵向科研，要有能力承担国家重大项目，解决国家急需。"要紧跟国际学术前沿方向，不断创造和拓展新的科技空间，为科学和社会发展作出贡献。同时也要重视解决企业的实际问题，努力设法将新的技术、发明快速地转化为生产力，服务于国家经济建设。"我们动员全校的各个院系积极申请国家自然科学基金，争取国家项目，同时鼓励师生在国际权威期刊发表SCI论文，这样才能扩大学校的影响力。"

1997年北京化工大学正式进入了"211工程"重点高校建设行列。全校师生齐心协力，几乎是完全靠自筹经费开展了"211工程"的学科建设工作，左禹参与了学校"211工程"建设中大量的规划、组织、协调等方面工作。"那段时间真是很不容易，几年下来，我们把学校科研、教学、学科建设等方面的结果拿出来，和同类型高校相比还不算太差，有些数据比其他高校还强。"

在繁忙的行政事务中，左禹的科研没有停止过。2004年他获得中国工业防腐蚀技术协会科技进步奖一等奖，他还获得了多项有创新性的研究进展。

不锈钢在高温稀硫酸等强腐蚀环境中腐蚀速度非常快，左禹教授带领课题组在国内外首次研发了在不锈钢表面通过电刷镀大面积制备钯、钯—铜和铬—钯合金薄膜技术，有效促进了不锈钢钝化，从而在非氧化性腐蚀介质中耐蚀性大幅提高。同时针对在用的不锈钢设备，研发了表面处理、镀液循环回收和大面积快速刷镀钯的成套工艺。该技术获得多项发明专利，在乌鲁木齐石化、扬子石化等大型石化企业实现工程应用，效果良好、解决了企业的难题，获得2018年中国腐蚀与防护学会科技进步奖一等奖。

金属装备与结构表面都有涂层保护（如船舶、塔架、桥梁等），及时检测结构表面防腐蚀涂层的服役性能是保证装备正常运行的重要手段，但过去缺少在工程现场检测涂层性能的方法，实验室通常使用的涂层阻抗测试仪器设备昂贵，检测时间长，解析复杂，很难应用到现场进行快速检测与评价。

左禹带领课题组在国内外首次提出利用10Hz频率下的相位角代替低频阻抗值，从而快速获得涂层服役性能参数的方法。在此基础上，研究开发了涂层服役性能快速检测与评价系统，建立了相关模型，利用这项技术可以对各种金属表面的涂层性能和涂层寿命进行现场快速评价和预测。该技术作为“大跨度钢结构防火防腐关键技术及应用”成果的一部分，于2014年获得国家科技进步奖二等奖。在船舶、钢结构桥梁领域实现了重要的应用，获得军队科技进步奖2项，成果已推广到多家企业。

左禹教授还在国内外首次研究开发了对镁合金具有阴极保护作用的富镁涂层，开发出对AZ91D镁合金具有优良屏蔽作用、阴极保护作用和高结合力的新型耐蚀涂层，保护性能显著提高，耐盐雾试验超过2200小时。同时进一步开发了针对铝合金保护的新型富镁—铝耐蚀涂层，在铝合金表面耐盐雾试验超过4000小时。参与研究的“航天用镁及镁合金表面处理技术”，2018年获上海市科技进步奖三等奖。

左禹在腐蚀理论的研究方面，率先开展了“亚稳态小孔腐蚀机理”研究，首次阐述了亚稳态孔蚀电位的物理意义，解释了亚稳态孔蚀电位和稳定孔蚀电位之间的本质联系。

2010年，他应邀在莫斯科举办的欧洲腐蚀大会上作的邀请主题报告中，阐述了“小孔腐蚀早期的电流波动”的研究进展。他是第一位中国学者在欧洲腐蚀大会上作重要学术报告之人。

新中国的腐蚀与防护从无到有，已经走在了世界的前沿。这是新中国成立后几代腐蚀与防护科研工作者不懈努力的结果。左景伊与左禹父子，在创建与发展这一科学事业中呕心沥血、著书立说、教书育人、薪火相传，功不可没！

太多的文字不如凝成一首诗：

薪火相传育幼枝，微茫丽日见丰姿。
层层远树防风害，一叶轻帆万首诗。

我国工程塑料的开拓者徐世焘

徐立训　徐立评　徐立英　徐立伦[①]

徐世焘，通用高分子材料、特种高分子材料专家，我国酚醛塑料工业、塑料加工业的开拓者之一，化工部北京化工研究院原副院长、副总工程师。

徐世焘，1919年出生，浙江鄞县人。徐世焘的父亲是我国著名的化工专家、教育家徐名材教授。徐世焘天资聪颖，在父亲的言传身教下，他刻苦好学，热爱化工，1932年入南洋中学求学，1941年以优异成绩毕业于上海交通大学化学系。

毕业时正值抗战期间，徐世焘经越南辗转来到重庆綦江电化冶炼厂工作。该厂是当时我国有色金属冶炼行业颇具规模的国企，生产的电解铜、锌、纯铁等为军工企业基础原料，总经理为我国著名的冶金专家叶渚沛。徐世焘从实习生转任工务员、助理工程师，因工作认真努力，被选入总工程师室工作，接管事务课课长。

綦江位于重庆郊区，地处三江汇流之地，经常遭受日本飞机的轰炸，供电无法保障。他们克服困难，努力保障生产的连续性，以满足抗战物资的需求。工余时间，他们也时不时地下河捞鱼，改善一下自己的生活。2024年3月，我们来到綦江电化冶炼厂旧址，实地踏访父辈工作过的地方，办公室、车间、宿舍、大烟囱……大都保存较好，车间内高大的厂房，倒塌的窑炉，红色的耐火砖、烧成灰白色的窑土……历历在目，依然折射出当年繁忙的景象。

1944年底，徐世焘通过了"租借法案"考试，1945年6月前往美国的几家塑料工厂实习。当时，交通受阻，他一路辗转抵达印度加尔各答，再坐海轮赴美。他把沿途的所见所闻写成旅美通讯《从重庆到加尔各答》《加尔各答风光》等，发表在《西风》杂志上。

1947年6月由美回国，到资源委员会中央化工厂所属的上海工厂工作，历任副工程师、车间主任、生产技术科长。1956～1958年，任化工部沈阳化工研究院

① 徐立训等4位撰稿人均为徐世焘之子，徐立伦执笔。

（简称沈阳院）塑料油漆研究部主任、副院长。1958～1960年，任化工部北京化工研究院（简称北化院）副总工程师。1961～1962年，任锦西化学工业公司副总工程师兼有机合成厂代厂长。1962～1969年，任化工部北化院副总工程师、副院长、院党委委员，塑料应用研究所所长。

1. 酚醛塑料工业的开拓者

酚醛塑料工业在我国是最先兴起的塑料工业。抗战胜利后，中央化工厂上海工厂在生产塑料的同时，专门设立了酚醛树脂的研究机构和试验车间，由刚从美国回来的徐世焘任技术负责人。他在同事们的帮助下，应用在国外学到的技术知识，以苯酚和甲醛为原料合成了酚醛树脂，进而研制成功了层压板，再加工制成了机械齿轮、电工器材等塑料制品，并陆续投入了工业生产。1948年，酚醛树脂产量逾百吨，我国由此开始有了自己的酚醛塑料工业。

1954年该厂进行技术改造，改扩建为专门从事塑料加工的专业工厂。这期间，徐世焘先任酚醛塑料车间主任，后任生产技术科长。他在当时我国经济技术基础薄弱，生产建设条件差的情况下，依靠厂领导及同事们的支持，组织广大职工艰苦努力，因陋就简发展酚醛生产。从加强试验工作及原材料、半成品和成品的质量检测入手，逐步制订出不同牌号、规格系列产品的工艺规程与质量标准，增添和改造必要的设备，稳定和提高产品质量，降低废品率，由此逐步增加新品种，扩大了生产能力。短短几年，试制成功我国当时紧缺的电器工业重要材料——酚醛层压板、绝缘绸布、油溶性酚醛树脂、各种绝缘漆，以及当时国防工业急需的轮闸衬等新产品、新材料，从而结束了主要依靠外国进口的局面，有力地支持了我国机电、化工、轻工、木材加工等行业的发展，受到中央重工业部化工局华东办事处的三次通报嘉奖。徐世焘由此成为知名塑料专家。在报刊上发表了《塑料工业的发展》《用塑料代替金属材料在国民经济中的作用和意义》《合成材料的新时代》《西德塑料工业》《英国化学工业发展的过程和今后的发展趋向》等多篇专业论文。

2. 特种高分子材料的科研带头人

20世纪50年代中期，国家决定自力更生研制“两弹一机（国产飞机）”，发展国防尖端技术。有关军工单位陆续提出了配套需要的许多特种高分子材料的研制、供应任务，这些任务均要求高、时间紧，而且军工部门多次提出了所需高分子材料应具备的特殊使用性能要求，例如：能耐热180℃的电子器件封装用材料，用于涂装喷气发动机尾管、能长期耐热500℃的耐高温涂料，能在–90 ~ 273℃长期使用的润滑油，能耐高辐射用于核潜艇的橡胶材料，导弹外壳用耐烧蚀材料等。这些任务不仅难度很大，而且要弄清其专业属性、化学品类和组成，准确布置给对口的专业室组并非易事。当时，我国的化学工业基础还很薄弱，加之西方国家的技术封锁，化工原料品种供应能力很低，科研装备差，资料缺乏。对此，徐世燕知难而进，急国家所急，勇挑重担，亲自主持，精心指挥，解决疑难问题。仅用几年时间，在大家的共同努力下，就逐一按时按质按量地完成了研制供应任务，为国防工业作出了卓越的贡献。

在完成的科研任务中，有机硅占很大的比重，包括硅树脂、硅橡胶、硅油等数十个品种，在国内都属于首创。这与徐世燕刚到沈阳化工研究院不久，就十分重视有机硅工业有关。他认为，硅氧烷系列聚合物领域宽广，品种众多，具有优异的耐高温、耐老化及电绝缘性能，主张系统开展试验研究。他亲自主持并参加了从甲基有机硅单体以及有机硅漆等品种入手的研制工作及扩大试验，着手筹建生产有机硅单体及树脂的车间。军工单位提出需求后，徐世燕将有关耐温、绝缘的许多材料，陆续准确定位于相应的有机硅品种，大大加快了研究开发的速度。在徐世燕的主持下，1957年沈阳院建成了中国第一个有机硅车间，很快提供了军工单位所需的耐热180℃的电子器材封装材料及H级电机漆包线用的耐热绝缘漆，并继续取得一系列开创性成果，如可供涂装喷气发动机尾管的有机硅涂料，能耐高辐射可用于核潜艇的苯撑硅橡胶（对亚苯基硅橡胶），能耐高温的高强度苯撑硅树脂玻璃钢，能耐电弧、耐高温的硅膜塑料，宽温区用有机硅润滑油等。以上成果，成功地应用于我国国防尖端工业，获得了国家级或部级科技成果奖。1958年9月，徐世燕主持了在沈阳召开的第一次全国有机硅技术推广会议，为拓展有机硅的生产应用，促进有机硅工业的发展发挥了重要的作用。

在徐世燕的主持和组织下，研究开发成功的其他特种合成材料成果还有：耐高温环氧树脂及其成型加工技术——满足用作航空结构材料的要求；航空有机玻璃——用作飞机风挡座舱罩和舷窗；苯二甲酸酯系聚合物——用作导弹烧蚀材料、航空器用耐高温结构黏合剂、玻璃钢等。

1964年，考虑到国际形势等因素，我国确定将重点项目迁往三线。徐世燾受命带领专家组前往四川考察，为筹建晨光化工研究院选址，最终确定建在四川省自贡市富顺县。60年来，晨光化工研究院逐步发展成国家有机氟硅材料生产研发的龙头企业。

3. 塑料加工业的功臣

1956年，徐世燾调到沈阳化工研究院时，该院研究成功的电石法聚氯乙烯树脂正在锦西放大建设生产车间，准备投入生产。配套开发其下游制品加工技术，成为当时他领导的塑料加工室的首要任务。“两弹一机”配套要求提出后，塑料加工任务很快扩大到许多特种高分子材料。这期间，徐世燾领导塑料加工室，一边搞研究开发，一边规划搬迁任务，还要拓展加工成型的广度和深度，不时地要到北京筹建加工成型科研开发装置，在他的全面筹划及奔忙中，按计划建成了当时全国领先的塑料加工技术中心，加工的树脂领域包括：酚醛、脲醛、聚氯乙烯、有机硅、有机氟、环氧聚合物、聚酯、聚苯乙烯、有机玻璃、尼龙等。

徐世燾在工作中，能够深入专题组了解情况，及时发现解决问题，调动大家的智慧与积极性。在徐的组织下，北化院不仅在特种高分子材料及塑料加工技术的研究开发方面完成了大量任务，而且在通用高分子材料方面也取得了重要成果及进展。

例如：氨基塑料——1959年研制成功装饰板，在北京光华木材厂推广。乙丙橡胶——1960年国外兴起乙丙橡胶研究不久，北化院即开始研究，1963年完成了溶液法连续聚合小试和中试。聚丙烯——1962年开始研究，开发了铝还原法三氯化钛催化剂及淤浆法连续聚合中试。聚乙烯——开展了低压聚乙烯催化剂制备和工艺研究。其中重要的助催剂三异丁基铝直接法开发成功，完成了扩大试验并投入了生产。聚氯乙烯——1961年完成了悬浮法聚合工艺改进，氯乙烯/脂酸乙烯共聚小试和乳液法连续聚合中试，均为国内首创。

在徐世燾组织领导下，北化院拥有了高分子材料的合成、成型加工和物性研究室以及试验车间等一整套较好的科研开发条件。在通用高分子材料、特种高分子材料及塑料加工方面均开展了大量工作，取得了丰硕成果。培养了一大批科技人才，成为当时中国高分子材料的研究开发中心，也为后来进一步深化开拓高分子材料新技术奠定了良好的基础。

徐世燕埋头苦干，任劳任怨，工作成绩显著，党和人民给予他很多荣誉：1953～1954年，他当选为上海市杨浦区和上海市首届人民代表大会代表。1956年，他加入了中国共产党。20世纪50年代以来，他作为有重要贡献的化工科技人员代表，多次参加国庆观礼，出席中央领导主持的国庆招待会；多次作为我国塑料工业界的知名专家出访波兰、民主德国、英国等国家，以及出席有关国际学术会议。

徐世燕1969年1月31日不幸离世，在中央整党办公室及各级党组织的关怀下，徐世燕的冤案得以平反昭雪。1992年《化学工业部关于表彰在国防化学工业40年创业中做出卓越贡献的181名同志的决定》中，徐世燕在“工程塑料”专业名列首位，国家和有关部门没有忘记徐世燕的贡献，高度认可他的工作业绩。

中国橡胶工业奠基人周国楹

岳 敏[①]

1985年9月的深夜，清秋的凉意浸润着大地。庄稼里虫鸣声声紧，人们大多已梦乡沉沉中。北京西郊的一扇窗户上，淡黄的灯光透出来，穿过漆黑的夜幕，路过杳渺的星辰，牵引我走进时空，走近这位中国橡胶奠基人。

66岁的周国楹，正埋首于窗前，口中念念有词，笔下勾勾画画。时而英文，时而日文，时而专业艰深的词汇，时而通俗易懂的阐释，自如切换。下个月，他将东渡日本，参加在京都举行的国际橡胶会议（IRC），并且受邀在主会场作技术报告。这是我国首次以全权委员国的身份参加大会，而周国楹是历届会议中受邀发言的第一个中国人。

此刻，他正在准备着他的报告《中国天然橡胶与合成橡胶的发展》。

1. 求学救国

周国楹，祖籍广东新会。1919年10月出生于澳门。当时普遍认为内地教学质量好，1935年回广州上学。1938年毕业于广东省文理学院附中，考上中山大学。是年秋，日军入侵广州，广州沦陷，学校停办，他只能回到澳门家中。

1939年，周考入国立西南联合大学化学系。战争炮火中，他取道我国香港地区，转越南海防，赴昆明上学。

入学后，师从西南联大化学系主任、我国著名化学家杨石先。数学老师杨武之（杨振宁父亲），主要教高等数学、微积分等。

两位杨先生对周国楹之后的工作和生活，产生了重要影响。

① 岳敏系北京橡胶研究设计院橡胶轮胎检测技术服务公司总经理助理、高级工程师；中国化工作家协会会员。

2. 行业奠基

1943年，周毕业后，作为杨石先的助教，参与胶黏剂的研究。翌年，杨石先出国深造后，周来到资源委员会昆明化工材料厂，任化验室副主任。1946年调到青岛维新化工厂，主管原材料检验。

新中国成立后组建的国营青岛橡胶厂，急需橡胶领域的专家。年届而立之年的周国楹，接到中央人事部调令，调往该厂担任工程师、试验室主任，负责全厂产品的配方工艺和质量监督。此外，他还启动了开发国产原材料、参加扩建增产、引进新测试方法，以及研制和生产国防新产品（航空轮胎、军用雨衣，防水夹胶材料帐篷）等急需物资，支援解放军抗美援朝。

白天，他搞研究、抓生产；晚上，他兼任轻工业部橡胶技术干部培训班教务委员，为大家讲授橡胶工艺学。他上课引经据典，融汇文史，学生们都喜欢听。

20世纪50年代初，美国对我国实行经济封锁。橡胶，作为重要的战略物资，也遭到禁运。在这种情况下，根据中苏协议，以我国的华南地区作为橡胶生产基地，加紧投入建设。

1952年，中央要求中国科学院、高等教育部和轻工业部尽力在技术上协助试验工作，并增派相关领域的专家、教授以解决橡胶生产中栽培和工艺方面的科学技术问题。1953年，周接到援建任务，去华南支援天然橡胶开发建设，筹建研究室，培训专业人员，开展国产橡胶基本性质研究。1954年初，春节刚过，春寒料峭中，周国楹这位儒秀俊雅的年轻人，告别了妻子、两岁的小儿子和刚刚出生的女儿，踏上了征途。此刻，远在祖国的广州，生物专家乐天宇、昆虫学家尤其伟等一大批专家学者正在等他归队。

1954年3月1日，华南热带林业科学研究所在广州沙面正式成立。周负责领导机械物理室；后又到海南儋州，负责组建胶乳应用研究室。

广东是周国楹的祖籍，这里的一草一木，这里的热带风情，对他来说，都是那样的熟悉和亲切。虽然从事橡胶研究工作多年，但此前他从未见过橡胶树。为了摸透胶的习性和应用方向，周大部分的时间在橡胶园和实验室度过，为我国橡胶生产发展，做了开拓性的工作。

3. 北橡院发展

1954年末1955年初，周返京参加橡胶科研机构创建工作。按上级要求，轻工业部于1953年筹建的北京工业试验所橡胶组与1955年1月以天津国营橡胶九厂为基础成立的中试车间合并为橡胶工业试验所筹备处。不久，轻工业部橡胶局轮胎设计组（1952年成立）也迁津并入，成为北京橡胶工业研究设计院前身的主要组成部分。

1956年3月，轻工业部橡胶工业试验所筹备处更名为“橡胶工业科学研究所筹备处”。因橡胶硫化属于化学反应，在苏联专家的建议下，橡胶工业研究所与即将成立的橡胶工业设计院，划归化工部橡胶工业管理局直接领导。

1958年4月，化工部批准将研究所扩建为综合性橡胶工业研究所。并于7月发文“根据橡胶工业发展的需要，同意在京建立橡胶工业研究设计院的机构”（简称北橡院）。同期，1956年成立的第四机电安装工程处主干力量同橡胶工业研究设计院合并，发展装备制造能力。

关于选址问题还有这样一段小插曲，院址本来选在北京化工学院对面，经北橡院第一任院长申请，北京市委同意、市规划局批准，最终选在西郊半壁店中央直属机关幼儿园的旧址，总面积约75000平方米。这里远离喧嚣，环境优美，适合技术研究。

风雨载春秋，峥嵘刻岁月。一部北橡院的院史就是新中国橡胶工业从小到大、由弱变强的发展史。而后，周把他40多年的时光都献给了北橡院。

1958年9月，周随同所长蔡锡麟赴莫斯科参加橡胶工业中苏技术合作会议。其间，参观考察了苏联橡胶工业科学研究院、轮胎工业科学研究院、橡胶和乳胶制品研究院及合成橡胶研究院，并与这4个单位分别签订了合作协议。此行对北橡院今后的发展方向、管理模式、研究体制都起到了导向的作用。

20世纪60年代初，北橡院完成全部迁京工作。从此，在京城的西郊扎下根来。建橡胶院总要有橡胶树作奠基留念。虽然地处北方，但周从中国科学院植物研究所移植过来4棵杜仲橡胶树种在北门，3棵成活。60多年过去，都已长成参天大树，春冬亭亭玉立，夏秋绿荫如盖。

一切似乎很顺利，却总有不定因素。一直合作良好的苏联突然撤走了技术专家，这对刚刚起步的中国工业无疑是一个沉重打击。周恩来总理邀请全国各行各业知名的专家学者会聚人民大会堂宴会厅，鼓励大家自力更生、奋发图强，“没有别人的支持，我们自己一样能够建立起强大的工业体系。”听了总理的一番话，周更是坚定了攻坚克难的决心。

1960～1968年，从工程师到研究室主任、学科带头人，周参与了北橡院一系列重要项目的研究工作。从棉纤维骨架材料到高强度聚酯黏合；从人造丝载重轮胎到水田拖拉机轮胎的研制成功；从橡胶制品及橡胶用原材料的标准化到橡胶专著的编写；从热带地区轮胎老化试验站到西北橡胶制品研究所的成立……都倾注了他的心血。

1963年3月，周和一批优秀专业技术人员，集体受到毛泽东主席等党和国家领导人的接见。10月1日，因其在橡胶领域的突出贡献，周作为化工部代表参加了国庆天安门观礼。

1969年“文化大革命”时期，周国楹被下放到河南化工部五七干校（农场）劳动，但是生活再艰苦，他都没有放弃专业，通过不同渠道，获取国内外行业资料，依然读着、啃着、思考着……果然，1971年底被调回京，组织安排，他继续在原来的科室搞研究工作。

1976年，周作为技术骨干完成了多种结构不同牌号黏合剂合成项目，并获得1978年首次全国科学大会奖。

1978年周被平反后，又可以毫无负担、全身心地投入工作了。从1979年起，周任院副总工程师，后又兼任中国橡胶学会秘书长、全国橡胶标准化委员会顾问，国际标准化组织ISO/TC45成员，国际橡胶会议委员会（IRCC）中国委员，《合成橡胶工业》杂志副主编，组织编写《橡胶工业手册》（1～12卷），任编委会秘书长，同时从事科研开发、培养研究生、编审译著和标准化工作。花甲之年的周国楹，在“文化大革命”后，迎来了事业的第二春。

1981年6月，应国际橡胶会议委员会邀请，周和他曾经的学生胡又牧（时任北橡院院长）赴英国代表中国第一次参加国际橡胶会议。

1982年，周又先后出访印度、泰国、日本和马来西亚，考察橡胶机构，推动技术合作。曾在国际橡胶防震会议、国际弹性体研讨会、日本橡胶会等会议上进行学术讲演。

1985年国际橡胶会议上，周国楹作题为《中国天然橡胶与合成橡胶的发展》的报告，引起了社会的强烈反响。因为，人们眼中的热带作物天然橡胶，中国人经过几十年的努力，已培育出耐寒新品种，在北纬18°~24°地域也可大面积种植；因为，中国已成为世界上既能生产天然橡胶，又能生产合成橡胶的两个国家之一；因为，周专业的造诣，优雅的谈吐，流利的英语，不卑不亢的态度，赢得了在座专家学者的赞许。会后，他是唯一被邀请参加小范围高级别深度讨论的中国人。

更让人振奋的是，本次会议还作出了1992年在中国举办国际橡胶会议和展览会的决定。

正是这一契机，让世界认识了发展中的中国橡胶工业，更让中国橡胶工业进入了国际大视野。

4. 人才培养

院所的成长和行业的发展休戚相关。60多年来，北橡院始终依托行业，走院所促进行业，行业带动企业的发展之路。行业的科技创新培育和催化了市场的实力角逐，市场的实力角逐又加快了行业的科技创新。而院所的引领、行业的发展、企业的进步，依靠的都是人才。

作为一个集研究、设计、生产于一体的大型橡胶科技研发院所，有能力也十分有必要培养一批专业性、方向性都很强的对口人才。在周等学者的努力奔走和积极争取下，1984年1月，国务院批准北橡院为“高分子材料专业第二批硕士学位授予单位”。周任院学位委员会副主任。

可以说，在新中国橡胶工业的发展史中，在中国橡胶行业的人才队伍中，无论是新材料、新产品、新技术、新设备的开发，还是组建、生产和行业服务等方面，北橡院或北橡院培养出来的科研设计人员都功不可没。

5. 专业贡献

作为北橡院建院的元老之一，周不仅是一个优秀的组织者，还是一个出色的行业专家和学术带头人。他曾经主持的国家重点科研项目有橡胶新材料、胶乳制品、炭黑补强和帘线黏合等基础应用研究，组织开发了胶乳薄膜制品、探空气球、多种结构不同牌号黏合剂等，并率先推广建厂，进行大规模生产。他的学术成果斐然，发表论文40余篇（部分被美国《化学文摘》、英国《橡胶文摘》摘登），出版译著3部。晚年，还参与了《中国大百科全书》《化学化工大辞典》等编写工作。

1989年，作为一名为中国橡胶工业40年的发展、为提升我国在国际橡胶行业中的地位作出突出贡献的专家，周国楹受到化工部、中国橡胶工业协会和中国橡胶学会的联合表彰。

1997年1月8日，周国楹在京病逝。他把一生都献给了中国的橡胶工业，却始终保持低调。他给下一代留下了丰富的科研经验，宝贵的精神财富：学问求实，实事求是，待人以宽，谦虚诚挚。

时空流转，穿越回来，我的目光停留在八宝山革命公墓骨灰堂前，向橡胶行业第一位入驻此地的先辈默默致敬。

清华学子的楷模汪家鼎

费维扬[1]

汪家鼎，1919年10月18日出生于重庆；1934年至1937年在北京辅仁中学读高中；1937年考入重庆大学化工系；1938年转入西南联大化工系；1941年毕业并留校任助教。1944年赴美国麻省理工学院化工系学习，1945年6月获得化学工程硕士学位，后留校任研究助理，1946年初回国，历任西南联大化工系专任讲师，重庆大学化工系副教授，南开大学化工系副教授、教授；1952年任天津大学化工系教授兼系副主任；1957年奉调进入清华大学筹建核化工专业，历任工程物理系副主任、工程化学系副主任、系主任、化学与化学工程系（现化学工程系）系主任、清华大学校务委员、校学术委员会副主任；1980年当选中国科学院学部委员（院士）。

1991年至1997年担任化学工程联合国家重点实验室主任；1993年当选国际溶剂萃取会议（常设）委员。曾兼任中国化工学会副理事长（1980~1993年）、中国核学会常务理事、国家自然科学基金委员会委员、国务院学位委员会第一届和第二届学科评议组成员、中国化工图书编审委员会副主任、《化工学报》编辑委员会主任等职。

1978年获“全国科技大会奖”、1988年获“献身国防科技事业荣誉奖章”、1994年获“国家重点实验室先进工作者”等荣誉；1997年获何梁何利科学进步奖。1987年、1996年、2008年先后获国家教委科技进步奖二等奖和教育部优秀成果一等奖（自然科学类）；1993年获国家科技进步奖二等奖。

2009年7月30日在北京逝世，享年90岁。

汪先生不幸突然逝世，使我们感到无比悲痛。这里谨介绍汪先生心怀祖国、无私奉献、组织和指导我国化学工程学科发展和人才培养的几件感人事例，以表

---

① 费维扬系中国科学院院士，清华大学教授。

达我们的无限哀思。

首次见到汪先生，是在1957年的一次工程物理系年级大会上。汪先生热情洋溢、深入浅出地向我们介绍原子能化工的意义和发展前景，使我们深受教育和鼓舞。在此后的50余年中，汪先生一直是我们清华学子心中的楷模和良师益友。我们的每一步成长和每一点成绩都离不开他的关心和帮助。

1963年9月，我刚留校工作，汪先生约我谈话。先是介绍了在周恩来总理关心下，汪先生和侯祥麟、曾本熹、苏元复等先生一起制定的1963～1972年度我国第二次长远科技发展规划的情况，特别提到化学工程列为“国重第28项”的重要意义。为了推动学科规划的实施，拟在1963年12月中旬召开化学工程学校际学术讨论会。汪先生让我把毕业设计的主要成果总结成《H_2S-H_2O双温度化学交换法生产重水的级联设计研究》一文在会上交流。会议在苏（元复）先生、汪先生的主持下成功召开，并出版集结61篇论文的论文集。这是化学工程从化学基础学科独立出来后第一次重要的专业学术会议，对推动科研和人才培养起了重要的作用。只可惜随后的政治运动和“文化大革命”使方兴未艾的化学工程研究受到严重挫折。即使如此，汪先生仍然通过重大需求的科研项目坚持了正确的研究方向。

打倒“四人帮”后，人们欢欣鼓舞。迎着全国科学大会后的春风，汪先生克服重重困难，在工程物理馆4楼的两间小屋里恢复了我系的溶剂萃取科研工作，招收了我系第一批博士生和硕士生，并结合当时正在迅速发展的石油化工，探索跨越基础研究和工业应用间鸿沟的途径。汪先生经常教导我们，要注意基础研究和工业应用相结合、硬件和软件相结合，并引导我们关注引进技术的消化、吸收和再创新。如有一次汪先生带我们到东方红炼油厂（现燕山石化）参加根据国外引进图纸改造该厂原有润滑油糠醛精制转盘萃取塔的研讨会，针对当时争论不休的“为何国外设计比国内设备的处理能力大一倍”和“为何转盘萃取塔转和不移一个样”等问题，汪先生让我们认真查阅文献，并进行理论分析和模拟计算。研究结果总结成题为《液—液萃取转盘塔的特性及其设计方法的探讨》的论文，在有关会议和杂志上介绍后，得到各方的好评，推动了该设备的技术进步。

随着改革开放的深入，汪先生先后主持了国家科委组织的“传质分离和化学反应工程基础研究”国家重点项目（1983～1985年）和“七五”“八五”自然科学基金会重大项目“传质分离和化学反应工程若干重要课题的基础研究”，还负责国家重点化学工程联合实验室的筹建并担任了第一届和第二届实验室主任。他总是高瞻远瞩、胸怀全局，与时钧、郭慕孙、陈家镛、余国琮先生等老一辈化工专家紧密合作，尽可能组织更多的学校和科研院所参加工作，推动了针对国家重大需求的化学工程基础研究和高水平人才培养。“八五”自然科学基金重大项目结题时被评为“特优”。在当年基金重大项目的子课题负责人中有5人当选中国科学院或中国工程院院士，一批当时参加重大项目的博士生成长为“杰青”或长江特聘教授。汪先生的重大贡献使我们永志不忘。

汪先生十分关注国际学术交流和合作。如国际溶剂萃取会议（ISEC）是三年一次的高水平学术会议。作为ISEC委员会的第一位中国委员，汪先生和陈家镛先生共同努力，使我国第一次成功申办了2005年国际溶剂萃取会议。他亲自参加了会议的开幕式和总结会，推动了清华大学、北京大学和中国科学院过程工程研究所通力合作，保证了会议的圆满成功，获得国际同行的一致好评。

寥寥数语，相比汪先生的重大贡献只是挂一漏万，千言万语说不完我们对汪先生的无限思念和感激之情。汪先生永远活在我们心中。

流态化学科研究的开拓者郭慕孙院士

杨友麒

郭慕孙，男，1920年6月24日～2012年12月20日，出生于湖北汉阳，原籍广东潮阳。中国科学院学部委员，瑞士工程科学院外籍院士，中国科学院过程工程研究所原所长、荣誉所长、研究员。中国人民政治协商会议全国委员会第四届至第七届委员；中国化工学会第31届至第34届副理事长。中国颗粒学会创始人、首届理事长（2002年后为名誉理事长）。国家科委化学工程学科组副组长及国家科技进步奖化工行业组副组长。美国化学工程师协会成立100周年之际，评选世界50位化学工程杰出贡献化工科学家，他是唯一获奖的亚洲学者。

1. 才华出众　创造经典

1939年，郭慕孙高中毕业报考了沪江大学化学专业。沪江大学是一所1906年建校的基督教教会学校。沪江大学作为一所教会学校对英语水平的要求较高，学生的课余活动丰富多彩。郭加入了校刊编辑部，沪江大学的英文校刊名为《*Shanghai Spectator*》（上海观察者）。他对英文写作很感兴趣，在选课时就选了一门英文写作课程。早在大学一年级时他就开始向校刊投稿，到大学三年级时，他已经被学校任命为《上海观察者》的主编，这为他后来担任多个英文学术杂志的编辑打下了扎实基础。

1943年，郭从沪江大学毕业后，将学位证书及成绩单投寄到美国普林斯顿大学化学工程系，申请硕士学位奖学金。1945年3月赴美留学，师从普林斯顿大学威尔汉姆（Willhelm R.H.）教授。

威尔汉姆教授认为固体流态化具有广阔的应用前景。告诉郭，与颗粒有关的流动问题有两类不同的工作原理：一类是颗粒在液体中的沉降，另一类是通过松散颗粒介质的流体流动。如何把两者结合、找寻规律就是我们需要研究的问题。威尔汉姆教授要求郭既要做空气中颗粒流动的研究，也要做液体中颗粒流动的研究。试验装置则由学校出经费自己动手来搭建，这就有机会发挥他动手能力较强的特长，为了尽快使试验装置投入使用，郭又拜学校里的一位工人为师，学习如何加工测流量的孔板、安装管道和设备支架等。

通过一年多的努力，在做了大量的试验和计算的基础上，1946年10月郭的硕士论文:《固体颗粒的流态化》(Fluidization of solid particles)终于完成，并于1947年获得了硕士学位。威尔汉姆教授对于郭的这篇硕士论文非常高兴，又提出进一步要求：把论文简写成一篇学术报告，送交美国化工学会年会。此外，威尔汉姆教授请他留下来，尽量利用制成的试验装置再多做一些研究，于是他又多留下来半年时间。报告是由导师宣读的，最后发表在国际化学工程权威学术刊物《化工进展》(*Chemical Engineering Progress*)上。这篇文章首次提出了“散式”和“聚式”两种流态化的概念，并根据试验数据将颗粒和流体的相互作用和运动规律科学地归纳为雷诺准数、阿基米德准数和孔隙率三者之间关系，建立了颗粒与流体相互作用的流动参数统一关系式。这篇著作成为国际学术界公认的流态化学科奠基性作品，是流态化领域的经典文献，至今仍被各种书刊广泛引用。

2. 奠基立业　报效祖国

1946年完成硕士论文后，经导师威尔汉姆教授推荐，被美国碳氢研究公司聘任为工程师。虽然这几年他在美国的化工学术期刊上发表过几篇论文，工薪也在提升，他却始终放不下当初远渡重洋求学的初衷，想方设法寻求回国报效的机会，但是朝鲜战争爆发，美国政府宣布禁止在美国留学学习科学技术并取得学位的华人离境，他的这个愿望被迫搁置。

1956年8月，郭慕孙与夫人桂慧君女士带着儿子乘“克利夫兰”号轮船经我国香港地区回国，到北京后住进了永安饭店。他的回国引起了正在筹建中国科学院化工冶金研究所的叶渚沛先生的关注。

叶渚沛先生是民国时期留学美国的冶金专家，1933年回国，抗日战争时期曾担任重庆炼钢厂厂长，抗战胜利后代表中国任联合国教科文组织科学组副组长。早在郭于美国《化工进展》上发表《固体颗粒流态化》论文时，就关注到这位后辈。他听到郭回国的消息，立即想到用流态化焙烧技术，回收湖北大冶铁矿含有的铜、钴项目，于是马上赶到永安饭店，诚邀郭慕孙到化工冶金研究所协助筹建研究所的工作。

1956年12月，36岁的郭来到中国科学院化工冶金研究所，正式加入了叶渚沛领导的工作团队。建所之初，全所只有4个研究室，叶渚沛自己兼任两个研究室主任，郭慕孙任流态化研究室主任，陈家镛负责湿法冶金研究室。郭担任流态化研究室主任后，即筹建实验设备，开展对流态化基本规律的研究。他做的第一个项目就是叶渚沛所长提出的湖北大冶含铜、钴铁矿的焙烧回收项目。他带领全室研究人员，在实验室探明了反应动力学数据，研究铜、钴和铁的分离方法。于1959年在湖北黄石市大冶冶炼厂建立了日处理15吨铁矿石的中试工厂，用流态化选择性硫酸化焙烧法，提炼出了铁矿中的宝贵铜、钴。此项目于1978年获得中国科学院重大科技成果奖。

为了普及流态化技术的应用，1958年郭编写了《流态化技术在冶金中的应用》一书，由科学出版社出版。1961年5月郭率领中国代表团，前往布拉格参加国际流态化会议。受此启发，郭在中国科学院技术科学部的支持下，着手精心组织“第一届全国流态化会议”，于1962年8月20~28日在北京西苑饭店举行。时任中国化工学会秘书长、中国科学院学部委员的侯祥麟，还有曹本熹均出席了大会并作演讲。

1965年，100吨/日铁矿的马鞍山流态化磁化焙烧中试工厂建成。1966~1976年，郭三次奔赴马鞍山参加现场中试。有一次热试投料后出现故障，流化床失流，排料口排不出料。如果不能迅速处理，整个床层就可能烧结，焙烧炉就可能报废。当时唯一的办法是赶紧把炉内正在焙烧的矿粉掏出来。而要做到这一点就只能用绳子捆住人从炉顶口放下去，但炉内温度在500~600℃，必须穿上防烧抗热工作服，头戴安全帽，脚穿牛皮工作鞋，肩披湿淋淋的毛巾。即便如此，下到炉内也只能铲出三四小桶，就必须上来换人。研究所的科研人员和工厂工人轮流下去作业，终于掏空了堵塞的流态化焙烧炉。为了弄清失流堵塞的原因，郭要求亲自下到炉中查看，在场的人员均不同意，但在郭的一再坚持下，经过严密布置和准备后，将他吊入炉内观察，然后他与大家研究出改进方案，恢复了试验，取得了马鞍山精矿品位63%~65%、铁回收率93%~96%的好成绩。

1974~1978年，郭及其科研团队进行了气体炼铁的研究。他提出：合成氨生产过程中循环气体中的氢气可作为还原气体，还原后再返回到合成氨流程中，气体还原过程中氢气消耗很少，返回合成氨系统对合成氨生产影响不大。郭及其科研团队经过实验室研究后，在河北沧州第一化肥厂建成了500吨/年中试工厂。所用原料为河北张庄铁精矿粉，实验成功生产出高活性铁粉。后来又将原料改为铁鳞（轧钢中产生的氧化铁），生产出粉末冶金及电焊条用铁粉。这个“流态气体还原铁鳞制铁粉”项目1979年获中国科学院科技成果奖一等奖。

1972年，燃化部接到外交部通知，在伊朗召开一个国际性的“化学工程技术会议”，中国决定派出代表团参会，由燃化部负责筹备事项。燃化部决定派出由规划设计院、第六设计院和石油化工科学研究院等组成的4人小组，去全国化学工程研究的重点单位征集论文。笔者当时在第六设计院化学工程中心站工作，有幸参与了4人小组，去上海化工学院、浙江大学、清华大学和中国科学院化工冶金所等地调查研究。当我们来到化工冶金研究所，听取郭慕孙代表所里报告“化工冶金中的散式流态化”后，大家精神为之一振。不论从理论的严谨程度来说，还是从图表制作上来看，都属一流，完全有资格代表我国去交流。4人小组向燃化部领导汇报后，经部领导审核，决定选派郭慕孙代表中国参加1973年5月在伊朗色拉子召开的“化学工程技术会议”。郭慕孙一口纯正的英语，受到代表们的一致好评。1975年，他又应伊朗阿里亚迈尔工业大学邀请，去德黑兰参加第二届伊朗国际化学工程会议，并参观国际能源和石油化学工程展览会。

3. 担任所长　大展宏图

1978年5月，中央召开了全国科学大会，郭领导的项目获得了全国科学大会奖；同年10月他被中国科学院任命为化工冶金研究所负责人（代所长）。1979年6月当选为第五届全国政协委员，12月被全国总工会授予“全国劳动模范”称号，李先念副主席亲自给他颁发奖章。1980年10月中国科学院任命他为化工冶金研究所所长。1986年，他已66岁，改任名誉所长。

他担任所长后，大力整顿科研和后勤队伍，成立了4个研究室、5个技术室和1个金属加工厂，行政系统也进行了相应改组，使全所面貌焕然一新。他既是一位行政领导，更是一位孜孜不倦的学者，在流态化领域不断推陈出新。根据自己的经验，力避流化床里的气泡研究弱点，着重涉猎稀相流态化、多级浅层流态化和快速流态化等领域，并十分重视研究流化床的基本规律。事实证明，虽然工业上用的鼓泡流化床反应器直径已经达到19米，但对鼓泡流态化的基本规律研究还是不得要领，因为穷尽一切观测方法也无法搞清楚气泡流态化反应器内的规律。所以国际学术界的眼光又重新回归到快速散式流态化上来。

郭一直是“面向世界、面向未来”的学术领导人。1983年他就在美国举行的太平洋地区颗粒学会议上作了题为《颗粒学》的报告。回国后联络国内十几个研究单位和大学共同提出成立“中国颗粒学会”，1986年这一申请得到中国科协的批准。1986年11月举行了中国颗粒学会第一届会员代表大会，郭当选第一届理事长。1985年他向中国科学院提出申请建立“多相反应开放实验室”；1986年他又提议在化工冶金研究所筹建“生化工程实验室”，从而引导化工冶金研究所迈向了科学发展前沿。

20世纪末，他注意到过程工程的多尺度方法，1999年后与同事共同撰写了题为《过程工程量化的科学途径——多尺度法》的论文，以及一系列过程工程多层次、多尺度的文章，改变了多数化工冶金研究所研究人员的观念，这使大家觉得有必要更改研究所的名称。2001年4月，中央机构编制委员正式批准，中国科学院化工冶金研究所更名为过程工程研究所。

4. 潜心著述　热心交流

郭慕孙一生著作等身，这里选取两件事来表述他热心著述与学术交流的业绩。

作为中国颗粒学会理事长，郭觉得需要创办一个能与国际同行学术交流的园地，2003年创办了《颗粒学报》(*PARTICUOLOGY*)，由国际著名的Elsevier出版社和科学出版社联合出版，外籍编委占编委总数的70%。近年来中国大陆以外的来稿和发稿数均达到总量的40%。来稿的评审人也是世界各国优秀学者，国外专家占70%。郭亲自担任主编，直到2012年去世。由于他的亲力亲为，此刊物虽然存在历史不长，却得到国际上认可，先后被科学文献索引扩展版（SCI-E）、美国《工程索引》(EI)、美国《化学文摘》(CA)等和中国科学引文数据库、中国科技论文与引文分析数据库所收录，成为重要的期刊，SCI影响因子为2.1，在SCI收录的173种大陆出版期刊中排名第24位。

编写一本总结国内外经验又便于化学工程师查阅的《流态化手册》是化工出

版社和郭慕孙共同的心愿，但是由于此项任务工程浩大，难度也极具挑战性，国外也没有类似著作可供参考。年过八旬的郭慕孙从详细地编写写作提纲开始到2008年出版，前后经历了8年时间。参与人员除了研究所里长期跟随他从事流态化研究的20多名学生和同事外，他还邀请了国内外大学和科研设计单位44名专家学者参与编写，全书共316万字。

《流态化手册》一经出版，当年就被评为国家新闻出版总署“三个一百”原创图书；2009年荣获中国石油和化学工业协会科技进步奖一等奖；2011年又获国家图书出版最高奖——第二届中国出版政府奖图书奖。

5. 诲人不倦　谦和师友

我与郭先生有许多来往，经常登门拜望，向他请教各种问题。他的谦和与博学总让我流连忘返，我们从国内谈到国外，从化学工程谈到信息技术，从工作谈到家人，总有说不完的话。

郭的英语基础扎实，再加上他在美国多年，又与国际学术界来往密切，所以他被公认为科技英语专家。从1986年起他就被国际化学工程著名杂志《化学工程科学》(*Chemical Engineering Science*)聘为国际编委。他与别的编委不同，他不是将投稿直接送交评审人，而是首先对来稿进行文字编辑性修改，以确保内容的表达符合期刊的要求。不少文章都要在他和作者之间来回修改十多次，这种认真的态度被国际同行所叹服。2010年他90岁生日时，这本国际著名期刊专门为他出版一期纪念专刊。在此专刊上时任美国普林斯顿大学工学院院长的韦潜光（James Wei）和中国科学院副院长李静海院士的贺词中说：“他的这种专注精神不仅是对期刊的贡献，而且也使作者受益匪浅。”他还在化工冶金研究所为研究生开办“科技英语写作讲习班”，并出版《怎样写好科技英语论文》专著，由科学出版社出版。

我本人也是一个受惠者。当年我和成思危副部长撰写《中国的过程系统工程：回顾和展望》投稿到2012年国际过程系统工程第11届年会（新加坡）时，就请郭慕孙先生把关英文稿件。届时90多岁高龄郭先生二话没说，便拿过去逐字逐句地认真修改，仅仅第一页，从格式到标点符号乃至文字用词，修改就有50处之多。没想到这竟然成为我的最后一次请教，2012年12月20日，郭先生在睡梦中与世长辞，终年92岁。

研究古生物找油作出卓越贡献的郝诒纯院士

李钟模

郝诒纯，女，1920年9月1日出生于湖北咸宁，1943年毕业于西南联合大学，同年考取清华大学研究生，1946年毕业。1957～1959年在苏联莫斯科大学和科学院进修。她先后执教于云南大学矿冶系、北京大学地质系、北京地质学院和中国地质大学。曾任中国地质大学教授，博士生导师；中国古生物学会和中国微体古生物学会名誉理事长。系中国科学院院士。

郝是国际知名的地质学家、地层古生物学家。她编写了我国第一本微体古生物学讲义，并亲自授课，培养了我国第一批微体古生物的教学、科研和生产人员，使微体古生物学在我国形成了系统的独立学科。如今已是桃李满天下，她为祖国培养了几百名地层古生物学专业的大学生、12名博士生、20多名硕士生和一批进修人员与博士后研究人员，其中许多成为我国古生物学科和微体古生物学科的学术带头人和骨干力量，有的成为国内外知名的古生物学家。

郝不仅教书育人，对我国石油工业的发展也作出了卓越的贡献。她认为研究有孔虫和介形虫化石对找寻油气资源具有重要作用。在年过花甲时还三赴松辽、三下大港、三去塔里木，亲自采样品，测剖面，足迹遍及祖国西北、东北、华北的许多油田和矿山。她率领的科研组在参加大庆找油会战中，对该区的有孔虫和介形虫进行了较为系统的研究，并出版了《松辽平原白垩纪－第三纪介形虫化石》专著，该书和她参与完成的《黄骅凹陷第三纪的岩相古地理及生储条件》专著一起获得1978年全国科学大会集体成果奖。在此之后，她主编的《中国地层概论》白垩系部分、《有孔虫》专著和撰写的论文多次获国家及省部级奖励。

在郝的支持下，通过进一步开发计算机技术，实现了计算机含油气沉积盆地的构造分析和演化研究；她还在我国首先倡导和应用微体古生物多门类综合研究，解决地层划分对比问题和推断古环境及其变化，为寻找油气资源提供了宝贵的资料；她领导科研集体与校内外有关同志合作，主持开展了我国海域的半深海、深海以及边缘海盆地微体生物群及其地层学、古气候、古海洋学的研究，取得了多项重要研究成果。鉴于世界各国竞相研究和开发海洋，郝组织和带领中国地质大学一批中青年教师，积极参与推动我国加入大洋钻探计划（ODP）的活动。在她的支持下，该校教师获得了参加中国专家主持的ODP184航次的机会。中国地质大学为了迎接研究及开发海洋的重大挑战，由郝授命与一批中青年同志主持筹建海洋地学研究中心，将微体古生物学和古海洋学、沉积学、地球物理学的理论、方法与技术应用于海洋资源的调查，特别是能源（包括石油、天然气）开发方面。1999年，海洋地学研究中心正式成立，郝担任中心学术委员会主任。她为海洋地学研究的建设和发展作出了宝贵贡献。

郝诒纯院士不但是国际著名地质学家、地层古生物学家，也是社会活动家。她曾任九三学社中央宣传部部长；第七届和第八届全国人民代表大会常务委员会委员。1988年以来又先后被选为中华全国妇女联合会的第六届、第七届副主席；1993年被选为九三学社北京市委员会主任委员和北京市第十届人民代表大会常务委员会副主任。1993年受全国人民代表大会常务委员会委派，代表中国出席联合国人口基金会组织的亚洲议员人口与发展论坛，两届被选为该论坛执行委员会副主席。鉴于她为发展我国的古生物学，特别是微体古生物学作出的杰出贡献，1978年被评为湖北省先进科教工作者，1982年被评为北京市三八红旗手，1983年被评为全国三八红旗手。

在郝诒纯院士81华诞暨从事地质古生物事业61周年即将到来之际，她走完了人生的道路，于2001年6月13日1时15分在北京逝世。回顾郝诒纯院士对我国石油工业的贡献，特撰写此文缅怀。

中国涂料工业南方泰斗虞兆年

巢培萍[①]

2015年5月14日，虞兆年老先生走完了他93年的人生旅程。

斯人已去，音容宛在。回想虞老晚年，我们每次登门拜访，都见他桌上散放着老花眼镜和一本本中外涂料文献资料。

他是那样的和蔼可亲，无论对拜访者、学生，还是素昧平生之人，总是亲切地微笑。高高的鼻子下，微瘪的上唇咧成一条直线，下唇兜起一个半圆，眼睛细弯，鱼尾纹散开，笑得像孩子那样一派纯真、一派自然。

往事历历，恍若眼前。

在我国涂料界，素有“南虞（兆年）北陈（士杰）”之说。对此，他总报之爽朗一笑。他认真地说，名声不是靠捧出来的，讲究的是真才实干。涂料是科学和艺术的结合，人家随时随地都可能问你问题，倘若答不上来，不就名不副实了吗?

“我这个人比较聪明，但也很努力，不肯浪费时间。”

是的，他有资格说这样的话，且一点儿也不过分。

虞1922年出生，浙江镇海（今宁波）人。1941年，19岁的虞兆年以第一名的成绩考入上海交通大学化学系。4年的勤奋苦读，为他日后从事的涂料事业打下了坚实的理论基础。

1946年，虞进入上海永固油漆公司（1961年并入上海开林造漆厂），从此开始了他为之奋斗一生的涂料生涯。

在留美归来的沈慈辉教授与陈广顺先生的指导下，虞抛弃了学生时代曾醉心的音乐和文学艺术，几乎每天从早就一头扎进实验室，一干就到深夜。

1950年，永固油漆公司陷入困境。28岁的虞与郑纯然（后曾任沈阳油漆厂、

① 巢培萍系上海华谊集团职工。

西北油漆厂总工）一起担起公司生产与技术研究的重任，使当时处于瘫痪状态的永固油漆公司走上正轨。是年，在他们的励精图治下，公司的测试设备初具规模，在当时涂料行业中处于领先之列。

1953年，初露头角的虞与郑纯然、夏同济（后曾任江西前卫厂总工）在皱纹漆的基础上试制成了锤纹漆，其溶剂法制醇酸树脂工艺和氨基树脂均属全国首创。

此后，虞先后调至上海油漆颜料中心试验室、上海化工研究院，开始没日没夜地研究工作，其间研制成功了环氧树脂。

1958～1959年，虞研制成功聚酯高强度漆包线，绝缘等级从A级（105℃）提高到B级（135℃）。至今该品种仍在全国广泛生产。

1959年，他又相继制成不饱和聚酯树脂。

从1960年起，虞开始了船舶漆的研究，与海军915部队合作，先后研制成阳极屏蔽涂料（环氧沥青）、无机富锌、增强防潮型磷化底漆无溶剂环氧、水冲型脱漆剂等。

受所谓海外关系的牵连，在研制铝壳鱼雷快艇防污漆时，虞不能亲临现场，但他毫无怨言。没有第一手资料，他就听助手介绍，详细询问实地情况，经综合分析、归纳、推理后，提出建设性试验方案。当助手把方案付诸实践中出现偏差时，他进一步了解现场情况，查阅资料，根据他们取得的实验数据潜心摸索，提出改进方案。如此反反复复，终于在1965年研制成功9#铝壳鱼雷快艇防污漆，满足了海军要求。

1966年，正当盛年的虞，为延长我国船底防污漆有效期，投入了由国家组建的“4·18攻关会战组”东海分组的攻关会战。

20世纪70年代，虞与同事们研制成新型潮气固化聚氨酯漆，与郑会廉、袁保厘、肖盛渠一起研制成用于大型客机与直升机的脂肪族聚氨酯飞机蒙皮涂料，其耐久性数据与进口涂料相近，获1980～1981年上海市重大科技成果奖、科技进步奖；后又与顾根福、陈国立、赵金榜一起研制成新牌号丙烯酸树脂，获1980年军工配套重大科技成果奖；之后，他又试制了环氧系新型整体油箱涂料，为国产飞机所采用。80年代，虞被评为全国化工科技先进工作者，被授予“国防化工四十年创业有功人员”称号。此时的虞，在涂料技术领域的造诣已达到炉火纯青的程度，在全国涂料界颇负盛誉。

从1980年起，虞先后担任了上海涂料研究所副所长、所长、上海涂料公司副总工程师。

1981年，受化工部委托，虞与天津油漆总厂总工陈士杰等共赴巴黎，代表中国出席ISO/TC35会议，提出关于涂层耐磨性测试方法的改进意见，并被采纳，列入国际标准。在法国期间，他们省吃俭用，用省下来的经费购买测试仪器或上缴国家。

1987年，为学习引进美国卷钢涂料制造技术，年逾花甲的虞亲自赴美考察，并翻译了大量技术资料。该项目引进投产后，使振华厂成为宝钢耐候彩板涂料最大供应商和国内著名的卷材涂料供应商。之后，为增进涂料技术领域的国际交流，进一步拓展对外合资合作，他又先后出访了英国、日本、德国、新加坡等国家。

虞曾受聘于上海科技大学任客座教授，为给学生上好课，常常备课至深夜一两点钟，他的儿子笑他："爸爸你真是自讨苦吃啊。"

"宝剑锋自磨砺出，梅花香自苦寒来。"虞兆年以他的睿智与勤奋赢得海内外同行的普遍赞誉和尊敬。"虞老总"早已成为大家对他尊敬而亲切的称呼了。

虞在学术探讨上毫不隐瞒自己的观点。有人说他倔。是的，他是很倔，他只认科学、只认实事不认人。一旦持不同见解者以科学的论据、论证驳倒他时，他也会俯首称臣而绝无愠色，表现出一派襟怀坦荡的学者之风。

虞在学术传授上毫无保留，"授人以鱼不如授人以渔"。他是这样说的，也是这样做的。外出开会，常有同行慕名而来向他请教，甚至有千里迢迢赶来登门拜访的，他都敞开博大的襟怀予以热忱指点。

虞总注重对科技人员的培养，对自己所带的学生更是采取盯人、紧逼、加压战术，用他自己的话说就是"揪住不放"，恨不能把所有的知识一股脑儿全倒给他们。为此，还曾发生过一件趣事。有一回他给学生讲课，当一口气讲完之后他紧盯着学生问："懂了吗？"学生点头，又摇头，支支吾吾说不懂。他大惑不解："怎么会？说得够详尽了，到底哪儿不懂啊？""已经下班了，肚子饿得叽里咕噜，听不进去了。"他转眼一望窗外，可不是嘛，早过了晚餐时间了，禁不住仰头哈哈大笑。

虞总凭着渊博的知识，在80多岁高龄时还坚持指导科技人员的产品开发。21世纪初，振华厂正开发高耐候的聚酯卷材涂料，虞把自己查找的超耐候聚酯树脂合成资料等给了当时的青年科技人员俞剑峰（现任上海华谊精细化工有限公司总工），为项目的开发提供了很好的思路。虞喜爱年轻人，尤其喜爱勤奋好学、事业心强的年轻人。他那和蔼可亲，犹如一位慈祥的长者对待他喜爱的儿孙。而年轻的工程师们，在遇到难题时也总喜欢打电话向虞请教。虞说："对学术，我毫无保留，决不把它带进棺材！"

虞总以他严谨治学、坦荡的人格和平易近人的作风，赢得了人们对他由衷的尊敬和爱戴。他常常告诫青年人："趁年轻，多学点。"而他自己，更是珍惜生命中的分分秒秒，像一个渴求知识的年轻人一样，他把自己修炼成了一部书、一部涂料词典，供勤学好问者随时翻阅。

虞老总退居二线后，仍时时关注着公司的前途和命运。

受市场经济大潮的冲击等因素影响，20世纪90年代中后期，不少年轻人先后跳槽离去，而由他亲自带出的学生事先总忍不住怀着负疚而又忐忑的矛盾心情去与这位恩师道别。有对夫妇甚至在一个骤雨的夜晚叩响他的家门……他痛心、惋惜，但又无力说服他们。以后，每逢有想跳槽的年轻人，他只能大喝一声："本事学好了！出去莫坍台。"这是多么难以名状的心情啊。他又对厂长呼吁："留住他们。今天舍不得花钱，明天人家就花钱来打你。"说归说，其实，他又何尝不知厂长的苦衷呢？他是眼看着我们的科技人才流失，心有不甘。他的忧虑是深切的，言谈中常常不由自主地流露出来，他为公司科技人才的青黄不接而焦虑，全力以赴地为公司培养人才，他常说："一个人的力量是渺小的，得靠大家齐心努力啊！"

虞是位资深的教授级高级工程师，但为了公司的兴旺发展，不管事情大小，只要是涉及涂料专业领域的，他都肯做、肯管。公司成立青年科技知识分子协会请他当顾问，他对每一篇论文都逐字逐句地审阅、点评，连错别字都给圈出来；涂料施工现场出现质量问题，他也会出面主动解决；参加行业交流活动，他把产品和市场动态信息反馈给厂长，提请他们及时应对。

虞曾担任《上海涂料》杂志的主编，自己也著书立说笔耕不辍。这些年来，他先后出版了《防腐蚀涂料和涂装》《涂料工艺》（第二分册），校审了《涂料流动和颜料分散》《涂料配方、原理和实践》《涂料化学入门》《粉末涂料涂装应用》等书，还经常为各种会议、文集、杂志撰写文章。

曾有人劝他，您年纪大了，老伴也去世了，孤身一人没个照应，为什么不去美国您儿子、兄弟那儿享享清福呢？虞老总去过了，但又回来了。与故土建立起来的半个多世纪的涂料情结，岂是一朝一夕能割舍得了的？

他每晚都看书到很晚，主要还是看技术类书籍，有时也看美国的《读者文摘》。他喜欢雪莱、拜伦、莎士比亚，当然，有时也爱在唐诗、宋词的意境中徜徉。

他精通英文，兼通日、德、法、俄等几国语言。在出国考察中、在对外学术交流的讲台上、在与外商合资合作的谈判桌上，虞老总西装革履，仪表儒雅，以其流畅的英语令人折服；在考察、交流、谈判的间隙，他与外国友人边喝咖啡，边赏音乐，悠闲地谈论西洋文学艺术，真可谓学贯中西，令人叹服。他常说，在对外合作交流中，我代表的是我们公司的形象和中国人的形象，这，也是一种无形的广告。

与涉外场合西装革履的虞老总相反，生活中的虞老总，喜欢宽松随意的着装，格子呢的夹克衫，或米褐，或灰绿。户外活动时，扣一顶黑色耐克棒球帽，步履轻捷，笑容幽默，由内而外透出一股生命活力，让人全然忘却了他的年龄。

刘珍等与《化验员读本》

魏 然 刘承彦

刘珍，女，1923年出生，1949年毕业于北京私立辅仁大学化学系。1969年调入北京化工学院（现北京化工大学）分析化学教研室，从事分析化学教学，副教授。化工出版社出版的由她主编的《化验员读本》（简称《读本》），自20世纪80年代以来，接连改版数次，发行量逾百万，创造了化工出版史上的奇迹，也使刘成了化工科技作家中的一颗耀眼星辰。与化工出版社成立70年来发行量超百万的《机械设计手册》和《化工辞典》两本工具书相比，这样一本再普通不过的科技图书和科普读物，何以能取得如此骄人的业绩呢，这的确是个值得探讨的问题。

以分析化学为基础的化验分析工作被人们称为“科研中的尖兵”“生产中的眼睛”。化验员是个庞大的社会群体，分布在社会经济、科技和管理的各个领域。

20世纪70年代末、80年代初，我国正处于改革开放初期，国民经济恢复发展，百业待兴，对化验员的需求量也越来越大。化工出版社曾出版过一本《化验员基本知识》。第一版1977年出版印制5万多册，第二版1980年出版印制8.7万多册，受到广大化验分析工作者欢迎。化工出版社凭借自己的职业嗅觉，预感到此类书有着潜在的销售量。

化工出版社编辑任惠敏有在化工厂化验室工作近10年的经历，了解当时企事业单位化验员的文化程度、业务水平和对岗位专业技术图书的渴求。她找到母校北京化工学院工业分析教研室主任刘珍谈及编写出版《读本》的事。刘有着在化工实验厂劳动的经历，对工厂实验室的情况也了如指掌，两人一拍即合，刘欣然答应承担此书的编写任务，并在他们教研室组织起了编写团队。

化工出版社和编写团队商定，《读本》读者定位于初中文化水平、有一定化学知识、知道分子结构、有无机化学和有机化学基础概念、认识化学元素符号的化验员。

考虑到当时化验室搞化学分析比较普遍，而配备气相色谱仪、紫外红外光谱仪的单位有限，于是将《读本》分成上、下两册，上册为《化学分析》，下册为《仪器分析》，以满足读者不同需求。

由于《读本》贴近读者、贴近化验室的工作实际，注重解决实际问题，面世后立刻受到广大读者的热烈欢迎。第一版首次印刷近10万套，发行后很快便销售一空，化工出版社根据新华书店的要求立刻安排重印。

其间，化工出版社收到很多读者热情洋溢的来信。其中一位来自内蒙古通辽市环保办的读者写道："《读本》是给我们化验员的最佳食粮，给我们以极大的帮助。为了买到这本书，我求几个人走了几个大城市都没买到，最后在吉林买到了，真是太不容易了！"1984年《读本》第一版（上、下册）获化工部优秀图书奖，1987年获第二届全国优秀科普作品奖二等奖，1991年获全国优秀畅销书奖。

20世纪90年代，随着国家经济建设的加强和科技事业的发展，化验员广泛分布于各个行业和领域。化验室和实验室专业性高、技术性强，并有一定的危险性，因此对从业人员有着严格要求，必须经过专业知识学习和专业技能培训后才能上岗。于是各行各业的化验员岗前和在岗培训就成为一项常规工作，各种培训班在企事业单位、科研部门、大专院校和相关行政机关普遍展开，对化验员培训教材的需求也与日俱增。

《读本》第一版面世后，化工出版社编辑和作者团队通过多种方式与途径，深入企事业单位化验室面对面听取一线化验员的实际需求，调查了解在职和新入职人员的文化水平，查看各类实验室的仪器装备更新变化情况，座谈征求对《读本》的意见和建议，为这本自学读本和培训教材的再版修订做充分准备。

在第二版编写过程中，化工出版社和作者围绕编写规范教育培训教材，认真听取并采纳了培训教师、化验室技术员和培训班学员就内容取材与编写提出的宝贵意见，进一步突出和强化了这套书科学实用和严谨规范的特点。

坚持标准化和规范化。20世纪80年代国家陆续颁布《中华人民共和国法定计量单位》《中华人民共和国计量法》《中华人民共和国计量法实施细则》，90年代又发布《量和单位》（GB 3100～3102—86）系列国家标准，我国全面实行法定计量单位制。根据国家法律法规，书中内容一律采用国家法定计量单位和强制性标准规范。废止当量、克当量、毫克当量等名词，使用物质的量的概念和量的规则，以确定基本单元作为滴定分析计算的依据，使计算既有规可循又能规范化。将所涉及的基准溶液和标准溶液的配制、浓度的计算及分析结果的计算都根据法定计量单位的要求进行修订，重新计算数据。选用广泛应用的测试方法，选取符合国家标准（GB）和行业标准（HG）的分析规程实例。

坚持贴近实际、强化基础。从化验分析的实际出发，增补生产部门广泛应用的电位分析法和气相色谱分析法测定微量水分含量的分析方法，补充科研实验所需要的超纯水制备方法、毛细管色谱法，介绍用离子选择电极分析法测定微量氟或某些微量阴离子的含量，增加在化验分析前对复杂物质中的干扰离子进行分离的基础知识。增加“化验室建设”一章，使新上岗人员懂得对各类药品、仪器等的科学管理，掌握化验室的防火、防爆和防毒等安全知识。

坚持教学式与启发式相结合。在传授知识和学问中强调严谨和精准，数字要准确、单位要统一，对剂量等进行反复核对，确保各项数据准确无误。按照第一版行之有效的做法，第二版上、下册各章后面都有相应的学习要求和复习题，上册书后附有参考文献、附录（包括酸、碱的离解常数等数据表）、元素周期表，下册书后附有参考文献。

修订后的《读本》除继续成为化验员自学的工具书外，也成为企业分析化验人员、分析机构和第三方检测实验室技术人员培训的适用教材，还成为一些大学本科、专科、中职技校的选用教材，发行后受到广大读者的关注和好评。

化工出版社发行部原主任盛枢明回忆说：“有一次化工书店迎来两位外地女同志，要购买几十套《读本》回去办培训班用，并说由她们自己带走。当书店的同志问她们书这么重，为什么不打包邮寄时，她们说：‘我们不是舍不得花钱邮寄，而是怕寄丢了，这对于我们可是宝贝，在当地买不到。’”

从20世纪90年代中期到21世纪初的近10年时间，化验分析检测技术从传统技术手段开始向现代技术手段转变。一些传统的手工或化学分析操作方法已逐步让位给快速、简便的仪器分析方法，采样技术、测试技术、数据处理技术、评价技术等在不断发展更新。特别是进入21世纪后，高通量与自动化技术、生物传感器技术、大数据与人工智能技术、微纳技术及分子影像技术等在不断涌现和推广，这些都在积极推动化验检测分析工作向纵深和广阔领域扩展。

在这一时段，《读本》先后出版发行了第三版和第四版，并将本书读者的文化程度也分别提高了两个层次：由技校水平提高到中专水平、由中专水平提高到大专和非分析专业本科水平。再版图书的内容，重点介绍在学校学习中涉及较少的化验分析专业知识和必备的实际操作技能，使化验分析工作者在新形势下进一步拓宽基础知识领域，掌握现代化验分析检测新技术、新方法，不断提高业务素质和技能水平。

《读本》第三版、第四版修订，由主编刘珍牵头，由周心如、黄沛成、于世林3人负责编写，任惠敏为责任编辑。

根据化验分析检测技术的发展和实际工作需要，第三版上册增添了色谱分离法、膜分离法、固相萃取与固相微萃取法、蒸馏与挥发分离法，增加了电子天平使用和高纯水制备方法等内容，介绍了偶然误差理论、格鲁布斯法检验分析结果和回归分析法在标准曲线上的应用等。根据已经广泛使用仪器分析方法的实际情况，第三版下册增加了红外吸收光谱法、高效液相色谱法两章，增加了库仑分析法、阳极溶出伏安法、电位溶出分析法、紫外可见分光光度仪器、可见分光光度法和紫外分光光度法、闪点与燃点的测定方法等，加强了对毛细管色谱法和范第姆特方程式的介绍。

在第四版上册中，强化了动态平衡、酸碱平衡、氧化还原平衡和离子平衡四大平衡理论，在酸、碱滴定法中引入质子理论，增加膜分离制纯水，精选了各种分析方法的实例。在第四版下册介绍了新型电化学分析仪器和应用实例，增加了双波长和导数分光光度法、傅里叶变换红外吸收光谱仪、原子荧光光谱法、热离子化和光离子化检测器、改善分离选择性方法及梯度洗脱技术的介绍。加强了对红外吸收谱图解析方法和实例、气相色谱法保留时间锁定技术、毛细管气相色谱原理与进样方法及程序升温技术阐述。据不完全统计，《读本》第三版出版后印制16次、65万多套，第四版出版后印刷17次、22万多套，两版合计80多万套，达到了该书印制发行的高峰。1998年《读本》第三版（上、下册）获全国优秀畅销书奖，2000年获全国优秀畅销书奖，2001年获全国优秀畅销书奖。2004年《读本》第四版（上、下册）获全国优秀畅销书奖。

进入新世纪和新时代，我国化验检验机构和人员配置，已经从原来传统的基本化工和石油化工、金属地质矿产、食品饲料、科研教育、医药卫生等行业，向新兴的生物科技、农作物和植物研究、疾病控制、电子信息技术、水质环保监测、司法检测认证等领域迅速扩展，化验检验工作基本实现了各个行业、各个领域的全覆盖。2003年《读本》第四版出版发行后的10多年间，化验员的工作和学习环境发生了巨大变化，化验员的学历水平不断提升，化验检验技术和质量标准持续更新，国家对质量管理和质量保证提出了新的更高要求，广大读者对《读本》也提出不少新的需求，进行修订再版势在必行。

时光荏苒，岁月如梭。《读本》的资深作者刘珍不幸于2011年逝世，享年88岁。出版社经多方联系，最后确定该书第五版修订工作仍由北京化工大学教师承担。上册《化学分析》由周心如高级工程师牵头，同柯以侃教授和杨俊佼副教授共同编写；下册《仪器分析》由于世林教授牵头，与杜振霞教授共同编写。修订工作从2014年开始启动。此时化工出版社也在进行新老交替，由化工与环境分社副社长傅聪智接替退休的任惠敏担任责任编辑。

第五版上、下册于2017年出版发行，到2024年上册印刷7次、8.2万册，下册印刷8次、7.3万册。

《读本》从1983年问世，到如今已过“不惑”之年。刘珍老师走了，任惠敏责任编辑退休了，但《读本》还在继续发行……

一切从实际出发，从读者需求出发，与时俱进，协同配合。这是否就是《读本》的作（编）者和出版者成功的秘诀呢?

记化工部部长秦仲达与乐凯的两件事

富志侠

秦仲达，1923年8月生，山东省荣成县人。1942年5月参加革命工作，1944年加入中国共产党。1982年至1989年任化工部部长、党组书记。是中共第十二届、十三届委员。

我在化工部及乐凯集团工作期间，就秦部长与乐凯集团相关的两件事印象深刻。

其一，乐凯在中国工程院邹竞院士带领下，1984年在彩色电影负片技术基础上突破关键技术，开发成功国产彩色胶卷，并连续开发了三代感光度为ISO 100乐凯彩色胶卷。使中国继美、德、日之后，成为第四个自行研制并生产出彩色胶卷的国家。

当时乐凯集团下属化工部第一胶片厂。彩色胶卷是开发成功了，但大轴涂布分切成35毫米彩色片条，需包装到胶卷暗盒里，因没有彩色胶卷包装生产线，一度成为厂里的难题。如果要自己试制彩卷包装生产线，尚需要时日。但从国外引进一条生产线，乐凯缺乏资金。

第一胶片厂是化工部直属企业，彩色胶卷研制成功了，因包装问题不能及时面市之事，惊动了秦仲达部长。秦部长听过几轮汇报后，亲自到第一胶片厂现场考察调研，最终拍板决定：从部长基金垫付资金，引进彩色胶卷包装生产线，以解乐凯燃眉之急。

经过国外技术考察，决定从日本引进彩色胶卷包装生产线，使国产彩色胶卷如期上市。1985年乐凯彩色胶卷开始出口。经过几年的不断开发完善，乐凯胶卷的质量逐步接近20世纪80年代末国际先进水平。

其二，国内感光材料行业共有7家企业，生产着各自不同的感光材料产品。从改革开放以来，彩色类产品一直受到国外企业产品的冲击，如日本富士彩色胶卷就以其色彩艳丽充斥着国内市场。

据统计，到1998年，生产感光材料的企业负债和亏损程度已相当严重，仅乐凯还保持微盈利。柯达公司为与富士争夺彩色胶卷的市场霸权，柯达公司向中国政府提出要全行业收购中国感光材料工厂，表示可在中国建立世界一流水平感光工业的意图。经过多轮谈判，涉及5省2市7家企业的“全行业”合资，于1998年3月签署了“98协议”，收购了6家全感光材料企业，乐凯一家独行之外。

第一胶片厂是我国第一个五年计划时期苏联援建的156个项目之一，建厂初期是为满足老百姓对电影文化的需求，主要产品为黑白电影胶片兼顾军工航空航天配套产品。

周恩来总理对第一胶片厂的建设高度重视。郭沫若曾题写：“电影是艺术的机械化，它的教育功能很大，能自行制造胶片犹如能制造火箭。”就是这样一批热血的开拓者，将厂址选在河北保定“一亩泉”边，在一片“青纱帐”的土地上，克服重重困难，建成我国第一个胶片厂。

其间，乐凯先后创造了中国感光材料工业发展史上的100多项第一。时间在流逝，黑白电影胶片变成彩色电影胶片。随着生活水平的提高，国人对彩色感光材料拍摄需求越发迫切，富士胶卷在此时大举进攻并占领中国市场。终于，1984年邹竞院士率领团队打破国外技术垄断，成功开发出我国第一代彩色胶卷。

1994年柯达首次提出全行业收购计划时，行业企业只有乐凯提出异议，表示要坚持乐凯“合作三原则”，即“乐凯控股、使用乐凯品牌、乐凯拥有经营权”。显然，这些原则与柯达全行业收购相悖。

当时，秦部长已离开化工部出任全国人大常委会委员、全国人大环境与资源保护委员会副主任委员，但是，秦部长对乐凯的发展和心愿十分了解，他亲自上书中央政治局，表达支持乐凯不参加全行业收购。秦的上书和乐凯的意愿，引起中央政治局的高度重视。

1997年7月14日，李鹏总理率8个部委领导专程赴乐凯考察，现场召开“总理办公会议”，听取乐凯不同意参加柯达全行业收购的意见。李鹏总理表示：中央尊重乐凯不参加收购的意见，支持乐凯发展民族感光材料产业，国家将给予乐凯集团（含第一胶片厂、南阳第二胶片厂、沈阳感光研究院）8亿元资本金注入。在视察现场，李鹏总理欣然为乐凯题词“开拓内外市场，创立乐凯品牌”。

吴邦国副总理指示化工部时任部长顾秀莲，要认真组织落实李鹏总理在“总理办公会议”上对乐凯发展提出的各项要求，首要是加强班子建设。化工部发出化人发〔1997〕635号文件。其中：李宝和任乐凯集团董事长兼党委书记，富志侠任董事、副总经理、党委常委参加乐凯集团领导班子工作。

我于1997年10月7日到乐凯工作，在与乐凯共同拼搏奋进促发展的过程中，始终得到秦部长的关注与关怀。胡锦涛、李瑞环、李岚清等党和国家领导人都曾到乐凯视察指导工作。

在中国感光材料市场的竞争中，世界品牌的柯达、富士与乐凯鏖战激烈。2001年11月13日由乐凯发起，柯达、日本富士和德国阿克发参加，在人民大会堂召开了“整顿经济秩序，净化市场环境承诺”新闻发布会，但乐凯对外合资合作“三原则”从未改变。

拼命也要拿下大油田的“铁人”王进喜

赵正宏[①]

王进喜，1923年10月出生于甘肃玉门。15岁开始在旧玉门油矿当童工。新中国成立后，在玉门矿务局当上了钻工，成为新中国第一代钻井工人。

20世纪60年代出生的我对他并不陌生，大学毕业就到油田工作成为一名“石油人”，对他更易读懂。近年来，我两次慕名到大庆油田参观了铁人王进喜纪念馆，每次都被感动得流下了热泪，倍生敬仰之情。他用满腔热情为石油工业奋斗了20年，用“铁人精神”铸就了一座不朽的精神丰碑，解读“铁人”，五种鲜明的优秀品质构成了他光辉亮丽的人生底色。

1. 感党恩　爱党爱国情怀朴素深厚

他从苦难的旧社会过来，对让他翻身得解放的共产党、毛主席无比热爱，产生了朴素深厚的爱党爱国情怀。他虽家境贫穷，但在1951年的“抗美援朝”捐献中，却毅然捐出一个月工资，参加购买“石油工人号”战斗机。参加工作没几年，就当了井队队长又入了党。1959年10月1日，他参加新中国成立10周年国庆观礼，第一次幸福地见到了毛主席，回到北京饭店，他激动得睡不着，写下了平生第一首诗：“北京见到毛主席，浑身是劲精神抖，满怀豪情干革命，永生永世不回头。”他在北京参加全国工交群英会休会期间，看见首都汽车因缺油而不得不背上笨重的煤气包，一个大男人竟难过地坐在马路边上号啕大哭。当在会上听说东北发现了大油田，主动请求去东北参加大会战，终于得到批准。轰轰烈烈的大庆油田会战，给一心要甩掉我国贫油落后帽子的“铁人”提供了广阔舞台，精神得到了极大升华。他后来被任命为大庆会战指挥部副指挥、当选中央委员，但仍位高不自居、功高不自傲，坚持吃苦在前，享受在后，艰苦奋斗找石油。他常

① 赵正宏系教授级高级工程师。

说：“我从小放过牛，知道牛的脾气，牛出力最大、享受最少，我要老老实实为党和人民当一辈子老黄牛。”

2. 肯吃苦 志气如钢干革命

党叫干啥就干啥，天大困难也不怕，从来不把苦当苦。会战初期，粮食定量低，“铁人”跑井时叫老伴把玉米面炒好，装到干粮袋里带在身边。每到吃饭时，他就抓把炒面，用开水冲好，用来充饥。1960年4月，他们的钻机从玉门运到大庆，当时卸车装备非常匮乏。他说：“有条件上，没有条件创造条件也要把钻机卸下来，运到井上去。”他们说干就干，把钻机化整为零，小的扛着走，大件用撬杠撬、绳子拉，硬是靠双手和双肩卸下60多吨重的钻井设备，把40米高的井架竖立在茫茫荒原上。钻机开钻后，他连续干了4天3夜没有回房东赵大娘家，赵大娘心疼地对工人们说：“人是铁、饭是钢，整天不吃不睡怎么行。你们的王队长可真是个铁人哪！”这是他第一次被称为“铁人”。1960年4月11日，在油田技术座谈会上，时任石油工业部部长的余秋里说：“铁人王进喜就是我们大会战的第一个英雄。”带头高呼：“向铁人王进喜学习！向铁人王进喜致敬！”“铁人”王进喜，这个响当当的名字，成了会战职工学习的榜样。1960年4月29日，他不小心被滚落的钻杆砸伤了右腿，当即昏了过去。醒来后，看到工人们在哭，他说：“不要紧，我又不是泥捏的，哪能碰一下就散了？”他不顾伤痛继续指挥，并让大家替他保密。当天他带伤参加了万人誓师大会，忍着剧痛走上主席台，面对万人发出了“宁肯少活二十年，拼命也要拿下大油田”的铮铮誓言。开完大会回来，他的伤腿肿得像碗口粗。尽管全队上下都替他保密，可他受伤的事还是被领导发现了，领导派人强行把他送到当地医院治疗，可没过半天他就偷偷跑回了井场。为了让他安心养伤，领导又把他送到150千米以外的齐齐哈尔住院，可就在两天后的深夜，他又冒着大雨跑了回来。看着队长浑身沾满泥水，腿上的纱布也不知去向，大家心疼得流下了眼泪。“铁人”却说：“你们别急，我挺好的。这里是高压区，容易井喷，我坐着看你们干，觉得放心！”他坐在那里，是个体弱伤重的病人，但在工友眼里，他就是个坚不可摧的铁人。当井喷突然发生，现场没有重晶石粉，只能用水泥替代压井，看到泥浆无法融合沉底，他不顾腿伤，奋勇跳进泥浆池里，用身体搅拌泥浆，工人们跟着跳了进去，他和工友们用血肉之躯制服了猛烈的井喷，谱写了一曲惊天地泣鬼神的英雄赞歌。“铁人”称号，实至名归！这一幕，后来成为以中国石油工人创业历程为背景的电影《创业》的经典画面。

3. 求上进　敢于挑战不可能

他的骨子里始终有股不服输的劲儿，敢于挑战不可能，苦干之中善巧干。1958年，玉门油田大战白杨河，当时石油工业部要求钻井行业的标杆队参加。他的钻井队是一般先进队，没有资格参加。他主动找玉门油田的领导，坚决要求参战获准。他提出了“月上千，年上万，祁连山上立标杆”的口号，当年9月实现月钻井进尺5009.3米，创全国最高纪录。这个消息被新华社、《人民日报》等媒体报道。他因此被授予“钻井闯将”称号。他在工作中试验成功了钻机“整拖搬家”的方法，大大缩短了钻机搬家时间，提高了工作效率，在大庆油田会战中得到广泛应用。他来到大庆打的第一口井，就创下5天4小时打一口中深井的纪录。他发现天冷时，工人们弯腰或蹲下干活时，总是会露出后腰，工服不保暖，就提出把棉工裤后腰加高加厚，解决了保暖问题。他大字不识几个，要读懂《毛泽东选集》谈何容易？但他学《毛泽东选集》却坚定不移，不达目的不罢休，他说：“学会一个字，就搬掉一座山，我要翻山越岭去见毛主席。”这种比愚公移山还坚忍不拔、大气磅礴的干劲儿，什么困难能把他挡住？他后来能率领工友们在茫茫荒原上，喊出振聋发聩的豪迈诗句：“石油工人一声吼，地球也要抖三抖。石油工人干劲大，天大困难也不怕。”实属自然，不足为奇。

4. 讲科学　勇于担责作风硬

他虽然文化水平低，但讲科学，爱读书学习，特别爱读毛主席的书。从玉门去大庆，他把别的东西都托运了，唯独把群英会上得到的《毛泽东选集》带在身边，坚持边学文化，边学毛主席著作。会战开始后，面对重重困难，他认真学习毛主席《实践论》《矛盾论》，并灵活运用到实际工作中。1966年2月16日，“铁人”在全国工业交通工作会议上作报告，说“按毛主席的《实践论》去干，根据我们的条件走我们自己的道路。”“要与天斗、与地斗，还要与人的错误思想斗。”他求真务实，敢于担责，要求干工作要经得起子孙万代检查，要为革命练一身硬功夫、真本事。会战初期，他带领过的1205钻井队打斜了一口井。“铁人”首先向会战领导作了深刻检讨，然后，组织干部、工人把那口井填掉了。有人说：“填了这口井，就给标杆队的队史写下了耻辱的一页。”“铁人”严肃认真，语重心长地说：“没有这一页，队史就是假的。这一页不仅要记在队史上，还要记在我们每个人的心里，我们要让后人知道我们填掉的不光是一口井，还填掉了低水平、老毛病和坏作风。”

5. 无私心　心里始终装着国家和人民

1960年3月25日，他们队从玉门来到大庆参加会战，钻机没有到，他们就到火车站帮助别的队卸车，一连干了7天，被评为“干劲第一”的义务装卸队。他对职工和家属关怀备至，对自己和家人严格要求。他上有老，下有小，母亲、妻子、弟弟、妹妹和5个孩子一家10口人，全靠他一人供养。像他这样的特困户，每月可以得到30元钱的长期补助，可是他把这些钱全都补助给了其他困难职工。1966年国庆节期间，他应邀到北京人民艺术剧院作报告，演员李光复在后台见到“铁人”请他签名，他就在一本《毛主席语录》上写下：讲进步不要忘了党，讲本领不要忘了群众，讲成绩不要忘了大多数，讲缺点不要忘了自己，讲现在不要割断历史。这“五讲”，内涵何其丰富、何其充满哲理，没有一颗大公无私的心断然写不出来。由于劳累过度，他患上了严重的胃病和关节炎，上级为此给他配备了一台威力斯吉普车，他却把这台车当成了大队的生产生活用车，全大队谁都能用，唯独他自己家里人不能用。1970年4月，他被确诊为胃癌晚期。周总理得知，十分关心“铁人”病情，指示301医院积极治疗，还亲自到医院看望“铁人”。而他平静地对大夫说：“癌症也是纸老虎，你们能把我治好了，我回大庆再干20年，治不好也可以积累一些经验。”国庆节刚过，他的病情急剧恶化，弥留之际，想的全是国家的事业。一天他用颤抖的手取出一个小纸包，交给来探望他的一位领导同志，里面是他住院后各级组织给他的500元补助费。500元钱在当时可不是个小数目，而“铁人”对这些钱一分没有动，他说：“请组织把它花到最需要的地方去，我不困难。”临终时，特别嘱咐家人不要向组织提任何要求。1970年11月15日，“铁人”因医治无效不幸病逝，享年47岁。在生命的最后时刻，他没有对死亡的恐惧、对生命的留恋，只是还有好多工作没干完，还没有发现更多大油田的遗憾。他无论从思想上，还是行动上，都成为一个“大写的人”！

“铁人”是石油战线的光辉榜样，是中国工人阶级的优秀代表，是中华民族的英雄。“铁人”走了，但他的光辉形象永远铭刻在人民的心中。“铁人精神”彪炳千秋，将永远激励中华儿女为建设强大祖国、实现中华民族伟大复兴不懈奋斗！

一门双院士闵恩泽陆婉珍夫妇

李爱青[①]

2008年1月8日是一个不平凡的日子，中共中央、国务院在北京隆重举行国家科学技术奖励大会。闵恩泽荣获2007年度国家最高科学技术奖。中共中央总书记、国家主席胡锦涛亲自为闵恩泽颁发了国家最高科学技术奖证书和奖金。看到这一幕，我的眼睛湿润了。作为一名化工人，我为闵老获此殊荣而感动和骄傲。后从资料得知，闵老老伴陆婉珍也是院士。“一门双院士”，这在我国极为罕见。为此我查阅了大量资料，撰成此文。

1. 我国“炼油催化应用科学的奠基人”闵恩泽

闵恩泽，1924年2月8日生于成都。父亲给他取名“恩泽”，寄托着对他的殷切期望——承天地之恩，泽苍生黎民。

1936年他进入私立南薰中学初中就读。1938年初中毕业，考入四川省立成都中学。1942年秋，18岁的闵被保送进重庆中央大学（今南京大学）土木工程系。当时的四川是农业大省，急需化肥专业人才，他在大学二年级时毅然转学化工，与后来成为他夫人的陆婉珍是同班同学。1947年9月，陆去美国伊利诺斯大学化学系读硕士学位。受陆鼓励，闵通过考试取得自费公派留学的资格，1948年3月赴美留学，在美国俄亥俄州立大学化学工程系攻读硕士学位，当年12月便取得了硕士学位。同年，陆也从伊利诺斯大学转来化学系攻读博士学位。靠着奖学金，闵继续在化学工程系攻读博士学位。1950年夏，闵与陆喜结良缘。闵1951年7月获美国俄亥俄州立大学博士学位。从1949年起，美国政府不允许学理工农医的中国留学生离境。在导师的帮助下，闵在美国纳尔科公司工作了4年。先后在物化室、工程开发部、有机化学室工作。让他了解了一个工业公司如何从市场、客户

① 李爱青系中国化工博物馆前馆长，教授级高级工程师。

那里发现课题，然后在实验室研究，解决后如何回馈用户，开拓市场，获得了宝贵的工业开发经验。

新中国成立后，祖国急需科技人才，父母也期盼他们尽早回家，夫妇俩决定放弃在美国的优厚待遇，回国参加建设。1955年10月，他们不顾美国移民局的刁难，在朋友的帮助下，绕道我国香港地区回到祖国。由国立中央大学化工系的师兄武宝琛帮忙，把他引荐给了石油工业部部长助理徐今强，闵进入了正在筹建中的北京石油炼制研究所（现中国石化石油化工科学研究院，简称石科院）。从此开始了他为之奋斗一生的“石油催化剂”生涯。

石油催化剂生产技术，是现代炼油工业的核心技术，被誉为石油化工的“芯片”，各工业发达国家都高度保密。

1955年，闵回国后接受的第一个工作是在大连石油研究所（现中国科学院大连化物所）“铂重整催化剂”基础上进行中试生产。铂重整工艺生产的甲苯是生产硝基苯的原料，可用来生产炸药，是国防工业的重要原料。由于实验期间催化剂所用原料为化学纯三氧化铝，价格既贵且不能大批量供给。闵恩泽团队经反复研究后，改变了原料及生产工艺，以容易获得的价格低廉的氢氧化铝半成品为原材料，成功开发了适合我国国情的铂重整催化剂。

1956年，在接受铂重整催化剂中型试验的同时，他还承担了一项研制磷酸硅藻土催化剂的任务。该催化剂用于生产高辛烷值汽油，当时中国不能制造，只能从苏联进口，且价格昂贵。石油部认为磷酸和硅藻土都是低价大宗原料，应该自己开发制造。闵带领大家通过几年艰难的实践摸索，最终研制成功用混捏–浸渍法制造。1962年，“混捏–浸渍法”磷酸硅藻土叠合催化剂在锦州石油六厂投入生产。1964年，该法获得了国家创造发明奖。

1959年，由苏联援建的年产100万吨兰州炼油厂，当时是中国生产规模最大、炼油技术最先进的炼化装置，生产的重要产品之一是为螺旋桨式飞机提供航空汽油。移动床催化裂化装置要用直径3～5毫米的小球硅铝裂化催化剂，当时全部依赖苏联提供。新中国石油工业创建人余秋里在其《回忆录》中曾写道：“1960年开始，苏联逐步减少以致最后停止了对我国的催化剂供应，当时库存的催化剂只能维持一年，直接威胁到我国航空汽油的生产，形势十分严峻……我把研制催化剂的重担，交给了石油科学研究院从美国回来不久的闵恩泽同志。”闵临危受命，他带领石油部组织的攻关团队，经过三个月夜以继日的辛劳，在库存催化剂仅够用两个月的危难时刻，于1964年5月，一座年产2400吨的小球硅铝裂化催化剂工厂建成投产，使国防和民用航空汽油的供应得到了保障。由这套装置生产的催化剂在完整率、抗磨强度和杂质含量等技术指标方面均优于从苏联进口的催化剂，而价格只有进口催化剂的一半。就在大家欢呼雀跃之时，1964年秋，闵恩泽鼻炎发作去医院检查，结果发现得了肺癌。医生没有告诉他实情，手术切除了两片肺叶和摘除了一根肋骨。不知真情的他出院后又马上投入紧张的工作中，直到4年后一次体检时翻看病历，他才知道真相。

1960年大庆油田大会战，石油部要求对有限的石油“吃干榨净”。计划在大庆建造年产250万吨炼油厂，将重油裂化成汽油、柴油和液化气。“吃干榨净”的核心工艺是流化催化裂化，核心材料是催化剂。春节联欢会上，石油部部长余秋里把研发生产微球硅铝裂化催化剂的任务又交给了闵恩泽。根据国外经验，建设规模化生产微球硅铝裂化催化剂的工厂，从实验室研究开始到建成工厂，需要8~10年的时间。其以科学的态度、忘我的工作精神，带领团队反复研究原材料的物化性能、工艺路线、设备形式等参数，从研究到生产，仅用了5年的时间就走完了这一过程。1965年一座年产3000吨的微球硅铝裂化催化剂厂在兰州炼油厂建成投产。后经技术改造，生产能力达到了8000吨/年。

1970年，闵参加燃化部组织的”三氢会战”和扶余原油浸没燃料的会战。随后参加了长岭加氢催化剂会战；荆门炼厂裂解焦油制苯攻关；指导开发Y-7型裂化催化剂的研制工作。Y-7催化剂获得了1985年国家科技进步奖二等奖。1977年指导研制钼镍磷加氢催化剂。1979年研制成功的CO助燃剂，先后在玉门炼油厂和独山子炼油厂使用成功，产生了重大经济效益。

20世纪80年代初，我国石油炼制催化剂已赶上了国际先进水平，并面临与国外催化剂在国内市场的竞争，因此迫切需要开发一批具有中国特色和自主知识产权的催化剂。1980年，在参加完一次国际会议后，他感到只有开发新的催化材料才能研制出新的催化剂，这就好比有了好的布料才能做出好的时装。1981年，在他的带领和指导下，研制成功半合成分子筛裂化催化剂。在新型分子筛、非晶态合金等新催化剂材料制备，磁稳定流化床、悬浮催化蒸馏等新反应工程方面展开了研究。指导发明了异晶导向合成水热稳定性优异的ZRP系列分子筛，被评为1995年中国十大科技成就之一，支撑了“重油裂解制取低碳烯烃新工艺（DCC）”的成功开发，满足了中国炼油工业的发展和油品升级换代的需要，处于国际领先水平，已在齐鲁、长岭、兰州三大催化剂厂投产，年产量在1000吨以上，并大量出口到国外。1982年，国家组织的“六五”攻关重点是“大庆渣油催化裂化”，他负责研制的SRNY渣油催化裂化催化剂，1995年获国家技术发明奖二等奖。从1985年开始，他指导团队用急冷法制备非晶态镍合金系列催化剂，其稳定性优于在国际上使用了70多年（1925年美国科学家M.雷尼发明）的雷尼镍加氢催化剂，成为原始创新技术。其中在镍—铝（Ni-Al）体系非晶态合金催化剂生产过程中，不排放废水，并将废液转换成分子筛制备的原料，形成了一套绿色生产工艺，建成了一个100吨/年非晶态骨架镍合金催化剂车间。这项技术实现了业界的跨越式进步。

20世纪90年代，保护地球环境，从源头上根治污染，发展绿色化学成为世界各国的强烈呼声。闵是中国炼油行业走进绿色化学的第一人。他在开发新工艺领域，指导研制成功RSS-1催化剂（钨—镍体系加氢催化剂），开发了喷气燃料无苛性碱脱硫醇绿色、环境友好的新工艺。改造了引进装置己内酰胺的工艺流程，开发成功“四合一”的钛硅分子筛环己酮氨肟化装置，减少了工艺流程、设备和产生的“三废”，降低了生产成本。经行业专家鉴定，“四合一”工艺和装置，达到了国际领先水平。在新反应工程领域，闵指导的研究也取得了多项自主创新成果。1991年他指导团队研究成功用于悬浮催化蒸馏（SCD）技术的HZSM-5/不锈钢环填料催化蒸馏元件，1995年在国际分子筛大会上获得好评。杂多酸粉状催化剂，1998年获得侯祥麟基金优秀博士论文奖。“非晶态骨架镍合金催化剂和磁稳定床反应工艺的创新与集成”，获得了2005年唯一一项国家技术发明奖一等奖。

1996年他主持了国家自然科学基金会的“九五”重大项目“环境友好石油化工催化化学和反应工程”项目，推动了中国绿色化学研究的广泛开展。2001年的结题报告指出：

（1）多数课题已取得一些国际水平的研究结果，如在液—液两相催化领域中，提出“温控相转移催化”的新概念，并成功地应用于水/有机两相高碳烯烃氢甲酰化反应，取得了原始性的创新成果。

（2）形成了一些新催化剂和工艺的新构思，对其技术可行性和经济合理性进行了开拓性探索，如设计和研制了达到国际先进水平的长链Q－烯烃氢甲酰化高活性和高区域选择性的复合催化剂体系。

（3）开发了具有自主知识产权的镍系非晶态合金催化剂及其相应工艺。这些工艺分别应用到巴陵石化和石家庄炼化分公司两套已内酰胺装置上，使这两套引进的生产线基本上摆脱了对国外技术和催化剂的依赖，提高了原有设计生产水平和能力，产品质量有了大幅度提高，能耗与污染大幅度降低，实现了在消化引进技术基础上的再创新，开始了绿色石油化工技术的新时期。

进入21世纪，随着石油紧缺和环境污染加重，世界各国都致力于开发清洁再生能源。闵虽已年届八旬，但依然带领团队走在探索的前沿，投入利用可再生农林生物质资源生产车用燃料和有机化学品新领域的研究之中。闵老严格把控制造生物质能源的原则，控制原料成本，"不能与粮油争地"。指导开发了SRCA工艺（亚临界甲醇醇解生物柴油生产工艺），2006年建成了2000吨/年的中试装置，以菜籽油、棉籽油和棕榈油为原料，生产的生物柴油能满足国标BD100相对应指标的要求；采用地沟油、酸化油等废弃油为原料，可直接生产出生物柴油，产品也可以满足国家标准的要求。指导开展了以木本油料作物麻风树和黄连木等为原料生产生物柴油的研究，并在石家庄炼化分公司建成2000吨/年中试装置。与中国科学院合作进行了"微藻生物柴油成套技术的开发"，2015年取得了户外微藻生物柴油中型成套技术成果，为建设万吨级的微藻生物柴油示范装置奠定了基础。江苏恒顺达生物能源有限公司采用中石化"近临界醇解"生物柴油工艺，开发成功了以餐饮业废油制备生物柴油的成套技术。

晚年的闵老，屡受胆囊炎、胰腺炎、高血压等疾病的侵扰，后来又患上了前列腺癌，但他依旧坚持工作，甚至在病逝前两天，还在关心企业如何调结构、提质量。他说："能把自己的一生与人民的需求结合起来，为国家的建设作贡献，是我最大的幸福。"

闵老是中国为数不多的两院院士之一。

2011年9月3日，国际小行星中心发布公报，将第30991号小行星永久命名为"闵恩泽星"。

2022年，由闵恩泽生前办公室改建的"闵恩泽院士纪念室"被教育部、科技部等七部委评选为国家级科学家精神教育基地，成为向全社会传播科学家先进事迹、弘扬科学家精神的重要基地。

2. 我国分析化学家和石油化工专家陆婉珍

陆婉珍，1924年生于天津，祖籍上海。她的父亲是当时天津市塘沽一家纺织厂的总工程师。1937年日本发动侵华战争，全家迁居重庆。

1946年她在当时迁至重庆的中央大学毕业后回到上海。1947年到美国留学。1951年在美国俄亥俄州立大学获博士学位。1955年她和丈夫闵恩泽回到祖国，被分配到正在筹建的石油炼制研究所即现在的石科院从事分析工作。历任分析室和分析研究中心主任、副总工程师、总工程师。1991年当选中国科学院学部委员（院士）。

陆到研究所后，带领十来个大学生开始了炼油分析学科的建立及其应用技术的研究工作。陆常说："分析是我们的眼睛，人才是我们的中枢。"几十年来，陆为组建高水平的分析技术平台和研制先进的仪器设备殚精竭虑、呕心沥血，解决了石油炼制过程中的许多难题，为推动石油化工的发展作出了卓越贡献。

20世纪50年代后期，石油部向石科院提供了一批先进的分析仪器和设备。陆视若珍宝，精心钻研，充分利用，为石油炼制和催化剂的研制提供了大量有用数据，解决了一个又一个难题，创造了一个又一个奇迹。

20世纪60年代初，陆和她的研究小组接受了原油评价任务。他们跑遍了我国北方的许多油田，历尽艰辛，收集试样进行分析。不仅系统地评价了这些油田的原油性质，还逐步解决了炼制生产中一些产品的质量问题。1986年，陆认真总结，主持编纂出《中国原油的评价》（共计18册），建立了天然气、原油及各种油品的整套分析方法，填补了我国这方面的空白。

色谱技术是20世纪50年代才出现的。陆在50年代后期率先开展了色谱技术的研究；60年代初将之应用于科研，并逐步推广到工业生产。我国开发的"五朵金花"炼油新技术之一——催化重整第一套工业装置在大庆炼油厂试车时，唯独二甲苯质量达不到要求。陆用气相色谱仪进行成分分析，判断产品中混有汽油，生产系统可能有泄漏点。经查，果然如此，问题迎刃而解。

陆是我国较早采用核磁共振技术对石油及其助剂进行分析研究的专家之一。

20世纪60年代，她多次为石油炼制及产品质量控制提出解决方案。80年代后期，炼油生产要求解决石油中重质成分的分析问题。陆采用核磁共振、质谱凝胶色谱、液相色谱等多种先进的分析手段，提供了重质油品成分的可靠数据，满足了生产需要。

20世纪70年代中期，陆把气相色谱测定汽油辛烷值，电量法测定硫、氯、砷、水等创新的分析方法和实践经验进行了总结，与有关人员共同编写了《重整分析汇编》《石油化工分析方法汇编》等技术资料，一直使用至今。

20世纪70年代后期，为解决石油组分和重油裂解气的中间体分析问题，陆带领并指导科研人员研究开发了一种毛细管色谱新技术，并决定自行研制这种色谱柱，但关键材料必须进口。陆就指导一家企业试制这种器件，研制取得了成功，既节约了外汇，也促进了这家地方企业的发展。

1995年，陆带领几位年轻研究人员，开展了一项新的在线检测分析技术（近红外光谱）的研究。该技术具有快速、便捷、检测质量高、随时可以读出数据等优点。其关键仪器是近红外光谱仪，价格昂贵，进口一台几千万元。陆决定自行研制。通过与国内几家工厂协商，同时开展技术研究与实验，取得了显著效果，建立了从硬件、软件到实际应用的全套近红外分析技术，并出版了《现代近红外光谱分析技术》专著，为这一技术的进一步发展和推广奠定了基础。

陆在催化剂和炼油方面也有许多建树，称得上石油化工专家。

1986年，陆婉珍身患肾癌，一个肾被切除。后来，她又被肺病及胆囊等病魔缠绕，但每次大病初愈，不到几天就又投入研究，她的学生们赞扬她道：

公而忘私，病而不休，大哉陆总！

氟塑料防腐专家赵永镐

白鸿博[1] 王雪丽[2]

20世纪90年代，世界聚焦温州。温州人被誉为东方的犹太人。2002年联合国工业发展组织曾在全球评选20座最具活力的城市，中国唯一一个榜上有名的城市便是温州。

崛起的温州叫人羡慕，敢吃第一只螃蟹的温州精英们令人钦佩。温州赵氟隆有限公司董事长、世界级化工防腐专家赵永镐教授就是温州科技精英中最杰出的代表之一。为了解读他在氟塑料防腐领域中的发明创造和应用，作为温州人的笔者，再次走进了他的氟塑料王国。

2007年6月11日，笔者如约拜访《当代化工》编委赵永镐教授。老人家虽已步入80岁高龄，却精神矍铄，他的身板依然硬朗，在他慈祥的脸上，流露着谦和朴实的笑容。他真诚地约我一同去他的公司看看。

温州赵氟隆有限公司（原化工部化机院氟塑料应用技术研究所）坐落在浦东东路9号，现有这个4000平方米的楼房场地是1996年兴建的。

望着厂房中各种大中型生产模具，赵教授告诉我：20年来我们自己研制、自己设计、自己制造，由于我们具有雄厚的技术力量、精良的生产装备、完善的测试手段和强大的制造能力，因此是目前我国最强的氟塑料防腐产品研究和制造厂家，这项专利产品目前在国际上仅有我们独家生产。这些年来，产品销量几十亿元。新产品在北京燕山、山东齐鲁、南京扬子、金陵等石化公司及太化、太钢、上海30万吨/年乙烯工程等全国500多家大中型企业得到应用，产品普及化工、石化、炼油、制药、农药、冶金等十多个行业，有效地解决了跑、冒、滴、漏现象，稳定了生产，增加了收益，减少了污染，改善了环境，给用户带来不可估量

① 白鸿博系《当代化工》杂志社社长兼主编。

② 王雪丽系编审，辽宁省散文作家。

的社会效益和经济效益。仅温州同类产品就占全国90%左右。

为了解赵老这项发明的经过，我请公司总工程师、教授级高级工程师陈国龙先生谈谈聚四氟乙烯的一些相关特性。陈总告诉笔者：腐蚀是工业和环境的公害，美国一年由腐蚀造成的损失高达1000亿美元，占国民经济总产值3%～4%。另外腐蚀又造成有害介质泄漏而污染环境。聚四氟乙烯是氟塑料中最重要的一个品种，俗称“塑料王”，是当今世界最耐腐蚀的材料之一，并且它具有耐温范围宽（–195～250 ℃）、摩擦系数小、不黏附任何其他物质等优点。如果将它加工成各种防腐制品，就能解决化工生产中腐蚀难题。因此，美国在20世纪60年代中期搞了一套100多万美元的生产装备，来制造聚四氟乙烯衬里管道产品，并且技术保密。

陈总还告诉笔者，赵教授1927年出生于浙江永嘉。1954年毕业于华东化工学院（现华东理工大学），他原是化工部化机院氟塑料研究所所长，长期以来专门从事氟塑料防腐技术研究工作。20世纪60年代美国的聚四氟乙烯衬里管道保密技术及其他日、德等国也利用美国技术相继跟进的资讯，赵教授极为重视，他决心投入毕生精力为之奋斗，要攻克这个世界化工防腐领域里的堡垒。

凭着温州人敢为天下先的闯劲，1978年赵教授依靠自己雄厚的理论基础、丰富的实践经验和坚忍不拔的毅力独辟蹊径，硬是在家庭作坊中因陋就简，土法上马，反复试验，发明出一种“多层缠绕、整体烧结”，设备与工艺都很简单，世界独有的聚四氟乙烯成型新工艺。他将聚四氟乙烯薄带在特定的金属模具上来回缠绕至所需的厚度，然后在外面缠上玻璃丝带，加温熔结成型。由此制造出质优价廉，可与美、日等国相媲美的聚四氟乙烯薄层衬里整套防腐产品，为我国大面积应用这类防腐装备奠定了基础。

从研制到试制，从试制到投产，从投产到应用，科技高峰没有止境。1981年5月，浙江省科委与石化厅联合对这项新发明进行了技术鉴定，鉴定结论是“多层缠绕、整体烧结技术系国际首创，是一项设备简单、适应性强、投资少、上马快、适合我国国情的聚四氟乙烯防腐制品成型新工艺”。这项发明荣获1981年省优秀科技成果奖二等奖。同年8月，国家科委、国家计经委组织各部门在北京联合召开了“新型材料推广应用技术报告会与博览会”，赵永镐教授的报告与展出的新产品引起了轰动，被列为国家“六五”计划重点推广项目。此后，这种聚四氟乙烯防腐产品如雨后春笋般地进入大规模生产与工业化应用，从而结束了我国同类产品多年来一直依赖进口的局面。

1986年，化工部化工机械研究院决定在温州成立氟塑料应用技术研究所，聘请赵永镐教授为所长兼总工程师。

聚四氟乙烯虽然具有诸多优异性能，但也存在固有冷流性和热胀冷缩比钢外壳大十几倍的严重缺陷，致使国内外所有厂家生产的这类产品在使用过程中，受温度的影响，聚四氟乙烯衬里极易损坏。当温度升高时，聚四氟乙烯衬里层因膨胀无处延伸，而产生鼓包或内瘪现象，阻塞了介质流通。当温度下降时，聚四氟乙烯衬里层因收缩被拉裂而泄漏，影响了它的广泛应用。美、日、德等国对此进行大量的研究，企图从中找到解决的办法，但终未见效，束手无策，致使它成为世界上多年来一直不能解决的一大难题，人们称它为防腐领域里的“哥德巴赫猜想”。那么如何才能使防腐化工设备中聚四氟乙烯内衬与钢外壳的热胀冷缩达到一致呢？赵教授为此科技“猜想”而陷入深深的思索之中。一次他在建筑工地上看到加钢筋的预制水泥板时得到了启示。水泥抗压，钢筋抗拉，加了钢筋的水泥板，其抗拉强度和抗压强度都达到了完美的统一结合，同时也没看见因温差变化而使水泥板中的钢筋伸长或缩短。一个智慧的火花在赵教授的脑海中点燃：如果在聚四氟乙烯内衬中加上金属网，这样既加强了聚四氟乙烯内衬的抗拉强度，又由于金属网和内衬牢固地结成一体，限制了内衬因温差变化而造成的伸长或缩短，使内衬的伸缩率与钢外壳相一致。说干就干，经过一次次反反复复的失败，终于一种国内外独家生产的专利产品——加金属网聚四氟乙烯衬里防腐新产品面世。

这是一套特殊的技术，将金属网引入聚四氟乙烯薄层内部，如同混凝土里加钢筋，改变了聚四氟乙烯内衬的物理性能，使其热胀冷缩降低到与钢外壳相一致，并消除了冷流性的影响，而且增加了产品强度，提高了耐正负压的性能。这种带金属网的聚四氟乙烯衬里防腐产品的使用寿命超过无金属网产品数百倍，使老产品更新换代。它可以在250℃以下，乃至骤冷骤热或冷热交替的任何强腐蚀性生产系统中长期稳定使用，真正解决了聚四氟乙烯在化工防腐设备中使用的这一世界性难题，使这一领域中的“哥德巴赫猜想”有了一个满意的结果。

这项新发明专利产品的质量和性能经化工部化工设备检测中心检测，质量完全合格，其平均寿命为美、日、德等国产品10倍以上。其质量和使用性能已远远超过各国的同类产品，达到世界一流水平。1989年浙江省科委组织各地的防腐专家、教授与用户单位的高工们，对赵教授的这项新发明成果进行技术鉴定。鉴定结论：“这项发明系国际首创，技术水平居世界领先地位，产品可以出国创汇。”国家科委将这项新产品列为“国家级新产品”和“国家火炬计划项目”，并向全国发出通知，要求有关单位积极推广应用。

1989年，我国发明家赵永镐教授在第38届布鲁塞尔尤里卡世界发明博览会上荣获金奖，比利时国王授予他“骑士勋章”。评委会主席安东尼奥对他的发明给予高度的评价：“这项发明意义重大，它解决了世界难题，是防腐领域中的一场革命，它将促进世界工业的发展。”西方人的梦想在中国科学家的手中实现了，这场化工防腐领域的革命是由年逾花甲的中国科学家赵永镐教授来完成的。中国给世界一个惊奇，温州给中国一个骄傲。

实践证明，赵永镐教授不仅是科技发明家，他还是一个将科研成果转换成生产力的科技实业家。他是这项发明专利的研发者、设计者，又是制造者和市场开拓者。老教授感慨地说：“科技成果是为了造福社会，然而转化成生产力和市场应用是很难很难的。”20世纪80年代初由他创办的赵氟隆有限公司，从小到大，从国内到国外，技术不断创新，规模日益壮大。公司现有员工百余人，年生产能力上亿元。由于公司制造的聚四氟乙烯防腐产品，在质量与使用性能上都已超过世界各国，达到国际一流水平，因此在国际公开招标中，均以质量可靠、性能优异、价格低廉而击败竞争对手，一举中标。用户已经遍及世界各国的化工、石油、冶金与核能等行业，为世界防腐事业作出了重要贡献。

据不完全统计，聚四氟乙烯防腐装备的世界年用量在数百亿美元，这是一个很大的市场。赵永镐教授的发明引起了国际上化工防腐专家们的关注，世界的门户向他敞开。1992年11月，赵永镐教授带领6名高级工程技术人员前往法国，组建了法中合资的法国赵氟隆公司，由他担任董事长和总工程师。

这些年来，赵永镐教授和他的这项发明获得了大量的荣誉：获中国、美国、欧洲国家等16国专利；中国国家技术发明奖；国家级新产品与国家级火炬计划项目；国际防腐技术博览会特等大奖；纽约国际发明博览会金质奖；尤里卡世界发明博览会金奖和骑士勋章；央视东方之子；全国优秀科技实业家；华东化工学院十大杰出成就毕业生；1996年化工部先进老干部；1999年全国老有所为奉献奖（此奖全国仅三人）；2003年载入英国剑桥国际传记中心（英文第610页）；21世纪2000名人录；2005年中国化工十大最具国际竞争力品牌。

采访即将结束，赵永镐教授又陪笔者一同驱车来到温州郭溪工业开发区，看看即将迁入的赵氟隆有限公司1.2万平方米新厂房。一个更大规模现代化的聚四氟乙烯衬里防腐化工设备制造厂，已雄踞在郭溪的一方。欣欣向荣的开发区内，又一个现代化的工业城镇在崛起。温州人又要大手笔地去开发、去创造、去书写幸福生活新篇章……

时代楷模陈俊武

任子臣[①]

陈俊武，中国科学院院士，中国石化洛阳石化工程公司原经理，著名炼油工程技术专家，催化裂化工程技术奠基人，现代煤化工工程技术专家，分别于1985年、1987年两次获国家科技进步奖一等奖，2015年获国家技术发明一等奖，他指导设计开发的世界首套以煤基甲醇为原料的180万吨甲醇/年制烯烃装置于2010年投产，开创了我国煤化工新局面。

在工作中与陈俊武院士结缘是我人生的一件幸事。1986年为洛阳炼油厂工程项目招标，我去洛阳第一次相识了洛阳炼油设计研究院院长陈俊武；以后又为中外合资中海壳牌“南海石化项目”，中国神华集团内蒙古煤制油等项目，聘请陈俊武作为专家参与多项工程项目的评估论证工作。他学识渊博、奋斗进取、严于律己、平易近人的君子之风，给我留下了极深的印象。

2018年我获悉陈院士已过90大寿去信祝贺，7月9日陈院士复信“回想起30多年前我们并肩合作，为我国炼油工业的发展做出了一定贡献，仍是一段有意义的历史篇章”，我国“在煤制油方面有了显著进步，过去依赖国外技术已不复存在”。我内心十分感动、激动，时常回忆着陈院士高尚的精神境界和独特的人格魅力。

1. 书香世家　传统本科教育成材

陈俊武祖籍福建省长乐县。1927年3月17日生于北京。陈俊武先后在北京崇德中学、盛新中学、北京大学化学工程系读书。陈俊武在大学期间刻苦攻读，构筑了化学工程方面坚实的理论功底和深厚的知识体系，训练了学习方法，磨砺了意志，培育了为科学事业，为国家为民族的奉献精神，这对他一生的道路产生了重要影响。

① 任子臣系中国国际工程咨询公司原石化轻纺部主任。

陈俊武是书香世家，也是一个革命家族，族人追求进步者众多。1949年12月下旬，为了追逐投身石油加工工业的梦想，陈俊武选择去抚顺“第二化学厂”（石油三厂）工作。1956年，陈俊武被调到刚成立的抚顺炼油设计院并担任工艺室副主任。陈俊武没有留学经历，也没有硕士、博士证书，他成就卓著，修德修身，有着中国传统文化美德。

2. 专业发展　精益求精

20世纪50年代，发展中国自己的炼油工业不再是奢望。大庆油田的发现，为我国发展石油化工提供了条件，国家布局建设炼油厂。1961年，时年34岁的陈俊武，受命担任我国第一套流化催化裂化装置的设计师。1962年9月国家科委派员去古巴，了解埃索公司（Esso）哈瓦那贝洛特（Betot）和壳牌（Stell）炼油厂合并成立的“洛佩兹”（Lopez）炼油厂。陈俊武参加了考察团，重点考察的催化裂化技术，经过实地调研，询问工艺数据，获取了技术资料，在为期半年的时间里他拍了400卷胶片，收集了相关资料，笔记密密麻麻记满了20多个本子，为把我国炼油技术迅速提高作了技术准备。

回国后，陈俊武组织大家设计施工，自行研制设备，参考国外最先进的技术资料，及时修改项目的相关设计。1963年，“抚顺年加工60万吨的流化催化裂化装置”设计由抚顺设计院承担，陈俊武等人付出艰辛的劳动。1965年5月，60万吨/年流化催化裂化装置，终于在抚顺石油二厂建成投产。我国第一套自行设计施工的流化催化裂化装置就达到世界先进水平。

后来，人们把我国攻关掌握的五种炼油关键先进技术形象地称为“五朵金花”，这套装置是我国炼油工业技术开出的炫丽“金花”，炼油技术一举跨越二十年。1982年陈俊武担任催化裂化技术攻关组组长，攻关组先后取得了反应动力学、再生动力学、高效设备、内外取热等方面的一大批成果。完成大庆常压渣油催化裂化技术开发并实现产业化。

现在我国催化裂化工艺技术年加工能力超过2亿吨。在车用汽油构成中，催化裂化汽油约占70%，而且30%的柴油、40%以上的丙烯也来自催化裂化工艺，陈俊武功不可没。

3. 为国为民　奉献社会　余热发光

陈俊武当年在抚顺投身石油加工事业，起步就是从事煤制油技术，进入21世纪，他认为面对中国富煤少油的资源现状，应该加强这方面的研究开发。

20世纪末，神华集团有限责任公司（简称神华）提出建设煤炭直接液化制油项目，国家计委委托中国国际工程咨询公司评估论证项目的可行性。陈俊武、李树钧、金国干等一大批国内专家参与了评估论证活动，提出了许多有益的建议，优化了建设方案，并被采纳。2008年12月31日，位于内蒙古鄂尔多斯的神华煤制油项目投产，成为能源转型的样板工程。

此后，我国工程技术人员对于煤间接液化制油项目进行了卓有成效的研究工作，陈俊武也参与其中，提出许多宝贵意见并被采用。2016年神华宁夏煤业集团有限责任公司（简称宁煤）在宁夏银川宁东能源化工基地建成400万吨/年煤制油生产装置并一次成功，这些工程项目的建成使我国的煤制油技术成为世界先进技术。其中包含了陈俊武的真知灼见及其付出的辛勤劳动。

1997年中国科学院大连化物所专家到洛阳交流甲醇制烯烃（DMTO）中试技术成果，希望借鉴流化床技术经验开发甲醇制烯烃技术。在陈俊武的指导下，该项目完成了从实验室、工业中试和工业示范装置的工程化技术开发，2007年，神华包头180万吨/年甲醇制烯烃项目启动，洛阳石化工程公司承担了总承包建设任务，其中DMTO装置为国内技术。2010年8月在内蒙古自治区包头市建成了世界首套、全球规模最大的DMTO工业示范装置投料成功，开始商业化运行，达到了世界领先水平，在煤制烯烃领域形成了具有我国自主知识产权的核心技术。2015年1月，DMTO技术荣获2014年度国家技术发明奖一等奖。

洛阳石化工程公司成为全国开发DMTO的新型煤化工产业的主力军。大连化物所DMTO的技术负责人刘中民认为，在和陈俊武院士近二十年的交往合作中，得益于陈院士的具体指导和帮助，陈院士不仅是学术上的指导，而且在如何做人做学问，如何对待人生，淡泊名利等方面都受到极为珍贵的教益。

20世纪90年代，面对我国原油对外进口依存度逐年递增的现实，陈俊武开始默默地关注起国家能源战略问题。他联合中国科学院的十多位院士和专家展开了关于中国中远期石油补充与替代领域的研究。

我国每年消耗7.5亿吨石油，其中进口5.5亿吨，石油替代十分必要而且紧迫。石油替代的课题，是他古稀之年重点思索的问题。2009年陈俊武与李春年、陈香生合著《石油替代综论》，是一本不可多得的指导性论著，厘清了思路，指引后人前行 。

他晚年高度关注温室气体排放和低碳研究。陈俊武90多岁高龄时，仍奋战在工作岗位一刻不敢歇息。他的精神鼓舞和激励着每一位石化员工。在陈俊武看来，“自己的生活和科研已经分不开了，每天必须学习。我站在别人的肩膀上，别人再站在我的肩膀上，才能带动创新。”

陈俊武投身中国石油石化工业70载，推动中国催化裂化工程技术从无到有、从弱到强，为中国炼油工业进步作出开创性贡献。在攻克石油深度加工技术、设计建设世界首套煤制烯烃工业示范装置等方面取得重大突破，为中国科技发展进步和人民生活福祉提升作出重要贡献。

截至2000年，陈俊武组织了多期催化裂化技术高级研修班，并亲自为研修班学员授课。研修班学员不但涌现出大量技术骨干，而且不少人成为石化行业的高级管理干部。

2019年10月，中宣部向全社会宣传发布陈俊武先进事迹，授予陈俊武“时代楷模”称号。

4. 高风亮节修德修身　君子之风

陈俊武身上知识分子的责任担当和科技工作者的执着追求，生动体现了中华民族精神。他对某些盲目引进，一味崇洋的现象感到深深的不安，“重复引进，浪费极大”，“对外开放，还应提倡自力更生”。

他与人相处，谦虚平易，真诚热情，绝不居功自傲，和同事、同行合作者、晚辈的相处，都是持平等的态度，他和共事过的人都建立了良好的工作关系，很多人也成为他经常联系的朋友。他最不擅长“关系学”，他不善于请客送礼，厌恶拉关系托人办事这类活动，他认为这很庸俗，做到了“君子之交淡如水”。他是这句哲语的真正践行者，做到了一身正气，两袖清风。

2016年3月26日，刚过生日的陈俊武专程赶到郑州大学，将6年来在郑州大学兼职所得的20万元全部捐给了新设立的陈俊武研究生奖励基金会，奖励优秀青年学子，充分体现了他无私奉献的精神。

他追求卓越和杰出，同时又保持着平凡和普通。他不希望媒体多宣传自己，他只想平凡淡泊，谦虚低调。作出重大贡献的科技项目，报成果发奖时，却不见他的名字。当选院士后，他拒绝配备专职秘书；独自买票乘硬座车，住大车店，步行或乘公司班车上班。陈俊武院士的人格魅力和高洁的人生境界赢得了石化行业的一致好评。他修德修行，有传统文化美德；他知行合一，具君子之风；他奋斗进取，显新时代风范。

502胶之父葛增蓓

翟海潮

502胶是一种神奇的胶水，在中国几乎无人不知无人不晓。有什么东西坏了我们首先想到的就是用502胶粘修，它几乎成为人们心目中的万能胶水。几乎可以黏结各种材料，可用于金属、橡胶、皮革、塑料、陶瓷、木材、玻璃等材料的自粘或相互间的黏合。502胶的学名叫“α-氰基丙烯酸乙酯”，单组分，使用方便，瞬间固化，也称“瞬干胶”。你知道是谁发明了502胶吗？他就是葛增蓓教授。

1962年，葛首先在中国科学院化学研究所实验室合成了α-氰基丙烯酸乙酯，并于1964年以商品名称KH-502投放市场，KH意思是科化，即中国科学院化学研究所。502胶从此诞生。

1965年，葛又合成了α-氰基丙烯酸甲酯，命名为“KH-501”。

我与葛教授相识是在1994年的一次粘接技术交流会上。后来，1995年天山公司进行新产品鉴定会，我请葛当鉴定委员会主任，从此葛成了我的老师和朋友。葛老师还将我介绍到了北京粘接学会，1997年我成为北京粘接学会最年轻的理事。我在胶黏剂行业的成长是与葛老师最初的帮助分不开的。

葛于1927年11月19日出生在上海，1951年在上海同济大学毕业后，曾在中国科学院上海有机化学研究所（简称上海有机所）工作，不久调入北京中国科学院化学研究所，历任助理研究员、副研究员、研究员。

1956年，组织上决定将他从上海有机所调入北京化学研究所时，他没有丝毫犹豫，没有讨价还价，不仅欣然从命，还放弃了上海宽敞舒适的居住条件，一套石库门房子只换得800元，就把父母和一个妹妹、一个弟弟迁到北京中关村一套两居室的房子里居住。体现了一个老知识分子爱国报国的宽广胸襟。

20世纪50年代，葛主要进行有机合成方面的研究工作，研究项目包括聚甲醛的合成、甲基丙烯酸十六酯合成等，先后发表论文多篇《膨胀计测定乳液聚合反应速度的简便方法》[《高分子通讯》，1958（3）]、《聚甲醛的合成》[《高分子通讯》，1959（2）]、《丙烯腈与偏氯乙烯的共聚合》[《高分子通讯》，1959（2）]、《甲基丙烯酸十六酯溶液聚合》[《高分子通讯》，1965（6）] 等。

20世纪60年代，葛转入α-氰基丙烯酸甲酯和乙酯的合成工作，研制成我国首款502瞬干胶。

20世纪70年代，葛等科研人员研发了甲醛水溶液—二氯乙烷法生产氰基丙烯酸乙酯的生产工艺并在国内得到普遍的推广应用，并发表《α-氰基丙烯酸乙酯合成的研究（甲醛水溶液——二氯乙烷法）》[《粘接》，1983（6）]、《α-氰基丙烯酸2-氯乙酯的合成》[《粘接》，1984（5）] 等多篇论文。

20世纪80年代，葛还做过特殊环氧树脂的合成以及光敏胶的研究，研制成功光敏胶黏剂KHG-1。KHG-1具有快速固化、黏合强度高、耐高低温、耐溶剂、无臭、毒性低、黏度易调节、工艺性好、使用方便等特点，用于光学玻璃或透明材料的黏合。1983年发表论文《光敏树脂KHG—1及光敏胶黏剂GGJ-1》[《工程塑料应用》，1983（2）]，1987年发表论文《关于六氢邻苯二甲酸环氧合成的研究》[《粘接》，1987（2）]，1988年发表论文《二步法合成低分子量双酚A环氧》[《高分子通报》，1988（1）]。

1987年，葛增蓓教授从中国科学院化学研究所退休。退休后继续进行α-氰基丙烯酸胶的研究，还在家里建起了实验室，研制医用胶黏剂。研制的“瞬康牌”医用胶，用于外科开刀手术治疗的伤口“缝”合。

葛虽然是著名的科学家，但他没有一点知识分子的架子。他多年担任北京市政府的专家顾问，从不领取任何薪金。葛为502胶生产的普及与推广做了大量工作。浙江、江苏、广东不少乡镇企业在生产502胶遇到技术困难时，他都是亲自坐火车赶到工厂，不厌其烦地解答工厂遇到的技术难题。哪里有咨询服务需求，他都是有求必应。

1996年4月，北京天山新材料技术公司开发瞬干胶产品时，我聘请葛教授当顾问，使产品的开发少走了许多弯路。

葛是严谨的科学家，但他生活简朴，为人粗放，一心扑在事业上。我去过葛教授位于中关村中国科学院化学研究所家属院的家里多次。葛教授的夫人40岁时因病早逝，葛教授在艰难的生活环境中自己带着儿子葛名长大成人。

葛教授于2008年1月4日因病在北京中关村医院逝世，享年81岁。就在他即满80岁的时候，葛教授还从北京赶赴上海，接待了几批浙江、江苏的工厂人员，给他们面授技艺。葛教授把自己的一生都献给了科研事业，让我们永远记住这位科学家——我国502胶的发明人葛增蓓。

石油炼化专家金国干

白鸿博　王雪丽

为了展示石油和化工行业科技精英们的业绩和风采，《当代化工》杂志拟技海拾贝，准备给那些有突出贡献的专家学者和科技企业家谱写一曲攀登者的奉献之歌。

一个偶然的机会，笔者和中国石油集团工程设计有限责任公司抚顺分公司的党委书记刘继臣说起我的想法。他马上对我说：“我们分公司的金国干教授是我国炼化科技和应用方面的著名专家，他原是中国石油抚顺石油化工公司的副总工程师，现是中国石油咨询公司和中国国际工程咨询公司能源项目部的专家。金总在1966年就为我国第一套加氢裂化和铂重整项目的投产提供了数据和所使用的催化剂。他一直致力于加氢、重整和催化剂方面的科研和应用工作。1978年由于他突出的业绩而受邀参加我国改革开放后的第一次全国科学大会。自1983年起，为配合从国外引进的加氢裂化装置的开工，他被国家任命为石油部加氢裂化攻关组组长，组织国内的科研单位进行加氢裂化催化剂国产化的攻关。到目前为止，加氢裂化催化段的催化剂，不但用于由美国联合油公司引进的茂名、金山、扬子、南京4套进口装置，还用于国内设计和已经国产化的装置，如辽阳、吉林、燕山，而且还改扩建了现有的催化剂厂，使之不仅能供应国内使用，还具备了出口的能力。在铂重整方面与科研单位和催化剂厂家合作，成功应用于引进IFP（法国石油研究院）技术的连续重整装置。金总在加氢裂化、重整和催化剂方面的成果是有目共睹的。”

他继续告诉我：“金总工作从不计报酬。每天上下班也不坐车，总是步行。即使是出差开会，也不让公司派车接送，上下飞机自己背个包就走。他毕竟是70多岁的老人，每天还坚持8小时坐班，拦都拦不住。”

早就听说金老的英文特棒，用英文翻译著述乃至口语都是一流的。1955年他被派到燃料工业部干部学校专修外语，1956年到德国实习一年。1989年在上海召开的“国际石油化工技术交流会”上，原有的翻译因专业词汇不过关而不能胜任。后来由上海金山石化厂的推荐，金总以一流的口语和专业水平一举成为大会上的“明星翻译”，此事一直在业内传为美谈。因此，主办单位中油抚顺石化公司请金老做英文译审。正是由于像他这样高水平专家学者的把关定向，才使87%以上的论文被美国《化学文摘》顺利地录用。听到刘书记的一番话，我对金老更加肃然起敬，于是马上到7楼专家室亲自采访他。

我向金总说明来意，请他介绍一些与他相关的经历和科技工作的情况。看见我来拜访金老，专家室的其他几位老专家马上兴奋地围拢过来，帮我介绍和回忆金总的许许多多的故事。他早已过了古稀之年，但身体还是那样的挺拔和矫捷，那张白净的脸庞极具江南老人的特质，镜片后那双睿智的眼睛十分谦和。由于金老春节前住了几天医院，加上2005年3月17～20日在北京参加中国石油炼油化工技术战略研讨会刚刚归来，因此老人家显得比以前清瘦了一些。

金老祖籍浙江绍兴，他的父亲是清华大学土木系的教授。金老1928年1月22日生于北京，长在北京。1949年他毕业于北京辅仁大学化学系。毕业后在唐山工学院当了一年助教，1950年8月1日来到抚顺矿务局人造石油厂做技术员，也就是后来的抚顺石油三厂。此后，金老半个世纪的人生经历便与抚顺石化结下了不解之缘。

抚顺石油一厂、石油二厂、石油三厂都是日本人在新中国成立前就已投产的石化企业，并具备了一定的生产规模。当年的人造石油是以油页岩和煤炭为原料直接或间接制油的，当时的抚顺石油一厂和石油二厂是采用油页岩干馏的方法制油。石油三厂则是以粉煤直接液化成重油，再加工成轻质柴油的。中华人民共和国成立后政府从日本人手中接管了这些石油厂，直到1953年厂里日本专家才撤离抚顺回日本。

1959年至1962年，他在山西晋北煤炼油厂筹建处做技术副科长时，目睹了苏联撕合同、撤专家，而迫使工程下马的事实。

“只要力所能及地为国家做点事，我就高兴，我什么也不想争。1998年我和老伴去美国看望女儿，由于美国人很想要我的技术信息，我很容易拿到绿卡，但是身为一名中国的技术人员，我不愿意把技术留在美国。虽然现在我和老伴独自住在抚顺，离两个女儿那么遥远，可是能为自己的国家献点余热，我心里觉得坦然和踏实。”

1969年至1982年，金总一直在抚顺石油三厂担任研究所所长、副总工程师和副厂长。1982年至1997年金总调到抚顺石油化工公司任副总工程师。身为享受国家津贴的教授级高级工程师，他一直从事石油炼化方面的技术和管理工作。1997年底退休后，由于他是行业中的技术权威，一直没有离开过工作岗位。

抚顺石油三厂实际上是一个中试基地，它的任务就是把石油炼制的加氢裂化和重整等科研项目进行国产化和工业化的试验，使之解决所存在的各种问题，等技术成熟后，再推广到工业化生产中。加氢裂化可为乙烯工业和芳烃工业提供原料。研究单位的加氢裂化这一科研技术，经过石油三厂的中试后才能进行工业化应用。1965年我国第一套年产25万吨的加氢裂化装置在大庆正式投产，当年这一中国人自己研制的高新技术，使加拿大人非常惊奇。金总和广大科技人员的努力为自己的国家赢得了荣誉。

专家组的杜老先生告诉我：“金总在炼化技术上贡献最大、干得最出色的就是将引进的装置国产化，其中最重要的就是国产催化剂的使用。因为引进装置是为了吸取国外先进技术，但外国的装置全用的是国外催化剂，如何使之国产化这可不是一件简单的事。茂名是第一个从美国引进的加氢裂化项目，由于金总组织技术攻关，及时解决了工艺和催化剂的国产化问题，这些成果的推广为国家的石油化工行业发展带来了多大的影响和效益啊！”

在攀登科学技术高峰的道路上，金总以无私的奉献精神和智慧留下了闪光的足迹：

1953年，在抚顺石油三厂加氢车间管线爆炸起火事故中，由于营救有功而获金质奖章；

1954年被评为抚顺市劳动模范；

1964年利用加氢装置生产合格的航空煤油，所研究的低压加氢精制催化剂和加氢裂化工艺，获得全国科学大会奖；

在铂重整芳烃抽提工艺、双多金属重整工艺、润滑油加氢补充精制工艺、铁钼催化剂制造、废铂催化剂铂回收、裂解汽油加氢抽提制芳烃、声发射技术等研究课题均获全国科学大会奖（合作奖），新规格牌号加氢裂化催化剂获石油部科研成果一等奖，1978年参加全国科学大会；

1986年4月获中国石化总公司"六五"炼油技术攻关奖；

1990年4月获得中国石化总公司突出贡献科技和管理专家证书；1991年2月获得"1988～1990年"抚顺市劳动模范称号；

1991年4月被评为抚顺市优秀共产党员；10月获得国务院政府特殊津贴。

曾参加编写《中国炼油技术》（主编侯祥麟），该书获中华人民共和国国家新闻出版署1995年7月第七届全国优秀科技图书一等奖；

参加编写《加氢裂化工艺与工程》（主编韩崇仁），该书获中国石化集团公司2002年度科学技术进步奖二等奖；

中国石化、中国石油加氢裂化协作组于2001年12月授予金国干同志老黄牛奖杯。业绩收录《世界名人录》（中国卷第330页）、《中国工程师名人大全》、《中国人才词典》。

在专家组结束采访时，我问金老："您对今后人生还有什么追求和感悟？"他告诉我："当好石化行业一名老兵，别无所求。"

苍龙日暮还行雨，老树春深更着花。石化情，赤子心，岁月永远也抹不去金老对祖国的赤胆忠诚。

结构胶黏剂开拓者王致禄

翟海潮

2016年9月10日教师节，秋高气爽，气候宜人，我与北京化工大学张军营教授、原化工部二局分管胶黏剂的喻华清先生，一起兴致勃勃地来到北京四季青敬老院看望王致禄老先生。知道我们要来，王老很早就在敬老院大门口迎接我们。王老虽已88岁高龄，但声音洪亮、精神矍铄。在我的提问和引导下，王老回顾了他从事胶黏剂研究50年的历程，同时还与喻华清老前辈一起回忆了中国结构胶黏剂的发展历史和“中国粘接学会”的筹建过程。

王老1928年9月3日生于天津市宁河县，1950年考入北京辅仁大学化学系，1956年9月毕业于北京师范大学有机化学专业研究生班，分配到中国科学院吉林分院高分子所（隶属中国科学院长春应用化学研究所）工作，所里开始给他定的研究方向是合成化纤专业。可令王老没想到的是，后来搞了一辈子的结构胶黏剂研究。1962年，王老调入黑龙江省科学院石油化学研究院，一直工作到退休。

王老的胶黏剂研究生涯是从研究汽车刹车片胶开始的。他回忆说：“1958年，长春中国第一汽车厂要生产250辆解放牌卡车，当时刹车片用传统的铆接方法合不上，厂里非常着急，于是找到了我们高分子所，看看能否用胶黏剂粘接。我与丁开爽同志一起接受了研制任务，从此开始了胶黏剂的研究。”当年长春应用化学研究所没有胶黏剂实验室，他们俩就在地下室搞起了研究，采用的是丁腈橡胶和聚乙烯醇缩醛增韧酚醛树脂的技术路线，经过一年多的努力，刹车片结构胶研制成功，为中国第一汽车厂解决了技术难题。

“一个偶然的机会，我把经过改进的汽车刹车片胶用在了飞机的结构粘接上，从此坚定了我搞一辈子胶黏剂研究的信心。”王老接着回忆道，“根据航空部规划，‘歼8’战斗机某些部件要用耐温210℃的结构胶粘接，研制任务本来是由某研究所承担的，可是该研究所没能按时完成计划。于是在1960年前后，由航空部工艺所配合将我们研制的汽车刹车片用的210℃结构胶，经过半年多的探索与改进，最终成功用于‘歼8’战斗机胶接结构中。”王老研制的这款胶，后来被命名为“J-01耐高温有孔蜂窝结构胶”。J-01用于“歼8”战斗机，粘接有孔蜂窝结构操纵舵面，为我国歼击机开了以胶接结构代替铆接结构的先例，大大减轻了结构重量，使飞机高空高速性能接近了世界先进水平。后来J-01结构胶用于“歼8”水平尾翼、副翼等9个零部件的粘接，使“歼8”成功上天。J-01结构胶填补了我国航空结构胶黏剂的空白，满足了高速歼击机对胶接蜂窝结构的性能要求，从此胶接结构在我国各种飞机上推广应用，在航天领域也得到了迅速推广，为提高武器装备性能作出了贡献。J-01结构胶于1965年获国家技术发明奖。

王老继续回忆道：“接着第二个机会来了，20世纪60年代中期，中国直升机‘直5’大批引进苏联的‘米4’技术和部件，不巧‘直5’出现了问题，粘接部件开胶，迫使工厂停产，部队停飞。加上正赶上毛主席答应要援助阿尔巴尼亚‘直5’飞机，交不了货，后果严重。当时中苏关系日趋恶化，苏联已经把‘米4’改了，要图纸不给，买技术又太贵。因为前期‘歼8’粘接成功，航空部决定让我们搞。于是我带领研究团队夜以继日地开始了研制，仅用半年时间就研制成功。”“直5”用的结构胶要求韧性比较好，因为“直5”的四个旋翼长度是12米，飞行中颤动非常大，要求胶的强度和韧性非常高，韧性不好容易开裂。王老根据增韧机理，研制的是酚醛—丁腈高弹性结构胶，这款胶被命名为J-03结构胶。它满足了生产急需，经飞行考核，其粘接的部件性能优于原苏联桨叶，旋翼寿命由原来苏联规定的3年600小时，延长至4年800小时。这使得王老在航空界声名大噪。后来航空、航天有结构胶需要研制，大家首先想到的就是黑龙江石化所的王老。J-03结构胶于1983年获国家技术发明奖。

20世纪70年代，王老还从研究多种高效催化交联新体系着手，研制成功了J-04高温结构胶，用于海鹰导弹，开了我国宇航用胶的先河。J-04胶还用于红旗轿车刹车片及离合器片粘接中，后来在全国汽车刹车片中广泛应用，并获全国科学大会奖。此后，根据国防工业的要求，王老又研制出耐350℃高温胶J-08（用于航空仪表中）及耐450℃高温胶J-09；还研制了J-15耐湿热老化结构胶，成功应用于“水轰五”水上飞机的船舱承力胶接壁板和歼击机的扩散器，以及某项核能工程设施中，该项目于1979年获黑龙江省科技进步奖二等奖。王老还为坦克和其他兵器用胶做了大量工作，曾获得国防科工委颁发的“三十年献身国防科技事业”荣誉奖。

当我问及“中国粘接学会”筹建事宜时，王老指着喻说：“他比我知道得多多了。”20世纪80年代初期，王老曾与王澍（上海合成树脂研究所）、阮传良（西安化工研究所）等人一起筹建“中国粘接学会”。当时，喻在化工部分管胶黏剂，任“中国粘接学会”筹备委员会办公室主任。两位老前辈回顾这段历史时，透露出较多的遗憾，由于各种原因，“中国粘接学会”至今也未能批准成立。

回忆往事，不免有些伤感。王老说由于自己出身不好，每次运动都有触动，特别是“反右运动”和“文化大革命”，使他困惑了多年。后来粉碎了“四人帮”，才给平了反。王老说：“我这一生就搞了几个结构胶，后来想搞复合材料，没搞起来；还想搞碳纤维的表面处理，也没搞成。后来当了石化所所长，忙于事务，耽误了业务。”20世纪80年代，王老曾任黑龙江石化所两任所长、三届黑龙江省政协常委，为黑龙江石化所申请下来数百万元的经费，扩建了实验室和住房，为黑龙江石化所的发展打下了基础。

王老于20世纪60年代在黑龙江石油化学研究院建立了胶黏剂学科，是黑龙江石化院第一代科研骨干。他还于1984年为黑龙江石化院申请到了高分子化学与物理专业硕士学位授予权，并在此基础上，与黑龙江石化院第二代科研骨干付春明、张恩天、李公淳等一同培养出了本院第三代科研骨干，如刘晓辉、孙禹、张斌、曲春艳、匡弘等一批特种胶黏剂领域的专业人才，这批人才目前已成为黑龙江石化院发展的脊梁。王老为黑龙江石化院的发展明确了科研方向、储备了人才，形成了专业特色和优势，积淀了系列成果和技术。正是因为有了王老的“科研奠基”作用和“甘为人梯”的传承奉献精神，才保证了黑龙江石化院经过50多年的发展，在几代科研人员的努力拼搏下，拥有了在该专业领域的领军地位。

王老于1998年退休，退休后还继续从事胶黏剂的研究工作。王老说：“政协委员可以不退休，但我身体不好退了下来，又被黑龙江石化院返聘，一直到2006年初为止，我在实验室工作了近50年。”

王老是国家级有突出贡献的优秀专家，享受国务院政府特殊津贴，从事合成高分子胶黏剂的研制与开发工作近50年，发表专业论文约90篇，合作编著出版《聚合物胶黏剂》（1988年6月，上海科学技术出版社）《合成胶黏剂概况及其新发展》（1994年6月，科学出版社）胶黏剂专著2部。他主持和参加研制完成的科研项目近20项，其中获奖成果7项：有国家技术发明奖二项，全国科学大会奖一项，省政府科技成果奖一项，省科技进步奖二等奖、三等奖各一项，省科学院科技进步奖一等奖一项。这些成果广泛应用于航空、航天、兵器、电子、轻纺、交通等军用及民用领域，创造了显著的经济效益和社会效益。王老是我国高分子结构胶的开创者，为我国胶黏剂及航空航天事业发展作出了突出贡献。

中国化学工程专家萧成基、孙铭夫妇

孙可华　孙　云

1. 化学工程专家萧成基

萧成基，1985年从三线回到北京。在北京化工研究院（简称北化院）任职时，时常能见到他出入图书馆。我们虽然没有工作上的交集，但是，在我的印象中：他温文尔雅，是一位典型的学者。

萧总的儿媳李玲在研究院工作时，是我的同事也是好友。2019年应李玲的邀请，到其家中挑选几本她公公婆婆，也就是萧成基、孙铭两位老总收藏的旧书。当我走进二老的书屋时，被眼前的书海惊呆了。除去各类化学、化工的专业著作、刊物外，就是各种文学书籍、报刊，尤其是古典文学及其评论使人目不暇接。据李玲讲，这只是剩余的一部分，有许多书籍、资料已经捐给了中国化工博物馆及其科研单位。在这书海中，我用买菜的小车选了满满的一车，还贪婪地计划着能够再来拉一车。

顾公德崇，奖学育英，五十秋冬，郁郁葱葱。
心血浇灌园中蕾，学生励志今成栋。
顾公义宏，得诸社会，还诸社会，意志恢弘。
身体力行是楷模，叔蘋精神光如虹。
顾公功隆，急病助金，教养难童，事必亲躬。
得救芸生近万众，济世为民业绩丰。
顾公望重，四海名扬，誉满亚东，学衔授荣。
歌声响彻京沪地，八秩高寿齐欢颂。

这是萧成基在其恩师顾乾麟先生八十寿辰时与同学合作的《顾公颂》。

萧成基，1929年7月15日出生于上海。幼年时家中清贫，10岁丧父，靠母亲及辍学的兄长维持家庭生活，萧聪慧而品学兼优。上中学时获叔蘋公奖学金完成学业，并在叔蘋公奖学金的创立者——顾乾麟先生设立的理化实验室种下了“化学工程”的种子，于1948年考入上海国立交通大学化学工程系。1952年以优异成绩毕业，被分配到上海华东工业部化工设计室工作，开启了化学工程的研究与实践。

1954年随重工业部化工局设计公司迁入北京（1956~1970年改名为化工部化工设计院）。1970~1985年调到化工部第六设计院（因当时三线建设布局，内迁至陕西省咸阳市茂陵）。

萧成基是最早认识到化学工程对化学工业发展起到巨大作用的化工科技专家之一。他认为，化学工程技术和生产装置的技术水平有着密不可分的关系，所以大力提倡：设计部门要用先进的化学工程技术，在设计新装置和改造老装置时，对装置进行优化，以期达到节能降耗、节省投资、增加产量、提高产品质量、改进安全环保的目的。

1963年萧成基在化工部第一设计院提出了设立化学工程组的建议，这是国内首创的化学工程专业研究机构，被院领导采纳，并委派其出任该专业组组长，在萧成基的带领下，该组又分成“化学反应、蒸馏、传热、计算机”等几个小组开展工作，使化学工程在传质、传热、反应工程等学科的研究中取得了明显成绩。

我国的化学工业，在20世纪50年代引进了一批苏联的骨干装置，60年代以后又从西方及日本引进了一批较为先进的大型成套装置，但是我国以自己的科研成果放大而建成的工业装置甚少。

在实践中，萧成基结合项目任务的需要，在蒸馏领域开展了大量的基础工作，对当时一些工艺中的传统蒸馏装置进行了合理化改进，同时还开展了精密蒸馏及特种蒸馏的研究开发工作。例如1962年春，他带队深入兰化304厂对5000吨/年乙烯裂解装置改扩建项目进行调研。克服生活上的困难，夜以继日地深入车间，查阅了大量的俄文工程资料，同时与操作工人一起倒班，以了解实际生产状况，以便于规划改扩建项目的工程、工艺设计。

萧成基结合自己多年的工作实践，提出了以化学工程原理为纽带，解决工程放大问题的指导思想，改变了传统的以“小试—模试—概念设计—中试（缩小）—工业装置”为主导的技术路线，成功地指导了一批急需项目的开发工作，大幅缩短了工程时间，提高了建成装置的生产技术及经济指标。对于有些物理工艺（如分离工艺及热力学过程），萧总认为可以免去中试，而直接设计工业装置，极大地提高了我国开发设计研究成果的能力，同时又促进化学工程的基础研究与发展。依此，他参与制定了化工部《新技术开发工作条例》，他还根据自己积累的设计经验而编写成《化工单元操作设计资料》，在全国得到了广泛的推广应用。

1964年，他参与建置了化工部门的第一台计算机，将化学工程的复杂计算模拟与电子计算机的化工应用结合起来，陆续在化工设计部门形成一支“化学工程——电算”的技术队伍，改变了过去化工工艺设计中的“套、搬、抄”的保守习惯。在此期间，萧成基还参与了顺丁橡胶、丙烯腈、同位素分离等国内重点大型设计项目的技术攻关，并取得了显著成果。

1965年，化工部与石油工业部合作在锦州石油六厂和兰州化学工业公司，进行开发顺丁橡胶成套技术的攻关会战。鉴于当时西方国家对我国技术及经济的封锁，以及我国石油化工尚处于艰难的起步阶段，这项技术的开发，在中试阶段由于分离塔需要带压操作，其稳定性较难控制，所以该塔的设计成为当时技术攻关中的一个难题。这个攻关项目的设计，最后落到了萧成基身上。他不负众望，进行了严格的计算和小试，设计出的塔型，投入中试后取得圆满成功。20世纪80年代，顺丁橡胶成套技术的开发获得了国家技术攻关特等奖。1985年，萧成基承担设计的“碳酸丙烯酯脱除二氧化碳和硫化氢工艺”获得国家科技进步奖二等奖。

从1967年至1970年，萧成基在艰难的岁月中，克服各种阻力带领全组同志进行必要的业务建设，先后编写出版了《化工单元操作设计手册（一）化工计算的基础数据》（1967年版，简称《化工基础数据》）；《化工单元操作设计参考资料（二）蒸馏》（1968年版，简称《蒸馏》）；《化工单元操作设计参考资料（三）传热》（1970年版）。

20世纪70年代初，萧成基在调到化工部第六设计院后，提出并创建了化学工程设计技术中心站并出任站长。他始终倾心于化学工程的研究与技术推广，领导中心站的同人，组织了大量的全国性化学工程技术的交流活动；总结化学工程技术成果及生产实践经验；他汇集了全国的科研、设计、高等院校、工厂企业在传质分离技术、流态化技术、化学反应工程、干燥技术、化工热力学及化工模拟计算等方面的成果，组织大会战，开发出了一套较完整的单元设备计算机软件和我国第一代化工流程模拟系统，继而又开发了第二代流程模拟系统，同时培养了一大批化工软件开发及应用人才，对我国培养软件工程技术骨干产生了深远的影响。

1972年，他提出并创办《化学工程》杂志，如今，该刊物已发展成我国知名的化工科技期刊，是中文核心期刊和中国科技核心期刊，是美国《工程索引》、美国《化学文摘》等重要文献源期刊。

萧成基编写的《化工基础数据》《蒸馏》《气液传质设备设计》等专著受到设计及科研单位、高校的欢迎。1978年在化工部领导的支持下，受化工出版社委托，他负责组织了全国200多位教授、专家历时10年，编写完成约1100万字的《化学工程手册》(第一版)，这部大型专业巨著于1989年国庆40周年出版发行。全书内容涵盖了化学工程学科的各个分支，其数据、图表、公式、用法等反映了国内的科研、设计成果，概念准确、内容翔实可靠，适应国内工程技术人员的实际需要，被工程技术人员视为珍品工具书。

1985年萧成基调回北京，在北化院晋升为教授级高级工程师，任化工研究院负责化学工程领域科研开发的副总工程师、院技术委员会副主任。20世纪90年代中期以后，萧成基把较多的精力用于培养研究生。他审阅了大量的硕士、博士论文，经常奔走于各大高等院校，参加学术论文答辩会、技术交流研讨会。他对研究生的答辩论文一丝不苟地审阅，呕心沥血地培养人才。

例如，他在审阅北京化工大学一位研究生的论文时，发现其论点有问题，于是放弃休息时间，一大早骑自行车到该校找到这位学生进行指导，使这位学生顺利通过研究生答辩。即便在病重住院期间，萧成基亦是如此。据他的儿媳李玲回忆：在重症病房的他，用颤抖的手为天津大学的一篇博士论文写评语时对她说：“这也许是我最后的一次写评语了，我必须在规定的时间之前把评语寄出去，我的这一票对该博士生会很重要的。”

萧成基与夫人孙铭，初期虽然同在一个单位工作，但是因为工作经常出差，家中留有一个儿子萧涵。1959年孙铭去苏联学习，儿子萧涵只有一岁多。萧涵从小学三年级开始，如果赶上萧成基也出差，就经常自己一人在家。萧成基既当爹又当妈的岁月里，家里家外都要费心顾及。

萧成基的晚年，除将较多的精力用于培养研究生外，在家中也是耐心地辅导孙女的各科学业，用化工原理指导儿媳的生活技巧。一家人其乐融融。

萧成基生活简朴，在北京的家里没有奢侈的家具，他把大部分工资省下来买原版外文及中文书，从陕西搬到北京时，各类书籍就达7吨重。他常说：我们家比单位图书馆的书还全。

萧成基就是这样一位学者型专家，也是一位钟情的丈夫、和蔼的父亲。其于2007年6月1日在北京逝世，享年78岁。

2. 化工专家孙铭

孙铭与萧成基是同学、是伉俪，更是中国著名的化学工程专家，对非专业人士来说，他们的名字太过陌生。

新中国成立后，面对西方国家的核讹诈，党中央制定了《1956至1967年科学技术发展远景规划纲要》。

毛泽东主席曾说："我们也要搞人造卫星！""搞原子弹、氢弹、洲际导弹，我看有十年工夫是完全可能。"尽管当时中国的科技十分落后，但生机勃勃，年轻的科技工作者们从四面八方奔赴新的"战场"，用他们鲜活的生命义无反顾地投身到这一神圣而伟大的事业中去。

1964年10月16日中国第一颗原子弹爆炸成功，1967年6月17日中国第一颗氢弹爆炸成功。从原子弹到氢弹中国人只用了2年8个月。1999年9月18日，在庆祝中华人民共和国成立50周年之际，中共中央、国务院、中央军委决定，对当年为研制"两弹一星"作出突出贡献的23位科技专家予以表彰，并授予"两弹一星功勋奖章"。而在这23位功勋科学家的身后，还站着无数不为人知的、同样是意气风发的、年轻的科技工作者，孙铭就是其中之一。

孙铭，女，1932年3月6日生于江苏省南京市。1978年2月14日任化工部第六设计院总工程师兼电子计算技术中心站站长，教授级高级工程师。1985年任化工部副总工程师、国家科委新型材料专业组成员。

孙铭出身书香之家。父亲就读法律专业，毕业于法政大学，是国民政府高等法院的一名法官；母亲毕业于蚕丝专科学院。孙铭自幼受父亲"百业士为先"的教诲，立志发奋耕读。

孙铭父亲虽是国民党政府时期的法官，但属于进步人士，在两起大案中冒险帮助共产党人。新中国成立后，继续在高等法院从事法律工作，还兼职东吴大学和法政大学教授。孙铭的母亲是一位接受了现代教育的女性，英语很好，是6个子女的英语启蒙老师。

1937年夏，因日本发动侵华战争，孙铭一家历尽艰辛从南京“逃难”到上海租界。太平洋战争爆发，上海租界沦陷，孙铭父亲奉调经香港到重庆应职。因战争关系，孙铭父亲的薪俸经常无法汇至上海，使生活陷于困境，孙铭兄弟姐妹一家7口的生活与学业，就只能依靠微薄的叔蘋公奖学金以及外出打工来维持，这样一份感恩之心，在孙铭的心中埋下了种子，这也许就是她一辈子精忠报国的萌芽与基因。孙铭当年写得一手好字，虽然年龄小，但经常放学后就主动帮别人抄抄写写，赚取一些微薄收入帮助大哥、大姐分担家庭生活的重担。

1949年7月孙铭在上海私立道中女子中学毕业，1952年9月，与大学时代相识、相爱比她早一年考入上海交通大学化学工程系的萧成基，同时以优异的成绩从上海交通大学提前一年毕业，一起分配到上海华东工业部化工设计室工作。

孙铭参加工作后的第一个任务是负责磷酸盐和磷肥的研究和设计。她以极大的热情投入工作中，几乎把全部时间都用来查阅资料和计算，在不到两周的时间就上交了开题报告。

1954年，华东工业部设计室迁京并入重工业部化工局化工设计公司，她先后参加了过磷酸钙、萃取磷酸的设计，并承担了硼砂、硼酸等的研究和开发工作。

1959年赴苏联学习，1960年回国后在化工部北京化工设计院、第六设计院任工程师、副总工程师、总工程师。1984年任化学工业部副总工程师。

她先后参加和负责了30多项化工工程设计及开发工作，其中有些项目获得化工部科技特等奖、三等奖，国家建委优秀设计奖，及国家科技进步奖一等奖。在重水、有机硅、苯酐等新产品的技术开发工作中，作出了重大的贡献，多次被评为化工系统的劳动模范，是我国杰出的女化工专家。

孙铭从1961年起从事国防化工设计工作，其中重点是“重水工程”设计，也是那一年她加入了中国共产党。

20世纪60年代初，我国为了发展原子能工业和现代化武器，急需发展重水工业。当时，为了阻止我国发展原子能工业和研发现代化武器，一些西方国家对我国实行技术封锁和产品禁运，32岁的孙铭担任我国第一套硫化氢—水双温交换工艺制取重水的光明化工厂工艺设计负责人，开始了我国自己的“重水工艺”、工程、生产的研究。

在当时的历史条件下对于重水生产厂的厂址选择十分慎重，要满足备战、生产和隐秘的要求，最终定在中国西部海拔2000米以上的高原，代号“705”。

对于化学工程专业的孙铭来说，在接到每一个工程设计任务时都要对产品的生产技术和工艺进行学习和了解，测算各种相关数据，重水工程更是如此。接到任务后她翻译和收集了大量的英文资料，和同事们查阅了的各种文献，在短短的一个月里便整理出了一千多页的计算书。

在当时简陋的设计条件下，设计计算的工作量很大，要建立一系列的数学模型，从物料衡算到热量衡算都要求精确到8位有效数字。在那个年代，没有大型电子计算机，只能用简易的手拉计算尺与手摇式机械计算机，计算一个方案要花几个星期的时间，计算复杂的化工过程，需要解上百个联立方程式，要提高计算准确率，选择最优方案，其难度可想而知。

20世纪60年代中期，国内开始有了第一代电子计算机，这对大多数工程技术人员来说还是很陌生的东西，但是孙铭认识到这可是个有用的设计工具，她以坚忍的毅力开始学习电子计算机的程序编制，成了化工系统用电子计算机设计的先行者，大大提高了工作效率。经过半年时间，孙铭和其同事们计算了大量的设计数据，算出了上百万个数据，建立了重水生产过程中非稳态精密精馏和生产系统最佳方案和程序，及时完成了一整套较好的设计，使蓝图变成了工厂。

在施工和试车的日子里，孙铭参加三班倒，在她的上衣小口袋里装着小计算尺，裤子小口袋里装着小本本，细心观察和记录着在施工过程中出现的具体问题，并迅速果断地提出解决方案，写出一张张修改设计通知书，使得设计更趋完善，为一次次试车成功提供了保证。为了解决试车中出现的问题，孙铭经常加班加点地工作、在40多米高的反应塔上爬上爬下。为此，她放弃了和亲人的团聚，在施工现场度过了四个春节。

此后，孙铭又参与主持了国家第二座重水740工程的技术开发和设计，每天坚持十几个小时的工作。在重水工厂的设计中，根据她的建议，将初浓工艺的二级级联改为三级级联，使操作更加稳定，易于控制，降低了能耗，将重水生产技术提高到了一个新的水平。该工程的设计于1981年获国家建委70年代优秀设计集体奖、1985年国家科技进步奖一等奖、化工部科技进步奖特等奖，其重水新工艺流程达到当时世界先进水平。她为发展我国化学工业和国防化工作出了突出贡献，为我国新型化工材料工业的发展立下了不朽的功勋。

孙铭工作时如同拼命三郎。1969年秋，也就是在740工程的试车中，651工号的一个储碱大罐下部排污阀门突然坏了，大量的碱液泄漏，孙铭为了保证试车成功，奋不顾身用手去堵，由于槽内压力大，碱液朝她脸上、身上无情地喷去，使她的手、脸大面积地烧伤，衣服被烧破，两脚泡在碱液之中。

同年11月的一天，740工程的652工号压缩机正准备开车运转时，突然发生压缩机排污不慎，大量窒息性毒气往外冒出，使走在前边的设计组长孙酣经首先中毒。当他意识到现场有毒气，准备让在场的孙铭和陈大鹏赶快离开的时候，他已经中毒过重而不能讲话昏倒在楼梯上。孙铭为了抢救孙酣经，不顾个人安危，冲过去挡住了他，她却很快中毒昏迷而从楼梯摔下倒在地上，值班长陆殿山听到出事故后，冲进车间背起孙铭往外跑时，不慎跌入热水沟中，两人都被严重烫伤。她即便躺在病床上，还时刻关心着试车，将试车意见写成书面材料，托人带到现场，并为车间的某个管件画起了加工图纸。她伤情尚未痊愈就急于赶回现场投入试车工作，直到成功。

1969年12月25日，时任化工部二局局长的陶涛，在写给孙铭住院期间的信中说道：自从您负伤后，我的心情一直是很沉重的，您在651工号日夜奋战，为了抢救大罐，从头到脚负了那么大的伤，这次又负了这么严重的伤。您那为了使740工程早日投产的坚忍不拔的战斗意志，使我非常非常地钦佩，是我要学习的好榜样。

孙铭对技术精益求精，在分离工程和反应工程上造诣很深，在有机硅技术开发中，解决了非均相反应器放大中的传质、传热等一系列技术难题，作出了创造性的贡献。1975年以后，孙铭主持和参加了苯酐、有机硅、合成氨尾气利用、油田气分离、丁辛醇、聚碳酸酯等项目的开发设计，作出了巨大贡献。

1978年化学工业部授予她全国化工战线学铁人标兵称号，同年被评为陕西省劳动模范。根据她为重水和其他化工新材料开发作出的重大贡献，1984年又被评为化学工业部劳动模范，并获部授予的特别奖。1985年国防科工委、国家计委、国家经委、国家科委授予她国防军工协作先进个人称号。同年被推选为党的十二大代表。

孙铭在工作时不知疲倦。在她同事们的印象中，是一个不注重穿着打扮、学习刻苦、知识渊博、做事干练、少有闲聊的另类女性；但是据她的亲人们回忆说：她在家时，家中几乎都充满了笑声和歌声。她会被一些趣话趣事笑出眼泪。在家不管是忙家务还是室内来回走动，都爱哼歌或小调。她认为人活一天就要高兴一天，她坚决反对唉声叹气或顾影自怜。

孙铭儿子萧涵说：母亲不仅热爱学习工作，也很热爱生活。母亲喜欢唱歌，当时流行的《智斗》《杜鹃山》《望断秋水》《蔷薇》《喀秋莎》等中外经典歌曲她经常在家里吟唱。母亲身上传承着浙江绍兴人的基因，嗓音很甜美，我小时候特别喜欢听母亲唱歌。母亲学生时代还是文学青年，有着深厚的古文底蕴，古体诗写得很好，曾经是学校的文艺宣传骨干。

根据儿媳李玲追忆："婆婆一心扑在工作上，生活比较简朴，偶尔也会下厨做菜，有几个菜做得很好吃，尤其是鸡蛋卷做得很好吃。我们至今回味无穷，口有余香。

"自从婆婆担任化工部副总工程师后，深感责任重大。当时正值各地大力建设化工项目，扩大对外技术交流合作时期，婆婆负责的工作千头万绪，一年中大部分时间在国内外出差。公公萧成基也是化学工程方面的知名专家，工作也很忙。他们有时长时间见不上一面，常常通过互留书信传递信息问候及表达思念之情。

"婆婆每次外地出差回来，首先就在沙发上打个盹，醒来后连夜加班把出差报告写出来交给领导。据她的同事们介绍：别人出差坐火车大都当作休息和娱乐的时间，婆婆则把火车当成办公室，大多数会议讲稿是在火车上完成的，并且质量非常高。"

孙铭与爱人萧成基相爱于学生时代，他们可谓志同道合、比翼双飞。萧成基家学渊源深厚，不仅写得一手好书法，而且在诗词古文方面很有造诣，深厚的文化孕育了他的人格素养。萧成基的化学理论功底非常深厚，在化工行业享有盛誉。为了成就爱妻孙铭，他在更多的时间里甘当配角。当孙铭有需要时，萧成基则会夜以继日地帮助查阅资料，妇唱夫随。

1987年1月14日，孙铭病逝，年仅55岁。孙铭逝世后，化学工业部作出了向优秀共产党员孙铭同志学习的决定。

萧涵回忆说："母亲的英年早逝给父亲的精神造成沉重打击。他把那份思念和爱倾注在了我们和他的孙女身上。

"母亲逝世后，每年的清明节或母亲的生日、结婚纪念日、忌日，父亲都会到地处香山的万安公墓母亲墓前坐上半天，与长眠九泉的爱妻交流心声，寄托哀思。"

孙铭与萧成基这对"工程侠侣"对事业与爱情的坚贞相守使人感动，最后仅以一首《七绝》纪之：

重器工程万古存，木兰不惧战征尘。

心留一片痴情水，侠侣相携梦守淳。

聚氨酯胶黏剂专家叶青萱

翟海潮

上次与叶青萱老师相见还是在十几年前的学术交流会上，她一副干练的模样，虽然一头花白的头发，但步履矫健，谈笑风生，一点也看不出已步入古稀之年。叶老是我国知名的聚氨酯胶黏剂专家，多次与她在技术交流会上相见，倾听有关聚氨酯胶黏剂方面的教诲以及聚氨酯行业的发展方向，受益匪浅。为了写叶老的小传，2016年7月的某一天，我拨通了她家里的电话，叶老虽然86岁高龄，但声音洪亮："你写写别人吧，我没有什么贡献，上海合成树脂研究所、南京化工研究所等单位开展聚氨酯胶黏剂研究都比较早，我是后来者。"叶老非常谦虚，拒绝了我的采访，但我仍不灰心，几天后又拨通了她家电话。"我很忙，正在抄党章，你写别人吧。我一生都在'跑龙套'，屡屡筹建新专业、新研究室，无从谈起我的专业是哪个，我专业做得不精，没什么可写的。"虽然又一次被拒绝，但从叶老的电话交谈中，我深深感觉到她谦虚、诚信的人格魅力。近九旬的老人仍然在过党组织生活、抄党章，可见老一辈胶黏剂人对党的无比忠诚。

2016年8月，在拜访另一位聚氨酯胶黏剂专家沈传忠（沈1935年生人，原北京市化学工业研究院分院总工程师，引进汉高纸塑覆膜聚氨酯胶黏剂的具体实施者，北京粘接学会第一届理事、第二届副秘书长）老人时，我提到叶老，沈老很关心叶老，他们是多年的老朋友，也多年未见。就此，我又一次拨通了叶老的电话，两位老前辈聊了许久，最后沈老建议叶老说说自己的贡献，这样才拉近了我与叶老的距离。

2016年9月17日，我收到了叶老的电子邮件，她谈到了自己的人生经历。叶老真是与时俱进啊！86岁了，还在用电脑，收发电子邮件。她说一辈子都在当"小学生"，每换个专业，她就像"小学生"一样从零学起，使用电脑就是跟外孙学的。

叶老生于1930年农历四月二十八日，1952年毕业于上海交通大学染料制造专业。她积极响应党的号召到国家最需要的地方去，离开繁华的大上海，来到了地处大北方的哈尔滨亚麻厂。开始，她被分到了总工程师办公室，这让满腔热血只想下车间好好大干一番的她立时觉得“英雄无用武之地”，于是找到党委书记，联合与她一块分到哈尔滨亚麻厂的同学一起要求下车间。后来，6个人一起，在一个多月的时间就建立起了实验室，在条件极其简陋的情况下开始了研究工作。叶老回想起那段时光，很是感慨，她说那个时候就是胆子大，天不怕地不怕。虽然条件非常艰苦，但那时的热情让人刻骨铭心，那段时光一辈子都值得回味。

之后，出于工作需要，叶老从哈尔滨亚麻厂转到了沈阳重工业局。她还是要求去车间从底层干起，却被分配到了沈阳化工研究院。她的研究领域从漂染到染料制造，再到基本有机合成，最后到有机硅。“每个项目待的时间都不长，基本上就是建立研究室，教会徒弟就换个项目。”叶老回忆道。

20世纪60年代末，为解决她的两地分居问题，组织要把她调到西宁黎明化工研究院搞有机推进剂。当时叶老的爱人在西宁。她说宁愿两地分居也不愿丢了自己的专业，但最终还是被说服了。她在那里做了十几年的有机推进剂研究工作。

1983年，叶老随黎明院搬迁到了洛阳。她开始了主要用在军工领域的聚氨酯胶黏剂的研究。她说20世纪80年代初期，许多关键性原料都要靠自己合成，像聚酯多元醇、异氰酸酯等，当时国内还是相当紧缺的。叶老不畏艰难，从头一步一步做起。她有一句名言：“任何东西只要努力，没有做不出来的。”她带领团队，不断攻关，每一项合成、每一个配方实验，都要反复几十次甚至数百次，有时候在实验室很成功，可到了工厂又出现了各种各样的问题，又要拿回来再重新做。就这样，作为胶黏剂研究室的主任，短短的十余年，叶老就带领团队完成了数十项研究课题，形成的成果有双组分聚氨酯胶黏剂、单组分聚氨酯密封胶等。

20世纪80年代以来，叶老陆续发表的胶黏剂方面的论文有20余篇，编著的《胶黏剂》一书于1999年由中国物资出版社出版。

叶老退休后，仍然在协助黎明院胶黏剂研究室做工作，还在上海新光化工厂等单位当顾问。叶老始终关注中国胶黏剂特别是聚氨酯胶黏剂的发展，多次参加学术交流会。有一次学术会上，我与叶老谈起胶黏剂研发问题，她的观念给我很大启发，也指导着我后来的胶黏剂产品的研发管理工作。她说：“要始终以客户的实际工况需求作为研发的起点。”叶老认为，胶黏剂不仅是一门化学学科，更是一门应用科学，研制的胶黏剂要满足实际工况的需要，在实验室的研究成功不算成功。她说，根本不存在所谓的“万能胶”，这样一种传统的观念束缚了胶黏剂的发展。她认为，价格也是束缚胶黏剂行业发展的因素之一，低价竞争要不得，它会导致更多的伪劣产品出现。还有一块就是环保问题了，她说，目前织物用的水基类胶黏剂并没有完全解决环保问题，环境友好型胶黏剂是今后发展的重点。

叶老一辈子甘当“小学生”“活到老，学到老”的精神，确实令人叹为观止！

橡胶工业科学发展推动者贺学圣

王宝利[①]

2024年（甲辰）春节过后，我来到原企业［原青岛橡胶二厂（简称二厂），现青岛黄海橡胶集团公司］高级工程师贺学圣老前辈家拜年。已是耄耋之年的贺工，在儿子的搀扶下，坐到轮椅上。他虽腿脚不太灵便，但思路清晰，记忆力超强，对亲身经历的事犹如昨日。

贺于1930年7月出生在山东省潍坊市。自1951年历任二厂技术员、助理工程师、工程师、高级工程师。在60多年轮胎设计生涯中，以贺为主设计开发了近50个规格，200多个品种的各类轮胎。有8个规格轮胎填补了国内空白（其中飞机轮胎6个），先后获得国家、省、市新产品科技成果奖28项。先后获得的荣誉有：

1985年获“全国化学工业劳动模范”称号；

1986年获国家人事部“有突出贡献中青年专家”称号；

1991年获“国务院政府特殊津贴”待遇；

1993年获青岛市“贡献突出科技人才”称号；

2006年获“全国橡胶行业优秀工程师”称号；

2009年获新中国成立60周年“中国橡胶工业科学发展推动者”称号；

1988年与1993年被推选为第七届和第八届全国人大代表；

2015年在中国橡胶工业百年纪念活动中被推选为“中国化工学会橡胶专业委员会终身委员”。

常言道“家贫出孝子”“有志者事竟成”。这些话用在贺学圣身上最恰如其分不过了。

---

① 王宝利系青岛黄海橡胶集团公司原党委副书记兼纪委书记，同泰公司原党委书记、董事长、总经理。青岛市作家协会、诗词学会、书法家协会、民俗学会会员，诗词楹联书画、棋类专业委员会主任。

贺出生在一个贫穷之家，从小家里生活拮据。从贺工的祖辈起，因闹饥荒，多有闯关东谋生的。其奶奶为地主家推磨直至60岁，靠挣点麸皮勉强养活全家老小。其母亲是沂蒙山人，逃荒要饭流落至潍县，被贺家收留并与父亲结为患难夫妻。

贺的父亲认识到，只有让儿子读书才有出路，于是东拼西凑供贺学圣上学读书。贺刻苦学习，分外用功。三次跳级读完小学和中学，1948年考上了由我党自办的大学华东第二高级工业专科学校（山东工学院前身）。1951年以优异成绩毕业，分配到二厂从事技术工作。

进厂后，适逢抗美援朝战争打响，二厂根据国家安排，承担了研制飞机轮胎的任务。中华人民共和国成立初期，我国的橡胶轮胎工业设备简陋，工艺技术落后，加之专业技术人员匮乏，连设计普通的汽车轮胎都非易事，更何况要设计技术要求高、安全系数高的飞机轮胎了。

贺学圣有幸被安排在特种轮胎设计小组，这对刚刚走出校门踏入工厂的他来说，感到既高兴又紧张。高兴的是能够得到企业的信任，参加到研制飞机轮胎的工作而感到十分光荣和自豪；紧张的是自己对飞机轮胎的设计还是第一次接触，能否顺利地按时完成设计任务还未可知。

他满怀报国热情，与研制小组的同事们一起积极地投入飞机轮胎的设计工作之中。

我们知道，设计正常行驶的汽车轮胎只要保证正常承重、耐磨、防脱层等就可以安全使用。而飞机轮胎，在飞机起飞与降落的瞬间，会承受巨大的冲击与高速摩擦。特别是面对大风等恶劣天气，如果飞行员操作稍有不慎，就难以保证飞机平稳降落，会使先着地一侧的飞机轮胎的承重与摩擦加倍，极易出现脱层甚至爆炸。这会对飞行员及飞机造成威胁甚至机毁人亡。

万事开头难。为了尽快攻克飞机轮胎胎面帘线弯曲等一系列难题，贺学圣与设计组的同事们多处查找资料、分析数据、勾勒草图，并模拟试验上百次，不断从失败中查找原因，反复整改。功夫不负有心人，在贺学圣及其同事们锲而不舍、夜以继日地拼搏下，终于首次研制出我国自行设计的飞机轮胎。随后，又接连研制成功两种运输轰炸机轮胎（91型、25型）与当时我国最大军用运输机轮胎。及时满足了战场上的需要，也为取得抗美援朝战争的胜利与民航发展作出了重要贡献。

在短短的一年内，他在生产技术、设计资料近乎空白的条件下陆续研制出了6种飞机轮胎并投入生产，受到了部队与轻工业部的表彰嘉奖。此时的贺学圣俨然成了企业的“明星”。他被评为劳动模范及被青年们推选为团支部书记。除继续从事他的轮胎设计工作外，企业也加大了对他的培养深造。如被派往北京接受苏联专家的授课指导、被安排到沈阳橡胶三厂协助研制新型飞机轮胎等。

1958年，正当贺学圣踌躇满志，构思着继续开发用于解放牌汽车的900-20拱形轮胎与无帘线拖拉机轮胎在新型汽车轮胎以及其他新品种、新规格轮胎的设计工作时，然天有不测风云，因不曾想到的问题，贺学圣突然接到企业对他作出“下放”回乡的通知。面对这突如其来的消息，他无可奈何，只好与家眷一起回到昌北原籍。

由于贺学圣在小时候放学回家和放假的空当，也帮父母干农活，所以能够很快地适应农村的各项劳作。当时他面对的生产队是生产大队中最穷的生产队，贺购买了关于粮食种植的书籍，指导大家科学种田。他的真挚奉献，得到了社员的信任和拥护，一致推选他为生产队长。贺学圣也未辜负乡亲们的期望，带领社员们苦干加巧干，并积极寻找搞副业的机会，他们的生产队很快由最落后的生产队转变为最富有的生产队。

1975年，潍坊橡胶厂需上马拖拉机轮胎，派员到二厂求援。二厂的技术人员讲：“我们厂的贺学圣就在潍坊，你们为何不找他呢？”该厂得知这一消息后，多方打听到贺的下落，并请到厂里，让其设计了多种拖拉机轮胎，并让其负责厂里的技术与生产管理工作。

此间，为了跟上国际轮胎生产发展的步伐，贺学圣除了购买一些关于轮胎设计、生产的书籍外，还经常利用休息日跑到潍坊图书馆，获取专业知识。

1979年，二厂决定召贺回厂工作。这时贺离厂已经整整21年了。贺学圣也由回乡时28岁的年轻人变成49岁的中年人了。

回厂后，贺学圣又重新开始了他心爱的轮胎设计工作。在1980年之前，我国生产的轮胎都是落后的窄轮辋轮胎，而且社会上跑的汽车也大部分是单一的解放牌汽车与一些老车型。随着改革开放，国内也引进了一些新车型。为了跟上时代的发展，贺学圣积极向厂长建议，提前设计开发了宽轮辋系列的轮胎产品，快速投入国内外市场，取得了良好的经济效益。

此间，原化工部根据国家“六五”科技规划要求，急需重新制订轮胎国家标准，于是，以贺学圣为主起草了“载重轮胎国家标准”。新标准的实施充分体现了技术先进、经济合理，使我国轮胎标准达到了国际先进水平。极大地推进了我国轮胎工业的技术进步和汽车工业的改型换代，取得了明显的经济效益与社会效益。此标准获得国家标准一等奖和国家科技进步奖二等奖。

为了赶超世界先进水平，贺学圣与设计组的同人们不断地学习汲取国外的先进经验，冲破条条框框，针对我国轮胎重量大、原材料消耗多、油耗高、寿命短的情况，大胆革新，提出了一系列优质轻量化的技术措施，优化调整产品结构设计，开发应用新型原材料。经过他们的不断努力，终于使新设计的轮胎重量达到国内最先进水平，达到并超过了日本BS（普利司通）公司同规格的生产水平，实现了国家“七五”攻关的目标，在全国轮胎竞赛中多年来一直保持先进水平，为企业获得国家质量优质奖立下了汗马功劳。经计算他们采取的优质轻量化的技术改进每年可为企业降低生产成本和费用多达3028万元。

正因为他具有这种敢为人先的改革意识，在1991年青岛市政府号召的为企业排忧解难、揭榜攻关活动中，以贺学圣为主承担了高强度轮胎骨架（特别是采用高强度超细尼龙纤维帘线）材料应用于载重轮胎的推行优质轻量技术和由德国引进的四辊纤维压延机优化工艺技术条件两项任务。经过他们的拼搏努力，使攻关任务顺利完成，当年就使企业取得了400多万元的经济效益。其中第一项获得青岛市科技攻关优秀奖，发给奖金7.5万元。此间，贺学圣还写出了多篇具有高质量的论文，丰富了我国轮胎生产技术的理论宝库。

1988年与1993年，贺学圣先后当选第七届、第八届全国人大代表。他说：“当选全国人大代表是人民对我的信任，我要代表人民讲话，讲真话、讲实话。要扑下身子，为人民办事，办实事、办好事。”在他担任人大代表期间，用实际行动，兑现了他的承诺。他经常深入社会基层，走访群众，并针对群众提出的问题加以归类，个人向全国人大提出建议25条，与其他代表一起提出建议30多条。

1991年9月，到了贺学圣退休的年龄。此时，国内外许多厂家纷纷高薪聘请他去指导工作，但都被他婉言谢绝了。他仍然继续为他心爱的企业献计献策，直至干到近70岁时，才恋恋不舍地离开了他为之奋斗了60多年的岗位。至今，上级及企业人员遇到以前不太清楚的事咨询贺学圣时，他都能清晰地诉说自新中国成立以来全国轮胎工业及企业的每一步发展过程，甚至每个细节都了然于心，真是一部活字典啊！

这就是贺学圣，他书写了中国轮胎工业的传奇！

特殊无机胶发明者贺孝先

翟海潮

贺孝先，1930年出生于云南省昆明市，1953年毕业于云南大学工学院机械系，分配到哈尔滨军事工程学院任教。1970年调兵器工业部湖北江山机械厂任副总工程师、高级工程师。1985年调云南工学院（现在的云南工业大学），创建粘接技术研究所，任所长。贺从事无机胶黏剂与粘接技术研究30余年。1998年离休时已68岁高龄。

我的导师翁熙祥教授是贺在哈军工的同事，在一个教研组工作。他们既是工作上的同事，又是生活中的好朋友。由于这种特殊关系，我读研究生期间，曾两次到云南工业大学拜访贺教授，请教粘接问题。

1962年，哈军工为了解决难加工钢材，需要用陶瓷刀片，但这种陶瓷刀片很难与钢质刀杆焊在一起。开始时使用环氧胶粘接，在高速切削工况下，不到1分钟，刀片就会掉下来。后来又采用酚醛、有机硅改性环氧胶，结果都一样。看来所有有机胶都不耐高速切削产生的高温。为解决这一难题，贺积极寻求无机胶解决方案。经过反复探索，最后从英文化工文献中得到了一点启示："磷酸与金属氧化物作用，有一定的粘固能力。"于是，贺就尝试各种氧化物逐一实验，最后得出结论是氧化铜效果最好，但存在的问题是调和后反应过快，甚至来不及操作。后来，经过对氧化铜粉末及磷酸液体多次改性实验，初步获得了成功，陶瓷刀片粘接住了。

1963年，为了考验这种粘接陶瓷车刀的使用效果，贺到哈尔滨汽轮机厂找大工件切削，加工的工件是合金钢，属于难加工钢材。传统的硬质合金车刀切削过程中刀片被迅速磨损，往往一个加工面需要多次换刀才能完成。而用新研制的粘接陶瓷刀，出乎意料的是连续30分钟的切削就把一个工作面加工完成。充分证明了无机胶粘接的可靠性，这是我国无机粘接的首次成功。接着贺又研究了硬质合金车刀的粘接，并研究成功长杆麻花钻的粘接。

1963年5月17日，由哈尔滨科委、科协在哈尔滨汽轮机厂召开了粘接陶瓷刀的经验交流会。1963年7月，贺在哈军工荣立二等功。

由于这项技术密切联系生产实际，所以发展得很快。1964年2月，又在沈阳召开了“东北13市无机粘接经验交流会”；同年10月，贺出席了在沈阳召开的“中国机械工程学会首届年会”，会后贺应邀到大连讲解无机粘接技术。

1965年8月5日，在哈尔滨召开了“第一次全国无机粘接经验交流会”，各省市200余名代表出席会议，取得圆满成功。

1966年6月8日，在南京召开了“第二次全国无机粘接经验交流会”，会上还举办了粘接成果展览。这时无机胶粘接的应用已扩大到各种刀具、模具、设备的粘接维修等方面。

1970年5月，在哈军工分拆搬迁的情况下，为支援大三线建设，贺调到兵器工业部湖北江山机械厂工作。那时，工人没有合适的车刀用，贺就提供粘接陶瓷车刀；机床坏了，就粘接修复；职工食堂压面机轴断了，贺用粘接方法修复好；附近农村大车轴断了，榨油机三通阀裂了或变压器漏油了，都来找贺上门修复。

1971年，厂里300吨摩擦压力机由于安装不慎，机身地脚螺丝固定部分打断，贺采用无机粘接予以修复，保证了生产急需。就这样，无机粘接的研究工作逐步又开展了起来。

1974年5月，贺应襄樊市科委邀请到襄樊作了两场“无机粘接技术”专题报告，引起了人们的广泛兴趣。为此，贺编印了《无机胶黏剂及其应用》小册子，印了5000册用于推广。

1975年1月，在襄樊市召开了第二次“无机粘接经验交流会”；同年5月，由湖北省科委组织，在武汉举办了五期“无机粘接技术”短训班，并由江山机械厂组织生产了无机胶黏剂。随后，在江山机械厂成立了无机粘接研究室，研究成功JW－1型无机胶黏剂。

1977年3月，在襄樊市青山机械厂召开了三机部的“无机粘接经验交流会”；同年7月，在老河口市江山机械厂召开了五机部的“无机粘接经验交流会”，并印制了《无机粘接技术》资料3万册。

1978年，无机粘接技术获全国科技大会奖；同年5月又获湖北省科学大会奖。1978年7月，贺荣获“全国兵器工业战线学铁人标兵”称号。同年12月，贺为大庆钻井研究所粘接了直径215毫米的深井聚晶金刚石取芯钻头，每支钻头节约近2万元，钻井效率提高了60%。

1978年，贺将《无机粘接技术》进行修改补充，由国防工业出版社作为内部图书出版。

1979年9月，在上海召开了“全国机械工业金属切削表演会”，贺在会上做了粘接陶瓷刀具的切削表演及无机粘接的操作示范，中央电视台还为此拍了专题片。国务院授予贺“全国劳动模范”称号，并出席了国庆招待会。

1981年3月，无机胶黏剂通过了湖北省省级鉴定，并获得国务院国防工办科技成果奖二等奖；1982年，又获国家技术发明奖二等奖。在这段时间里，贺应邀到全国各地进行了30余次无机粘接技术讲座。收到全国各地来信7000余封，接待了来自全国各地的1000多个单位，还为几百家工厂、企业解决了许多技术难题。

1982年，湖北电影制片厂拍摄了科教片《无机胶黏剂》，使广大科技人员和用户对无机胶黏剂有了进一步认识。无机粘接技术现已应用到机械制造、冶金、铁道、交通、纺织、石油、煤炭、水电、兵器及尖端科技部门。1983年3月，贺被评为湖北省特等劳动模范。1984年10月，贺被评为“国家级有突出贡献的中青年专家”。

1985年5月，贺作为中国科技代表团特约代表，参观访问了日本筑波国际科技博览会。在参观中，贺特别注意日本的无机胶黏剂。就无机胶而言，当时日本只有硅酸盐类无机胶。1985年7月，贺调到昆明市云南工学院（云南工业大学前身）工作，学院对粘接技术非常重视，专门成立了粘接技术研究室，贺继续对无机粘接技术进行研究和推广。对磷酸—氧化铜无机胶储存中的结晶问题进行了改进，粘接强度也有了较大提高；并为省内外200多家工厂、企业解决了许多技术关键问题，特别是大型设备损坏后的粘接修复，使企业能及时恢复生产，挽回了停产带来的巨大损失。

1986年，贺参加了在武汉举办的全国发明展览。新型无机胶黏剂在昆明通过了云南省级鉴定，并获云南省科技进步奖三等奖。

1987年4月27日，国家教委、国家科委授予贺“全国高校先进工作者”称号，并获“金马奖”。

1989年9月，云南电视台拍摄专题片《高强度的胶：无机胶黏剂》，分别在云南电视台和中央电视台《科技时代》栏目中播放。播放后，贺收到了来自全国各地上千封信件、电报。

大量资料和专利表明：20世纪80年代以前，日本、英国、德国、美国均未发现有磷酸—氧化铜无机胶的报道，可见贺发明的磷酸—氧化铜无机胶具有独创性。1990年2月，贺受邀到瑞典、德国访问推广无机粘接技术；1992年6月，受邀到美国圣保罗3M公司访问交流，将无机胶推向了世界。

1993年4月，贺编著的《无机胶黏剂及应用》一书由国防工业出版社正式出版发行。2003年贺又编著了《无机胶黏剂》，由化工出版社出版发行。

贺先孝无愧我国乃至世界的特殊无机胶发明者。

中国活性染料开拓者奚翔云

陈信华[1]

1956年夏，英国《染色者》杂志刊登了一条消息：宣布英国新发明了一种“活性染料”，并称是染料工业的新纪元、里程碑。这件事引起了当时上海润华染料厂年仅二十多岁的青年技术员奚翔云的密切关注；同时他获知德国罗伯特专家在上海技术讲座中，对“活性染料”的评价也很高。奚从国内染料与印染专家那里只能看到“活性染料”的用法和它的良好性能，关于它是什么原料构成的以及制造的方法信息都没有。而且当时国内生产的染料制备配方，都是国外公开的资料，而“活性染料”，除了知道它“好”以外，其余什么也不知道。没有办法，他只好暂搁一边。

1956年末，从北京吹过来一阵春风：党中央发出15年赶上英国的号召。“活性染料”的问题，又在奚翔云的脑子里跳进跳出了。他先把自己的决心告诉了工厂领导，领导马上表示支持他，决定给他创造有利条件，要什么材料，就想法供应什么。他把这件事告诉了他的两位助手蒋伯祺和钱伍捌，也都表示愿意参与。他到处收集资料，天天到科技图书馆去翻看登有“活性染料”广告的《染色者》、英国染料与染色工作者学会出版的刊物以及美国关于染料方面报道，把广告上介绍的“活性染料 ”的特性内容，详细地摘录下来，回来从中找线索。一位工程师帮他了解到国外研究活性染料的最新技术动态，又从中得到一些启发。奚在各方面的支持下，终于根据一些蛛丝马迹，加上自己的研究，设计出一张“金黄染料”试验配方，在锅炉房上面一个破破烂烂小试验室里，由蒋伯祺、钱伍捌等细心操作。首轮探索试验便获得成效，经检验，认为具有“活性”成分。他们又把样品拿给丝绸公司，用这种染料染绸，它的效果和性能跟从英国进口的活性染料差不多。1958年3月23日，《解放日报》头版显著位

① 陈信华系中国染料工业协会有机颜料专业委员会顾问。

置进行了报道。

第一炮打响之后，他们夜以继日地刻苦钻研，到处寻师访友。市计划委员会和市化学工业局邀集全市各染料厂和有关科学研究机关的技术人员，成立了活性染料研究组。由中国科学院有机合成化学研究所和华东化工学院负责解剖分析活性染料的结构成分；上海纺织研究分院收集和翻译资料；各染料厂试制新品种。1958年6月6日，在《解放日报》头版显著位置进行了报道：我国活性染料短短数月时间便跃登世界最新染料工业技术高峰。

自1957年夏天，奚翔云团队首次在国内探索试制成功了第一支活性染料——活性红光黄（二氯均三嗪型）后，1958～1959年奚翔云团队又试制开发出含金属络合物单偶氮染料的一氯均三嗪型活性染料新品种——活性青莲HB，适用于棉布印花和连续染色；1959～1960年，又试制开发出含β硫酸酯乙基砜基与一氯均三嗪二类不同活性基的混合型活性染料——活性红棕K-B3R，上述两个活性染料品种在1963年获得国家科委在我国首次颁发的创造发明证书。

1960年前后，奚翔云团队又探索试制成功了含二个一氯均三嗪基的双活性基染料——KD型活性染料，专用于丝绸、针织的染色，1963～1965年又开发成功新型混合M型活性染料，为我国活性染料的生产与发展作出了重要贡献。

1958年1月，上海润华染料厂由于活性染料研制成功，填补了国内空白，为扩大生产，迁至桃浦地区。1966年11月更名上海染料化工八厂（简称八厂）。八厂作为专业活性染料生产企业，为印染行业服务，创造了良好的企业效益。1990年工业总产值达9187.2万元，上缴利税4918.5万元，实现利润1165.7万元，人均利税额29978.78元，全员劳动生产率51584元/人。在国家统计局工业交通统计司评比中名列1990年度中国500家最佳经济效益工业企业化学工业第15名，上海50家最佳经济效益工业企业第17名。

改革开放后奚翔云在化工部组织下，与染料行业有关专家带领行业人员走出国门与英国染色家协会（SDC）建立联系。利用联合国工业发展组织（UNIDO）援建项目，建立应用实验室，在染料行业狠抓染料产品标准化基础工作，使上海成为全国染料行业模范标杆。

2021年我国活性染料产量为26.1万吨，占全球产量60%以上，出口量为3.92

万吨；出口金额为2.33亿美元。成为全球活性染料制造强国。奚翔云，1932年3月22日出生于上海，毕业于沪江大学，先后任上海化工厂、上海润华染料厂技术员，上海染料研究所副所长，上海染料公司副经理兼副总工程师，上海化工局副局长等职。他作为中国活性染料的开拓者，为推动我国染料工业的发展作出了不可磨灭的贡献。

曾与周总理碰杯的橡胶老工人孙发成

孙　云[①]

孙发成，1933年出生于山东省胶州。胶州从1938年起就成了日占区，1945年日本投降，由国民政府接管。1949年6月，华北地区最后一座被解放的城市——青岛回到了人民手中。就在这一年，16岁的孙来到了青岛谋生。

我第一次见到孙老先生时，对他知之甚少，他曾是我父亲的工友老大哥，是厂里也是青岛市的一个风云人物。由于父亲后来调到北京，联系也就渐渐断了。正好，黄海橡胶集团公司原党委副书记王宝利，想写一写孙老的事迹，父亲便为我寻来了一个与王合笔的机会，也给我能进一步了解孙老创造了良机。

2020年初，新冠疫情暴发，直到9月我才得以去拜访这位老前辈。王书记在长途汽车站接上我，一路风尘地来到孙老的一处小院，稍坐片刻，就见一辆白色的商务车开了进来。

司机拉开车门，从里面扶下来一位胖墩墩的老人。他双手各拄着一根手杖艰难地迈下车子，走路时两条腿几乎不能弯曲，一摇一晃地就像一尊“不倒翁”。我见孙老下车时还略带痛苦的表情，见到我们便笑逐颜开了。王书记向孙老介绍了我，他腾出右手与我握了握手。手不大，还有些微凉，但十分厚实有力。

一阵寒暄后，我开始了与孙老的一段交谈。孙的胶州口音很重。他说：“我就是一个最普通的工人，工人就是干活嘛，把自己的活干好了才能算是一个合格的工人。那时候开始抗美援朝，全国都在支援前线，我们生产军鞋、防雨布都送往前线，光荣得很。后来开始生产飞机轮胎，干劲都很足。”

孙老说着说着有些气喘，情绪开始激动起来，从他镜片后的一双眼睛里我似乎感觉到他好像又回到了那个峥嵘岁月。

中华人民共和国成立初期，轮胎是西方资本主义国家对咱们的重要禁运物

① 孙云其父亲孙可华与传主原为青岛橡胶二厂同事。

资，我们只有自力更生一条路。1950年北京召开了第一届橡胶工业会议，制定出“一般维持，重点恢复，避免盲目扩充，逐步走向计划生产，配合国家经济恢复建设，稳步将来发展”的工作方针，使橡胶的生产恢复工作有序地展开。在抗美援朝期间，广大职工的精神和工作热情被充分地调动起来。

当时，孙老所在的青岛橡胶厂扩大为山东橡胶总厂，轮胎年生产能力达到了7万条。1951年朱德元帅亲临青岛橡胶厂视察并慰问工人师傅们。1952年遵照军委命令，又自力更生建成年产2万条航空轮胎车间，生产出第一条歼击机轮胎。每每回忆起这些，孙老都激动万分。

还有一件让孙老记了一辈子的事。那是1955年的金秋时节，孙老作为新中国第一批“全国青年社会主义建设积极分子”的山东代表来到了北京。

“周总理还敬了我一杯酒呢！”孙老边说边笑。

“1955年9月30日，那时还没有人民大会堂，周总理在北京饭店宴请我们这些青年代表，正好来到我的座位旁，问：‘你们是哪个代表团的？’我说：‘山东青岛的。’周总理说：‘山东人民勤劳勇敢，在抗日战争、解放战争和社会主义建设中作出了巨大贡献。’然后周总理举起酒杯和我碰了一下，一饮而尽。”孙老像说山东快书似的讲着，笑得合不拢嘴，一双眼睛眯成了一条缝，似乎还闪烁着点点幸福的泪光。他接着说：“喝完酒，我们一起去了中南海，在那里见到了毛主席，还一起照了相。”第二天，22岁的孙发成站在天安门广场的观礼台上和来自全国各地的青年代表一同观看了新中国国庆阅兵和群众游行。

说到这儿孙老停顿了一下，他望向窗外，那里阳光明媚蓝天白云。他继续说道：“我在二厂上了14年的学，从中学到大学。进厂时小学没上过，只上过两年私塾。”

这是20世纪50年代中期，二厂开办了青岛橡胶技术工业学校，孙自知其基础与同学们差距很大，便一头扎进去，像一个只会点儿“狗刨”就跳进大海游泳的孩子，在知识的海洋里扑腾起来。“我进厂时就是一名普通工人，1959年就是技术员了，后来还成了工艺工程师。”

在谈话中孙老总是反复地跟我说着一句话：“我要感谢共产党，所以我要好好干活。”孙老的劳模是他一点一滴干出来的；他在文化知识上的进步，当然也是一点点地学出来的。

听同是二厂的一位领导说过：孙发成很能干，也肯干，还很会动脑筋。20世纪50年代二厂轮胎成型车间的工人，在轮胎成型机上的工艺生产过程中，是徒手在旋转的成型机上，将一层一层的橡胶轮胎层布，以及橡胶胎面叠码压实。这样的操作，其劳动强度大且危险性极高，稍微失神就会造成人身事故。

工厂的工程技术人员在苏联专家指导下，搞出了一个轮胎生产工艺中的成型棒应用技术，可以大大提高轮胎成型工艺速度，降低操作时的危险系数。可是那会儿工人们因为不熟悉新工艺的生产操作，而习惯于老的生产方式，不爱接受新事物。可是孙发成就不一样了，在同样不熟悉的新工艺生产操作过程中，他利用一切业余时间去熟悉操作流程，琢磨使用技巧。功夫不负有心人，在极短的时间内就熟悉了新技术的操作和使用技术，大大地提高了安全生产效率，降低了劳动强度。在他的表率引领下，新工艺终于得到了广泛的推广应用。此项技术也被极快地推广到全国的橡胶轮胎生产企业之中，受到了同行业的高度赞许。

1968年9月，孙发成作为全国优秀工人代表又一次来到了北京，10月1日在观礼台上观看了国庆游行。那时我父亲刚进厂不久，在父亲的记忆里，他们全厂职工都去厂门口热烈欢迎从北京回来的孙发成，敲锣打鼓，热闹得就像过年一样。

1970年孙发成去了青岛市总工会工作，后来又到了青岛市文办。孙老说，"说实话，我不想在市里干。还是想回二厂与工友们一起出汗、一起欢乐。"孙找到当时的市委副书记兼组织部部长，要求回二厂工作。刘书记并没有放他，而是派他去了烟台地委知青办，让他妥善安排从青岛下乡到烟台的三万多知青。在那里孙老又干了一年。

孙老好像突然想起了一件事，站起身艰难地挪到办公桌前，从抽屉里拿出了一张照片递给我。那是一张已经开始发黄的老照片，上面写着湖北十堰，湖北地区第五指挥部指挥长。这是孙老支援大三线时拍的。

孙老一边对着照片指指点点，一边说："当时毛主席说，建不好三线，他睡不着觉，所以我们就积极地建设三线。湖北东风（轮胎厂）是我领着建的。"

从烟台回青岛后，孙老打起背包，带领着他的工友兄弟们一路西行，风尘仆仆地来到一个名叫十堰的地方，开始一锄一镐、一锹一铲地在这片陌生的土地上开辟新天地。现在的十堰是鄂、豫、陕、渝毗邻地区唯一的区域性中心城市，是毗邻地区最大的汽车制造、汽车科研中心，是中国第一、世界前三的东风商用车公司总部所在地，"汽车城"是这里的一张世界级名片。

孙老“呵呵”地笑着说：“一汽在长春，二汽在湖北，就是湖北东风。‘东风’这个名字还是我起的。因为他们的汽车还没出来，我们轮胎就生产出来了，我们的轮胎就叫‘东风’轮胎，所以东风汽车是随着我们来的……是咱起的名！”孙老久久地看着那张照片，边看边笑边讲：“当时国家投了三个半亿，我们把它建起来了。后来化工部去了些人（接管），二厂的职工有一些就留在那儿了。”孙老一拍大腿说：“我也本想留下，但组织另有安排，我就回来了！”“回来了，接着又去建小三线，就是山东泰安的肥城。”“这个还是我带队，现在叫肥城橡胶厂。”

孙老说：“因为多年来的奔波，身体状况一直不是很好，53岁我就病退，回了家乡胶州，又与乡亲们一起办了一个小工厂。”

我们的谈话告一段落，此时我能明显地感到孙老的疲惫。正好王书记走进来，用纯正的青岛话说：“都歇歇吧，小孙，要不我们先去看看孙老的那个铜壶博物馆？”我看着孙老，他冲我挥了挥手，“去看看吧，也没什么值钱的。”我站起身同王书记来到了另一个房间。房间里一位从青岛特意赶来的摄影师正在认真地为每一件铜壶拍照。

说到铜壶这件事，记得我父亲为孙老的铜壶展写过一首《七绝 · 铜壶》，并在《序》中这样写道：“青岛老友孙发成年近90岁，喜欢收藏铜壶，几十年来除赠送友人之外，收藏铜壶上千把，在家乡建有一个《千壶馆》，为能供更多爱壶者欣赏及传承铜壶文化，他慨然全部捐给了国家。”

细提大肚奏芦笙，草色烟光玉液倾。

对酒当歌谁得聚？相知一世痴发成。

这就是孙老一生所搜集的铜壶。博物馆有七八十平方米的样子，整齐地摆放着一排排、一列列的展示架，上面放着那些“神秘”的铜壶，一股淡淡的铜的味道飘入鼻腔。这些铜壶应该各自带着历史的光环透射出古老的文明。

孙老喜欢文物，他的业余时间大都用在了铜壶身上。到了晚年，他将博物馆及其铜壶无偿地捐给了国家。

临走时，我们约好等孙老的身体强壮些，再找时间继续采访。

令我想不到的是，2021年4月26日，我接到父亲转发给我孙老的讣告：

孙发成同志因病不幸于2021年4月25日下午1时逝世，享年88岁。

“孙发成同志于1986年7月受家乡邀约再次返乡创业，协助家乡成立胶州市石龙橡胶制品厂等数家企业，20年间累计为村庄创利税近1000万元，为家乡的经济发展作出了莫大的贡献。他始终不忘自己是一名共产党员，致富不忘本，20年来累计为家乡捐款捐物100多万元，多年被胶州市李哥庄镇评为优秀共产党员、优秀企业家，多次被评为胶州市十佳市民和胶州市慈善大使，他连续16年为村庄老人发放养老金60多万元，深受家乡父老乡亲们的爱戴。”

催化人生的毛炳权与刘新香夫妇

孙 云 孙可华

1995年毛炳权先生当选中国工程院院士，2003年他70周岁时终于加入了中国共产党，20年后的2023年90周岁时，他获得中国石化集团公司“第七届感动石化人物”奖，其颁奖词：

秉志誓报国：
三次选择，无问西东，以身许国；
三种催化，点石成金，永不失活。
一辈子都在燃烧自己，化作工业之河的薪火。
曾经，你是探路者，冲在科技强国的前线。
如今，你依旧誓言铿锵，闪亮的党徽，
是你一生最美的向往。

2024年春节前的一天，我们走进了毛炳权先生与其夫人刘新香女士的家，那里并不是我想象的别墅豪宅，而是普通的住宅楼。我小心翼翼地脱下羽绒服，生怕碰到周围那些七七八八的摆设。91岁的毛院士颤颤巍巍地从一个已经有些前倾的双人折叠沙发里站起来欢迎我们。他个子不高，加之年龄大了就更显得有些单薄。保姆上前搀扶着毛院士，我们一同进入里间。里间依然局促，一张大写字台几乎占据了房间的2/3，与对面的老式书柜之间只能容一个人侧身而过。毛院士让我坐在门边一个靠墙的双人折叠沙发上，而他坐在我旁边的一把小椅子上。我面前有一个茶几，与沙发差不多长，上面摞着四摞几乎与茶几一般高的书籍。保姆为我拿来一瓶矿泉水，我寻了半天儿地方，把矿泉水瓶放在两摞书的缝隙间。二十来平方米的房间里，除了必要的家具和必须留出的过道外，堆的全都是书。过了一会儿，保姆扶着毛院士的夫人刘新香女士从旁边的卧室进来。由于长年累月的劳累，刘女士看起来明显驼背了，但她依然认真地注视着我们并进行交谈。她满头白发，脸庞和身躯都很消瘦，但神采奕奕，有些浑浊的双眼仍能时常闪烁出灵动与聪慧。

虽然事先准备了一些问题，在见到二老后，感觉准备的问题是那么苍白。于是我们便随意地聊了起来。

“换专业您觉得很难吗？”

“不难，基础课都是一样的，都得背化学元素周期表。”

“化学元素周期表，您觉得很难吗？”

“不难喽！”毛院士莞尔而笑，接着在我们面前背起元素周期表来。“钾钠钙镁铝……”他边背边笑似乎还打上了节拍。这些枯燥无味的化学元素在他看来却是优美的韵律，有着令人心动的节拍，五彩缤纷的色彩，色香味俱全的珍馐，是波澜壮阔的大海，是高远明洁的天空……

2003年7月1日，毛院士70周岁，终于如愿地加入了中国共产党。在这之前他提交过几次入党申请书，虽然因为这样或那样的原因没有通过，但他依然义无反顾地让自己心中的那颗种子生根发芽枝叶繁茂，他从来没有后悔过自己这一生所作出的决定和选择。他说：“国家培养我，我就要为国家做贡献……没有想过会离开，从来没有后悔过。”

儿时的毛炳权便饱尝了战火硝烟的刺鼻味道，经历了颠沛流离，亲人离散的痛苦，忍受着备受践踏的生活。他已经是91岁高龄了，回忆起当年，仍然一副心事重重的样子。

1933年他出生在广东，抗日战争期间曾随家人辗转到香港，后又回到老家广东，在父亲开办的私塾里读了两年书后，到东莞中学继续学习直到高中二年级。少年时的记忆依然清晰，那是刻骨铭心的，一颗种子从那时起已经悄悄地在他心里生了根。

可谓是：

岭南学子异乡愁，怒敌硝烟遍九州。

颠沛荒丘承立志，持缨仗剑数风流。

1950年，17岁的毛炳权离开家乡，参加了中国人民解放军，北上抗美援朝保家卫国。都说部队是一个大熔炉，毛炳权在这里抛弃了一身的学生气，练就了健壮的体魄，成就了如钢铁般坚毅的初心。1952年，新中国的第一个五年计划开始酝酿，国家急需一批科技人才。因为在部队里表现突出，并且文化水平高，就在这一年，毛炳权被上级选调为大学预备生。在东北人民大学补习三个月后，顺利地考入了大连工学院化工系。毛院士一直记得少年时一位留洋的初中老师曾说："学习化学很重要，化学可以生产农药、可以做炸弹……"这句话为毛院士开启了对化学世界的追索之路，大连工学院是他在化学工程探索长路上踏出的第一步。1954年，他顺利被选中，进入了著名的门捷列夫学院。化学世界的大门在他面前被徐徐开启。在化学的世界里，他从当初的懵懂少年，渐渐地嬗变成了振翅高飞、欲与天公试比高的一只雄鹰。

毛院士说他一生中有过两次选择，一次选择了投笔从戎，一次选择了化学工程。面对如今的成就，毛院士还有一次选择。如果说前两次的选择是他事业上的基石，那么第三次的选择应该是他事业的顶梁柱。

1956年，毛炳权回国探望重病的父亲。这是他离家7年后第一次探亲，也是他和父亲见的最后一面。就在这一年，他作出了一个选择。1954年，初入门捷列夫学院时，他所学的专业是染料中间体。这次回国发现，国内染料中间体专业已是人才济济，他再学下去对自己无益，对国家更是无益。新中国一穷二白，国家拿出重金把他们送出国学习为的是什么？而他们这些学子远离故土、远离亲人出国学习又是为了什么？难道只是为了完成一项任务？既然是任务就得有目标，他们的目标是什么，祖国的目标是什么？振兴国家科技，要扬眉吐气，不再受制于人，科学是没有国界的，但科学家是有祖国的。毛炳权毅然地把专业由染料中间体转为高分子材料。当时，新中国在高分子材料方面可以说是一片空白。机遇与挑战并存，有多大挑战就会出现多大机遇，天空越广阔雄鹰才能飞得更高。

祖国是毛院士永远无法割舍的情结。在完成了留苏学习后，他没有接受导师希望他继续在苏联攻读研究生的建议，而是选择了报效祖国。1959年在北京等待分配工作期间，毛院士与他的终身伴侣刘新香女士确定了恋爱关系。1961年，他们喜结连理结发至今。

俗话说：每一个成功男人的背后都有一个默默无闻、甘于奉献的女人。刘女士的确甘于奉献，但绝对不是默默无闻。她与丈夫毛炳权一样在中国的化工领域里写下浓墨重彩的一笔，并占有不可撼动的一席之地。刘女士在碳二和碳三气、液相加氢催化剂研发方面为国家作出了突出贡献。在北化院，经常听到人们说:“刘总比毛院士有名，1981年就加入了中国共产党，还当过两届全国政协委员呢！”

刘女士比毛院士只小一岁，是大连工学院的同班同学。毛炳权留学苏联，而刘新香从大连工学院毕业后进入了天津大学继续研究生阶段的学习，1958年进入北化院工作直至退休。

刘新香也是广东人，也许是共同的乡音和志向使他们走到了一起。谈到此处，91岁的毛院士还总有一些羞涩，刘女士却斩钉截铁地说:“我就是看上他了啊！”是啊，就是这句话才让他们在漫漫人生征途上不再孤独，才让他们在科学的殿堂中携手阔步。

1959年，毛院士结束留苏学习回到北京。他在填报志愿时写的是北京和广东，分配下来的去处却是远在大西南的成都工学院，并且从事教学工作。这让他多少有些摸不着头脑。后来才知晓：原来，1958年教育部代表团去苏联考察时，大名鼎鼎的成都工学院徐僖教授就在其中。考察期间，年轻的毛炳权被驻苏联大使馆请去做全程翻译。就是那一次，徐僖教授一眼就看中了这个小伙子，并待他回国“挖”到自己身边。

毛院士在成都工学院一待就是12年。他没有辜负徐教授的知遇之恩，很快就成了学校教师队伍中的骨干。特别是他严谨务实、精益求精的科学态度，受到学生们尊敬与同事们的高度赞赏。

有一次，他在《高分子通讯》杂志中看到了一篇文章，是莫斯科大学两位教授的讲稿。文中“有关应力应变曲线”插图和个别公式出现了错误。毛炳权认定这是翻译或印刷过程中出现的失误，于是马上写了一篇《关于“高分子物理学系统讲演”的几个问题》寄到杂志社。杂志社不仅马上予以了更正，还发表了毛炳权的文章。这件事看起来似乎不足为奇，但毛院士这种认真求是、认真求实的态度是一个科学家应该具备的基本素质，也是科研道路上应该秉持的科学态度。

1961年，毛炳权没有事先通知刘新香，怀揣着一封单位开具的结婚介绍信，风尘仆仆地来到了北京，那年春节他们结婚了。那个年代，结婚就是这么简单、爱情就是这么纯粹、生活就是这么安然。1971年，毛院士调到北化院与爱妻和一双儿女生活在一起，开始了真正的科研之路。

在20世纪六七十年代，夫妻两地分居不是一件多么了不起的事情，但压在妻子身上的担子远比丈夫的要重得多。那个时代没有什么全职太太，妻子一样要走出家门参加工作。女人的天性让她们自然而然地把一部分精力放在家庭里，放在丈夫和孩子的身上。这就需要女人有更多的精力去做好一个妻子、一个母亲、一个自食其力的劳动者。而刘新香女士，还要做好一个勇于攀登、不断创新的科技工作者。

十几年的两地分居的艰苦可想而知，但这并没有压垮刘新香瘦弱的双肩，如今已是满头白发的她，在回忆这段经历时看不出一丝的不堪和遗憾。她笑着说："没有呀，不苦！"这时候，毛院士用一双苍老的眼睛正满怀深情地望着自己的妻子。他们对视一笑，风轻云淡。60多年的风雨同舟携手经历，将这对耄耋老人紧紧地结合在一起。他们在中国化工领域奋斗了一生，作出了卓越贡献。没有甜腻的表白、没有宠溺的眼神，有的只是彼此的信任与坚定的信念，有的是对爱情的忠贞和对祖国的一腔热血。

毛炳权与刘新香都来自广东，那里有很多著名的侨乡，"台山"就是其中之一，而刘新香就来自那里。早年间家中的男性长辈大多到海外谋生，后来父亲回乡成亲，之后又离开了家乡，在刘新香的印象里父亲只是一个无法触及的称谓。抗日战争期间，她与毛炳权一样，也曾随着家人辗转到了香港，香港沦陷后又随母亲带着妹妹逃回老家。抗战胜利后，母亲只身一人去美国投奔父亲，家中留下上小学的妹妹和上中学的刘新香与祖母相依为命。妹妹小学毕业，家中本想安排她们姊妹俩一同去美国团聚，但刘新香中学还未毕业，为了不影响她的学业，刘新香留了下来。至此，她身边只有一个至亲——祖母。直至解放，新中国发生了天翻地覆的变化，当父母再次希望她到美国一家团聚时，刘新香拒绝了，她要留在祖国，她要为祖国奉献自己的青春年华。

高中毕业后，她选择了位于辽宁省的大连工学院。她单纯地认为，东北解放得早，思想要比南方进步得多，她要挣脱旧世界的桎梏，去崭新的世界追逐青春的梦想，但南北方巨大的差异和语言沟通问题，给她带来了诸多不便。不过对于刘新香来说这些都不是困难，儿时的过往让她拥有一个比同龄人更强大的内心世界，在祖国的土地上，在人民当家作主的新世界没有什么困难是不能攻克的。

也许是这些经历，让刘新香在面对日后的夫妻两地分居独自带娃的处境时，她不觉得有什么艰苦，不认为这个值得一提，这些都是生活中应该面对的问题，也都是需要解决和能够解决的事情。真正的难题是科研、是创新、是创造。

从1958年北化院建院开始，年轻的刘新香就来到了这里。人们经常看到一个瘦瘦小小的女人在院里忙忙碌碌，她奔走于实验室、图书馆、办公楼之间，有时身后还跟着两个小不点儿。实验室彻夜通明的灯光里总会闪现出她的影子。当时人手不够，他们的试验小组实行三班倒，每天8小时的试验工作。工作时无论是白天还是深夜，她都不曾合过一次眼。凌晨三四点钟，同班的同事已经熬不住了，她还是那么精神饱满。她对同事们说："克服困倦的秘诀就是总想着试验的运行情况。"

20世纪50年代至70年代，我国的各方面发展都受到资本主义国家的封锁，加之国内经济基础、科研、技术等方面都还非常薄弱，发展石油化工是相当困难的，我国的乙烯工业只能从"小乙烯"开始。

20世纪50年代末，我国从苏联引进的第一套乙烯生产装置是方箱炉裂解制乙烯，装置规模只有5000吨／年，建在现在的中石油兰州石化分公司合成橡胶厂，1961年建成正式投产。1965年我国引进的第二套乙烯生产装置是西德鲁奇公司的4万吨／年砂子炉裂解制乙烯装置，建在现在的中石油兰州石化分公司石化厂，也就是原来的303厂，这套裂解装置于1970年正式建成投产，1975年又建成一套翻版的4万吨／年乙烯装置。才缓缓开启了我国真正意义上的石油化工生产的艰难创业阶段。

北化院在建院伊始，便确立了以石油化工为科研开发的目标。石油化工生产的主要有机原料——乙烯、丙烯，在裂解分离的生产工艺过程中，会产生一定量的乙炔与丙炔，这些杂质严重地影响了乙烯、丙烯的质量与收率。碳二、碳三馏分加氢是获得高纯度乙烯、丙烯的关键步骤。20世纪70年代我国引进的乙烯裂解装置所采用的碳二、碳三加氢催化剂均为进口，不仅成本高，还会被发达国家"卡脖子"。为了研制高性能的国产碳二、碳三加氢催化剂，刘新香带领她的科研团队进行了大量的基础工作，进行了无数次制备加氢催化剂的实验。

"闭门造车"是永远出不来成果的，必须在实践中找出问题解决问题。孩子怎么办？她找人帮忙带着。在小试筛选出好的结果后，她三次带着研究团队到了位于大西北的兰化公司303厂的砂子炉旁。他们在用石棉板搭成的试验室里配置试验装置，前后守候了一年多的时间，进行碳二加氢催化剂研究试验。终于研制出国产的催化剂，并通过了工业装置的考核，各项性能与进口催化剂相当，成功地替代了进口产品，并于1978年获得化工部科技成果奖三等奖，1981年获国家技术发明奖四等奖，1992年获得中石化总公司科技进步奖三等奖。

碳三液相加氢新催化剂及工艺，是在研制成功优异性能的液相加氢催化剂基础上的加氢新工艺形成的成套技术，具有国际先进技术水平。其催化剂及使用技术都成功地向国外进行技术转让。该催化剂与工艺于1987年获化工部科技进步奖一等奖，1989年获北京首届国际博览会金牌奖，1991年被评为中国优秀专利奖，1992年获国家技术发明奖三等奖。

碳三液相双段床加氢催化剂，是化工部、中国石化总公司“引进石油化工装置配套用催化剂”重点课题，在完成实验室模拟装置催化剂性能考核及工艺条件评价的基础上，催化剂制备扩大及工业性能考核后，成功替代进口催化剂的工业应用，于1985年获得国家科技进步奖三等奖。

如今，90岁的刘总工在谈及这些过往的成绩时，只是轻描淡写，似乎这些只是时间上的堆积，但在她的双眼中闪烁着光芒，好像又将她拉回了那个火热的年代。而我深深地感受到了一个妻子、一个母亲、一个科研工作者所付出的青春、所付出的努力、所付出的一颗赤子之心……在她看来这些不过是她人生中的一个个片段！她说，那段日子她一点儿没觉得苦，从来没有后悔过，就更谈不上放弃。

1971年，毛炳权从四川调入北化院时，其研究工作刚刚起步，但刘新香已经是院里的副总工程师了，那年她37岁，儿子9岁，女儿3岁。毛炳权与刘新香终于站在了同一个“战壕”里，有了真正意义上的家。刘新香觉得肩上的担子略轻了，终于可以与丈夫日夜携手，面对面地商量事情，讨论分歧了，但他们两人的研究课题不同，要奔赴的工厂与试验场地也都不同，他们还是和从前那般各自忙碌着。

1974年，随着中美关系的缓和，刘新香终于见到了自己的父亲，这是他们父女俩第一次真正的见面。现今已经90岁的刘女士，没有认真地回忆这个片段。关于刘女士的介绍文字中也只是用了简单的“激动”二字来概括所有的一切。对于现在的我们，想象不出当时会是怎样的情景，会是怎样的心情，但是，如果他们当初选择带着全家人一起远渡美国，开启新的生活，那肯定是另一番情景。在当时高度发达的美国，以毛炳权与刘新香的学识，开辟出一个新的天地，在那里他们可能会有更瞩目的成果，会有更光鲜亮丽的人生……但他们没有离开，而是选择留下。90多岁的两位科学家，几乎异口同声地说："没想过离开，当然不后悔。"

20世纪70年代末，毛院士这把利刃终于出鞘了，他带领他的团队成功地研发出了相当于国外第二代的络合II型催化剂（络合II型、N型、球型均为不同配方与载体的氯化钛类催化剂），填补了我国聚丙烯催化剂的空白，奠定了中国聚丙烯催化技术的基础。

络合II型催化剂和炼油厂丙烯气精制技术的开发成功，进一步促进了间歇式本体法工艺的发展，为我国大型聚丙烯生产装置的设计打下了基础。络合II型催化剂制备中，使用与I型不同的络合剂，成功地解决了催化剂晶型转变的关键问题，保持催化剂既具有高的聚合活性，又具有良好的定向能力。与此同时，络合II型催化剂还具有在溶剂聚合氢调的情况下，其活性不受加氢影响的独特性能。

络合II型催化剂是第二代聚丙烯聚合钛系催化剂，它是适用于淤浆聚合和本体聚合工艺的聚丙烯催化剂。1982年，这项成果获得国家科委技术发明奖三等奖。20世纪90年代以前，我国间歇式本体法聚丙烯生产工艺均采用络合II型催化剂，获得了良好的经济效益和社会效益。

20世纪80年代初期，国外催化剂生产技术对我国不转让，需要用大量的外汇购买。对此，毛院士毅然选择了自主创新，带领课题组承担了我国第四代聚丙烯催化剂的技术攻关，研发出具有完全自主知识产权的N型高效聚丙烯催化剂，打破了国外垄断，确立了中国在世界聚丙烯催化剂研发中的重要地位。

N型高效催化剂是继络合Ⅱ型催化剂之后新开发研究成功的升级换代产品，是一种具有较高活性、高定向性、长寿命等优异性能的聚丙烯催化剂。1986年，这项技术分别申请了美国、欧洲国家和日本等国专利，并在美国Phillips公司的中试和生产装置上应用成功。从1989年开始，在国内各类聚丙烯生产装置中进行工业应用。1992年获优秀专利奖，1993年获国家技术发明奖二等奖。N型高效催化剂已开发有N-Ⅰ、N-Ⅱ、N-Ⅲ多种型号，分别适用于釜式反应器、环管式反应器的液相本体法、液气组合法和间歇式本体法工艺中生产。在不增加任何投资、不改变任何工艺条件和操作方法的情况下，使用N-Ⅲ型催化剂，每吨聚丙烯成本当年可降低20元。N型催化剂的各项性能指标全部达到或超过进口的同类催化剂水平。活性高于进口催化剂20%～30%，催化剂的价格比进口同类催化剂每吨可节省上百万元，综合生产成本当年每吨可降低80～110元。

20世纪90年代，毛院士再次成功研发出的球形聚丙烯催化剂是国家的“八五”攻关项目的技术成果，于1996年通过中国石化总公司组织的验收鉴定，其性能达到了Himont公司的FT-4S催化剂水平，使中国聚丙烯催化剂技术，实现了可持续的发展，为我国聚丙烯企业大幅降低生产成本提供了坚实的技术支持，为我国石油化工事业作出了突出的贡献。2003年，该技术获国家技术发明奖二等奖。

作为带头研制三类催化剂的第一发明人，毛炳权分别荣获国家技术发明奖三等奖一项、二等奖两项。2001年，与N型催化剂有密切关系的“聚丙烯环管成套技术”，获得了国家科技进步奖一等奖。截至2004年，N型催化剂的技术使用费总计创汇1800万美元。

我们现在列举的都是他们曾经取得一些成果、发明与创新的名字，都是他们曾经获得过的荣誉，而获得这些谈何容易！毛院士说：“当一个新的催化剂研制成功、获奖前后，我都会累得大病一场。”2004年2月15日，人民大会堂召开了国家科学技术奖励大会，毛院士却躺在北京大学第一医院的病床上。他说：“我是在病床上观看典礼盛况的。”

毛院士成就辉煌，但十分谦虚，从不把成就记在个人账上。他在回顾总结自己几十年来在化工科研领域的经历时，归纳了5个方面的经验：

第一，要想在科学研究上做出成果，需要有一个好的平台。没有北化院、化工部和中石化这些大大小小的平台，就不可能有三类催化剂的诞生。第二，在科研中，要注重合作团队协作精神。第三，要高度重视知识产权。第四，自主创新的技术要与市场需求和原料资源相结合。第五，要勤奋积累，机会只会留给有准备的人。没有日常的勤奋积累，是很难抓住机会的。

1999年，毛院士陪同妻子刘新香到美国探亲。在探亲期间，毛院士专程来到休斯敦的安格公司，以深入了解其专利技术的推广使用结果。毛院士说：“这是责任啊。别人使用了我们的专利技术，我们就有责任对这个技术负责，直到永远。”

毛院士告别球形催化剂后续工作后，除在北化院负责科研咨询外，他的主要精力便转到了培养下一代新生力量上。从1988年开始，毛院士就开始带硕士研究生，1996年又开始带博士研究生，并兼任北京化工大学和四川大学两校的博士生导师。现在他的学生们都已成才，在各自的岗位上继续着老一辈的事业。

2004年，刘新香正式从自己的工作岗位上退了下来，这已是第10个年头的延退。

2000年，北化院以毛院士捐赠的500美元为启动资金，创立了“北化院毛炳权青年科技奖”，2004年更名为“毛炳权青年科技奖励基金”。2021年已是88岁高龄的毛院士又为基金捐赠25万元，并在6月1日建院63周年捐赠仪式上发表了一番意味深长的话：

> 我所获得的成绩和老一辈科研工作者的关心与帮助、同事们的协同配合密不可分。现在我年纪大了，不能再走进实验室做实验了，但是希望能尽自己的微薄之力，帮助现在的青年科研人员发展，为国家、为中国石化、为北化院的发展作出更大的贡献。

对于他们的一双儿女，毛院士与刘女士和天底下所有的父母一样，只希望他们能生活得好、身体健康、家庭幸福，至于他们是不是要接过老一辈的衣钵继续为国家在化工领域里再做贡献、再立新功，这些他们没有想过。他们认为：“枉费心神空计较，儿孙自有儿孙福。”只要做好自己，无愧于心、无愧于家、无愧于国，做一个顶天立地的“人”就可以了。

两位老人在这一生中“没有想过”的事情太多了。他们坚信，只想一件事就够了，那就是如何为国家作出自己的贡献，如何在自己的领域里让祖国变得更强大！

在采访结束时，我问毛院士：“现在您还会去院里的实验室看看吗？是不是还要指导指导年轻的工程师们？”

毛院士说：“不会去了，因为那里大都是国家保密的实验，年轻人让他们自己去干……世界是他们的！”

从春节前采访两位老人至今，不足10个月的时间，2024年10月14日，令人遗憾地收到北化院离退休管理中心的《讣告》：

“刘新香同志，因病医治无效，于2024年10月11日在北京逝世，享年90岁。”

刘老已经走远，可人们永远也忘不了这位可敬的老人，人们在院网上自发地缅怀老人的过往。

“缅怀刘总，在加氢组工作的日子：

1971年9月，我有幸在加氢组刘总领导下工作了四年，刘总当时是专题组长，为人谦和、管理有序，工作技术水平高且兢兢业业，是我人生成长中影响最大的一位长者。

刘总对组里同事都非常关心，特别对刚来的年轻同志更是倍加关爱。1972年初，在春暖花开时节的一个周日，刘总曾组织我们这些年轻同志游览了颐和园，至今让我还能回忆起当时的场景。

我忘不了，在院卫生所后面的十八号楼挖地基时，院里让刘总带加氢组部分同志去捡石块，不知谁扔的一块石子正好砸在刘总的手表上，表蒙立刻碎了，刘总却一声没吭，在那个物资匮乏的年代，刘总的为人使我永远难忘。

每次做试验之前，刘总会提前写出试验方案，并写在试验记录本上，和全组同志一起讨论，征求意见，并让参加试验的同志明白本次试验的目的，试验条件及安全注意事项等。为使年轻人进步得快些，她安排一个师傅带一个徒弟的方式。在组里还实行了互助金，即每月发工资时自愿拿出几块钱加入互助金中，以解决组里同志应急用钱之需，年底时一并还给本人。

印象最深的一次，刘总带我上夜班，我看她没有一分钟闲着的时候，八小时没有半点的困倦。而我到凌晨三四点钟不由自主地困得难受，她告诉我克服困倦的秘诀就是总想着试验的运行情况。试验时三班倒，刘总带其中一班，当时她的两个孩子都还小，但三个班她都会来看试验的情况，关心试验的进展。

在小试筛选出好的结果后，1973年5月至1974年8月刘总克服自己家里的困难，三次带全组同志到兰化303厂砂子炉旁，用石棉板搭成试验室，在简陋的石棉板房内搭建试验装置，三班人二班倒，进行碳二加氢催化剂研究试验，前后一年多的时间，最后取得了良好的试验结果，同时让我们这些年轻人在试验实践中收获了成长。

缅怀刘总，我永远也忘不了您在西北的那些个日日夜夜，在此仅以一首七绝纪之：

恩师昔日经行地，西北风霜夜色朦。

遥忆深秋砂幕下，炉旁最美映红枫。

在她身上，我看到了有条件上，没有条件创造条件也要上的铁人精神。

刘总，您太累了。安息吧！

学生　马淑身

勇于创新的科技企业家陶宇

白鸿博　王雪丽

1988年2月13日，《辽宁日报》港澳台海外专页，以第二版、第三版两个版面的篇幅报道了“沈阳市石油化工设计研究院在改革中前进”的消息。

沈阳市石油化工设计研究院（简称石化院）东依森森天柱山麓、南临涓涓沈水河畔，10年前还是一家无人知晓、默默无闻的地方小所，如今已经闻名遐迩、中外瞩目了。改革的大潮孕育了无数风流人物，院长陶宇被誉为勇于创新的优秀科技企业家。

陶宇，男，1933年出生于江西南昌，1952年考入武汉大学。他好学上进，博学多才。学业上，他是教授宠爱的优等生；业余活动中，他是得力的校学生会主席。1957年，在即将毕业时，因对在校老教授不满，讲了几句公道话，被打成“右派”。

本来中国科学院上海某研究所曾指名要陶宇毕业后到那里去工作，如今成了“右派”，自然也就不能成行了。他被分配到远离家乡的沈阳化工研究院。尽管他废寝忘食地工作，想用成绩和事实洗刷强加于己的耻辱，他得到的却是严峻的面孔、冷漠的白眼和百般的刁难。他的成绩无人赞赏，一次偶然的事故被扣上“有意破坏”的罪名，送去教养。

那时，命运之神偏偏和陶宇过不去。他坚信自己的心始终和党在一起，总有一天党会相信自己是忠诚的。在两年劳教期间，他利用空隙时间查阅和翻译了大量的技术资料，编译了30万字的《有机化学中的人名反应》书稿。插队期间，他用自己的聪明才智帮助农民科学种田。淳朴的农民兄弟非但没有把他当作“右派”看待，反而把他看成少有的能人。陶宇一家回迁沈阳市时，当地农民依依不舍、含泪相送。

1974年，陶宇来到石化院。1979年，陶宇的冤案终于得到了彻底平反。当党委书记递给他“改正通知书”，问他有什么要求时，他眼含热泪，双手捧上入党申请书，激动地说："请党考验我，我要加倍努力工作来证明我对党的忠诚。"

在短短的两年时间里，他翻译了30余万字的外文技术资料，成了各课题组最受欢迎的人。有时，某个课题遇到了难点，他就像渴望"冲杀"的战士一样，不等号令，就积极投身科研第一线。当时，会聚了近30名科技人员的《丙烯空气催化氧化合成丙烯醛》专题研究核心——催化剂的单程吸率徘徊在60%左右，成了一道不可逾越的难关。陶宇知难而上，他不分昼夜，查阅了大量的中外文资料，大胆冲破囿于外国专利的实验方法，提出了中外结合、闯自己路子的实验方案。具体拿出了以金传钨作为七元共沉淀催化剂的活性中心原子的实验方法。经过近百次的改进、完善，终于使催化剂的转化率达到96%，单程吸率突破了80%大关，超过了日本触媒公司的同类催化剂水平，人们投向他的是赞佩的目光。在丙烯醛专题获胜之后，他又领导全组同志在短短五个月内完成了氯丙烯水解制取丙烯醇的重大课题。为了尽快向工厂提供这一急需的化工原料，他带领全组同志利用旧设备、改造废设备，以最快的速度安装了年产100吨的中试装置。中试过程中，哪里出现故障，哪里就会有他的身影。丙烯醇这个在战争中被用作催泪弹的材料，竟无情地伤害着它的制造者——陶宇。同志们常常心疼地把他拉出实验车间，强制送回家去，但是，不知何时，他又眨动着红肿的双眼，悄悄地出现在车间里。这个项目工艺先进合理，"三废"闭路循环，质量达到国际水平，一年收入32万元，获得了市科委颁发的科技成果奖二等奖。

他在称赞声中，保持着谦虚、朴实、精干、热情的初心。当时，几十名职工的待业子女就业问题弄得领导愁眉不展。办厂谈何容易！缺资金、缺厂房、缺设备。更难的是，缺适销对路的产品。陶宇南下北上进行了一番调查，当他风尘仆仆地回到院里时，把一个成熟的方案放到了领导的桌子上。领导立即拍板："就这么干。"一场硬仗打响了！采购原料、培训工人、安装设备、推销产品，每一处都留下陶宇忙碌的身影。终于，挥洒的汗水和心血结出了硕果，一个年产醋酸乙烯乳液500吨、创利30多万元、安置100多名待业青年的实验厂建成了。

党的十二届三中全会召开后，陶宇被推到了石化院院长的位置。在一次全体党员和中层干部的会议上，陶宇充满信心地告诉人们："人要掌握自己的命运，党中央已经把改革开放的决策定下来，剩下的是要看我们自己怎么干。"会上，他大胆地提出："以本院的科技力量和科研设施为本钱，聘请国内外专家学者为顾问，引进国外先进技术，协同国内高水平的科研院所和大专院校共同攻关科研项目，与国内有条件的工厂联合开发新技术、新产品。”当时，有人摇头，有人反对，有人沉默。然而，这外引内联的决策，以其特有的生命力产生了奇异的成效。由国外技术顾问提供的14项重大科技开发信息，开阔了广大科技人员的视野，坚定了他们与国外先进技术一较高低的信心。其中，甲基葡萄糖苷是20世纪80年代国外化工产品中新开发的唯一具有环状结构，又具有四个有效羟基的重要单体，国外市场十分抢手。院长陶宇获得这个信息后，当机立断会同科技人员，根据顾问提供的技术资料，经过认真细致分析后，迅速拿出了试验规划，并取得化工部和国家科委的大力支持。短短一年时间，当陶宇把50千克晶莹洁白的甲基葡萄糖苷放在日本专家面前时，这位一直抱怨中国人效率太慢的学者十分惊讶地连声说：“想不到！真想不到。”陶院长郑重其事地告诉他：“我们已经把您提供的工艺进行了很大的改进，反应时间缩短了10倍。”这位日本专家惊讶得目瞪口呆。

改革使石化院活起来了，科技人员活起来了，但是，陶宇却日益消瘦了，鱼尾纹深深地刻在了他的脸上，丝丝银发出现在他的鬓角。与他风雨同舟患难与共近30年的老伴望着他疲惫的身影心痛不已，特别是当他拖着40℃高烧的身子仍然坚持工作，不由得关切地说：“老陶，歇一歇吧！难道你真想把老命搭上？”然而，他哪能歇啊！一个更大胆的设想已经催促着陶宇：到国际市场上去闯！靠先进的工业技术吸引外资、联合办厂，让外国人把原料拿来，由我们生产出高质量的产品，然后再卖给外国人，赚外国人的钱。陶宇毅然与香港璐明莎公司签约：由该公司投资250万美元，在沈阳合资共建“沈阳宇璐精细化工有限公司”。同时他又与香港瑞泰公司、深圳北方公司在深圳合资筹建“中宇精细化工有限公司”，专门经销甲基葡萄糖苷和聚醚多元醇。仅这两项就创汇60多万美元。

陶宇并不满足已打开的局面，他又在国内寻找合作伙伴。为了将本院的科研成果迅速变为生产力，尽快创造经济效益，他还把那些具备原料等合作条件的厂家吸引到自己身边。为此，石化院在国内联合了沈阳有机化工二厂、辽源化工厂等十几家中小型企业共同办厂。

如今，石化院已争取了一批具有国内和世界水平的大项目。1986~1987年的两年间，全院共开展科研课题30多项，其中1个项目被列为化工部重点项目，1

个项目被列为国家“七五”攻关项目，1个项目被列为国家星火计划项目，4个项目被列为省市科委项目。最近又有3项成果通过部级技术鉴定。这些成果倾注了陶宇对石化院满腔的爱。他声名远扬，外省市以高薪、高职位聘请他去主持某省的化工工作，陶宇报之一笑，他说：“我哪也不去，我要与石化院全体职工同舟共济，与石化院共存亡。”在成功面前，人们询问陶宇的治院秘诀，他谦和爽朗地笑着说：“国内外市场缺什么，我们就马上研制、生产什么。同时又要捕捉研究第二代、第三代新产品，发扬我院本身的优势，不断地创新，不断地创优。”这也许就是陶宇的经营诀窍。

“千淘万漉虽辛苦，吹尽狂沙始到金。”石化院变了，科技人员和工人们的精神面貌变了！从陶宇为石化院描绘的蓝图中，人们看到：这家从事化工技术开发和应用研究的科研院所正在借改革的东风，插上金色的翅膀开始腾飞。清晨，陶宇披着朝霞，站在石化院主楼前的花坛旁，深情地望着那对新雕塑的引颈高歌、展翅飞翔的白天鹅，耳畔又响起了姑娘和小伙们爱唱的院歌：

我站在巍峨的东陵之巅，俯瞰着矫健腾飞的石化院。
高耸的群塔向着白云招手，纵横的管线沿着绿野伸延。
心血和思索刻画了你二十七圈的年轮，拼搏与挺进向科研的顶峰登攀。
光谱仪里跳动着时代闪光的数据，实验室中萃取的美酒更纯更甜。
设计师用信息纺成的丝线，为母亲在蓝图上绣制绚丽的彩衫。
知识和才智结出的累累硕果，装点了大江南北，海角山峦。
多少个日日夜夜，我们肩挑着太阳和月亮，
歌唱着追求、歌唱着奉献。
为了祖国金灿灿的明天，我们甘愿在改革的熔炉里燃烧、冶炼。
啊，石化院，这里有你理想飞翔的蓝天，这里有你智慧驰骋的草原。
振兴中华、发展化工，腾飞吧！我们年轻的石化院。

室温硫化硅橡胶开拓者黄文润

翟海潮

黄文润先生是我国室温硫化硅橡胶开拓者，教授级高级工程师。曾任晨光化工研究院（成都）院长、中国氟硅有机材料工业协会有机硅专业委员会理事长。

黄1933年生于辽宁省铁岭市，1949年10月为东北化工局研究室练习生（在职大专），1967年3月随沈阳化工研究院有机硅室搬迁到位于四川富顺的晨光化工厂（晨光化工研究院的前身），历任课题组长、科研办公室主任、副院长、院长等职。

1964年以来，在《高分子通讯》《中国化工报》《有机硅材料》等报刊上发表论文80余篇。

我国最早从事有机硅研究是1951年在北京化学工业试验所开始的，目的是解决收发报机等在山洞中因受潮而失效的问题。1953年，该所搬迁到沈阳，与东北人民政府化工局研究室合并为沈阳化工综合试验所（沈阳化工研究院的前身）。1958年化工部又将沈阳化工研究院有机硅专业组搬迁到北京，在北化院内成立了专门的有机硅研究室和车间。我国的室温硫化硅橡胶的研究就是从此开始的。

20世纪60年代初，黄文润、韩淑玉等就开始了室温硫化硅橡胶的基础胶料（现在的商品名称为107胶）的研发。最初的室温硫化硅橡胶是双组分的，是将端羟基聚二甲基硅氧烷与交联剂正硅酸乙酯在有机锡催化作用下交联成硅橡胶。用这种交联法，黄文润、陈昌等人还开发出了耐烧蚀隔热腻子。鉴于双组分室温硫化硅橡胶使用很不便，黄文润、孟繁国等人又开始开发单组分室温硫化硅橡胶，开发的项目有脱酸型室温硫化硅橡胶、脱醇型室温硫化硅橡胶、脱酮肟型室温硫化硅橡胶等。

1964年，化工部根据党中央建设大三线的决策，决定在四川富顺县筹建一所新型高分子合成材料基地，定名为化工部晨光化工厂。经过几年的建设，晨光化工厂于1969年建成。在化工部的统一部署下，1969～1970年北化院有机硅研究室和车间、沈阳化工研究院有机硅研究室整体搬迁到了刚刚建成不久的晨光一厂。为支援三线军工建设，黄文润他们响应号召告别大城市，来到了条件非常艰苦的晨光一厂，住进了简易的单砖墙筒子楼。

到富顺后，开始很不适应四川的气候，冬天气温不低但湿度大，总是阴冷阴冷的；富顺在川南，是四川盆地的谷底，夏天即使到了深夜，气温仍经常高达38～39℃，酷热难熬，还要忍受蚊子（比芝麻粒还小，几乎看不见的黑蚊）的叮咬，但黄文润他们不畏艰苦，立刻投入了科研工作。黄文润、孟繁国等人首先将在沈阳化工研究院研制的耐烧蚀隔热泥子成功地应用于航天领域。将单组分脱酮肟型和脱酸型室温硫化硅橡胶进行定型，项目组成员还有汪大敏、曾昭全等人。课题组还将冠以SDL、SD等多种规格的端羟基聚二甲基硅氧烷胶料先后推广到吉化公司研究院、晨光二厂生产。后来，课题组还开发出单组分室温硫化耐烧蚀隔热泥子等，通过省厅级鉴定后由晨光二厂进行生产，深受用户欢迎。

在此基础上，20世纪70年代初，课题组又为飞机上保护飞行员的防弹玻璃开发出了高强度脱醇型单组分室温硫化硅橡胶做包边材料。在极其艰苦的条件下，黄文润带领课题组将多种室温胶、耐烧蚀泥子、MQ硅树脂（双层结构紧密球状物的硅树脂）等制作成工业性产品。

1973年8月，化工部晨光化工厂改由四川省管辖，称为“四川省晨光化工总厂”，其中晨光一厂更名为“晨光化工研究院”。1979年2月5日，四川省晨光化工总厂又收归化工部管理，更名为化工部晨光化工研究院。1982年4月3日，又恢复了原晨光化工研究院体制（晨光一厂），改称“化工部晨光化工研究院一分院”，傅积赉兼任化工部晨光化工研究院一分院院长。1981年11月，张石玉兼任一分院院长，黄文润任副院长。1985年5月院长张石玉主持“成都有机硅中心”筹建工作，副院长黄文润代行院长职责。

20世纪80年代初，原国家科委和化工部为使化工新型材料能“寓军于民”，扩大其应用领域，在北京召开了全国化工新型材料推广应用会，并组织了化工新型材料全国7大城市的巡回展览，这使得新型材料的需求越来越多。从此晨光院的研究成果向全国推广。1992年，白云化工实业有限公司（原广州白云粘胶厂）从晨光院引进室温硫化硅橡胶技术，成功用于建筑领域。从此，中国室温硫化硅橡胶开始获得突飞猛进的发展。目前我国有室温硫化硅橡胶生产企业200余家，产量超过60万吨。这都得益于晨光院的研究基础，得益于黄文润等老一辈研究人员的贡献。

多年来，黄文润获得了多项科研成果，获得国家技术发明奖三等奖等多个奖项。于1987年被评为教授级高级工程师。

黄文润于1994年退休，但他仍然专心致志地在有机硅学术研究的领域内辛勤耕耘、执着求索。他每天在家里坚持看资料、写笔记，常常去图书馆查阅文献，及时掌握有机硅行业发展的最新动态。

近年，黄文润先生倾注极大的热情，将过去积累的丰富知识，整理成“有机硅材料丛书”，包括《热硫化硅橡胶》《液体硅橡胶》《硅烷偶联剂及硅树脂》共3本，分别于2009年和2010年由四川科学技术出版社出版发行。该丛书系“十一五”国家重点图书出版规划项目，一出版就引起业内人士的高度关注，深受广大读者好评，成为有机硅行业研究人员必备的书籍。

胶黏剂专家黄应昌夫妇

翟海潮

黄应昌和吕正芸夫妇都是胶黏剂专家。我与他们的儿子黄海是好朋友，也是胶黏剂方面的专家，大学毕业后先在广州坚红化工厂从事厌氧胶的研究，后来到深圳奥博新材料有限公司从事聚氨酯密封胶的研究，曾担任奥博公司总工程师，现任上海埃菲东多胶粘技术有限公司技术总监。一家人从事胶黏剂方面的研究并且都有所建树，实在并不多见。

黄应昌于1933年11月出生于广东省顺德均安乡。1949年8月1日参加当地游击队任文化教员，1950年12月参加中国人民解放军空军，随后进入朝鲜加入了抗美援朝的行列并成长为一名年轻的军官。1955年部队允许具有高中文化的干部报考大学，黄应昌以惊人的毅力考入吉林大学化学系，成为一名军人大学生。

在大学里，黄应昌不仅学习和掌握了建设新中国的科学知识，还收获了爱情。他爱上了一位朴质而美丽的女同学吕正芸。吕正芸1936年6月生于山东烟台，8岁上小学，成为村里唯一的女学生。1949年春，吕正芸的父亲托人把她带到哈尔滨一中读初中，这是她离乡求学的第一站，在拼搏中，她读完了初中。上高中时，第一堂语文课作文题目是《我的理想》，吕正芸写的是要当一名化学家，成为中国的“居里夫人”。1955年，吕正芸顺利考入了吉林大学化学系。吉林大学，这所同类高校中名列前茅的文理综合的高等学府云集众多从内地各高校调来的知名教授，留苏副博士，化学系就有著名教授、物理化学家唐敖庆先生。吉林大学化学系是中国高校中首个设立高分子专业的，五五届则是中国当时在校学化学的大学生中最先接受高分子科学课程的学生。毕业实习在隶属中国科学院长春应化所的高分子研究所进行，高分子专业考试在长春应化所进行，由授课老师钱宝功先生主持，吕正芸是唯一得满5分的学生，高分子这门新兴科学成为吕正芸一生为之奋斗的事业。国家供这位贫农的女儿念完高中，上了大学，她如饥似渴地学习，积蓄知识，报效祖国，实现了自己的理想，成为黄应昌的同学。

大四时，黄应昌和吕正芸被分到当时的新兴学科高分子专业，他们的第一个实验是合成酚醛树脂，毕业论文是《粘度法测定高分子分子量》。1959年毕业分配时，尽管可以选择去中山大学或中国科学院北化所，但他们俩不忍心拒绝长春应化所领导真诚恳切的挽留，毅然留在了长春应化所，开始了他们的科学研究生涯，并结为伉俪，从此两人相濡以沫，风风雨雨几十年，在科学的道路上携手拼搏。

1960年，中国科学院、国家科委、航空部共同为长春应化所确定的科研方向是军工胶黏剂的研究。黄应昌参与了中国第一个航空结构胶黏剂研究项目，成为中国航空胶黏剂科研队伍的骨干成员之一。他与王致禄等人一起研制出了J-01航空蜂窝结构胶，为我国歼击机开了以胶结结构代替铆接结构的先例。他解决了该项目的技术关键问题，即在催化剂的作用下，完成酚醛树脂与硫化橡胶的接枝共聚反应，使体系达到内增塑，以适应航空胶对韧性的要求。J-01结构胶在"歼8"战斗机上用于蜂窝舵面的粘接，1978年通过技术鉴定，获中国科学院科技成果发明奖。与此同时，在1960～1962年，吕正芸承担了飞机螺旋桨用结构胶的研制任务，也就是后来被命名为J-02结构胶的项目。该项目要求一年左右研制出仿苏ПK-5螺旋桨胶黏剂，并交付空军使用。经过艰苦努力，吕正芸按期完成了任务。1963年一架用J-02结构胶生产的螺旋桨飞机在天安门广场上空飞行，接受航空部检阅后该机型正式投入生产。这是中国首个自主研究取代苏制ПK-5的航空胶，为表彰刚毕业不久的大学生的刻苦钻研、勇于担当精神和重要贡献，吕正芸被授予当年的"三八红旗标兵"称号。

1962年，院所调整，黄应昌、吕正芸转入黑龙江石油化学研究所继续从事胶黏剂方面的研究。1964年，黄应昌的研究方向改为应变胶黏剂。他带领陆企亭等人研制出了J-06中温应变胶。J-06应变胶为−269～250℃使用的中温固化耐高温的应变胶，用于航空、火箭、卫星、原子能反应堆等工程设计中的应力测试，全国用户200多家。J-06中温应变胶于1967年通过技术鉴定，1984年6月获国家技术发明奖三等奖。黄应昌还带领团队研制出了J-10耐辐射结构胶，该胶具有耐粒子辐射性能和耐高低温交变性能，在人造卫星和宇航器中得到应用。

与此同时，1964年末，吕正芸被借调到山东东营胜利油田勘探处，参与了由国家科委与中国科学院相关院所科技人员组成的防砂、堵水、降稠攻关大队，吕正芸负责承担堵水任务；堵水分非选择性（油水全堵）和选择性（堵水不堵油）两个阶段；第一阶段比较简单，只要达到对地层砂的黏合强度，调整适合井下施工的凝胶时间（即可泵时间）就可，不到半年时间，完成井下实验，投入生产。难度最大的是堵水不堵油的这一世界难题——选择性堵水。经过无数次实验，合成出了水中凝油中溶的聚合物，达到堵水不堵油的效果。实验关键时刻，“文化大革命”达到高潮，外部攻关人员纷纷被调回原单位闹革命，项目被迫终止。

20世纪70年代，黄应昌在黑龙江石油化学所先后担任研究室副主任、主任，1978年晋升为副研究员。他带领团队研制出了J-30高温无孔蜂窝结构胶，J-30为2.5马赫的高速战斗机及宇航器在175℃下长期使用的耐高温不浸胶瘤的无孔蜂窝结构胶，1978年通过技术鉴定，并获黑龙江省科技成果奖三等奖。

与此同时，20世纪70年代初，吕正芸接受了国防科工委、航空部、中国科学院联合下达的国防储备项目“高温航空钣金结构胶”研制课题。该课题要求的胶黏剂综合性能优异，可在150℃长期使用、250℃短期使用。课题要求10年内完成，可见该项目的难度之大。吕正芸废寝忘食地工作，不到半年的时间就确定了基本配方，并进入诸多综合性能的实验测试阶段，提前完成能与美苏同类胶黏剂相媲美的J-15高温航空钣金结构胶。5年后，J-15结构胶在多种军工产品及尖端技术中成功应用，1979年通过技术鉴定，获黑龙江省科学技术研究成果奖二等奖，吕正芸因此被选为黑龙江省第八届妇女代表大会代表。之后，J-15结构胶成功用于我国自行设计制造的水上轰炸机全胶结结构，1980年通过鉴定并投入生产，获航空部科技成果奖二等奖。

1983年8月，黄应昌、吕正芸夫妇调到化工部青岛海洋化工研究院工作，黄应昌任海洋院总工程师，1987年7月晋升为教授级高级工程师。他们为青岛海洋涂料院增设胶黏剂专业，建立了研究室。面对由军工转民用的困难境地，经调研后，他们确定了舰船用PVC压敏地板胶和木材加工用低毒脲醛胶等环保课题。在化工部有关部门的大力支持下，先后纳入国家经委攻关课题和“七五”规划项目。1984~1986年，他们研制出A-01、A-01B低毒脲醛胶和A-02PVC压敏地板胶。A-01低毒脲醛胶突出的特点是固化时甲醛逸出量比国内通用脲醛低300%，比西德进口的粉末脲醛胶低1/3，具有明显的环保优势。1986年通过化工部科技司技术鉴定。A-02PVC压敏地板胶无毒无味，解决了船舱内PVC地板粘接施工的安全问题，1986年通过化工部、中国船舶工业总公司（简称中船总）联合鉴定，获中船总科技进步奖三等奖。

多年来，黄应昌发表了《酚醛—橡胶型胶黏剂》（《化学通报》，1964）《环氧型结构胶黏剂》（《化学与粘合》，1983）等论文30余篇，参与主编《胶黏剂应用手册》（化学工业出版社，1987年11月）、《中国航空材料手册》（中国标准出版社，1988年10月）多部专业著作。还担任国家技术发明奖评审委员会特邀评审员、中国胶黏剂工业协会顾问、山东省胶黏剂专业委员会副主任、《化学与粘合》杂志编委等职。与此同时，吕正芸也发表了《天然橡胶—丙烯腈接技共聚物研究与应用》（《化学通报》，1961）、《J-15结构胶粘技术研究报告》（《石油与粘合剂》，1979）、《酚醛与改性酚醛结构胶黏剂》（《化学与粘合》，1983）《橡胶型压敏与应用》（《化学与粘合》1984）等多篇论文。

黄应昌熟练掌握英、俄、日、德等4种语言，具备阅读、笔译能力，参与翻译了1990年7月化工出版社出版的约98万字的《交联剂手册》（[日]山下晋三、金子东助编写）。

1997年10月，黄应昌从青岛海洋化工研究院退休，吕正芸也于1993年提前退休。退休后他们俩还继续关注胶黏剂行业的发展，2003年9月，两人一起编著了《弹性密封胶与胶黏剂》一书，由化工出版社出版发行。黄于2010年9月去世。吕正芸2014年12月写作了她的自传体小说《一枝腊梅》。

黄应昌社会兼职：国家技术发明奖评审委员会特邀评审员；中国胶黏剂工业协会专家顾问团成员；中国胶黏剂学会筹委会委员；中国新技术投资公司项目评审专家小组成员；山东省经委技术经济咨询论证专家小组成员；山东省胶黏剂专业委员会副主任；《化学与粘合》杂志编委会委员。

黄应昌入典书籍、辞典：《中国当代高级科技人才系列词典》（中国华侨出版社，1993.8）；《中国工程师名人大全》（湖北省科学技术出版社，1991.8）；世界名人录；中国专家人名辞典；中国当代技术人才荟萃。

黄应昌、吕正芸夫妇研究了一辈子的胶黏剂，为我国胶黏剂及航空航天、军工事业发展作出了突出贡献，令人敬佩。

山西煤化工发展“智囊人物”白玉祥

王乐意[1]

我在山西省化工厅工作近30年，几乎天天徜徉于文字之中，便有了多次采访化工厅厅长白玉祥并与其相处相熟相知的日日夜夜。

白玉祥，男，满族，1934年1月生，黑龙江牡丹江市人，中共党员，大学本科学历，教授级高级工程师。少年失怙的他学习异常勤奋，本想初中毕业便工作以减轻家庭负担，但在老师和母亲的支持与鼓励下，坚持读完高中。1954年进入了大连工学院化工系染料及中间体专业，1959年分配至山西太原化工厂，历任太原厂生产科技术员、技术组组长、PVC车间副主任及主任、代副总工程师，中国科学院山西煤化所副所长、所长，山西省化工厅厅长、党组书记，山西省政协常委、经济科技委员会副主任。1999年退休后，仍担任山西省化工协会副理事长、首席顾问，山西省老年科技工作者协会副会长。

他秉承“海纳百川，自强不息，厚德笃学，知行合一”的精神，扎根山西化工行业60多年，一生致力于化工技术的研究和山西化学工业的发展，勤于学习，肯于钻研，技术精湛且有专长，著作等身：《聚丙烯腈染料——阿斯特拉棕的合成》《聚氯乙烯新型引发剂的开发与应用》《煤化学的重要地位》《山西化学工业的现状与发展趋势分析》《化学工业发展战略研究》《山西化学工业调查研究报告》《用循环经济思想指导走煤化工可持续发展道路》《山西省甲醇发展总体规划方案》等，是一名卓越的煤化工贡献者。

山西作为国家的能源重化工基地，化工行业出了不少省部级领导，多为白的同僚部属，但是，他淡泊名利，唯独钟爱他年轻时就选定的化工科学与技术。退休20多年，仍坚持每天工作，审阅大量文件资料，赴全国各地参加学术研讨会议。

① 王乐意系《中国化工报》山西记者站原站长。

1. 行业发展的“战略家”

他多次主持和参与制定山西省化学工业发展的“五年计划”，区域规划、园区规划和重点化工企业规划，展现了高超的领导力、组织力与执行力。

在2013年，白率先在山西提出了“围绕低质煤高效清洁利用，大力发展现代煤化工产业，延伸拓展特色煤化工产业，优化提升传统煤化工产业，力争形成以现代煤化工为主导、以传统煤化工为基础、以精细化工和化工新材料为特色的产业格局”。后来被确定为山西省煤化工产业“十二五”发展的重点，写入了《山西省煤化工产业“十二五”发展规划》。

2017年,《国务院关于支持山西省进一步深化改革促进资源型经济转型发展的意见》发布，为落实文件精神，山西省相关部门委托他牵头制定《山西省“十三五”化学工业发展规划》和《山西省现代煤化工产业发展实施方案》。

白剖析了煤化工行业的新发展，分别从传统煤化工和现代煤化工的定义、发展以及二者对比，分析正处在发展瓶颈阶段的国内煤化工行业现状，是转型于天然气、石油之路，还是发展“煤化工新技术”以及“煤焦油加工的精细类产品都有哪些”等问题。在起草《山西省“十三五”化学工业发展规划》时，他结合自己在山西化工行业长期的工作经历，认为山西化工产业发展历史悠久，也为国家作出过重要贡献，但在当前全国高质量发展突飞猛进的背景下，山西化工产业偏传统、偏中低端，转型升级形势严峻的问题尤为突出。白高瞻远瞩，认为山西传统化工产业必须通过产业升级和转型发展蹚出一条新路来，现代化工产业要根据山西的实际进行科学规划，向洁净燃料、石化替代化学品、精细化学品和化工新材料产业发展，才能形成山西化工产业高质量创新发展的新局面。

白结合自身多年工作经验以及对煤化工行业的长期研究，把山西省煤化工的发展归结为五个字:“肥”“醇”“炔”“苯”“油”。

在他起草的《山西省现代煤化工产业发展实施方案》初稿中，他又提出山西化工借助产业集聚区发展优势，建立产、学、研、政、金、服创新联盟的思路。提出要以培育大型煤化工企业为主线，改造提升化肥、乙炔化工等传统煤化工产业，培育壮大炼焦化产品深加工、甲醇及其衍生物产业链，稳步发展醇醚燃料、合成油、煤制天然气等清洁能源和甲醇制烯烃等，实现新型煤化工产业的跨越式发展。

围绕“肥”“醇”“炔”“苯”“油”，他提出了具体的实施意见。

（1）推动焦炉煤气高附加值利用

依托山西大型焦化企业，重点发展焦炉煤气经甲醇制烯烃及下游材料产业；重点发展焦炉煤气制甲醇联产天然气；重点发展焦炉煤气、煤制气等多气头制乙二醇及下游新材料产品；重点发展焦炉煤气制天然气以及联产合成氨。依托精细化学品企业，重点发展费托合成蜡。

（2）煤焦油的综合利用

以煤焦油为原料，积极发展苯酐、高档炭黑、染料中间体、咔唑、精蒽、蒽醌、2-萘酚、2，3-酸等深加工产品；加强煤焦油沥青的利用，生产针状焦、超高功率电极、沥青碳纤维及沥青球状活性炭等碳素材料，形成碳素新材料产业优势。

（3）粗苯的综合利用

通过粗苯加氢技术生产苯、甲苯、二甲苯等芳烃产品，与煤制烯烃产业链结合，发展工程尼龙、聚酰亚胺纤维、非结晶型共聚酯（PETG）等高性能材料和功能纤维。通过粗苯萃取精制技术，生产顺酐及噻吩等高附加值产品。

（4）加快传统煤化工转型创新步伐

加快山西省传统煤化工转型创新步伐，积极延伸产业链，向高端、精细、材料等方向发展，实现产品由初级资源型向高端材料型转变；通过兼并重组等措施，进一步推动产能向优势企业集中，形成规模优势，集群优势；在全国率先实现国内传统领域煤化工领域提质升级。

在山西煤化工发展上，他有他的“独特”观点，那就是必须改变过去“大力加快重点发展”的思路，坚持“科学稳妥有序”发展。山西煤化工业界普遍认为，白在制定山西化工“十三五”规划时提出的这些指导思想，凸显了创新思维，对现代煤化工发展的提法比之前更为冷静和理性，也更为科学合理，指明了

“十三五”乃至今后一个时期的山西化工发展的新路。

白亲自参与和指导了多项重点工程项目和引进技术项目的建设，如国家“一五”计划156项重点工程项目之一的太原化工厂建设；国家“六五计划”引进国外全套技术装备的山西化肥厂（现山西天脊集团）煤制合成氨—硝酸—硝酸磷肥重点工程建设；山西晋煤集团引进国外煤基甲醇制清洁汽油（MTG）工程项目；山西焦化集团焦化及炼焦化产品深加工工程项目；等等。他主持和参与、指导了包括山西化肥厂、山西焦化厂、晋煤集团、丰喜集团、美锦集团、亚鑫集团、安泰集团等在内的多个大型煤化工重点工程项目的建设。

2. 煤化工发展的“智囊人物”

一个优秀专家的“人格魅力”莫过于“总能在关键时刻为我们行业做出最正确的选择”。在山西化工界，每每提到“选择与抉择”，人们总是不会忘记载入山西化工历史的一个“事件”。

那是2001年2月，《山西省国民经济和社会发展第十个五年计划纲要》经山西省第九届人民代表大会第四次会议审议通过，该纲要提出要加快工业改组改造，重点实施传统产业优化升级的发展计划，山西省要实现由煤炭大省向新型能源大省和煤化工大省转型发展的战略目标。

在这个关键节点或者重要时刻，大集团大企业的老总们，不约而同找到了白玉祥。那些日子里，白根据山西省“十五”计划纲要提出的发展目标和要求，结合自己对山西本土企业了解，分析优势和发展需求，做了大量策划工作。这次，白玉祥为行业发展又作出了一次跨世纪的选择。

记得那是在2002年山西化工行业发展调研会上，他说：“山西煤化工发展的机会来了！丰喜集团进一步做大做强，需要寻找有资金和实力与发展煤化工意向的企业进行合作，加快发展煤化工产业，实现合作共赢；晋煤集团是传统煤炭大集团，要发展煤化工，但由于没有煤化工建设、生产管理经验，需要寻求合作伙伴，快速开启煤化工产业板块，实现转型发展。”

他认为：“这不正好嘛，可以让这两家企业实现强强联合，进行优势互补，成立一个创新型煤化工企业，既可以满足两家企业的发展思路需求，也符合山西省‘十五’计划纲要提出的发展目标和要求。”

于是，他把这个建议同省内专家进行了通报，并与两家企业进行了沟通和交流，得到了两家企业的赞同和积极响应。2003年1月在白的协调之下，丰喜集团与晋煤集团合作进行了充分论证，确立了强强联合、煤化并举、优势互补、做大做强的建设新型现代化企业集团理念，达成了合作，为一个创新型企业晋丰煤化的诞生打开了绿色通道。

2003年8月8日，山西晋丰煤化工有限责任公司在太原迎泽宾馆挂牌成立。

实践一次又一次地证明“智囊人物”白玉祥这次“决策”是多么的“英明”。作为一家大型煤化工企业，晋丰公司成立后，分别在山西省高平市和闻喜县设立了3个分公司，通过3年时间的努力达到了年产综合氨80万吨、尿素120万吨、甲醇12万吨、复混肥10万吨的生产能力，成为我国化肥行业百万吨级尿素生产基地之一，其合作成功的经验为国企混改、产权多元混合所有制改革的“晋煤模式”提供了经验和示范。

作为山西省无烟煤最大的企业晋煤集团，依托优质无烟煤资源优势，通过新建、研发、并购，实现了煤化工板块的快速增长，在全国布局了晋开、金石、三宁、联盟等20多家50余个煤化工生产厂的企业规模，到2007年一举成为全国最大的煤化工企业集团。丰喜集团也由此达到快速提升，华瑞、泉稷、新疆等一大批化工企业成功复制出来，为进一步产业升级和转型发展奠定了基础，提供了动力支持。晋煤集团依托优质无烟煤资源优势，通过资本运作手段实现了煤化工板块的快速增长。

山西煤化工的每一个进步与发展，都闪耀着先生发出的生命之光。

高山仰止，鉴往知来。白玉祥先生是一位德高望重、难得的好领导、好师长。虽然先生已经离开了我们，但他以其泰斗国宝级专家身份，以其勤勉尽责的作风和感召各方的人格魅力，备受山西化工企业界的拥戴。

聚酯装置国产化功臣蒋士成

叶建华

第九届全国政协副主席陈锦华在《国事续述》“筚路蓝缕，衣被天下”这一章写道：“我曾经讲过一个观点，现在的衣食住用行几大类生活要素，解决得最好的是穿衣问题。国内国外、城市农村、发达地区与欠发达地区，穿衣水平差别不大。”

我国的穿衣问题为何能解决得最好？离不开党和政府及千千万万人的努力，而蒋士成院士厥功至伟。

几年前，我应中国石化仪征化纤有限公司之邀，参与了中国工程院组织的《中国工程院院士传记——蒋士成传》采写工作。我们采写组的4位同志经过四五年的努力，36万多字的倾心之作于2021年10月由人民出版社和中国石化出版社联合出版面世。其间我4次采访蒋士成院士夫妇，听到了许多动人故事。受篇幅所限，现选取几则与读者分享。

1. 愿将一生报祖国

1934年，蒋士成出生于江苏常州，一个诗书传世、锦衣玉食之家。祖上经营的银楼顾客盈门、盈利颇丰，父辈中出了不少经营、戏剧和文化名人。

覆巢之下岂有完卵。殷实兴旺的家族因日本鬼子的入侵而改变。年少的蒋士成目睹了日本侵略者在常州杀人、抢掠等暴行，不仅使蒋士成家银楼等生意被毁，而且导致父亲等长辈早逝。对日本侵略者仇恨的种子种植在了蒋士成少年的心田。从那时起，他慢慢懂得一个国家落后就要挨打的道理，他立志要为祖国的强盛而发奋努力，努力报效祖国。

蒋士成的母亲计瑞华以娇柔之躯抚育着4个孩子，其生活艰难程度可想而知，即使变卖家产也要让孩子读书。母亲常常教育孩子，人生没有过不去的坎，要对生活充满信心。母亲乐观、坚强的性格深深影响着蒋士成。

蒋士成从小品行优良、聪慧好学、学业优秀。新中国成立后，给蒋士成家庭带来了新的希望。1953年蒋士成以优异的成绩考取了新中国第一所化工专业大学——华东化工学院，所学专业为有机染料及中间体合成专业。

蒋士成回忆道：我从小受到知恩图报的教育。如果没有新中国，我们这样的家庭不可能上大学，即使能考上大学也读不起。我们上大学所需的吃住费用基本上由国家承担，才使我得以完成学业。因此，我要将一生报效祖国，做祖国大机器上的一颗螺丝钉，哪里需要就到哪里。后来就有了毕业分配到北京之后，走武汉、闯吉林、居贵州、转广西、战辽阳、到仪征的人生轨迹，蒋士成无论在哪里都能交出优秀的人生答卷。

2. 年近花甲离京城

对于民众来说，穿衣与吃饭是同等重要的问题。我国人口众多，耕地有限，粮棉争地矛盾十分突出。解决好人民穿衣问题是毛主席和周总理等党和国家领导人的殷切牵挂，解决好穿衣问题的重要途径是化纤。化工和染料科班出身的蒋士成重任在肩、责无旁贷。因此，蒋士成一生与化纤结缘。

北京的牛栏山维尼纶厂、贵州有机化工厂、广西维尼纶厂、辽阳石化总厂、仪征化纤基地都留下了他的足迹和汗水。尤其是1978年至1985年他参与了仪征化纤的筹建、开车投产。我国花了大量外汇从国外引进了70多套以年产6万吨为主的聚酯装置，中国成为"世界聚酯装置博物馆"。对此，他越来越感到不安。蒋士成在纺织设计院担任主管业务的副院长兼总工程师期间出访多个国家，了解世界聚酯工业前沿动态与技术，考察国内聚酯企业，构筑了产、学、研、制造相结合实现聚酯装置国产化的梦想。

1992年，为实现报效祖国的梦想，年近花甲的蒋士成毅然携手爱人陈雅告别首都北京，扎根离南京70多千米的三线小城仪征，开始了他的追梦人生。

蒋士成深有感触地说："从北京到仪征这个苏北小城，从一家人团聚在一起到重新分离，没有一点犹豫。只想到工作需要，为了心中的一个梦想，一切都很自然。"

3. 担纲圆梦国产化

实现聚酯装置国产化是政府提倡、支持的项目，然而由于多种原因未能落在实处，少有实质性进展。由于聚酯生产技术属于当时世界化工领域前沿技术，被世界少数国家垄断，实现聚酯装置国产化对我国来说难度巨大、风险可怕，许多部门和企业知难而退。

蒋士成深刻地认识到要想实现聚酯装置国产化，必须有企业作为支撑，必须生产、科研、设计同心协力，必须先易后难，从技术改造做起然后循序渐进。

蒋士成扎根仪化公司后，利用他毕业于华东化工学院、工作于中国纺织设计院的天然优势及实现聚酯装置国产化的共同志向，谱写了“北京三人会议”的故事，演绎了联合攻关的绝唱。之后，仪征化纤公司年产6万吨聚酯装置10%和30%增容的前奏序幕和成功实践，为实现聚酯装置国产化坚定了信心。

蒋士成1998年办理退休手续，1999年当选中国工程院院士。没有了公司副总经理的行政职务，但报效祖国，实现聚酯装置国产化的梦想没有熄灭。组织上委派他为聚酯装置国产化项目第一责任人指挥协调攻关工作。蒋士成和他的团队克服了难以想象的困难，超出常人的付出。在仪征化纤、华东理工大学、纺织部设计院、南京化机厂等生产、科研、设计、制造通力配合下，终于在2000年12月8日实现了国产化年产10万吨聚酯装置开车成功，其技术、经济、环保等指标达到或超过世界先进水平。

我国聚酯装置国产化成功后，每万吨生产装置成本仅为引进装置的1/5。由于技术先进并且建设成本低廉，大大降低了建设门槛。乘改革开放之东风，加入WTO之后实施投资主体多元化，民营聚酯企业如雨后春笋般迅速发展。从此，彻底改写了世界聚酯和化纤工业版图。

昔日风光无限的世界聚酯行业龙头老大吉玛公司，面对中国聚酯国产化带来的先进技术和低廉的建设成本，不仅产品市场份额被不断蚕食，垄断利润也大幅下降。为此吉玛公司董事会不断调整战略，更换高层，裁减员工，但仍然无法回到过去时光，最后被德国鲁奇公司收购重组，被挤出了世界聚酯工业的强企阵容。除了吉玛公司，当年横行于中国聚酯市场的美国杜邦、瑞士伊文达、美国康泰斯等世界聚酯巨头的市场份额锐减、利润下滑，有的退出了中国市场，有的只剩下很小的空间。韩国、日本、中国台湾地区的聚酯企业在世界市场的占比也不断下降。

我国大陆地区聚酯企业规模不断扩大，15万吨／年、20万吨／年、30万吨／年、40万吨／年、50万吨／年的大型装置相继问世，浙江桐昆60万吨／年装置也闪亮登场，还有更大规模的装置正在筹建之中。

在2000年前，我国一直是聚酯净进口国，从2001年开始成为净出口国。加入WTO之后，中国聚酯、涤纶产品畅销世界市场，纺织工业成了国家创汇的重要行业。2019年中国的聚酯产量为5100多万吨，占世界聚酯总产量的70%以上，中国已成为名副其实的聚酯大国并且在许多领域成为世界强国。

中国纺织工业总会原副会长、仪化公司原总经理任传俊对蒋士成作出了如下总体评价：蒋士成是一个讲政治、懂规矩、顾大局的人。工作认真、一丝不苟。化工、化纤技术非常专业。工作阅历丰富，管理知识全面。肯学习、善钻研、有担当，是一个“德技双馨”的专家。

戴干策先生是我国著名的化工专家，是聚酯装置国产化联合攻关的华东理工大学负责人，在业内享有很高威望。他对这个项目能够获得成功进行了归纳总结。他强调：聚酯装置国产化是我国一个成功的案例，其经验值得总结。他说：我作为当时学校的项目负责人，有很多感悟。这个项目之所以能够成功，至少有以下几个重要因素。

一是蒋士成院士发挥了关键作用。蒋士成是国产化攻关项目的关键人物，他有着强烈的报国之志，有魄力、有智慧、懂技术、协调能力强。聚酯装置国产化是一个涉及面广、难度大、非常复杂的工程。现代控制理论告诉我们：母系统的优化不仅需要各个子系统的优化，而且需要各个子系统的协调配合。蒋院士牵头担纲此项任务具有很多优势。

第一，表现在他的强烈的报国意志上。国产化是一项具有很大风险的事情，成功了对个人没有多少奖励，失败了会毁掉一生的名誉。第二，表现在他的魄力上。面对复杂的情况敢于拍板承担责任，如果他腿一软，这件事就没有办法做。第三，表现在他的智慧上。他虽然不是每个专业的专家，但他学贯中西，对化工原理、化学工程、工程设计、化工机械、生产管理都有所研究，懂其规律，运筹帷幄。第四，表现在他的协调能力强上。他有着华东理工大学就学、纺织设计院和仪征化纤公司工作的丰富经历。第五，表现在他的谦虚低调上。他与人为善，具有人格魄力和凝聚力，大家愿意与他共事，讨论问题时可以畅所欲言，开启智慧。我国许多成果之所以得不到转化，不是缺少能人，而是缺少像蒋士成这样集多种优秀品质于一身的领军人物。

二是合作各方都有为国争光为民族争气的志气。我国每年都要花大量的外汇进口国外成套装置。就我国的聚酯产业来说，中国被称为世界聚酯装置“博物馆”，这对我们每一个中国人特别是化工人来说都是一种耻辱。制约我们国产化的瓶颈主要不在于研究、设计和制造，而在于优势资源的整合。我们都盼望有一个有能力的单位和领军人物来牵头担纲，好不容易有了仪化公司搭建平台和蒋士成来牵头组织，我们理所当然同心同德、尽心竭力。仪化公司聚酯装置国产化联合攻关，唤醒了大家的民族自信，激发了各方的潜能。有了志气、自信、潜能，就形成了逢山开路、遇水架桥的巨大力量。这一条是获得成功的重要因素。

三是各方同心同德配合默契。当时的合作，尽管是甲、乙、丙、丁多方，分属不同的主管部门，但大家以国产化项目为纽带，以蒋士成先生为黏合剂紧密地黏合在一起，团结配合得像一家人一样。那时联盟内部也不太讲究保密、知识产权，消除了许多人为障碍。产、学、研、设计和制造相互派驻人员，我们实验室数据一出来立即交给设计和生产企业，学校派出教授和学生驻扎生产现场观察生产和控制情况。相互之间拆除防线、真诚合作、配合默契，减少了制度障碍，提高了工作效率。这种配合状况现在很多项目都很难做到。如果各方都打小九九，你防着我，我防着你，就很难形成合力、干成大事。因此，我们大家都非常怀念那段岁月。

我采访了中国纺织工业联合会副会长、中国化纤协会会长端小平，当我请他形容我国聚酯工业在世界上的地位时。他欣然告诉我，我国聚酯涤纶产业在国际上相当于中国乒乓球队，已打遍天下无敌手。

4. 化作春泥更护花

对于蒋士成来说，岁月不居，初心不改。他在实现了聚酯装置国产化梦想之后，并没有停止脚步、坐享其成，而是将目光投向了远方。他的日程总是安排得很满，校园教育培养学生、深入博士站指导企业，更多的是研究我国化纤发展战略。据曹湘洪院士介绍：近年来，蒋士成不顾年事已高，仍然活跃在我国化纤行业的前沿舞台，由他牵头的高性能纤维发展战略咨询研究取得了重要成果。蒋士成工作认真，认真分析世界化纤技术发展现状、存在的问题、制约的因素，提出了我国新时期化纤发展战略，为政府决策提供了依据，起到了很好的推动作用。

碳纤维、芳纶等高性能纤维得到了快速发展，已经在汽车和国防军工等领域得到了应用，有着良好的发展前景。蒋士成为我国PTA（精对苯二甲酸）国产化也作出了贡献。

5. 全家同奏报国曲

蒋士成优良的家风不断光大、传承。由于蒋士成夫妻转战南北、工作繁忙，女儿蒋丹敏由外公外婆抚养成人。据蒋丹敏回忆，最长的一次7年没有见过爸爸。由于蒋士成长期出差外地，儿子蒋雄文小时候很少见到爸爸。一次，蒋士成从外地回到家里，见到可爱的儿子，特别想拥抱儿子与他亲热一番，儿子却以怯生生的目光看着蒋士成往墙角里躲闪，嘴里喊着："妈妈！妈妈！你快来，我怕叔叔！我怕叔叔！"

长大了的女儿和儿子都理解了爸爸妈妈，因为他们将儿女情长融入了对祖国、对人民的大爱之中。他们更加敬佩爸爸妈妈。

蒋士成与爱人陈雅结缘于华东化工学院，他们不仅情投意合，而且志同道合。陈雅一生摘下自己的光环为蒋士成聚焦，扮演着夫唱妇随的贤妻良母角色。陈雅是一位专业精湛、管理能力尤其对外商务谈判能力很强，在业内有着较高知名度的女强人。当时正值我国深化改革、扩大开放之际，许多企业对外交往频繁，急需既懂专业知识又精通外语的商务谈判人才。一家世界知名央企有一个国际部的重要职位对外公开招聘。陈雅欣然应邀一试，通过严格的笔试、面试，让主考官眼前一亮，认为这个岗位非陈雅莫属。而正当要为陈雅办理调动手续之时，经过三思之后的陈雅改变了主意，理由是蒋士成长期出差外地，儿子需要她照顾，如果任职该公司国际部难免不时出差国外，这个家庭与工作之间的矛盾无法调和，更不能因此让蒋士成分心而影响工作。陈雅最终只得选择了放弃，令这家公司惋惜不已。

蒋士成获得中国工程院院士殊荣后，参加会议、企业调研、成果鉴定、校外辅导等社会活动增多，一般他们夫妇都会携手出现，陈雅承担着工作和生活秘书的角色。他们感情深厚、配合默契。陈雅常常为蒋士成补台圆场。一次蒋士成主持一个科研成果发布活动，讲话时对地方政府领导、行业领导、专家学者、项目研究人员都表示了感谢。坐在台下的陈雅没有听到向新闻媒体朋友致谢感到欠缺，立即写了一张纸条递给蒋士成。蒋士成一看心领神会，最后特意加重语气对前来参加发布会的新闻媒体朋友表示衷心感谢，并希望媒体朋友一如既往关心支持我国化纤事业的发展。一场差点的疏忽变成了一个圆满的结局。

蒋士成和陈雅夫妻的动人故事对执子之手、白头偕老、相濡以沫、心心相印等美丽词汇作出了诠释。他们堪称中国模范夫妻。

追思“一胶”谢宜凤

李春华[1]

2018年春节前的周末，惊悉谢宜凤兄悄然辞世，我急匆匆随儿子儿媳车飞奔天津。一路伤神无语，唯两行热泪长流。谢兄那温文尔雅的身影似过电影，活生生地在我的心屏上闪回、浮现。

谢宜凤，男，1935年2月出生于上海市。

谢1954年毕业于北京电影学院洗印专业后，即分配至中央新闻纪录电影制片厂（简称新影）洗印车间工作。电影局一声召唤，他便加入了胶片厂赴苏联肖斯卡第三胶片厂实习团，与在列宁格勒电影工程学院就读的苏州姑娘邹竞相识。

1958年，坐落于保定的化工部电影胶片厂（人们习惯称“一胶”，乐凯集团公司前身）在“大跃进”的鼓点声中破土动工，一个英姿勃发的上海青年来到了这座古城，为乐凯奉献了自己的一生，他就是“一胶”的总工程师——教授级高级工程师谢宜凤。

1960年炎炎夏日，胶片厂的暗室、地下室密不透风，阴冷潮湿，导致这位年轻人急性风湿性关节炎发作，不得不架起双拐出入图书馆。就在那食不果腹的日子里，谢和陈兆初还合译了俄文版《彩色显影》一书，为工厂做了技术资料准备。

就在这年，邹竞来到了这座古城。1962年夏他们喜结良缘，1964年有了宝贝姑娘小红，1965年有幸分到一套三室新居，将外婆接来团聚。邹干练敏捷、热情似火，一生追求卓越完美，以咬定青山不放松的精神在科研前沿攻关夺隘；谢则从容淡定，以上善若水、温润如玉的君子之风在特定时期的关键岗位上默默奉献，二人成为相辅相成又相反相成的绝配佳侣。

1963年，厂磁性录音带实验车间成立，谢调到车间做技术工作，大步跨进磁

① 李春华系乐凯职工，邹竞和谢宜凤挚友。河北省作家协会会员。

记录材料领域，成为乐凯感光材料、磁记录材料不可多得的双料专家。

"文化大革命"后期，北京派来军管会"抓革命，促生产"，厂研究所获得一批宝贵而又急需的外文技术资料，谢的外语派上了用场。顺利完成任务后即调入科研办公室工作。谢又受命编写出版了《电影胶片工艺基础知识》一书，起到了很好的技术普及作用。

1972年，他被派往广州交易会参加与日本小西六公司来华人员座谈会，发现该公司乳剂制造过程已采用沉降法取代传统的水洗法。回厂后，他立即建议厂里首先在研究所开展试验。他中、夜班连轴转，实在太累了，就躺在长条椅上迷糊一会儿。经过他的辛苦努力，工厂掌握了沉降法新工艺，再配合以多层挤压涂布，使胶片涂布工艺向前迈进了一大步。

接着，谢被任命为研究所彩色片室副主任，负责全面技术业务工作。从20世纪70年代开始，国家组织了彩色胶片攻关会战。专题组的同志们从油溶彩色剂高速搅拌乳剂分散开始，到多层乳剂中的应用、反差性能调整，直到挤压涂布试验等工作，可谓夜以继日。在关键试验中，谢兄都亲力亲为，有时两天两夜不回家休息，终于取得突破性进展。1976年开始使用乐凯油溶彩底拍摄《雁鸣湖畔》等片，彩色底片的国产化迈出关键性一步。

1976年，化工系统考虑引进乳剂涂布和聚酯片基制造技术的成套工艺设备，谢的工作又转向了乐凯的技改领域。他首先参加了以中国进出口总公司名义派出的感光胶片与磁带考察组，一行12人于1978年11月跨出国门，西行欧美，东渡日本，对14家国外公司所属的20余家工厂，进行了为期59天的实地考察。眼界大开促进了脑洞大开，乐凯迎来了第二次创业。如果说，陈兆初老总是统帅，谢兄就是他最信任的参谋和得力助手。陈出的乐凯式引进良策是"工艺配方自主研发，辅助设备国内配套生产，设备安装自己干，只引进关键设备"。较之全套引进，体现了乐凯人的自强、自信和自尊。

冬日北京，寒风凛凛，中国技术进出口公司的谈判楼却不断地升温。乐凯在与日本磁带技术引进谈判中，陈总明察秋毫，智慧干练，谢兄儒雅沉稳，不温不火。经过二十几天的奋斗，在智力交锋和策略抗衡中终于大获成功。

此次东渡日本考察，又与原田茂久先生相逢。恰好他的工作已转向磁粉磁带工艺方面，能提供乐凯急需的技术资料和设备。乐凯聘请原田做技术顾问。乐凯在高性能磁粉和新型录音带开发方面有了长足进步。1989年402型6.3毫米电影录音带和LK322型磁带被授予“国优产品”称号。

谢晋升为厂总工程师后，还一直关注磁记录材料的发展动向。他的《磁记录材料的现状和展望》长篇学术论文，于1993年发表在《科技导报》上，与同行从业者分享。

我同家人驱车来到天津大学院士楼，见几位家人围坐在轮椅上的邹竞身边。失偶之殇重创了她，满脸悲凉和沧桑。我俩相拥而泣，无语凝噎。我只能用最贴心的拥抱，安慰这位深交了58载的闺密和挚友。

人生无常，思维清晰敏捷，身材高挑挺拔，头发少许花白的谢兄，春节前因病住了一周医院，吃完早饭欲随女儿回家时，突发脑出血悄然逝去。为纪念乐凯建厂60周年而撰写的尚未完成的回忆录《我的胶片情缘》也戛然而止。

年过八旬的邹竞院士，近年入驻天津大学，在乐凯和天大合作项目的化工学院教育部绿色合成与转化重点实验室，忙于科研新项目并做博导工作，退休后的谢兄成为她的有力支撑。前年春节，邹竞因腿疾下车时失衡扑倒，谢兄奋不顾身冲上去救助，不幸因压缩性骨折住院，令邹竞无限地心痛和愧疚。她跟我说过：“跟老谢在一起时间越久，越佩服他，越离不开他。他心地干净，宽人严己，于公于私只尽责任，不问名利，他的追求是至善至真。”

谢退休在家后，除支持邹竞的科研外，还心系乐凯，与公司内外几位年轻专家合写了《涂布复合技术》一书，2011年7月由文化发展出版社出版，受到广大读者欢迎。

为了适应我国光学功能薄膜行业发展的需要，以填补国内此类专业书的空白，由谢兄统筹并参与编写了《光学功能薄膜的制造与应用》一书，由化工出版社出版发行。

我翻动谢兄那两本厚厚的遗作手书，扉页题记：

斗转星移，花开花落，转眼已是耄耋之年。这么多年的酸甜苦辣已成过往，但回忆当年旧事，仍历历在目。乐凯的成长曲折多舛，辉煌更是来之不易……

中国工程院院士金涌自述

金　涌

金涌，男，1935年7月出生于北京，满族。1953年被国家选派赴苏联乌拉尔工学院留学，1959年获学士学位；1959～1961年在天津大学深造；1961～1973年在中国科技大学任助教；1973年在清华大学任教；2019年退休。

历任国务院学位委员会化工学科评议组召集人（第三届、第四届）、北京市政府专业顾问（第四届至第六届）、中国颗粒学会和中国化工学会常务理事、中国生态经济学会副理事长、中国环境学会顾问。1997年当选中国工程院院士。

1961年领衔筹建中国科技大学高分子系“化学工程与工艺”教研组。1977年，领衔筹建清华大学反应工程研究室。在多相化学反应器，尤其是流化床反应器的基础研究和工业应用方面取得成功，建立了国际声誉。

多年在化学工程方面的研究，获得众多创新性学术成果：

第一，提出了气固流态化流型转变的机理模型和定量判据；发明了湍动流化床新型复合内构件，改善了流化质量，解决了工程放大难题，成功用于指导多种工艺，包括：苯酐、苯胺、丙烯腈、醋酸乙烯、三聚氰胺、甲醇制烯烃和芳烃、聚甲氧基二甲醚、碳纳米管、顺丁烯二酸酐等反应过程的多台大型工业流化床反应器的改造或设计。

第二，气固并流循环下行床的基础研究及在催化裂化反应应用领域，处国际领先地位。

第三，首次发现纳米团聚流态化，并用于纳米碳材料合成。

第四，在多层流化床下料管的研究方面，显著提升其操作稳定性。

从2000年开始，结合重大社会转型发展的关键问题，引领全国之先，在清华创建生态工业工程学科并曾担任清华大学循环经济研究院院长，有力推动了全国循环经济的工程实践。作为该领域国内领军人物之一，组建全国循环经济学会。在国家发改委、省、部及市级领导会议，宣讲循环经济理念30多次，被19

所高校聘为兼职教授或顾问和北京市、太原市政府顾问 。

5年内，在学术会议、行业会议、大中学校、科技馆等进行主旨发言和科普讲演300余场，在抖音科普讲座上已有180多万粉丝。并于2014年4月向李克强总理汇报循环经济工作，为可持续社会的建设作出了贡献。2020年共同发起“皮肤健康与美颜品产业联盟”，促进国内高端产品代替进口，拉动市场经济。

曾获人事部中青年有突出贡献专家和北京市高校名师称号、全国优秀教师奖、全国五一劳动奖章。获1987年国家技术发明奖二等奖、1995年国家科技进步奖二等奖及其他省部级奖励十余项。2006年获得美国化学工程师学会 PSRI 讲座奖。2016年，获得第十一届光华工程科技奖工程奖，全国十大科学传播人物奖，中国石化工业40年突出贡献人物奖，2016年中国石化“十二·五”十佳人物奖。2017年荣获清华大学突出贡献奖。2017年获全国创新争先奖。2017年出版《多相反应堆工程与技术》(*Multiphase Reactor Engineering and Technology*)。2020年获典赞·科普中国十大科学传播人物奖。2021年5月，在第13届国际流化床技术大会，被授予CFB循环流态化终身成就奖。

发表科学论文350余篇，主持中美化工大会两次。以院士的责任感著书立说，并将此视为培养人才和教育家的使命。曾编著专著十册。

2006年，主持编制《探索化学化工未来世界》系列科普片和配套书。2020年编写了《科技创新启示录》，被评为2020年科技部优秀科普读物。本书的特点：收集编辑了全球诺贝尔奖获得者的创新灵感和创新历程，对年轻科技工作者开展科技创新、培养善于发现的素养，有很好的启迪作用。为中小学生主编《化工王国的72变》，获少儿图书奖，出版发行后受到广泛好评。

主张发展业余爱好，痴迷古旧物收集，篆有《美在金石方寸间——古代印章》《掌中瑰宝——精品鼻烟壶》二册。

热熔胶开拓者王润珩

翟海潮

王润珩，1935年7月出生于河北省阜城县的一个农民家庭，1960年毕业于河北师范大学化学系，被分配到中国科学院华北化学研究所工作。1963年，王被选派到苏联科学院攻读副博士学位，师从苏联科学院院士B.B.科尔沙克和C.P.科鲁诰夫斯基。王的研究成果《磷酸配位聚合物的合成及性能的研究》（俄文）及《单一和混合磷酸配位聚合物的合成及性能的研究》（俄文）发表在苏联的国家级刊物《高分子化合物》杂志1967年第8期上。

1966年，王从苏联科学院毕业回到中国科学院华北化学研究所。后来院所调整，王调到中国科学院北京化学研究所，从事磷酸配位聚合物方面的后续研究。

1970年年底，王调到河北工业大学，从事高分子专业课的教学与聚苯硫醚合成与应用方面的科学研究工作。1975年，受天津某企业委托并在天津市科委立项，王承接了“服装粘合衬用胶黏剂”课题，从此开始了热熔胶方面的研究。他凭借自己在留苏期间有机物合成和共聚反应的扎实基础，经过一年多的研究，首先研制成功聚酯热熔胶，继而在河北工学院化工厂试生产，并首先在天津市服装衬布厂用于服装黏合衬的生产。用该胶黏剂制成黏合衬，再制成的服装，可以耐水洗，但不耐干洗。为了解决这一难题，王于1988年研制成功聚酰胺热熔胶，使用聚酰胺热熔胶的黏合衬制成的服装可以耐干洗，但不耐水洗。为了解决这些矛盾，王绞尽脑汁，他想能否把聚酯和聚酰胺两个聚合物再共聚一次，于1990年初，制成既耐水洗又耐干洗的聚酯酰胺热熔胶，通过反复实验，果然获得成功。于是，聚酯酰胺热熔胶诞生了，接着申请了国家发明专利。

王研制的产品后来获得多项国家发明专利，如“聚酯胶粉的制造方法”（CN 85105052 1987-01-21）、“织物用聚酯酰胺热熔胶的制造方法”（CN 1044664 1990-08-15）、“聚酰胺或聚酯酰胺热熔胶的制造方法”（CN 1051186 1991-05-08）等。其科研成果“聚酯热熔胶溶胀制粉法”于1988年荣获国家技术发明奖，“聚醚型聚酯热熔胶的合成及性能研究”于1982年获天津市科技成果奖二等奖。

1992年，王晋升为河北工业大学教授、硕士生导师，他指导研究生完成“聚乙烯接枝马来酸酐”（PE-g-MAH）研究。在廉价的非极性聚乙烯链上接枝有极性且带有配位键的马来酸酐，大大提高了聚乙烯的应用价值。

多年来，王在国内外发表论文、译文计86篇（册）。其中《粘接过程中配位键力的研究》和《聚乙烯接枝马来酸酐的动力学研究》两篇论文登载于世界三大索引之一SCI中。典型的论文还有《聚酯类热熔胶的合成及其性能研究》[《塑料工业》，1980（2）]、《聚醚型聚酯热熔胶的合成及其性能的研究》[《粘接》，1982（6）]、《鞋用热熔胶》[《粘接》，1988（6）]等。

在教学与科研的同时，王还重视热熔胶技术的普及推广、著述和热心社团工作。他写的科普文章《漫话热熔胶》发表于1977年4月1日的《河北科技报》，《聚酯类热熔胶》（综述）发表于1980年第1期《河北化工》杂志。他曾任中国胶黏剂工业协会顾问，全国热熔胶粘合衬协会副理事长，天津市胶黏剂研究会副理事长，河北省粘接技术协会副理事长，《粘接》杂志编委会副主任等职。王编写过《粘接技术实例汇编》（天津胶黏剂研究会，1985年）。《胶黏剂与涂料》《缩合聚合》二书由化工出版社于1986年出版。

王在教学上不但治学严谨，还强调理论与实践相结合。他认为，科研的目的不是出几篇论文，而是把科研成果转化为产品为社会服务。王积极支持高年级的学生参与他的技术转让，如企业建厂、试车、投产等环节。这样培养的学生，会很快投入工作。在几十年实施技术转让的过程中，培养了大批的实用型人才，他的学生未毕业就已经在他们所研究的领域有所建树，成为各个企业抢手的人才。在他培养的学生中有不少已经成为国内外大学、科研机构、跨国公司的领导或技术骨干。

作为享受国务院政府特殊津贴专家、大学教授，王不仅在学术研究上成就斐然，更为可贵的是，他是国内最早开展并坚持走“产、学、研”相结合道路的人之一。王是河北工业大学把研究成果转化为产品的第一人，也是技术转让成果最多的人，又是应用研究成果办企业的第一人。在职期间，他完成了20多项的科技成果转让，包括EVA热熔胶和木材用热熔胶，一直使用该转让技术的企业有河北唐山丰和塑胶有限公司、江苏启东热熔胶有限公司、天津市盛旺电子化工厂等十几家企业，有12家企业同时聘请王润珩为技术顾问。他在做技术顾问时坚持“做技术顾问，决不做技术倒爷”，这一点深受技术同行们的尊重和信任。

1993年，王创建天津盛旺电子化工公司，并成立热熔胶黏剂工厂；2000年，又成立了水基胶黏剂工厂。王为企业制定出了“研制、生产、销售，抓两头、带中间”的战略方针，即重点放在“技术开发”和“市场开发”，带动中间环节“生产”，以销定产，为公司的长远发展打下了良好基础。王提出，企业的发展要以市场为导向，在技术开发上，强调实用、快速。在激烈竞争的今天，企业要想发展，必须有新技术不断输入，以高等学校作为依托，才会有活力、有后劲，在市场竞争中才能立于不败之地。通过与高等学校的合作，使盛旺在“产、学、研”道路上越走越宽阔。

王于2002年9月退休，仍继续从事热熔胶方面的研究，担任盛旺总工程师。经过十几年的努力，盛旺成为中国最大的生产木工胶及销售的专业公司之一，在中国胶黏剂领域独树一帜，成为中国胶黏剂工业协会理事单位。盛旺已经成为国内同行的知名企业，不仅在中国占有大部分市场，而且产品及其制品已行销世界不少地区。

近年来，随着国家经济的发展，房地产行业升温，带动了家具行业大发展，使木工用胶黏剂的使用量大增。王带领团队瞄准市场进行研发，相继研究开发出木工胶黏剂系列产品：家具封边热熔胶、线条包覆胶，真空吸塑胶、拼板胶、组装胶、指接胶、贴面胶、沙发喷胶、床垫热熔胶及书刊装订和包装热封胶黏剂等。

如今，王老虽然已到耄耋之年，但他精神矍铄、头脑灵活、思维敏捷，还在公司帮助查找技术资料，指导技术开发人员工作。王从事热熔胶研究40余年，曾被授予河北省科技精英、河北省有突出贡献的中青年专家、河北省高校先进科技工作者、天津市科技先进工作者等荣誉称号。2014年，又被河北工业大学评为教师楷模。

王是我国热熔胶的开拓者，更是“产、学、研”结合的带头人。

草根起家的染料大王阮水龙

欧 其[1]

阮水龙，1935年12月生，浙江绍兴上虞人。这个出身寒微，初中被迫辍学，小小年纪闯荡上海，最终又折回土地耕种的农民，在1970年6月13日，迎来了命运的重大转折。

这一天，阮凭着在日常农耕中迸发出的超越一个普通农民的智慧和韧性精神，以及在公社领导心中积淀的“头脑灵活、见多识广”和“顶得上、打得胜”的口碑，成为“上虞县浬海公社微生物农药厂”这个社队企业厂长的不二人选。虽是风华正茂、血气方刚的年纪，但办厂、做厂长这副沉甸甸的担子，对从未有过办厂经历的阮来说，到底能否挑得起来，不少人都为之捏了一把汗。

有人质疑，有人嘲讽。一群“泥腿子”，四间破烂不堪的平房，风雨飘摇的政治气候，梧桐枝上当真还能飞出“金凤凰”？

然而，阮心中早已经热血沸腾，他只有一个念头，下定决心，一个字，上！诸葛亮借东风，靠的是“天意”，阮借“东风”，却只能靠人为。见仁见智，大伙儿献计献策，终于形成一个初步的创业思路：缺资金，可以到各村去借款融资；缺设备，可以先拼拼凑凑，拾遗补阙；缺技术，可以虚心向内行讨教，拜科技人员为师。

整整9年，在土法上马的研制中，在经费时常掣肘的运行中，在时不时泛起的“搞资本主义”的责难甚至批判中，艰难地诞生了“920”植物生长刺激素、“5406”抗生菌肥、井岗霉素、酒精酵母、中曲发酵饲料等多种微生物农药和发酵饲料。可是经济收益，却令人唏嘘——9年累计产值仅有11.52万元。如果将亏损的资金和各种借资、补助算进去，结存仅3.81元。一些员工纷纷不辞而别，阮也陷入了巨大的愧疚和反思之中。他实在不甘心，自己满腔心血竟化成了灰烬。

① 欧其系浙江龙盛集团股份有限公司总工程师。

转产染料助剂！当阮作出这个重大决策的时候，已经从一个远房亲戚不经意说出的一个信息中捕捉到了商机。更大的狂喜，点燃了1979年3月的这个春天。刚刚落幕的中共十一届三中全会，犹如春雨洒向了焦渴的华夏大地。

此刻，44岁的阮怀揣着东拼西凑的200元钱，风一样登上了甬沪列车，直奔上海第一绸缎炼染厂，当时该厂从改变乙二醛与尿素和甲醛的克分子比着手合成了新树脂CPU，阮水龙请求做厂长的表兄邵关福，支持企业上马CPU树脂项目。从总工、技术人员，到原料、设备，上海第一绸缎炼染厂都无偿给予了支持，让阮第一次切身感受到“背靠大树好乘凉”的滋味。

1979年7月，当第一锅CPU树脂生产出来的时候，为尽快赶到第一个客户苏州绸缎炼染厂，也为将有限的资金用在刀刃上，阮竟挑着100多斤的两桶树脂，赶渡船，挤火车。当汗水湿透的他，站在苏州绸缎炼染厂门前时，在场的人无不为之动容。

很快，企业生产的CPU树脂产品在上海、天津、江苏、广东等7个省市崭露头角，受到许多纺织印染厂家的青睐。在年终公布财务公报时，人们几乎都惊呆了：投产才半年，产值就达到了19.98万元。呵，这可比前9年的总和多出近一倍；利润11.87万元，超过9年的产值总和；人均创利5000元，这么好的经济效益，连做梦也没有想过。

当一个企业取得初级阶段的成功后，便犹如驶出港口的大船，之后的航向难以预料，更需要掌舵者根据内外环境及时作出调整。1992年，邓小平同志发表“南方谈话”，全国上下掀起了新一轮的发展热潮。已经56岁的阮虽过了天命之年，但依然踌躇满志、志存高远。经过深层次的调研和论证后，他毅然决定新辟染料产业，由以生产助剂为主逐渐转为以开发生产染料为主，不断寻求新的发展空间。

1993年，企业投资3000万元的分散染料项目投入试生产。当年秋天，阮信心满满带着新出炉不久的“宁馨儿”来到广交会参展，不承想却铩羽而归。刚开发的新产品被外商拒绝，遭市场冷遇，国内同行“嗤之以鼻”的表情，让阮明白了一个道理：要使自己的产品能够在市场上出类拔萃，就必须比别人领先一步提高技术含量，但限于企业自身的技术实力，要开发出一流的科技产品，谈何容易！痛定思痛，阮在企业经营会议上大声疾呼：我们最缺的是科技人才，我们要不拘一格招揽科技人才!

1994 年的秋季广交会上，阮带着最新的分散染料产品再度亮相。那位一年前曾单方面取消出口意向的美籍华人，一反常态主动要求签订一份100 吨染料产品的大单。他说：“士别一年，刮目相看。你们现在分散染料产品的质量、品质绝对过硬了，我对你们这种知耻而后勇的创业精神尤为敬佩。”

也正是在这一年，浙江龙盛集团公司挂牌成立，阮任公司董事长。在“任人唯贤、唯才是举”“激励成功、允许失败”“让科技人员先富起来”等一系列人才战略实施下，更多有着龙盛创新痕迹的技术成果，在一浪高过一浪的人才集聚中，百花绽放。到了1998 年，龙盛已成为全球分散染料的“单打冠军”。

在阮看来，以龙盛为代表的中国染料业，经过20 世纪90 年代的学习、模仿和创新，在品种的多样化、丰富性和生产规模上实现了突围，但在资源利用、污染处理、绿色产品开发、工艺技术集成、自动化生产等诸多领域，才刚刚起步。“龙盛要肩负起这个探索的责任，要逾越这一座座大山。”阮将此作为自己的担当使命。

历史在2003年，翻开了崭新的一页。这一年2月，时任浙江省委书记、省人大常委会主任的习近平，冒着细密的小雨，兴致勃勃莅临龙盛考察。面对这个规模、环保已经走在前列的全球分散染料龙头，习近平鼓励阮：只有坚定环保生态的发展理念，坚决杜绝污染，企业的路才能越走越宽；龙盛已是分散染料的世界“冠军”，条件成熟，可以大胆实施“走出去”战略，努力做成有国际影响力的品牌。习近平的激励就像一束亮光，照耀着这个余寒将消的早春，也照耀着阮和整个龙盛阔步迈向未来的征程。

一场以绿色生态为背景，与国际染料巨头比肩甚至超越的科技创新之旅，在龙盛拉开大幕。

2003 年8 月，“浙江龙盛”开国内民营染料企业上市之先河，刚刚在上海证券交易所挂牌上市，就将募集来的1.43 亿元资金，投向了染料重要的中间体——间苯二胺项目，一个中国染料行业从未逾越的能耗高、收率低、品质差、污染大，广受诟病的“老大难”项目。

2006 年，经过100 多人的科技团队长达20 个月不舍昼夜的攻关，一条连续化、自动化、清洁化、年产1.8 万吨的间苯二胺生产线在中国诞生。其生产效率是传统间歇装置的7～10倍，污染物排放比传统工艺降低95%以上。芳香胺系列产品连续硝化、连续加氢集成技术被列入行业重点支撑技术目录。

此后几年，龙盛又成功开发了世界首创的分散染料清洁生产集成技术，将原来每吨染料产生90～120吨酸性废水的工艺，改造成了接近“零排放”，废水废渣和COD（化学需氧量）减排量在95%以上。这项技术工艺，解决了困扰行业多年可持续发展的废水、废渣治理的瓶颈，运行不久，就被工信部树为清洁生产示范项目。

一个个颠覆性的创新，将龙盛引入了发展的佳境。阮的目标则是将龙盛打造成为一家真正国际化的染料行业领袖企业。通过考察评估，阮提出了逐鹿天下的一揽子计划：龙盛以世界级纺织用化学品生产和服务商为核心定位，逐渐向其他精细化工和基础化工领域，向深加工、高附加值化工产品拓展，通过整合运行，收购、兼并等多种手段，实现产业链的延伸。

2007年，龙盛走出国门在印度设厂，不到两年时间，就成为世界第二大活性染料生产基地。在此基础上，龙盛分步实施全球发展战略。先后在印度尼西亚、菲律宾、韩国、巴基斯坦、越南等国家注册了“龙盛”商标，以高科技优势占领和拓展亚洲市场；接着，成功收购德国德司达公司，又为龙盛染料进军欧美高端市场扫清障碍，使龙盛牢牢占据了国内外两个市场，保持了全球同行业的龙头地位。

同样是在2007年，阮作出一个大胆的决定：辞去上市公司董事长一职，由公司总经理也就是毕业于复旦大学材料系的二儿子阮伟祥接任。目的就是让年富力强的人才脱颖而出，使企业永葆青春活力，在竞争中不断做大做强。

耄耋之年的阮将更多的精力投入慈善公益，回馈社会、回报家乡。这些年来，他个人并领导龙盛先后出资5亿多元用于公益事业，造福了无数百姓和莘莘学子。

“人生在世、事业为重，一息尚存、绝不松劲”的龙盛精神，正在一次次的薪火传承中，绽放更加璀璨的光芒。

“找油狂郎”柴桂林

赵锡云[①]

1. 心中的“地火”

“叔叔，听说地下有火，是真的吗？”

“千真万确！”

1935年出生在河南伏牛山西峡口的高小生柴桂林十分好奇。他常常边走边跺脚，心想让地下的火冒出来。他明白，没有那么简单。他确信这些头戴小白帽、身穿劳动布工作服、腰系罗盘、手拿小榔头的找宝人的话是千真万确的。

好羡慕呀！我长大就做一名开发地火的找宝人该多好呀。

中考后，柴桂林在志愿栏里填上了北京石油地质学校、天津石油研究学校、武汉地质学校。他决心把火热的青春与生命奉献给祖国的找地火事业。

1953年，柴被北京石油地质学校录取了。

1956年，正赶上西北石油工业大发展，他的心啊，早已“西出阳关，穿祁连”，直奔玉门油田103队，开始了开发地火的事业。

“哪里有石油，哪里就是我的家。”随着祖国在各地勘探石油的进程，他先后奔赴新疆，到达甘肃，踏上川陕、两广、云贵的土地。他一路走来常常是“衣单腹饥”，又是情满胸怀。他那首“身披彩霞穿云海，脚踏群山任去来”，“鎯头挥起山河动，油花争艳向阳开”，就是他排除万难，决心开发出心中地火的豪情写照。

2. 创建功勋

华北烟云，冀中会战，让他的人生找到了转折点，走上了事业的光辉之路。

当勘探人员把任4井当作冀中石油勘探的功勋井时，柴却认为是华北古潜山

① 赵锡云系涿州市石油物探职工大学经济管理副教授，河北省作家协会会员。

油田的开拓井。

当任4井探到3153米，发现了8粒白云岩含油岩屑时，柴桂林及时记录在地质室值班志上。他把这8粒油沙做了认真分析，认定任4井是个大金娃。

当采集钻进到3220.64米时，指挥部面对这样的好前景却犹豫了。是上下油层单一开采减少风险呢，还是上下油层一齐开采冒风险呢？指挥部作出的决定是把下油层用水泥封死，只开采上油层的油。柴听到心急如焚，飞快地向上级诉说了自己的分析判断和采取上下两层同时开采的方案，以及避险的措施。上级领导最终同意了他的方案。石油勘探事业发展选择了他，把他推到领导岗位上。

1975年7月28日11点53分，打开放喷闸门，黑色的原油像一条长龙呼啸而出，震耳欲聋。聚集在广场上的人们雀跃欢呼，广播里传出日产千吨的振奋人心的消息，一个新的大金娃诞生了。创造了古潜山油田当年投资、当年建成、当年回收成本的新纪录，为祖国石油年产上亿吨作出了重大贡献。为此，柴写下了"冀中勘探几十年，只识断块不识山，任丘油龙冲天起，方知潜山大油田"。

3. 奋战塔里木

1978年2月，石化部在北京召开会议，研究石油勘探战略西移的问题，决定组织一场南疆石油大会战。柴奉命带领新工作组到指挥部驻地莎车。他的决心写在了他的一首诗句里——"倚天抽剑劈昆仑，迅雷惊飞玉帝魂"。

当天中午，就遇到老天对他们的考验：天突然黑下来，黄龙来了，顿时细沙覆盖了一切。真像李敬部长说的"一天要吃四两沙，白天不够，晚上补"。

面对"死亡之海"塔克拉玛干，他写下了"黄沙接蓝天，条条油龙困沙滩，他日借得江南水，玉琼碧波竞千帆"，充分表达了他和队员们战胜"死亡之海"，让塔克拉玛干变油海的目标。

为加速沙漠之中的勘探，我国决定和美国的GST公司签订三年沙漠勘探合同。柴担任了地球物理勘探局组建的合同管理处主任。他带领3支沙漠队经过学习、考察，不断地探索、实践，提出了塔里木三隆四坳的基本格局，为寻找大油气田确定了主要方向，得到了著名地质学家黄汲清教授的肯定。黄教授拉着柴的手无限深情地说："满加尔凹陷周围的隆起都是油啊！"石油部领导送给他"找油狂郎"的称号，国务院副总理康世恩曾经高兴地把柴称为"西北王"。

4. 科学精神　高尚人格

柴虽是一个中专生，但他勤奋好学，刻苦钻研，在学中干、干中研，取得了光彩的业绩。用他的话说“对实践中的科研问题，要有一种极强的好奇心、敏感性，做到不盲从、认真观察”。一切从实际出发，实事求是是他科研的原则。

柴爱好多，对生活和事业极有感情，又有文采。他把事业中、生活中的重要事件和感悟都用诗歌的形式表达出来。他一生写了四百多首诗歌，每一首诗歌都体现出他的家国情怀和忠党爱国，为石油事业奋斗一生的赤子之心。

他虽然两次患癌症，但始终念念不忘找油气。

他的那首长诗《找油人的情怀》，写尽了找油人的意志、品质、坚忍不拔、不畏艰难的人格魅力。诗中有这样一节：

不管是天山昆仑，还是黄河长江；
不管是严寒酷暑，还是雨雪风霜。
无论任何艰难困苦，都无法把我们前进的步伐阻挡。
我们去战胜荒凉，我们在创造辉煌。
千难万险，把我们锻炼成钢。

柴把找油和写诗紧紧扣在了一起。大学生们称他“诗情歌意找油狂”。

柴说过一句话是“找油狂郎，西北王也就是一个找油人，什么官大官小，都不在我的根本追求之列，为祖国多找油气才是我的本心”。

共产党员柴桂林以卓越的成就先后被评为石油部的劳动模范、能源部的特等劳动模范、全国的劳动模范，参加了国庆40周年国宴，被授予教授级高级工程师称号，享受国务院政府特殊津贴。可是，柴从不以荣誉为满足，之后，又一头扎在了塔里木油田，为勘探排解难题。

2022年1月1日，柴桂林走完了他87岁的不平凡人生。他是找油人的楷模，是把找油与写诗结合起来的典范。我们永远学习他，怀念他。

有机颜料教育家周春隆

吕东军[①]

周春隆，男，1935年出生于河北省卢龙县，1954年考入大连工学院染料及中间体专业。1959年本科毕业后，考取被誉为“中国染料之母”侯毓汾教授的首届研究生。

1963年被分配至华东化工学院菁染料研究室工作。两年后，周有幸参加朱正华与黄德音教授负责的课题组，完成了99#任务“高感光度航空胶片”研究，从多种菁染料结构中筛选、合成出碳菁2#染料与份菁5#染料。曾赴保定第一胶片厂与中国科学院北京化学研究所完成中试任务，填补了我国高感光度航空胶片的空白。

1973年，周老师来到天津大学任教，同时积极开展科研工作。他在有机颜料的类型品种、结构特性、合成技术以及相关中间体的研究方面取得了重要突破。先后与科研组成员共同完成国家“六五”“七五”“八五”有机颜料攻关项目（铜酞菁晶型与转变，有机颜料结构与耐热稳定性，4-氯-2，5-二甲氧基苯胺的合成技术）及多项与企业的横向协作，同时与德国BASF公司开展国际科研合作项目“杂环有机颜料混晶（固态溶液）”，研究基于结构C.I.颜料红255/C.I.颜料紫19协和增效作用的混晶，制备高性能有机颜料。与中国台湾色真公司开展横向课题研究，开发“黄、红色高档偶氮颜料合成与改性”研究，黄、红色高档偶氮苯并咪唑酮类颜料关键核心技术取得突破，色真公司已将研究得到的工艺配方应用于实际生产中，产品可满足市场的需求，取得良好的经济效益和社会效益。

周教授的研究成果在国内外学术界和工业界都产生了深远的影响。他的论文被广泛引用，研究成果被应用于实际生产中，为我国有机颜料产业的发展作出了重要贡献。作为一位杰出的学术带头人，周春隆教授以其卓越的学术成就、深远

① 吕东军系德州学院化学化工学院教授。

的影响力和对社会的贡献成为当代中国颜料界的一面旗帜。“苯并咪唑酮类有机颜料的合成”获天津科技进步奖二等奖；“4-氯-2，5-二甲氧基苯胺的合成”获国家教委科技进步奖二等奖。周春隆教授自1992年起享受国务院政府特殊津贴，2009年被有机颜料专业委员会授予“有机颜料行业技术进步杰出贡献奖”，2016年被授予“有机颜料终身高级顾问”称号。2018年作为100年来为我国染料行业发展作出突出贡献的人物，被中国染料工业协会授予“著名有机颜料教育家中国染料百年功勋奖”成就。

周教授在数十年的教学、科研生涯里，在国内外学术刊物上共发表近130篇论文及综述文章。出版了《酸性染料与酸性媒介染料》《英汉精细化工缩略语辞典》《有机颜料化学与工艺学》《精细化工实验法》《有机颜料——结构、特性及应用》《有机颜料品种与应用手册》《问答有机颜料》《有机颜料技术论文集》《有机颜料技术论文集（续篇）》《无机颜料导论》《无机颜料导论第三部分——无机颜料品种制备》等著作。

周教授非常重视学术交流活动，特别关注学术前沿，广泛收集科技文献报道，推测有机颜料未来的发展趋势，撰写出有机颜料发展的前沿领域的文章：《偶氮类功能性颜料结构及应用特性》《酞菁类功能性颜料结构及应用特性》《有机颜料衍生物超分子自组装及应用》《有机颜料新发色团的结构类型与进展》等，为有机颜料行业发展指明前进方向。

在有机颜料的领域中，周春隆教授不仅是知识的实践者，更是科研技术的传播者。在教学方面，周教授以其热情和耐心著称，他致力于培养下一代的学者和领导者。他的课堂总是充满活力，鼓励学生进行批判性思考，激发他们的学术兴趣。他的学生后来在各自的领域取得了显著的成就，这充分体现了他作为教育者的影响力。

据周春隆教授的学生描述，在课堂上周教授不仅传授有机颜料的基础知识和新技术，还鼓励学生们积极主动地学习，点燃他们心中求知的火焰。在撰写书籍和综述文章时，周教授以严谨的态度将所学知识毫无保留地分享给大家，让他们能够从中汲取营养、开阔视野。

周教授一生培养多名硕士、博士生。他深知，教书育人不仅仅是传授知识，更是培养学生的品格和能力。让他们在有机颜料的世界里，不仅能够掌握新技术，还能领悟到不断探索、创新的精神，为行业的发展贡献力量。

周教授教书育人，无私奉献。他怀着对有机颜料行业的深厚感情，继续孜孜不倦地耕耘，查阅相关的研究论文和资料，再度总结并撰写了《有机颜料技术论文集》续篇，为行业的技术人员在研发过程中提供了不小的帮助。其夫人天津大学穆振义教授也对书中内容提出了许多宝贵的修改意见。两位教授决定将稿费全部捐赠给协会，中国染协有机颜料专业委员会2020年设立了有机颜料行业“周春隆奖学金”。2024年周教授将多年积蓄的稿酬6万元拿出作为奖学金，以鼓励勤学上进、努力实践，在有机颜料产品技术研发中做出优异成绩的技术人才。

自1999年至今，周春隆教授先后几十次赴有机颜料企业，讲述有机颜料技术领域的近百个专题，覆盖了有机颜料的关键核心技术和未来发展趋势，为行业技术人员“传道、授业、解惑”，深入研究并分享成果，实现了知识的更新与拓展，为企业的发展和行业科技进步做出了巨大贡献。

在有机颜料的应用技术培训和专业书籍撰写中，周春隆教授不仅传递知识与新技术，更鼓励学员珍惜时光，主动汲取知识。在周春隆教授的教育、指导和帮助下，有机颜料行业技术人员努力奋进，中国有机颜料行业已取得今非昔比的成绩，正在向有机颜料生产强国迈进。

我国感光材料女专家邹竞院士

李春华[①] 高 波[②] 富志侠

编者按:

邹竞院士，是我国感光材料科研战线上著名的女专家、学者。其等身的成果与荣誉，铸就了她不朽的人生之路。她的去世，使朋友们倍增了对其的怀念之情。

今天，我们选几篇短文，回忆其科研、生活中的点滴，来感受她那种乐此不疲的辛苦和快乐。

1. 摘取感光材料皇冠明珠的邹竞院士

邹竞是我国著名的感光材料专家，1994年首批中国工程院院士，中国乐凯胶片公司研究院首席专家，天津大学化工学院博士生导师。在50余年的科研生涯中，从事感光材料研究和新产品开发，创立了民族自主品牌乐凯彩色胶片，为发展我国民族感光材料工业作出了突出贡献。获国家科技进步奖一等奖1项、二等奖2项。

（1）留学归来

邹竞，1936年出生于上海，9岁迁居苏州。她就读的江苏省省立苏州高级中学，堪称院士的摇篮，从该校走出了30多位院士，她是唯一的女性。1954年高中毕业，她被录取为留苏生，1955年夏赴苏联列宁格勒电影工程学院，攻读电影胶片制造及洗印加工专业。

1960年，邹学成回国，没留恋北京、上海名城大都的繁华和优越，毅然选择了生活条件艰苦的北方古城保定。刚兴建的保定电影胶片厂坐落在保定市西郊的

① 李春华系传主生前好友，河北省作家协会会员。
② 高波系传主入党介绍人。

荒芜之地。厂区内除了一座三层办公楼，一座上下水尚未接通的二层实验楼和礼堂兼食堂的平房外，生产厂房均尚在建设中。

（2）研制航空片

进厂后，她接受的第一项任务是国防科委下达的紧急军工任务。24岁的邹竞带领两名18岁的青工，在夏似蒸笼、冬似冰窟的漆黑暗室中，开始高、精、尖特种红外胶片的研制。凭着满腔的报国热情，依靠在大学里学到的胶片制造基础理论知识，攻克了红外增感染料增感倍率低、红外胶片保存性差等技术难题，首次创新性地将双层涂布技术用到制造黑白航摄胶片，既解决了红外增感染料对全色增感染料减感作用的难题，又增大了胶片曝光宽容度。从1960年底到1965年底，在短短5年内先后研制成功公安侦查用BH-1型850红外胶片、航空摄影用BHH-1型750红外航摄胶片和BQHH-1型全色红外航摄胶片，满足了当时国防军工的急需。

（3）研发乐凯彩色胶卷

1978年，当时国家科委通过化工部向厂里下达了“六五”国家科技攻关项目：“100ASA高温快速加工彩色电影负片和民用彩色胶卷研制”。当领导把攻关项目摆在邹面前时，她被一种强烈的使命感所驱动，浑身充满了工作激情和活力。她坚信，中国人既然能自力更生研制出原子弹、氢弹，也一定能依靠自己的力量，研制生产出能与世界名牌相媲美的彩色胶片。

彩色胶卷，要由感蓝、感绿、感红三个感光单元层组成十分复杂的体系，一般由十几层不同组分的涂层所组成。在总厚度大约只有20微米，不足发丝厚的感光层中，每平方毫米大约有1000万个卤化银颗粒，包含着近百种不同类型、不同功能的化合物。通过曝光拍摄和洗印加工，这些化合物就在这薄薄的感光层中进行各种化学反应。每个感光层中其彩色影像形成的化学反应并不是独立存在的，而是与邻层相互间有着密切的有机联系。只有精确地、恰如其分地控制好各层间的化学平衡，才能达到各层间的照相性能平衡和彩色平衡，最终才能把自然界五彩缤纷、形态各异的景物准确地记录下来，并真实地再现出来。因此，彩色胶卷制造技术的精细度和难度堪称精细化工之最，这也正是彩色胶卷的魅力所在。

在当今世界经济发达国家中，只有美国柯达，日本富士、柯尼卡和德国阿克发4家公司掌握此项技术并能生产这种高科技产品。20世纪80年代初，上述4家公司在经历了40多年彩色电影负片和彩色胶卷的生产史后，步入了新产品开发的成熟期，而我们才刚刚起步。这是一场水平和实力异常悬殊的追赶，极具挑战性。由于当时中国感光界与国际同行的技术交流中断了20多年，为了解国际照相化学研究领域最新研究成果，以及国外彩色胶卷制造的最新技术和研究动向，唯一的途径是查阅大量的文献及专利资料。邹默默埋头浩瀚的文献和专利资料中，仔细思考、反复推敲，再进行去伪存真的分析。在邹的脑海中，研制国产彩卷的第一幅蓝图逐渐清晰呈现——这是她和所有乐凯人的彩色梦，也是国人的彩色梦。

在经历了7年的苦苦探索，攻克了一个又一个技术难关后，1985年，她带领的团队终于研制出中国第一代国产高温快速加工彩色电影负片和民用彩色胶卷。其成套技术转让给民主德国沃尔芬胶片联合企业，换回了民主德国高密度计算机磁带的成套技术。这是中国感光材料制造技术第一次走出国门，向国外输出。

1986年，乐凯100日光型彩色胶卷（Ⅱ）（简称乐凯Ⅱ型彩卷）正式投入工业化生产，实现了国产彩卷零的突破。该项目荣获1988年国家科技进步奖一等奖。

作为中国彩色胶卷的第一代产品，乐凯Ⅱ型彩卷与20世纪80年代初国外同类产品相比，在颗粒度、清晰度和彩色还原等方面均存有差距。为尽快缩小这一差距，1988年公司决定开发达到80年代国际同类产品水平的第二代产品BR100彩卷。邹承担了国家“七五”重点科技攻关项目“ISO 400日光型彩色胶卷开发”攻关任务。

“七五”期间，邹带领科研组对彩色胶卷涂层结构体系、成色剂油乳分散体系进行了系统研究，成功地掌握了组装彩色胶卷的多项实用制造技术，其中包括影像控制层技术，品红染料影像和青染料影像的有害吸收校正技术，入射光线中紫外光线的消除技术，感蓝、感绿、感红三个感光单元层中化学平衡、照相性能平衡、彩色平衡的控制技术等，在提高彩色胶卷的感光度和清晰度，降低颗粒度，改善彩色还原和细部还原性能等方面取得了突破性进展。

1989年秋，用1年10个月的神奇速度，第一批BR100彩卷试制成功。邹带领课题组成员向伟大祖国40岁生日献上了一份厚礼。1990年金秋，在万众瞩目的第11届北京亚运会上，新一代乐凯彩卷首次向世人展示它迷人的色彩。《人民日报》《科技日报》《体育之声报》记者首次将新型BR100彩卷用于新闻采访摄影获得成功。《人民日报》整版刊登了用它拍摄的开幕式盛况的彩色照片。这是国内新闻界首次用国产彩卷拍摄大型国际体育比赛活动，极大地振奋了民族精神。同年10月，在北京国际感光科学大会和德国科隆举办的第21届世界图像系统展览会上，用BR100彩卷制作的大幅照片分别亮相，引起国外行家的关注和赞赏，反响强烈。他们以敏锐的专业眼光察觉到，中国新一代彩卷应用了国际20世纪80年代彩色胶卷制造新技术，乐凯彩卷有了质的飞跃。作为第二代产品，乐凯BR100彩卷与其前身乐凯Ⅱ型彩卷相比，感光度从ISO 80提高到了ISO 100，分辨率从60线/毫米提高到了80线/毫米，均方根颗粒度则从8降至7，相当于20世纪80年代初国际同类产品，即柯达VR100、富士HR100彩卷水平。新一代产品上市后，以其色彩艳丽、颗粒细腻、层次清晰、质感丰富等优点，受到国内摄影界和感光科技界专家及广大摄影爱好者的普遍好评。1992年，乐凯BR100彩卷荣获国家科技进步奖二等奖。

（4）冲出国门　走向世界

第二代产品BR100彩色胶卷的研制成功，给她带来了喜悦和欣慰，但她并没有因此而陶醉。相反她清醒地意识到，为使中国国产彩卷不仅走进国内广大消费者的家门，而且要走出国门，让中国乐凯彩卷走向世界，在国际市场占有一席之地，乐凯彩卷的质量必须再上一个新台阶。

1991年，她又承担了“八五”国家技术开发重点项目：“ISO 100高清晰度彩色胶卷技术开发”项目，目标瞄准20世纪80年代末90年代初柯达至尊金奖100彩卷和富士SUPER HR100彩卷的水平。其技术特点是要使ISO 100彩卷的实用感光度提高到ISO 125的同时，清晰度，即分辨率要达到100线/毫米。这就好比跳高运动员，当他跳过一定高度后，哪怕再提高1毫米，也会十分困难。对邹和她的同事们来讲，要完成国产彩卷第二次质的飞跃也非易事。

当时，“乐凯走向世界”的口号响彻乐凯园区。邹又开始追寻新的技术突破口。她进一步分析了构成现代彩色胶卷的三大关键技术，即新型卤化银乳剂制备技术、彩色胶卷组装技术，以及新型功能性成色剂和化合物的应用技术。这三者是相辅相成、缺一不可的。邹再度与中国科学院感光所合作，共同研制开发出新型板状复合结构卤化银乳剂。另外，根据现代彩色胶卷涂层结构变化新的发展趋势，邹提出了采用三层结构代替双层结构这一新的涂层设计思想，并在涂层中应用了一系列新型功能性成色剂和化合物等新的照相有机物。实践证明，上述设计思想和采用的关键技术，确实起到了至关重要的作用。邹近乎离奇的工艺策划，源于丰厚的基础理论支撑和长期科学实践的深厚积累，同时，也得益于她具有艺术家一样的激情和灵感。邹常说："知识是力量，激情也是力量。"在化学万花筒的奇妙变化中，她靠知识和激情，不断破译感光材料深奥的密码。第三代产品GBR100彩卷（金乐凯）与第二代产品BR100彩卷相比，总体水平有了长足进步，感光度从ISO 100提高到ISO 125，分辨率从80线/毫米提高到了100线/毫米，均方根颗粒度从7降至6。这表明，乐凯GBR100彩卷的质量，又登上了一个新台阶，基本上达到了20世纪80年代末90年代初美国柯达至尊金奖100彩卷和富士SUPER HR100彩卷的先进水平。1993年10月，乐凯GBR100彩卷投入工业化生产，这使得国产彩卷的性价比已能与进口名牌彩卷相抗衡，使进口彩卷在中国市场上的售价明显低于其在本国和国际市场上的售价，这无形中对国内市场上进口彩卷的价格起到一定的调控作用。该产品自1993年10月正式投产至2000年，累计生产16837万卷，实现利税二亿六千余万元，产品销往40多个国家和地区，出口创汇2157万美元，取得了巨大的经济效益和明显的社会效益。

（5）奖励与荣誉

邹竞事业有成，硕果累累，各种奖励和荣誉也纷至沓来。在获得国家科技进步奖一等奖、二等奖，科学技术进步奖等多种奖项的同时，1988年被国务院人事部授予中青年有突出贡献专家称号；1991年获国务院政府特殊津贴；1992年被化工部授予全国化工"有重大贡献的优秀专家"称号；1993年获全国五一劳动奖章；1994年获全国三八红旗手称号；1996年获中共中央组织部授予的全国优秀共产党员称号；1997年获中国科协授予的全国优秀科技工作者称号和香港何梁何利基金科学与技术进步奖。对邹竞来讲，这些奖励和荣誉的获得是她始料不及的。

她追求的初衷和目标，只是肩负着一份沉甸甸的使命，只是乐此不疲地享受感光材料研究过程中的辛苦和快乐。

2. 邹竞的多彩人生

感光材料专家邹竞，是位享受着灿烂秋光的知性女人。她留学归国50年来，曾主持开发三种红外航空胶片和三代“乐凯”彩卷。2000年起，又开始从事新一代医用胶片研究，先后研制出通用型感绿X射线胶片、氦氖激光影像胶片和红外激光胶片，她的事迹多次登上大报和中央电视台的《东方时空》等。

在事业上大放光芒的女人，个人生活是否就黯淡失色呢？她不是“工作狂”，既能专注于工作，也会在休闲中放松陶冶自己，充分享受生活的欢欣。她博览群书，富于激情，达成了事业有成、家庭和谐的两全其美。

她的家不曾豪华地装修过，她偏爱素雅，靠着自身的审美和勤快，把家营造成清洁、高雅、舒适的安乐窝。一幅版画、几幅自拍的风景彩照和书橱里中外文大部头书籍使四壁生辉。姑爷设计的实用大方的家具皆白色，床单、窗帘、窗纱也是白色。她年逾花甲时，还伏身擦地、登高揩窗。一次她犯腰病，请来一名女医生，医生巡视了她家一尘不染的卧室、厨房、门窗和散发着淡淡香味的卫生间，不禁连声惊叹：“我们医生的家也难达到你家的清洁度呀！”我也时常说她：“上班又忙又累，回家还不好好歇着。”她说：“我干活快，效率高，收拾利索再坐下看书听音乐，那才叫享受呢。我的原则是干像个干的、歇像个歇的。”

她欣赏《命运》《天鹅湖》《圣母颂》等高雅的古典音乐，还是小说迷。她留学苏联，当年看过屠格涅夫、普希金等许多俄罗斯作家的原版小说，现在依然爱看小说，常年订阅《文汇报》和月刊等报刊。多年来，睡前躺在床上看几页书才睡得踏实香甜。因此，她具有相当的文学鉴赏力和文字功力。她的科技论文和科研报告格外流畅和有文采，她的谈吐富于激情和魅力，能把文学修养美好地注入科技领域。

邹竞年轻时爱好排球和体操，她的体重从上高中到现在基本没变，年过古稀还保持着匀称体态，步履轻盈而匆匆。如今，夫妻双双常结伴同行旅游和爬山。精壮的男子汉都为她登山的速度和兴致折服。她乐于登上山顶，享受“一览众山小”的欢愉。她会蛙泳，愿意投身于大海尽兴畅游。我们一起去黄金海岸，她又学会了仰浮，逍遥自在地仰望蓝天上白云飘动。而当我们在岸边把她埋在沙子里玩耍，她也快乐得像个孩子。如今，老夫妻又去澳大利亚、去西藏旅游。……

她的独生女叫谢红，从小生长在南方，由外婆带大，上小学了才回保定。当时母亲劝邹竞："趁我还能帮你，再生一个吧。"母亲是位知识女性，辛辛苦苦养育了6个儿女未能工作。邹竞深深为母亲的辛劳一生惋惜，所以28岁生下女儿就超前计划生育了。她对自己的独生女儿从不娇惯，所以谢红虽长相文静，但生活很独立，没有大小姐的"骄、娇"二气。谢红老早就学会了做简单饭菜。8岁时患急性肝炎住进医院，因外婆早就给她"爸妈工作忙"的教育，所以爸妈每去医院看她，她就说："你们忙，别耽误上班，我能行。"邹竞看着女儿焦黄的小脸，泪水滑落说不出话来。

女儿在保定工作了两年，结婚后离开母亲去了天津塘沽，在这件事情上邹竞的情怀具有大家之气。每逢过年过节，与女儿姑爷、外孙女都在一起团聚，平时，则用电话或视频相互慰藉。

邹竞的老母亲1980年去世，当时邹竞正潜心搞乐凯新产品开发。母亲弥留之际，反复叮嘱亲人："邹竞忙……不要告诉她……不要让她分心……"邹竞得知此噩耗，已是半月之后。想起崇高伟大的母爱，和母亲对她深深的理解、巨大的帮助与支持，她悲恸万分，把无限的哀思化作科研的激情。当她获得又一次成功时，她遥望南天，向母亲的亡灵默哀。

5年后，80岁的老父亲也悄然逝去了。收到电报正是大年除夕，邹竞当即准备携女儿南归。春节期间火车票已售罄，邹竞不顾一切，拉着女儿买了站台票就冲上火车，刚踏上车门，火车就开动了。这就是邹竞的性情，她以自己的果断和快捷，赢得和慈父见最后一面的机会。

如今，邹竞获得了始料不及的巨大荣誉，然而她的兴奋点是创造与奉献。既无哗众取宠之心，亦无矫揉造作之态，她追求的是充满创造活力和进取精神的人生。她的奋斗目标是摘取感光材料王冠上的宝石，开发新一代高清晰度高速系列彩色胶卷。因此，她对过多的采访和报道，感到是沉重的负担。有一次，她面对中央电视台的采访"发火"了："你们应该把镜头对准年轻人，他们才是'乐凯'的未来和希望……"有时她也很会平衡调适自己，权当这些采访是乐凯人的公关术。每每和名人学者接触，她都要尽力弘扬乐凯，不自觉地就成了乐凯的广告和名片。

邹竞是个急性子，富有激情、活力和竞争力。她的先生谢宜凤总工程师性情斯文沉稳，知识渊博，淡泊名利。在和外国人的谈判中，有条不紊、胸有成竹，其“磨功”是出了名的，是位口碑极佳的技术管理人员。在工作和生活中，他俩彼此尊重、理解、宽容，求同存异又取长补短，互相帮助又互相激励，家庭生活温馨和谐。在家务中，邹竞是位能者多劳的高手，有一手高超的烹调技艺，专题组的小青年都品尝过她奉献的美味佳肴；她还忙里偷闲，为外孙女编织漂亮的花毛衣。而老伴谢总，慢慢悠悠的性子，退休后默默承担家务，协助妻子查阅资料等。

2006年以来，为了乐凯的生存和发展，古稀之年的邹竞依然宝刀不老，灵光乍现，她又采撷着科研新成果，将科研领域从感光材料转向平板显示器用功能膜材料。她带领的科研团队，创新性地用银盐胶片研制出拥有自主知识产权的透明电磁波屏蔽膜。此薄膜除有优异的电磁屏蔽性能，还透光率高、无摩尔干涉条纹，现已投入工业化连续生产，具有良好的应用和推广前景。之后，她又带领另一个科研组，研制出具有自主知识产权的太阳能电池背膜，目前也进入产业化生产阶段。她在科研领域的这次华丽转身，为企业播种了希望，也为自己收获着快乐。

邹竞以事业为精神支柱，终生不懈地追求和奉献。她视家庭为一片寂静的绿林和获得休养生息的安乐窝，因为女人在成就一番事业之际，还要营造好和谐美满的家庭环境，这样事业与婚姻家庭之间才会相互补充、相得益彰。另外，享受丰富多彩的文化生活，也是健康身心、焕发生命活力不可或缺的。人格的成熟，学识的渊博，使她焕发了女性的风韵和光彩。邹竞的多彩人生，常让我联想起人们对王羲之《兰亭集序》“清风出袖，明月入怀”书风佳境的赞美。因为她像一棵常青树，总是绿意盎然，生机勃勃。她又像一条奔流不息的长河．总是翻腾着生命浪花急流勇进，人生四季都这么多姿多彩，这么精神抖擞和美丽动人。

总之，邹竞有着高素质修养和人文情怀，她是家庭生活和谐美满、事业成功光彩照人的典范，作为挚友，她是我永远的骄傲！

3. 我认识的邹竞院士

邹竞院士已永远离开了我们。她是我国感光材料专家、中国工程院首批院士之一。由她领衔研制的乐凯彩卷，让中国成为世界上第四个能生产彩卷的国家，打破了只有美、日、德才能生产彩卷的神话。她的逝世，使我们失去了一位令人尊敬的专家、师长，也是我国化工界、中国乐凯集团和天津大学的重大损失。

我于1997年10月，由化工部派到中国乐凯胶片集团公司工作，时任集团公司副总经理，并分管过集团公司人事教育工作。

邹竞是中国乐凯集团有限公司研究院首席专家、教授级高级工程师，我作为行政管理人员，平时没有工作上的接触。回忆起来，仅在公司参加研究院成立揭牌、年度集团公司科技奖颁奖大会上见到过邹竞院士。但有件事我记得很清楚，就是在我办公室里第一次直面邹竞院士的情景。

因为邹竞院士获得香港何梁何利基金科学与技术进步奖，要去香港参加颁奖仪式并接受何梁何利基金颁奖。此事，邹竞院士需要公司领导审批办理差费前往。记得那天我正在办公室案头看文件，忽听有人敲门，我说了声“请进”，随即来人走到我面前，是位女士，看上去个头不高，人很精神、很干练，一眼看去就是南方人。她轻声自我介绍说“我是邹竞，刚获香港何梁何利基金颁奖通知，需要前往香港参加领奖”。我听后站起来，说道“您就是邹竞院士，祝贺啊！”，随即拿过邹竞院士递过来的通知看了一下，签上“同意，请人教处协助办理相关手续”。邹竞院士同我握了下手，随即离开。

对邹竞院士率团队在彩色电影负片技术基础上，开发国产彩色胶卷的事迹，我早在调乐凯集团工作时就有耳闻，还曾多次用过乐凯彩色胶卷。说点题外话，乐凯早期的黑白胶卷品牌称为“太行”，开发的彩色胶卷初期曾用“幸福”，改革开放初期曾引用英语“幸运”即“lucky”为品牌，后由“lucky”英语读音演变成“乐凯”。因彩色胶卷在第一胶片厂是主打产品，后来的集团公司名称就沿用“中国乐凯胶片集团公司”。

何梁何利基金对邹竞院士的评语：邹竞接连开发了三代感光度为ISO 100乐凯彩色胶卷，使国产彩卷从无到有，质量逐步逼近20世纪80年代末国际先进水平，使中国继美、德、日之后，成为第四个自行研制并生产出彩色胶卷的国家，她在国产彩色感光材料研制和新产品开发中作出了突出贡献。

“何梁何利基金”是由香港爱国金融家何善衡、梁銶琚、何添、利国伟（取姓氏命名）于1994年创立。目前，“何梁何利基金”已经成为我国社会力量创建科技奖项的成功范例，它为激发我国科技发展活力、培养自主创新人才发挥了积极作用。

2004年7月我调回到北京，在中国化工集团公司任副总工程师兼军工部、科技部主任。其间曾听到过邹竞院士2010年调入天津大学化工学院工作，兼任学院教授、博士生导师。她创立了天津大学印制电子材料研究方向，引领了天津大学化工学科在高端功能化学品领域的快速发展，推动了化工学科与产业需求的深度融合，为突破透明导电薄膜材料、海洋防污等重大领域的“卡脖子”技术作出了积极贡献；同时也为我国功能材料领域培养输送了大批专业人才。2022年6月9日，邹竞因病医治无效，在天津逝世，享年86岁。

我于2009年退休。记得2022年，参加科技部高技术中心组织的国家节能减排重点科研项目验收会议时，在同组专家中，遇到天津大学曾任化工学院院长的马新宾教授，我随即同他聊到邹竞院士，马院长说道：邹竞院士去世后，在开邹竞院士追悼大会前，天津大学曾接到中央领导办公室打来电话，表示对邹竞院士的悼念。邹竞院士的追悼会由天津大学举办，追悼会开得庄严肃穆，李克强、王岐山、王晨、刘鹤等中央领导同志都送了花圈。得知这一情况，我作为曾在乐凯胶片集团工作过的一员，是非常感动的。中央领导同志的这一表达，是对我国科技界工作者的告慰，同时也是对乐凯胶卷的问世，并逐步在技术和效果上追平国外品牌、迫使进口卷（柯达、富士）在中国市场上的售价明显低于其在本国和国际市场上的售价，同时使彩色胶卷摄影在20世纪90年代走进越来越多的中国寻常百姓家庭的充分肯定。

邹竞院士的敬业事迹，让我眼睛湿润。我是乐凯人！以乐凯为荣，为乐凯彩色胶卷感到骄傲。正是这种心情，我会将中央领导人对邹竞院士的敬重，告知我身边的同行专家，从邹竞院士的科研经历中获取力量和感知，鼓舞大家为我国科技创新贡献自己的一份热。

为胶黏带事业奋斗一辈子的吕凤亭

翟海潮

吕凤亭，男，1936年3月出生于山东省广饶县，1955年考入天津大学化工系。1958年大四期间，吕曾在恽愧宏教授带领下，进行过小轿车内饰件的粘接试验。从此，吕对胶黏剂产生了兴趣。

1959年毕业后，吕被分配到南开大学有机化学研究所，在化学家杨石先教授的实验室工作，师从陈天池教授进行有机磷化学的研究和化合物的开发工作。1960年，吕借调到中国科学院长春应用化学研究所，在钱保功教授实验室研究调节聚合的开发应用。1961年，吕又回到南开大学有机所，在王积涛、高振衡教授指导下从事有机氟化合物、有机硼化合物、有机硅化合物的研究。

1962年，由于在大学期间做过粘接小轿车内饰件的试验，吕被调到中国科学院北京化学研究所进行胶黏剂方面的研究。1965年，中国科学院化学研究所、中国印刷技术研究所接受了苏加诺画集、《毛泽东选集》的印刷版粘胶纸、胶粘装订等试制开发任务。吕加入了双面压敏性胶纸研究小组，开始了压敏胶带的研制开发事业。

20世纪60年代，中国的书籍印刷技术主要采用铅字制版的凸版平台印刷机印制。“文化大革命”初期，印刷毛主席著作是很重要的大事，采用的是德国进口的海德堡印刷机承印，书籍印刷质量很好，但是，海德堡印刷机需要将印刷版粘贴在印刷辊筒上印刷，其中的粘贴问题，需要从德国进口大量双面压敏性胶纸。为研制出我国自己的胶纸而替代进口，国家新闻出版局下达任务给北京中国印刷技术研究所和中国科学院化学研究所联合研制，具体分工是双面压敏性胶纸的研制在中国科学院化学研究所进行，双面压敏性胶纸研制成功后在北京外文印刷厂和北京新华印刷厂采用手工加机械方式生产；与此同时，由北京印刷技术研究所和天津胶纸带厂共同筹建双面胶纸涂布机进行机械化生产。

经过一年多的集体攻关，朱善浓、李培基、吕凤亭共同研制成功的双面印刷版粘贴用压敏型胶纸成功应用于海德堡印刷机。吕课题组研制的压敏胶采用的是天然橡胶溶剂型配方，隔离纸、PVC半硬质基材由天津塑料制品四厂提供，压敏胶和涂布机由天津胶纸带厂制造。1966年，吕凤亭开始与新华印刷厂、外文印刷厂一起推广该项新技术，双面印刷版粘贴用压敏型胶纸很快应用于全国印刷行业，替代了进口产品，为国家节省了大量外汇，取得了很好的经济效益和社会效益。1970年，广州卫生材料厂又制成双面胶纸涂布机进行机械化生产，直到20世纪末，全国各地仍有上百家企业生产这类胶纸。

1968年，中国与苏联在珍宝岛发生军事冲突，当时用来打坦克的手执火箭炮的炮弹中的柱形火药需要用亚麻布基材的双面压敏胶黏带包敷（苏联工艺），而这项急迫的双面压敏胶黏带研制任务下达到北京粘合剂厂，吕接受了此项军工任务并且调到北京粘合剂厂工作。接到任务后，吕夜以继日地投入研究，不到半年时间就完成了任务，满足了军队所需。之后，吕还研制出PVC电工绝缘胶带、玻璃纸透明胶黏带，并在北京粘合剂厂投入生产。吕在北京粘合剂厂工作了近30年，开发出各种类型的压敏胶及绝缘胶带、透明胶黏带等改性品种。

20世纪60年代，中国的压敏胶技术以橡胶溶剂型压敏胶制品为主。为了改进产品质量、推出新品种，1972年，吕与上海合成树脂研究所合作开发聚丙烯酸酯压敏胶和涂布设备。经过两年多研制，吕与上海所王澍、冯世英等共同研制成功PS-1型丙烯酸酯类压敏胶，这些胶和涂布设备都应用于电绝缘PVC胶黏带和纸胶黏带的生产，1975年在北京粘合剂厂正式投入生产。上海所与北京粘合剂厂合作近20年，研发出了系列聚丙烯酸酯系溶剂型压敏胶、乳液型压敏胶、压敏胶新型叠式涂布设备等，如在北京粘合剂厂投产的PS-2型丙烯酸酯溶剂类压敏胶和PS-11型丙烯酸酯乳液类压敏胶，都是国内首次出现在市场上的丙烯酸酯类压敏胶及其PVC绝缘胶带制品。

1979年，受轻工业部邀请，日本压敏胶技术专家福沢敬司教授访华，当时由北京粘合剂厂接待，因而吕与福沢敬司有了近距离的接触并成了好朋友。1979年下半年，吕受福沢敬司的邀请及轻工业部的委托，去日本进行了一年的压敏胶技术研修，学到了不少压敏胶及压敏胶带制造的关键技术。之后，福沢敬司被聘为北京粘合剂厂的技术顾问，每年都来北京指导工作，连续20年不间断，直到2001年去世。福沢敬司对北京粘合剂厂及中国的压敏胶工业的技术进步起到了很大促进作用。在此期间，吕还翻译了福沢敬司的专著《压敏胶技术》，并于1985年由新时代出版社出版发行，成为当时国内压敏胶业界的唯一的中文压敏胶专著。

1981年11月，北京粘接学会成立，吕凤亭担任了第一届学会副秘书长；1986年10月换届，吕又担任了第二届理事会理事。多年来，吕在国内外发表压敏胶带方面的学术论文十余篇。

1984年，吕凤亭开始担任北京粘合剂厂厂长，直到退休。20世纪90年代初，吕被推荐为北京市第九届、第十届人大代表，享受国务院政府特殊津贴。

吕凤亭担任厂长期间，促成了北京粘合剂厂与天津大学的合作，开发出了有机硅型压敏胶、有机氟型压敏胶，这些特种压敏胶供原七机部一院应用。1994年，吕策划成立北京粘合剂研究所并出任所长，从事新型涂布机的设计、制造工作。

吕于1995年退休。退休后的他继续从事压敏胶制品制造技术的指导工作，先后受聘于河北华夏胶粘制品公司、广东永大胶粘制品公司和广东永一胶粘制品公司做技术顾问，主要工作为改进胶黏带生产工艺和提升胶黏带性能。2000年前后，吕还受聘于温州丰华胶粘制品公司做技术顾问，指导不干胶标签的生产工作。

为了总结自己的胶黏带研究工作，吕与杨玉昆等人一起编写了压敏胶带技术专著《压敏胶制品技术手册》，由化工出版社于2004年出版发行，深受业内人士欢迎。该书于2014年修订，出版发行第二版。

吕凤亭为我国的胶黏带事业奋斗了一辈子，无愧我国胶黏带行业资深专家。

厌氧胶开拓者杨颖泰

翟海潮

1996～2002年，我曾经做过7年的厌氧胶产品的研发。由于我研究生课题做的是环氧修补剂，对厌氧胶是个门外汉，主要靠查阅技术资料、专利、配方集来开发产品。开始时研制的厌氧胶储存稳定性很差，产品发到客户处不久，在包装瓶里就结成了硬疙瘩，让人愁白了头。这期间，我多次去中国科学院广州化学研究所向杨颖泰老师及张兴华博士请教，受益无穷。杨老师和蔼可亲，令人敬佩。

杨是中国科学院广州化学研究所研究员，主要从事高分子合成胶黏剂及相关材料、涂料等研究工作，曾取得研究成果20多项，获国家技术发明奖、中国科学院及广东省科技进步奖等多项荣誉，发表论文报告60余篇，于1989年1月获中国科学院先进工作者称号，1989年12月获全国优秀归侨知识分子称号，1991年开始享受国务院政府特殊津贴。曾任《粘接》《化学与粘合》杂志编委，中国胶黏剂工业协会顾问。

由于研究厌氧胶的原因，我阅读过杨发表过的所有厌氧胶方面的论文，对杨的学术贡献十分了解。由于杨于2011年4月在广州去世，其生平无从了解。为此，我多次向曾与杨一起工作过的老同事中国科学院大连化物所贺曼罗教授、中国科学院广州化学研究所巴光明先生、广州坚红化工厂刘伟塘先生请教。贺曼罗教授1971～1978年曾与杨一起开发厌氧胶，巴光明、刘伟塘20世纪80年代以后曾与杨一起工作多年。

杨1936年6月生于广东顺德，1958年毕业于中山大学化学系，毕业后分配到中国科学院大连化物所工作。到大连化物所的前几年，杨主要做化学品分析研究工作，后来又做了几年有机合成研究。20世纪60年代中期，大连化物所拟从中国科学院划入总后勤部——筹备成立材料院，于是成立了两个胶黏剂室，杨进入胶黏剂课题组，参与多项军工胶黏剂项目研究工作，如军用气球涤纶胶、耐高温聚酰亚胺胶等。1970年，杨开始进行厌氧胶方面的研究。

1971年，杨任402课题组组长，带领团队研究厌氧胶。当时国内没有此胶种，只有日本进口的“天价”产品。杨克服了资料少、无实物借鉴等困难，经过两年攻关，于1972年研制成功我国第一个厌氧胶品种XQ-1及促进剂C-1，并在大连地区应用于压力管道的密封及进口工程机械的维修中。XQ-1属于以一般不饱和聚酯为主体的胶液，实际试用后性能不太理想，随后经过不断改进，于1973年研制成功用环氧树脂改性制得的厌氧胶Y-150（Y字是厌氧胶汉语拼音的第一个字母）和促进剂C-2，于1974年在大连红卫化工厂（后来的大连第二有机化工厂）投入了生产，并建立了我国首个年产百吨级的厌氧胶生产车间。Y-150厌氧胶的强度、储存期等都接近日本进口胶的水平，填补了我国厌氧胶的空白。1975年杨还把厌氧胶生产技术推广到了烟台农机研究所。1976年杨又把Y-150厌氧胶推广到了襄樊胶粘技术研究所（回天胶业前身）、北京彩印二厂。

杨非常重视厌氧胶的应用工作。1975年，他亲自带队在鞍钢推广应用四十余天，随后又到湖北十堰二汽、北京手扶拖拉机厂等数十家工厂进行应用推广，将厌氧胶在很短时间内推广到了全国。1975～1976年，厌氧胶项目在大连进行了成果、产品鉴定。之后，杨带领团队对厌氧胶进行系列化研究，先后研制出Y-80、Y-82厌氧胶，还研制出耐150℃的耐温厌氧胶、破坏扭矩大于牵出扭矩的胶种以及高填缝胶（相当于乐泰515的密封厌氧胶）等。几年来，杨为厌氧胶的研发与推广作出了突出贡献，被评为“1978年辽宁省大连市先进科技工作者”。

1978年，杨转到中国科学院广州化学所工作，继续进行厌氧胶的研究。1979年研制成功GY-340厌氧胶［G字表示广州研制、Y字表示厌氧胶，340的3字是分类号，表示属于GY系列中的装配固定（固持）用产品］。GY-340胶是我国自行研制和生产的第一个单组分（一液型）室温快固化厌氧胶，1981年3月通过成果鉴定，1982年获得国家技术发明奖，1983年获国家经委优秀新产品奖。

GY-340厌氧胶是在Y-150的技术基础上发展起来的，两者的单体类似而引发体系不同。由于Y-150研制开始时考虑到既是通用型厌氧胶，又用于某引进军用产品，因此选择了耐老化和耐介质性能优良的环氧树脂为原材料，GY-340也继承了这些优点而获得成功，它采用以甲基丙烯酸双酚A环氧酯与甲基丙烯酸多缩乙二醇酯为单体的组合。Y-150引发体系中的氧化剂、还原剂和促进剂均分别由单一的化合物所组成，而GY-340引发剂中的氧化剂（过氧化物）、还原剂（取代肼与叔胺）和促进剂（糖精与其他）分别用不止一个化合物组合的方式，稳定剂（阻聚剂等）也是组合的。采用组合型引发体系制成的厌氧胶，其固化性能得到了很大提高。

1979年11月，GY-340以技术合同方式移植到大连红卫化工厂（大连第二有机化工厂），1980年5月移植到广州永红化工厂（广州坚红化工厂），1989年移植到中国科学院广州化学研究所技术开发部厌氧胶车间（广州科纳精细化工公司）。

进入20世纪80年代以后，杨不断进行GY系列化的研究工作，共研制了约20个GY系列产品，例如GY-240、260、280、168等都是80年代中期研制和鉴定的，至1992年GY系列已有19个品种通过成果鉴定。1987年，多个产品获得广东省科技进步奖。

杨颖泰团队研制的265厌氧胶是“922”工程专用的密封锁固胶，用于密封机械榴弹炮，它以化学及物理性能较好的双酚A环氧型双甲基丙烯酸酯类为主要成分，再加入改性用高分子聚合物、触变性剂及其他成分研制而成。265胶具有高强度、高黏度及触变性的特点，除符合“922”工程的特殊要求外，还具有优良的耐化学试剂与老化性能，也可推广应用到民用机械产品中。1992年获中国科学院科技进步奖三等奖，1997年获机械工业部科技进步奖三等奖。

杨颖泰团队研制的可预涂水基微胶囊型厌氧胶，采用悬浮分散工艺制造。其中可预涂水基微胶囊型高强度厌氧胶GY-560，1987年获第三届全国发明展览会铜牌奖。随后，杨又做了大量产品化工作，1991年与广州坚红化工厂共同承担课题项目，1995年底通过了化学工业部成果鉴定并在广州坚红化工厂投入生产。

杨1996年退休后，继续在广州坚红化工厂进行有关的技术改进与新品种研制工作。至2002年，GY系列产品品种超过30个，包括锁固、装配固定、密封、粘接用液态胶系列以及微胶囊胶和真空浸渗剂等系列产品，成为与LOCTITE产品相媲美、品种最齐全的产品系列。

杨颖泰无愧我国厌氧胶黏剂的开拓者，他在厌氧胶方面的研究成果国内无人能与之相比。

顺酐催化剂专家郑美凤与化工环保专家吕富润夫妇

孙可华　孙　云

我与教授级高级工程师郑美凤、吕富润夫妇同为北京化工研究院职工而相识多年。我在院信息中心情报室兼负石油化工信息中心总站日常工作，经常参加石油化工基本有机原料产品的科研生产专业技术会议，由于顺酐专业的科研生产信息技术交流与郑工有较多的接触。我参加中国石化总公司8年（1992—2000年）石油化工科技进步规划时，负责苯酐、顺酐两个产品，郑工给予我不少的帮助。

退休后，郑工与吕工赠我一本他们的回忆录，全面地记载了他们的科研、生活过往，读后很受感动，在此就以这首《蝶恋花》为本文开篇：

海风风尘离别苦。父母明珠，不负花如许。
雅态妍姿轻起舞。霜丝念念当年悟。

春影相思灯下诉。儿女娇欢，忘却愁千缕。
舟泛五湖随意趣。玉郎携侣秋霞慕。

1. 不负韶华的郑美凤

郑美凤，女，个头不高但阳光秀丽，是一位性格开朗能歌善舞之人。

郑和吕老两口退休后，女儿不放心其单独生活，时常接到南方的家中居住。前些日子，为撰写此文，我们通过电话采访，进一步了解了一些郑吕二老的逸闻旧事。

郑于1938年农历七月初六出生在福建省安溪县凤山村，父亲是福建省漳州龙溪师范学校体育教师，母亲主理家务，上有两个姐姐。

郑出生在一个动荡不安的年代。那年日寇侵华势头正盛，我国全民抗战的烽火正起。为躲避日本飞机轰炸，郑的父亲随学校从漳州迁往安溪。按当时的封建陋习，新生下的女婴都要送人当童养媳，郑的两个姐姐都已在老家给人做了童养媳。郑出生在一个逃荒过程中的异地，郑母怕在异地送人做童养媳，以后再难见面，不舍将其送给安溪当地人做童养媳便养在身边，视其为掌上明珠。

郑五岁半上小学，聪颖而争强好胜，继承了父亲喜欢民乐及善于指挥的基因，能歌善舞，性格外向，8岁时即当选漳州市儿童节大会主席，在台上高声领诵孙中山遗嘱“余致力国民革命凡四十年……革命尚未成功，凡我同志仍需努力”。在其后的文艺表演中，以童声演唱的《魂断蓝桥》博得满堂喝彩。从此以后，无论是在中学、大学还是在工作中，郑均是一位活跃、阳光的文艺青年。

小学刚上六年级时就陪同大姐一起通过了初中考试，跳级升入初中。由于善于观察与勤于动手，在母亲的影响下，学得一手好女红，这使其以后的家庭生活受用一生。

郑初中和高中均就读漳州市第二中学，因是跳级考入初中，所以是班里年纪最小的学生，但学习成绩一直名列前三。初中时曾参加过十个县的统考，获得第一名，为漳州二中争了光。

高中时的班主任吴冬卿是郑的化学老师，她毕业于厦门大学化学系，学业功底深厚，课堂上她经常联系日常生活现象深入浅出地讲解化学原理，还注重培养学生动手做实验的能力。这使郑对化学这门学科产生了浓厚的兴趣。

高中毕业时，郑以优异的成绩，第一志愿考入厦门大学化学系。大学四年级分专业时，郑选择了有机催化专业。1959年9月初，郑自从厦门大学毕业分配到北京化工研究院工作后，近40年来一直在科研第一线做试验研究，在顺酐催化剂制备的研究中，她带领其科研团队取得了丰硕成果并应用于工业生产中，获得了巨大的经济效益和社会效益。

郑初到北化院物理化学研究室（九室），师从梁育德高级工程师。九室是进行催化化学、物性测试、化工过程和单元操作等基础性研究的部门，主要从事苯氧化制顺酐、丁烷脱氢制丁烯、丁二烯等有机合成催化剂的研制、表征和催化反应机理的研究，有机混合物组分物性测试和精馏分离气液平衡数据的测定与处理等课题研究。

顺酐是一重要的有机化工原料，主要用于生产树脂、涂料、农药、医药、食品、纺织、造纸和润滑油添加剂等。1974年研究院立项开展苯氧化制顺酐催化剂的研制工作，郑美凤便是这一项目的负责人。

初始研制的 BC -111和 BC -112 催化剂（均为不同配方与载体的氧化钒氧化钼类催化剂）曾在岳阳制药厂、天津中河化工厂等单位的百吨级装置上使用。1975年根据天津中河厂的要求，对催化剂进行改进，研制球形载体和钒—钼系催化剂，经过几年的研究，成功地开发出 BC -114 催化剂，并在天津中河化工厂建了一套催化剂载体自动化生产线及在江西、山东、江苏等地的厂家推广应用，取得良好的效果。1985年在常州曙光化工厂试验“带苯活化”新方法进行催化剂预活化并取得成功。1987年通过了化工部主持的技术鉴定，获化工部科技进步奖三等奖。1985年根据石化总公司的安排，对以上催化剂进行重大改进，研制环形载体，调整活性组分含量，添加其他助催化元素，评选出性能更加优良的 BC -116 顺酐催化剂。该催化剂首先在安庆有机化工厂进行工业应用成功，取得连续开车运行3年，苯转化率均在98%以上、顺酐收率90%的好成绩。1990年通过了化工部和石化总公司联合主持的技术鉴定，1991年获石化总公司科技进步奖三等奖，1995年郑与其团队的扈毓廣、乔志萍、赵葆瑛获中国发明专利优秀奖。

我国稀土金属非常丰富，在化工部的支持下，开展了含稀土氧化物的顺酐催化剂研究，经过几年的努力，于1993年完成了BC -118 催化剂研制任务，经小试评价和单管考核都取得满意的结果，该技术申请了中国专利。BC -118 催化剂经过放大试制后，首先在山西太谷有机化工厂进行工业应用试验，各项指标均达到或超过单管考核结果。现已推广到陕西渭南、广东新会等工厂使用。近年来随着苯原料市场的变化，又开辟了新的制取顺酐的原料来源，例如，丁烷氧化制顺酐的新型催化剂和合成顺酐新工艺的研究开发。

几十年来，郑先后参与并主导开发研制出从 BC -111 至 BC -118 8个牌号的顺酐催化剂，始终坚持与工厂结合，成功地应用于国内二十多家顺酐生产厂，国内市场占有份额曾达70%～80%，经济效益以亿元计。1991年顺酐组代表研究院与意大利蒙特卡蒂尼公司签订了《丁烷氧化制顺丁烯二酸酐催化剂研究》协议，合作研制顺酐催化剂。1993年7月应该公司邀请，研究院组成以院长林文新为团长的代表团出访意大利和瑞士两国，郑作为代表团的主要成员，随团考察了意大利一家顺酐生产厂。1994年11月郑又赴中国台北参加第三届国际华人有机化学研讨会，在会上宣读论文《V - Mo -0顺酐催化剂研制与工业应用》，获得与会代表的好评，该论文还被《中国科学技术文库》收录。1993年经院评委会推荐和化工部评委会评审，郑被评为教授级高级工程师。

研制顺酐催化剂并将它应用于生产，是一项长期艰苦的工作。每种牌号的催化剂都要经历小试验、模型试验、中间试验及工业化应用。首先要将各种配方的催化剂在容积20～120毫升的反应器中进行筛选小试，评选出的优质催化剂再进行单管模型试验，单管模型试验成功后还要进行中间试验，求得产品顺酐的收率、原料苯的转化率和催化剂的寿命等试验数据，在所有数据达到规定要求后，才能进行工业化应用。每种新催化剂的推出需历时3～5年。

顺酐催化剂制备需在高温下进行，所用的原料苯和催化剂的活性组分钒、钼等的金属氧化物都是有毒物质，操作时要戴口罩或防毒面罩在通风柜中进行，夏天时面罩里会捂出一汪的汗水；尽管在密闭条件下操作，仍然会吸入毒物，使人嘴巴发麻、嗓子干痛、肺部感觉不适。

在工厂进行工业制备时，其气味呛、毒性大，更使人受不了。在工业应用阶段，催化剂寿命试验需持续3年，几十名工人日复一日三班倒操作，只要一个环节失误，则前功尽弃，令人提心吊胆。全国有二十多个工厂在使用这种催化剂，工厂有时停电、停水，原料供应不上，或蒸汽锅炉出问题，分析仪器发生故障，研究人员都要随时到各地生产现场解决问题。

1988年，郑在陕西渭南化工厂扩大制备催化剂时，子宫肌瘤大出血，但仍坚持工作，直到完成任务才回北京治疗。在医院化验结果血色素只有5克（正常值为13克），不得已住院做了子宫切除手术。

郑对于自己的工作经常及时地总结，在国内各类专业期刊发表论文二十余篇。主编了《顺丁烯二酸酐及其下游产品》一书，还参与编写《有机化工原料大全》《化工百科全书》。

2. 改行后成为化工环保专家的吕富润

吕富润，男，1936年农历八月初三出生于汉口，祖籍浙江余姚。中学时就读于福建省漳州市寻源中学和第二中学，在第二中学时与郑美凤为同班同学。1955年以优秀的成绩考入南京大学气象系，1959年9月大学毕业分配到沈阳农学院当助教，坎坷的经历使其失去了气象专家之路。

1971年11月，为解决夫妻两地分居，调到化工部北化院从事环境保护科研工作，从气象学到化工环境保护，完全改变了原有的专业。

20世纪五六十年代，随着西方资本主义国家经济复兴和工业飞速发展，环境污染问题日益严重，导致发生了许多公害事件，引起了世界各国的关注。1972年6月在瑞典斯德哥尔摩召开了联合国人类环境会议，发表了《人类环境宣言》，呼吁各国政府和人民为维护和改善人类环境、造福后代而共同努力。

1971年化工部决定在北化院组建环境保护研究室。研究院从其他研究室抽调十多名科研人员改行从事环保科研工作。恰在此时，吕从沈阳农学院调到北京化工研究院，被派到环境保护研究室工作。

吕富润初到环保研究室，师从朱简文，做的第一个课题是“由环氧氯丙烷生产副产物 DD-混剂（含二氯丙烯和二氯丙烷等氯代烃）中回收二氯丙烯”，接着又进行了“由环氧氯丙烷精馏塔釜残液中回收三氯丙烷”的试验研究。那时吕刚从气象专业改行搞化工环保科研，一切都要从头学起，只能边干边学，从点滴做起，恶补化学和化工知识，每晚苦读到深夜，自学了无机化学、有机化学、分析化学、物理化学和化工原理等课程。

1973年课题组参加了化工部顺丁橡胶生产技术攻关会战，课题组承接了“顺丁橡胶生产残液中回收丙烯醛”的试验研究。丙烯醛是顺丁橡胶生产中的一种原料，也是一种刺激性很强的催泪剂，尽管在试验时很注意安全，操作时戴上防毒面具，但有时泄漏接触，不免弄得泪流满面。那几年，吕在工作中总是脏活、累活、重活争着干，工作积极主动。后来室主任又派吕到上海胶片厂参加“电影胶片生产废水处理”试验。在上海半年多的时间里，吕第一次接触废水生物处理技术，为其以后采用生物法处理其他化工生产过程排放的废水打下了基础。

1974年，吕参与了以钱汉卿和徐叔元为课题负责人的“丙烯腈生产废水处理”的试验研究，具体参与废水经加压水解预处理后的生物处理试验。丙烯腈生产废水中含有剧毒的氰化物，采用加压水解预处理方法可将废水中氰化物转化为无毒物质。这项废水处理技术在小试成功之后，在上海高桥化工厂进行了中间试验，其成果应用于生产中，在该厂建成了废水处理装置。这项科研成果于1978年获得了全国科学大会奖。1976年吕又参与了“环氧氯丙烷生产废水的生物处理”试验研究，于两年后完成了工作任务。

1978年，化工部为加强环境保护工作，将北化院环境保护研究室扩充为环境保护研究所（简称环保所）。为了在业务上支持化工部环保处的工作，环保所筹建了化工环保情报研究室。吕便带领几名同事先期开展环保情报研究工作，在调研的基础上，编写出题为《石油化工主要产品生产过程污染物排放及其控制》的内部参考手册，并筹备发行《化工环保》期刊。

1980年夏，吕通过化工部公派出国留学人员选拔考试，1981年末，吕作为访问学者赴美国佐治亚理工学院进修，师从钱兴格博士，进修专业为环境工程，研究课题是“活性炭厌氧生物流化床处理煤气化废水”，当时这是环境工程科学比较前沿的研究领域。一年后，吕除继续参与此项工作外，还独立承担该课题后续子课题“煤气化废水经生物处理后的硝化处理”的试验研究。1983年5月，该课题取得阶段性研究成果，钱兴格博士便带吕去伊利诺伊州普渡大学参加了环境工程学科的年度学术会议，在会上宣读了他的研究论文。同年9月，吕完成所承担的子课题的试验工作，写出的研究论文在亚特兰大召开的第56届美国水污染控制协会年会上宣读，次年该论文在该协会的会刊上发表。

1983年末吕学成回国，环保所领导任命吕为污染治理研究室废水生物处理研究小组的负责人。吕带领组里十多位同事同时承担着四五个科研课题，如化工部的科技攻关重点课题“敌虫菊酯生产废水处理”“聚碳酸酯合成废水处理”等，都按期圆满地完成了试验研究任务，受到化工部表彰。吕还开展了“氯醇法环氧乙烷生产废水处理”“氯醇法环氧丙烷生产废水处理”的试验研究，小试完成后在上海高桥化工厂进行中试，后来所领导决定让吕去开展环保新领域的固体废弃物处理技术的研究，氯醇法环氧化合物废水处理技术的生产性试验就由梁伯庆和刘正等同志继续完成，在上海高桥化工三厂建成废水处理生产装置，开车运转成功。1988年“环氧化合物生产废水处理”获国家环境保护局环境保护科学技术进步奖二等奖。

基于吕取得的上述科研成果，1988年经院评委会推荐和化工部评委会评审，吕晋升为教授级高级工程师。

20世纪80年代中期，随着我国工业的快速发展，环境污染日益严重，除了废水、废气污染问题外，固体废物（特别是危险废物）污染的控制被提上议事日程。

化工部责成环保所组建固体废物治理研究小组，1987年10月北化院领导任命吕为环保所副总工程师。按照分工，吕主管废水治理研究室，兼任固体废物处理专题组组长，开展调查研究工作。1989年3月吕被任命为环保所副所长。1993年环保所钱汉卿所长退休后，吕实际上承担起了环护所的领导工作。由于吕不善于人际交往，几次向院领导请辞，后专心于环保所的总工程师之职。

1988年春，国家环境保护局拟立项在沈阳市建立危险废物安全处理和处置示范工程，与美国环境与生态公司合作进行该项目的可行性研究。国家环境保护局固体废物管理处由于人手不够，经环保所领导同意，借调吕去参加该项工作。吕在沈阳调查和收集化工、冶金等行业主要工厂排放危险废物的数据和资料，后赴美国考察危险废物安全处理和处置的情况，与美国环境与生态公司一起编写可行性研究报告，为后来在沈阳建立危险废物安全处置示范工程做好了前期工作。

1990年，环保所承担了世界卫生组织在亚太地区实施的“有毒化学品和有害废物的安全与控制”区域合作项目，成立了以吕为负责人的项目课题组。在世界卫生组织派来的顾问指导下，在所长钱汉卿和总工程师刘天化的支持和帮助下，课题组对国内有毒化学品和有害废物管理现状进行了调查研究，编写出《中国有毒化学品和有害废物的安全与控制》国家现状评价报告。1991年10月世界卫生组织亚太地区中心在马来西亚吉隆坡召开该项目各参与国经验交流会，吕作为中国代表参加了此次会议。会上吕详细介绍了中国化学品安全立法管理现状、存在问题和今后工作规划，回答了与会代表提出的问题，受到与会各国代表的好评。1992年10月，按照项目的进程，世界卫生组织亚太地区中心派吕到日本考察，了解和学习了日本对有毒化学品和有害废物安全与控制的经验。1993年夏该项目工作任务最终完成，吕再次赴吉隆坡参加工作总结会议。这项工作为化工部开展有毒化学品安全管理奠定了基础。

从1988年开始，化工部与国外政府机构及跨国化工公司在环境保护方面的合作与交流日益增多，环保所承担了我方的具体组织工作，吕先后负责筹备举办了中瑞环境保护研讨会、中英环境保护研讨会、中日环境保护研讨会和中加环境保护研讨会。1993年吕承担了联合国环境规划署贷款的“中国化学工业环境保护技术援助项目”，项目完成后，1999年国家环境保护总局颁发了环境保护科技成果完成者证书。

1994年，吕当选中国化工学会环境保护专业委员会主任委员，为促进化学工业与环境保护协调发展，在化工部副部长、中国化工学会会长潘连生的主持下，吕和梁伯庆为首的编写组经过调研和反复修改，编写出《推行清洁生产，实现化学工业持续发展战略》一文，于1995年3月在中国化工学会环境保护专业委员会召开的“化工发展与环境保护战略研讨会”上宣读。这篇文章受到化工部领导的高度重视，认为对我国化学工业今后的发展具有重要作用，被推荐到《中国化工报》全文发表。

吕改专业后，几十年来在化工环保方面作出了不少的成绩，曾多次被化工部授予化工环保方面先进工作者称号，1993年10月获得国务院颁发的政府特殊津贴，在国内外环境保护期刊上共发表了二十多篇论文。1992年参与了化工部部长顾秀莲为编委会主任的《化学工业与国民经济》一书的编写，是该书“环境保护产业”一节的作者之一。1994年吕被化工出版社聘为《化学化工大辞典》编委会委员，主持编写该书中环境保护的词条，共计千余条。1995年瑞士汽巴－嘉基公司为庆祝公司成立100周年，由公司环保部主管艾耕曼博士主编了《环境管理科技词汇》一书，吕为该书作了中文翻译，并于1997年在中国香港中文大学出版发行了中英文对照版本。

吕在1996年11月退休后，应聘到瑞士汽巴－嘉基公司北京分公司做环保顾问，于2004年底因年事已高而辞职，从此开始过上了真正的退休生活。

晕倒在施工现场的拼命三郎刘德全

李雨芳[1] 孙可华

刘德全生前就职于北京化工研究院有机部，常年从事有机氯化物的研究开发工作，其中最擅长环氧氯丙烷的产业化研究。全国十多家从事环氧氯丙烷生产的工厂，在几百吨、几千吨乃至上万吨的生产装置上都留下了他的汗水。因此被业内人士尊称为我国“环氧氯丙烷技术的鼻祖和专家”。

1. 学校生活

1936年12月18日刘德全出生于天津小站务本村的一户农民家里。从小聪慧且顽皮好动，5年的私塾生活，经常恶作剧。私塾读的是《三字经》《弟子规》《中庸》《大学》《孟子》等，读几遍就能背诵老师教过的课文，所以在教室里待的时间一长就觉无趣，经常借口上厕所而出教室玩耍，对他的聪慧顽皮，老师又恨又爱，他为此受到老师不少的严厉惩罚。

要考中学时，因为私塾学堂没有算术课程，所以刘恶补了半年的算术后，考上了天津南开中学，1956年以优异的成绩从南开中学考入天津大学化工系。在校期间他是一位健壮、风趣、爱好广泛的活跃分子，除各科学习成绩优秀外，还喜欢古典文学，经常参加学校组织的各类活动而获得学校的表彰。1961年9月刘以优异的成绩毕业，被分配到了化工部北化院以胡媄为主任的有机一室，师从高伯莹组长，开始了他毕生为之奋斗的有机氯化物的科研开发与技术推广工作。

2. 环氧氯丙烷的科研开发与技术推广

北化院有机合成产品研究中，有机氯化物的研究始于1959年，是当时重要的课题之一，首先研究的是丙烯高温氯化制环氧氯丙烷及甘油。1961年9月毕业后

① 李雨芳系刘德全夫人，1960年北京大学化学系毕业，北京化工研究院高级工程师。

到北化院的刘德全，正好赶上参加前期的科研开发。此项科研开发，在小试、中试完成后，于1965年通过化工部的技术鉴定。随后在济南向阳石油化工厂、无锡树脂厂、岳阳石油化工厂、沈阳化工厂等近十家工厂建立了从1000吨/年至3000吨/年不等的工业化装置，均取得了成功，率先为国家提供了合格的军用合成甘油及解决了市场急需的环氧氯丙烷。此成果获得中国发明专利，1978年获得全国科学大会奖；1979年获化工部及北京市科技成果奖。

一项新技术的研制成功不易，但是成果的推广与转化更不易。在此期间，刘德全一直穿梭于这些工厂之间，进行技术推广及解决工厂施工及生产遇到的各类技术问题。

刘是一位勤于思考与注重实践积累的人，他在工厂进行技术推广、服务中，获得了大量最佳工艺参数，这为他日后改造和革新诸如反应器、混合器、干燥器、丙烯预热等的工艺条件，创造了坚实的理论及实践基础。

在厂期间，他利用自身的技术优势，主动帮助有关工厂解决实际困难，为工厂取得了极大的经济效益。

例如：沈阳化工厂原来生产的DDT和666农药下马以后，氯气的利用成了制约工厂生产的拦路虎。刘经过仔细的物料衡算，帮助工厂设计了一套符合实际需求的环氧氯丙烷生产装置，解决了电解氯气的合理利用问题。该厂又在沈阳市政府的支持下，利用自产的环氧氯丙烷与双酚A开始生产合成树脂。利用此树脂制造的毛泽东巨幅塑像，至今还耸立在沈阳的中山广场。

济南向阳石油化工厂，是我国第一个环氧氯丙烷工业化装置生产工厂。该厂原是一个建在黄河滩上的街道麻刀手工业作坊，作坊里的工人是一些文化水平比较低的街道就业人员，没有专业化工生产知识与基础。在这样一个“一无化工设备，二无专业技术人员”的荒滩上，要建一个拥有上百台化工设备的化工厂，其难度可想而知。

刘不畏艰难困苦，自己规划设计，带领着工人施工、安装及对化工操作人员进行专业技术培训、试车，并且对易燃、易爆、有毒原料的安全运输、储藏进行专业化、标准化管理。在工厂的几年里，刘与工人风雨同舟，同吃同睡同工作，没有节假日，更是极少回家享受家庭的欢乐与休闲。他毕竟是一位有血有肉的人，20世纪六七十年代，人们的生活水平普遍较低，国家物资供应匮乏，造成人的营养不足，在艰苦的环境与生活条件下全身心投入，他病了，不省人事地晕倒在为职工讲课的讲台上。救护车紧急将他送到济南第一人民医院抢救时，因为查不出病因又转院到解放军医院，经检查后确诊为周期性麻痹症，经抢救而苏醒。苏醒后的刘没有休息，瞒着家人继续留在现场对操作人员进行培训，直到多年后家人才从他的嘴中知道真相。

他对职工的专业培训要求之严格，使职工们都怕他，同时也极为尊重他。在他的努力下，这个500吨/年的环氧氯丙烷工业模式装置获得一次性开车成功，生产出了合格的环氧氯丙烷与甘油。当时的《人民日报》头版报道了该厂的生产情况，山东《大众日报》等多家媒体也相应进行了大幅的宣传报道。

3. 叔丁基次氯酸盐法合成二氯丙醇新工艺研究及其他

在丙烯高温氯化制环氧氯丙烷的工业化生产中，丙烯氯醇化与二氯丙醇皂化需用石灰水中和，会产生大量不易处理的工业废水、废渣，造成严重环境污染，而且二氯丙醇含量与收率都比较低，副反应多。为此，20世纪80年代初，刘对“叔丁基次氯酸盐合成二氯丙醇工艺”进行了深入研究，发现这一反应的转化率高且副反应少，如果将皂化反应的氢氧化钙更换成氢氧化钠，就可以实现将反应生成的氯化钠浓缩，再电解成氯和氢氧化钠，从而实现环氧氯丙烷生产过程无“三废”排放的闭路循环工艺。

1982年，刘向北化院提出新工艺采用闭路循环生产工艺课题并获得通过后，在他的领导下，完成了氯醇化过程采用叔丁基次氯酸盐水溶液代替次氯酸水溶液，可使游离氯的含量大为减少，极大提高了二氯丙醇收率（98%），生成高浓度的二氯丙醇（12%）溶液。经浓缩，二氯丙醇浓度可控制在30%。30%的二氯丙醇溶液与电解液进行环化反应，转化率高达97%。由于两步反应转化率高，生成的杂质极少。产生的氯化钠溶液经稍加处理后，即可直接送电解池进行电解，生成的氯气和氢氧化钠溶液循环使用，从而实现了环氧氯丙烷闭路新工艺，经小试与中试均获得成功，并获得中国发明专利。

在工业化实验中，刘德全一直蹲守在山东东营联成公司采用该技术建成的400吨/年环氧氯丙烷实验装置的工地上，并帮助企业开车成功，重复了实验室的结果，这时的刘德全激动得泪流满面，人道是男儿有泪不轻弹，刘已经不是第一次流下这样的泪水。皂化过程中采用反应泵与静态反应器达到了更好的混合、分离效果。该成果通过了山东省科委组织的技术鉴定。此工艺，在公司随后建设的1万吨/年工业生产装置中运行良好。

由于刘在前期的技术推广时，大部分时间在工厂进行技术指导，并帮助开车的过程中度过，所以采集了大量的生产数据，对生产设备的性能及如何达到最佳效果，有着深入的了解，于是他决定对丙烯氯醇化反应器进行技术改造。丙烯氯醇化反应器有多种形式，但大都具有原料消耗高、需求能量高、投资成本高的“三高”缺陷，以及设备庞大、材料费用高等问题。

刘通过对氯醇化反应机理的研究及实验，1981年设计的一套无循环多段反应器，通过了北化院的技术鉴定，可有效降低“三高”等问题。此装置成功地应用于环氧氯丙烷的生产中。在南京金陵石化公司化工三厂环氧丙烷生产装置的改造中，也采用了丙烯氯化合成氯丙醇无循环管式反应器的工艺。

另外，刘还设计了丙烯、氯多喷嘴反应器，使其更有效地混合，取得很好的效果。诸如此类的研究，刘进行了不少，并获得多项中国发明专利，为企业的节能改造作出了贡献。

4. 不辱使命的氯化物专家

刘由于理论的不断完善及丰富的工厂实践经验，在20世纪80年代便成了我国氯化物行业有名的专家，有不少工厂慕名邀请其去解决生产技术上的难题。

例如，衢州石化公司20世纪90年代初投资近2亿元的2万吨/年纱纶树脂（亦称萨纶树脂）装置，开车一直不顺利，生产中因偏氯乙烯（亦称1，1-二氯乙烯）的纯度低、收率低，致使纱纶树脂无法正常生产，造成极大的损失，便请刘帮忙解决难题。

纱纶树脂又称聚偏氯乙烯树脂（PVDC）。我国自20世纪60年代初期就开始研制PVDC共聚产品，锦西化工研究院、上海天原化工厂等都投入了相当的力量，曾开发过纤维树脂，因加工难度大及市场适应性较差，未形成商品。

刘冒着极大的风险来到生产现场，他通过仔细地研究工艺过程及现场观察，根据理论计算与以往积累的类似装置生产数据，决定将原来的反应器改为泵加管道反应器。改造后经开车验证，偏氯乙烯的纯度由原来的80%提高到了98%，收率也由原先的88%提高到了98%，高质量的偏氯乙烯保证了纱纶树脂的正常生产，缓解了纱纶树脂的市场供应难题，后解决了宜兴树脂厂同样的生产技术难题。

再如，甲基氯丙烯又称甲基烯丙基氯，是一种重要的有机中间体，可广泛用于医药、农药、香料、合成材料等领域，也是甲基丙烯磺酸钠的重要原料。甲基丙烯磺酸钠是丙烯腈的第三单体，能改进丙烯腈纤维的染色性能，是腈纶的助染剂。

北化院高级工程师李雨芳于1986年做过异丁烯氯化制甲基氯丙烯及甲基氯丙烯与亚硫酸钠反应合成甲基丙烯磺酸钠两项科研课题，这两个科研项目均通过了中国石化总公司的技术鉴定。

由于甲基丙烯磺酸钠市场短缺，主要依靠进口，20世纪90年代，山东淄博市临淄梧风化工厂看准市场，买了北化院的小试技术资料，点名聘请了氯化物专家刘德全为全权技术顾问，指导甲基氯丙烯及甲基丙烯磺酸钠的放大试验并进行工业化生产。

真是艺高人胆大，刘同样冒着极大的风险日夜蹲守在现场。完成了甲基氯丙烯及甲基丙烯磺酸钠的放大试验，提供了各项相关技术数据，确立了工艺流程、各种化工设备及工艺参数，建立了工业生产装置并开车成功。生产出的甲基氯丙烯及甲基丙烯磺酸钠产品符合技术要求，其中甲基丙烯磺酸钠的纯度与收率均超日本与德国，并出口日本。

5. 坚持原则的拼命三郎

通过十多年的科研开发与生产，到20世纪70年代，我国环氧氯丙烷及甘油在技术与生产方面已经十分成熟。1973年化工部有人提出要花宝贵的外汇引进日本技术，在吉林石化建万吨/年装置生产厂。得此消息后的刘心急如焚，经与时任院长沟通后，决定给周恩来总理写一封信，具体介绍了我国环氧氯丙烷及甘油的科研、生产及市场状况。1974年1月1日《人民日报》发表了《反对洋奴哲学，爬行主义》的社论，同时，国务院也通报了化工部与北化院，最终阻止了这套装置的引进。

刘德全就是这样一位敢于担当的人，他把产品看成自己的孩子，为了工作不惜拼命，以至于几次晕倒在现场，人们称其为拼命三郎。更有甚者，又一次在沈阳化工厂做试验时，被一名精神病患者用刀砍伤了头部，血流不止危及生命，但他仍然坚持工作。他对工作的责任感与紧迫感极其强烈，每次在工作中遇到险情时，例如有毒有害物料泄漏，他都是紧急疏散他人，而自己亲自操作排险。

在家人及朋友的眼中，刘为事业而受苦受累的程度不可想象。因刘长期与致癌物质氯化物打交道，大大地伤害了自己的身体。他40多岁就患有严重的糖尿病，可他每次下厂少则几个月多则数年，中间很少回家，致使他每次完成任务回家时又黑又瘦，体重大幅下降。2008年刘得了肺癌及败血症，后期又患慢阻肺。

刘对工作的追求，像钢一样坚忍，但在几近绝望取得成果时，胸中那五味杂陈的喜悦，使他又像一位受了委屈的大姑娘，总会躲在一处，热泪盈眶地洗刷着昼夜不休的身体所带来的疲劳。

真可谓：

泪湿工装为梦萦，三郎拼命启新程。
谁知小站时年少，渤海烟波一俊英。

离开工作岗位的刘，仍像拼命三郎一样，顽强地同疾病作斗争。晚年的他，践行了对旅游、摄影、园艺等的各项爱好，于2023年12月6日去世，享年87岁。

“长桥大厦”奠基人刘俊全

白鸿博　王雪丽

阳春三月，万物充满生机。壮阔的沈阳新北站地区，一座雄伟的长桥大厦巍然屹立在这片黄金宝地上。这是沈阳化工系统最大的综合性经济服务实体，由中外合资沈阳长桥胶带有限公司兴建。人们赞叹这座雄伟的建筑，更由衷地赞扬“长桥大厦”的奠基人——总经理刘俊全。

历史值得铭记。曾经拥挤在大西市区一角的沈阳胶带总厂，其前身是1956年由9家私营小厂合并起来的公私合营企业，1962年改为地方国营工厂。原有厂房矮小拥挤，设备陈旧，技术落后，生产以棉帆布为骨架的输送带、平带及人造丝帘布为骨架的普通V带、汽车V带等传统老产品，工厂的生产长期停滞不前。1982年，工厂搬迁到沈阳市皇姑区的三台子。这些年由于不断改造与新建，工厂占地7万多平方米，职工3000多人，一跃成为化工部胶带生产的大型骨干企业。在完成企业搬迁改造的同时，成立了中外合资沈阳长桥胶带有限公司，这在全国同行业中是首家。1991年1月正式运行，刘俊全任董事长兼总经理。

刘俊全，男，1936年生。

“工欲善其事，必先利其器。”刘深知，要出高质量一流的胶带产品，必须靠精良的生产设备和高素质的员工。前几年，工厂从国外引进了具有20世纪80年代国际先进水平的输送带鼓式硫化机和国内第一条窄V带生产线；与科研单位共同研制了第一台国内领先的（2.3 × 8）米油压柜式平板硫化机和（2.4 × 8）米钢丝绳芯输送带成型、硫化联动生产线；又全部更新了国内先进的V带硫化机。这样，长桥公司的固定资产由改造前的1000万元增加到9000万元。在刘俊全的带领下，工厂先后研制成功了难燃导静电窄V带、二级耐热涤棉输送带、难燃龙钢缆牵引输送带、抗撕裂钢丝绳芯输送带等十余项新产品。到1990年，经开发鉴定投入生产的新产品达13个。其中难燃导静电窄V带填补了国内空白；抗撕裂钢丝绳芯输送带不仅填补了国内空白，也是国际上少有的品种；4个系列8个品种的产品被评为市、省、部优质产品，有的获省科技进步奖。优化了的产品结构，能够满足国内外市场的需求，使工厂效益猛增。1987年刘俊全刚接任时，工厂尚欠外债1700万元，但1991年产值就达1.4亿元，创利1000万元。1987年至1990年，累计产值达2.17亿元。1989年至1991年，创利润2170万元，固定资产投入2500万元。企业被评为“学吉化”先进单位；获辽宁省政府和辽宁省石化局技术管理、质量管理先进奖；设备管理升为省二级；财务管理升为国家三级；档案管理升为省级；标准化管理升为国家二级；是无泄漏工厂；产品达4个系列2000多种规格；1991年被列为国家二级企业。本人荣获辽宁省优秀企业家称号。

走进格调不凡的宽大办公室，我们有幸采访了这位成功的企业家，刘俊全是标准的东北男子汉，生长在松花江边的黑土地上，高大、魁梧而健朗。虽说已近花甲，周身上下却洋溢着一股青春的朝气和活力。尤其是他那双深邃明亮的眼睛，从里到外都透着智慧和刚毅。他承袭了父辈宽厚和直率的性格，把北方人固有的粗犷豪放、乐观向上的风格与知识分子特有的沉稳气质有机地结合起来，形成了刚柔并济的企业家特色。办公室墙上挂着“高瞻远瞩”的条幅和山水壁画，写字台上放着一簇淡雅的绢花，靠墙的鱼缸中鱼儿摆尾、流水叮咚。从中可以看出，这位总经理是一个崇尚大自然、热爱生活的人。就是他，带领他的一班人马为长桥创下了丰功伟绩；就是他，带领长桥人彻底改变了胶带厂的面貌，跃居全国同行业之首，立下了长桥人创业的丰碑。当我问他赢得这一切有什么绝招时，他深沉而坚定地说：“科技兴厂，企业才有出路；开拓市场，才能走向世界。”

科技兴厂，是任何一家企业发展的必由之路。1987年，胶带厂面临搬迁改造，扩建工程大、技术改造任务重、资金紧缺、沉重的外债包袱困扰着工厂时，刘受命于危难之际，由沈阳轮胎厂副厂长改任为沈阳胶带厂厂长。与他同时进厂的韩忠森同志出任厂党委书记。这是一对好搭档，两人一个在前边“打仗”，一个在后边“打扫战场”，相互信任、理解、支持和配合。在他们良好作风的带动下，领导班子成员个个识大体、顾大局，一心扑在企业的建设上。刘俊全1960年大学毕业后一直从事橡胶技术工作，在橡胶四厂时，他曾成功地研制出当时国家新型长征运载火箭1～3号和歼击机部件——液压系统密封件与炼胶车间的粉料管道输送系统和筛选系统。他是技术内行，深知科技是第一生产力的重要性。

当今胶带产品在我国是供大于求，属于长线产品。面对行业发展制约瓶颈，刘俊全深思熟虑后，布下三着棋，出奇制胜。

首先，抓团结，这是事业胜利的基础。刘用满腔真诚和爱心，似一团火温暖和凝聚了长桥人的心。“人心齐，泰山移，‘长桥’腾飞世界要靠众人拾柴火焰高。”这是他常说的一句话，他充分调动干部职工的积极性，千方百计地为职工谋福利，广开财源，增加创收渠道。厂里办了40多个商店，开设校办工厂和实验厂。职工们夸他们的厂长：“有他，没有办不成的事。”1990年，建了6000平方米的宿舍楼，使183户家庭受益。凡1975年前入厂的有13岁以上孩子的职工都可分到套间，这在其他企业是少有的。为了鼓励科技人员努力创造，在分房时向有贡献的科技人员倾斜。每年厂里要开一次运动会；每年组织500多人去参加健康疗养。公司员工的工资收入居沈阳市企业的上中等水平。职工们说：“能在胶带厂工作是一种幸运。”在公司里，党组织、党政、上下左右步调一致。“团结奉献爱长桥，求实创新争一流”已成为长桥人共有的信念。

其次，尽可能优化产品结构，狠抓新产品开发。以质量求生存，以品种求发展，这是公司的经营方针。开发新产品，作为企业的领导要勇担风险、科学决策，正确的决策来源于国内外市场的科技情报信息。他们采取“走出去”（出国考察）、“请进来”的办法（聘请外国专家来公司工作及进行各种技术贸易洽谈），广泛收集并掌握国内外胶带科研及市场动态，积极甩掉老品种，舍得人才和物质投资，开发了具有国际先进水平的新型胶带产品。在开发战术上讲速度、重效益。刘风趣地笑着说：“我们要有大厂的风范，不能和小厂争饭碗。我们要发展高新技术和高档次的胶带产品，做到你无我有，你有我新。”几年来，胶带公司的新产品产值率一直保持在30%以上。

最后，大胆改革，调整组织机构，精兵简政。在人事、干部、劳资等方面实行全面改革。一方面把新产品开发作为全厂指标来完成；另一方面在厂内开展科技一条龙承包，坚持科技先导，产供销协调，使其形成生产力。公司靠员工发展，员工又靠公司发财。这位英明的领导者，坦荡地告诉我：“企业发展了，富了，也要允许职工发财，大家都富了，我们的企业就会更有奔头。”

市场就是战场。产品在市场上的竞争，犹如战士拼杀，你死我活，唯此而无彼。“长桥”牌胶带之所以能在国内外市场上取胜，除了质量好、适销对路外，经销策略和意识是关键一环。刘和他的领导班子以销售为龙头，培养了一支懂技术、懂经营又称职的销售队伍，这支强大的队伍已达300人。目前，他们的“长桥”胶带通四海跨五洲，畅销国内外，已出口和配套出口50多个国家和地区，用户有3000多家。1988年，出口产值为82万元，1989年增到803万元。具有开拓创新意识的刘俊全在面向市场的改革大潮中又爆出了冷门：投资十几万元，联办空军女篮和辽宁歌舞团；出资兴建长桥大厦；创办《长桥报》。问他为什么要这样做，他回答得很干脆：一是企业有实力；二是公关意识，提高企业知名度。一句话就是产品占领市场和销售的需要。全国113家大小胶带厂有1亿平方米的生产能力，而国内市场需求量只有4000平方米，供大于求，胶带是长线之长。“我们要用本厂生产的最好的胶带产品力挫群雄，独占鳌头”。他还说“我们要走自己的路，不能和同行业厂家争饭碗挤市场”，他瞄准了国际市场，冲出国门，走向世界是他的宏图大略，且已迈出了稳健的步伐。

任重道远。“长桥”路上，刘俊全还没有到站。他眷恋这片土地，再一次挑起了上级领导和长桥人的重托。为修筑“长桥”，他又一次投入了人生奋斗之旅，“点燃生命的高度，燃烧自己”，这就是我们所见的长桥的带头人。他对事业执着追求的热情，如同燃烧的晚霞，那么绚丽、那么火红。

建筑结构胶黏剂专家贺曼罗

翟海潮

1994年11月，在日本横滨举行的国际胶黏剂学术会议上，中国胶黏剂代表团的一篇论文《建筑结构胶黏剂研究及在铁路桥加固的应用》引起了与会代表的浓厚兴趣，多位专家与论文作者进行了热烈的讨论。此前，国际上虽已有结构胶应用于小型公路桥的补强、建筑物加固等施工先例，在铁路上使用却是首次。因为铁路的运行条件远比其他行业复杂苛刻得多，何况又是应用于铁轨下承重梁的补强加固，足见研究项目的先进性和研究团队敢为人先的创新精神。这篇论文的作者就是中国科学院大连化物所研究员贺曼罗先生。

20世纪60年代末，建筑结构胶在欧、美、日等国（地区）开始应用。英国塞菲尔特市的公路桥、澳大利亚悉尼歌剧院的屋顶、日本坂神地震后被损坏建筑物的修复等都采用了建筑结构胶进行粘接加固。我国首次采用建筑结构胶是在1979年，法国援建的辽阳化纤总厂竣工验收前，发现变电所多根混凝土梁配筋不够，出现裂纹危及安全。由于验收时间紧，法国专家提出从欧洲空运建筑结构胶进行粘钢加固，当时用了960千克 Sikader31结构胶将变电所的梁修复完好，按时通过了验收。此事引起了有多年胶黏剂研究经验的贺曼罗先生的浓厚兴趣，他立即决定由大连化物所和辽宁省建科所（后为建科院）共同申请研究课题，并很快得到了建设部的批准及经费支持。

该课题从1980年开始，由大连化物所贺曼罗团队负责建筑结构胶的研究、开发，由辽宁省建科所负责后期结构胶加固的构件实验。

在国外技术严格保密、国内几乎无技术和经验可以借鉴的情况下，贺团队不畏困难，查阅了大量资料，进行原料合成、配方设计、性能测试等，经过数百次的实验，终于在1983年研发出了我国第一个建筑结构胶——粘钢结构胶，其性能全面达到了进口胶的水平。该结构胶在辽宁省内应用于沈阳东陵电话分局办公楼改造、锦州电话局办公楼加固等四处建筑的加固施工。之后，该结构胶在大连化物所和辽宁省建科院分别进行了中试生产。该胶为国内首创，填补了国内空白，1985年获得了中国科学院重大科技成果奖二等奖和中国发明专利金奖。

贺率团队在短期内就完成了这样一个重大课题，是和贺多年的胶黏剂研究积累以及大连化物所良好的科研条件分不开的。

1938年，贺出生于湖南。1956年，贺从湖南名校长郡中学考入北京理工大学化工系，学习固体火箭推进剂及工艺学，课程主要涉及火药的制造、装填等，后期他又学习了高分子合成等课程。贺1961年毕业分配到大连化物所，1961～1971年主要从事与所学专业关联非常紧密的固液火箭推进剂的研究及生产工作。贺参与的固液火箭推进剂配方、工艺、燃烧研究等重大项目后来还获得了中国科学院科学大会奖。虽然参与的都是重大军工项目，但贺所做的工作大多在胶黏剂合成领域，例如环氧树脂的合成和改性、聚硫橡胶改性、丁腈橡胶改性、丁羟橡胶改性等。由于中国科学院与国防科委组织的调整，1971年贺转而和杨颖泰等人一起进行厌氧胶黏剂的研究工作。厌氧胶项目1978年通过省级鉴定后，贺还参与了厌氧胶在北京、大连、烟台、襄樊等地的生产与推广应用工作，直到1979年。1980年，贺开始转入建筑结构胶方面的研究并于1983年成功研制出我国首款建筑结构胶——JGN型建筑结构胶。

1983年后，贺致力于建筑结构胶品种的完善、性能改进以及在全国的推广应用。到1990年，已形成粘钢胶、锚固胶、裂纹灌缝胶、混凝土修补胶等十几个品种，可以满足建筑加固的不同工况的要求。贺还亲自到比较偏远的地方进行施工指导，对一些中小企业进行无私的技术帮助和支持。在此期间，全国的许多地方都有了各种品牌、型号的建筑结构胶。据不完全统计，目前我国有建筑结构胶研发与生产单位200余家，年销售量在16万吨左右（不含硅酮结构胶），应用领域拓展到了高铁、铁路桥、高速公路、公路桥的建设，以及市政建设、水利工程及许多建材新制品的生产中，而且已向国外市场发展。大连化物所也为这个极具社会效益的项目，于2000年专门成立了大连凯华建筑新技术工程公司。此公司不负众望，一直是中国建筑结构胶企业的引领者。

在完成建筑结构胶的系列化及推广应用工作的同时，贺曼罗团队还研发出了30余种胶黏剂，例如磁头灌缝胶、摩擦片胶、刹车片胶、耐温环氧胶、大螺母（M60）厌氧胶、聚酰亚胺改性耐温厌氧胶、建筑密封胶（氯丁型、SBS型、丙烯酸酯型三种)、建筑装修胶(SBS型和聚乙酸乙烯酯型两种)、橡胶专用瞬干胶、单组分聚氨酯密封胶、底漆型第二代丙烯酸酯胶、墙板胶、耐水的实木胶、聚硫密封胶、汽车轻量化用耐冲击胶、透明弹性环氧胶等，研究项目大都通过鉴定并转产投放市场。

20世纪80年代，大连化物所承担了"N_2/H_2中空纤维分离膜及装置的研究"国家攻关任务。要建成此装置，必须在进混合气的端头(俗称为封头)上，将数万根中空纤维膜用树脂复合物粘接在一起，纤维膜之间不能渗漏，再将整体粘接于钢套(管)之端头，也绝对不能渗漏。封头任务就是由贺团队完成的。该项目获国家科技进步奖特等奖，封头配方的完成为此作出了重大贡献。

经过多年的不懈努力，贺的研究成果得到了社会的认可。1988年，贺入选大连科协的大连科技精英，被评为大连市、辽宁省劳动模范，1989年晋升研究员并享受国务院的政府津贴。

1996年，贺因视力原因提前退休，但仍致力于建筑结构胶的应用推广与新品开发等工作。主要是将建筑结构胶应用于新的领域，比如公路桥和铁路桥，市政、轻轨、水利等，同时开发一些施工用胶，比如修公路、铁路桥用的节段拼装胶，碳纤维板用的碳纤维粘接胶、改性环氧树脂注射型植筋胶等。2006年，由于大连理工大学有学生需要进行胶黏剂题目的研究，贺又协助大连理工大学化工学院的老师带了9名胶黏剂课题的硕士研究生，其中又以建筑结构胶的新品种为主，使建筑结构胶的品种更加完善。在退休后的时间里，贺还参与了我国建筑结构胶黏剂多项规范(国标)和规程的编写工作，为建筑结构胶的水平提升与规范施工、应用作出了贡献。贺还把自己的多年的研究成果编著成书——《建筑结构胶黏剂与施工应用技术》，第一、第二版分别于2000年、2016年由化工出版社出版发行，它是我国第一本有关建筑结构胶及其应用方面的专著，在我国建筑胶领域有着重大的影响。

在50余年的胶黏剂研究及应用推广中，贺还致力于该学科的科普与著述。20世纪70年代在《辽宁科技报》上撰写发表多篇胶黏剂科普小文章，如《汽车修理胶黏剂》等；在《大连日报》科技版上连载一些胶黏剂新闻趣事，如瞬干胶的发现、仿生胶等。20世纪80年代后陆续编著出版了《胶黏剂与应用》《建筑胶黏剂》《环氧胶黏剂》等8本胶黏剂专业书籍(其中两本为合编)。与此同时，贺还积极参加了大连市总工会的技术协作队（任粘接队长），组建了大连胶黏剂研究会（任理事长），并参加国内相关学会组织的活动。曾任建筑专业委员会副理事长、中国胶黏剂协会顾问，多年兼任《热固性树脂》《化学与粘合》《粘接》杂志的编委等。贺一生发表胶黏剂方面的论文80余篇、会议论文20余篇。在20世纪七八十年代，为推广粘接技术，在许多地方举办过培训班，培训人员超过千人。

50多年来，贺曼罗为我国胶黏剂事业作出了巨大贡献。

涂料与辐射固化的洪啸吟自述

洪啸吟

洪啸吟，男，1938年出生于安徽省歙县，1957年考入北京大学化学系（六年制），1963年被录取为北京大学冯新德先生高分子专业研究生，1966年毕业，1967年分配到北京化工二厂，1973年调到北京市化工研究所，1981年到美国从事博士后研究，1985年回国，1987年被引入清华大学化学系任教授，2004年退休。退休后两次被清华大学授予“老有所为”称号。

1. 邂逅涂料与感光高分子材料

1967年，离开北京大学，成为全国最大聚氯乙烯生产厂北京化工二厂的工人。当时该厂对口为阿尔巴尼亚建厂。化工二厂生产一直采用深井自来水，对方提出应该使用去离子水，因此厂里建设了软水站，但改用软水后，反而发生爆聚。厂里多次调整配方更新设备，都无法解决。出于好奇，我用pH值试纸检测了离心废水，经仔细分析后，大胆建议往反应体系里加碳酸氢铵，经技术员同意进行了实验，发现不仅没有爆聚，而且树脂疏松多孔，解决了北京市化工局的老大难问题。因为当时悬浮剂用的是明胶，它的性能受pH值影响甚大，北京地下水中碳酸氢钙含量很大，是一种天然缓冲剂，它可中和氯乙烯单体中所含盐酸保持体系的中性或弱碱性，但软水无缓冲作用，体系呈酸性，破坏了明胶的保护作用，加入碳酸氢铵可以起到缓冲作用。

1971年某天，偶闻新建北京饭店正在研制国产涂塑壁纸，他们用氯乙烯—醋酸乙烯树脂溶液为涂料，味道难闻且不能消光，长时间攻关，未能破解技术难题。我建议改用氯乙烯—醋酸乙烯乳胶。攻关组采纳了我的意见，并由化工二厂实施研制，经多次实验，成功生产了氯醋乳胶，经造纸所制成涂塑墙纸，性能好且消光，该墙纸装饰了新北京饭店，此研究获全国科学大会表扬。这是我与涂料的邂逅，可能开我国溶剂型涂料改为水性涂料的先河，是我国最早研发的乳胶涂料之一。在厂期间我还与老伴冯汉保合译了“高分子合成”丛书，撰写了有关引发剂的综述文章。

1973年落实知识分子政策，被调往北京市化工研究所，并立即到北京化工厂参加国家重点任务——印染法彩色电影胶片的会战。当时，关键难题是原料氨基胍媒染剂无法纯化和干燥，我采用改进的沉淀提纯法，生产出了洁白米状粒子，出色完成任务，该工作获化工部科技进步奖二等奖。

其时化工厂也接受了生产肉桂酸型光刻胶的任务，但是经常发生爆聚，于是邀我参加研究，经观察，我认为是所用的“二氧六环”氧化生成了过氧化物，它与微量金属反应生成的自由基引起了树脂交联，建议通氮气，解决了问题。后来又参与了北京化工五厂聚酯型光刻胶生产中爆聚和催化剂问题的解决。由于成绩突出，1976年和1977年被评为北京市化工局先进职工。

1978年受中国科学院半导体研究所邀请，参加光刻技术研究。经过长时间合作研究，发明了无显影气相光刻技术（DFVP），获得了1微米的分辨率，受到国家领导人的关心，著名专家王守武、冯新德、黄敞、钱人元、陈光旭等参加了鉴定会，一致认为这是光刻技术源头创新性成果。新华社和多家报刊报道了此消息，引起很大反响，可惜该技术未得到进一步发展。该成果获国家技术发明奖三等奖。

由于和光有了关系，对感光高分子发生了兴趣，查了文献做了综述，先后在北京试剂所、中国科学院感光所和北京师范大学作了学术报告，这些工作对我国开展感光高分子研究起了铺路作用。

2. 光固化和涂料的结合

经钱人元教授推荐，1981年前往美国北达科他州立大学（NDSU）聚合物与涂料系任博士后研究员，从事光敏聚合物研究，合作导师是著名光化学家柏巴斯（P.P.Pappas）教授，他是辐射（光）固化研究的权威。

在NDSU我设计并合成了辐射（光）固化用的分子内敏化阳离子光引发剂，大大提高了效率，在研究阳离子光固化涂料过程中发现了混杂聚合现象。回国后经整理完善，写成论文，第一次提出了混杂聚合（hybrid polymerization）概念，它是指同一体系内有两种或两种以上不同类型的聚合反应同时进行的过程，如自由基聚合与阳离子聚合，自由基聚合与缩聚等。混杂聚合能够在原位形成高分子合金，并有可能得到互穿网络结构，从而使聚合产物具备较好的综合性能。论文获中国化学会议高分子基础研究论文奖。

NDSU的聚合物与涂料系是国际上最好的涂料系，我聆听了国际涂料界最负盛名的蔡诺·维克斯（Zeno W. Wicks）及其他知名教授的涂料课程，并开展了丰富的涂料教学实验。这是一段受益匪浅的学习经历，夯实和深化了我的知识。

此后我便与现代涂料和光固化事业紧密拥抱。20世纪90年代我在澳大利亚联邦科学与工业研究组织（CSIRO）访问时，提出了解决塑料钞票印刷粘连的方案，经与杨永源研究员合作研究，克服了厚涂层黑色油墨的快干与极高附着力要求的矛盾，获得了CSIRO的奖励。这是我将光固化与涂料交叉的结晶。

3. 发展我国辐射固化事业

1985年回到北京市化工研究所，任副总工程师。1987年底被引进清华大学，从事高分子化学与高等有机化学教学，并开展了光刻—光刻胶与涂料的基础研究，曾获良师益友称号和梅贻琦论文奖。通过多年研究，揭露了DFVP的机理，认为一般光刻是基于光致溶解度差，而DFVP是基于光致诱蚀剂浓度差，该项研究获北京市科技进步奖二等奖，有关论文也获中国化学会论文创新奖。曾应邀赴日、美、德、英、瑞典、澳大利亚交流。

我深知半导体行业中光刻胶的重要性，回国后多次前往有关部门呼吁光刻胶的研究，并与北京试剂厂合作，设计并合成了多种用于248纳米和193纳米光刻的新型化学增辐抗蚀剂，但受条件所限，未能得到发展。我在国家二号专项立项时为光刻胶项目据理力争经费，同时动员高端人才进入此领域。2009年我被选为“北京微电子光刻胶产学研联盟”专家委员会主任，可惜未能发挥作用。近年国家非常重视，2022年又被选为新成立的中国感光学会光刻材料和技术专委会顾问。

为了发展辐射固化行业，1993年组织成立了中国辐射固化组织，以后又参与各种会议和培训活动，为企业提供技术支持，同时合作进行立体光刻（3D打印）和光固化油墨的研究，编写了《光照下的缤纷世界》，合编了《非银盐感光材料》。先后担任我国辐射固化组织的副主席、荣誉主席，开展了广泛国际合作交流，先后被选为亚洲辐射固化组织副主席、主席、荣誉主席。

我国辐射固化工业从无到有，现在已是辐射固化大国，辐射固化是非常有活力的领域，对此我感到无比欣慰，因此也得到辐射固化专委会的肯定，获特别贡献奖和终身成就奖。2023年与吴世康先生合译了光固化行业最重要的参考书《光引发剂原理和应用》，2024年还作为总顾问参与了在江南大学举办的辐射固化基础培训班。

4. 提升国内现代涂料水平

我国高分子学界曾经不了解或不重视涂料，另外涂料界也很少过问高分子科学的发展，不能及时地学习并应用新的成果以充实涂料的内容，这种情况不利于涂料的发展。我决心为改变这种情况尽点力。

1982年曾邀请维克斯教授到中国讲学。1985年我回国后，中国涂协又组织了多次维克斯教授主讲的涂料学习班，我作为翻译，参与了华北、东北和山东地区的讲学，听课学员遍及全国，在涂料界产生了巨大影响，我还邀请了其他著名教授到华讲学，其中有德国的W.Funke教授，美国的 L.W.Hill 教授、D.Glass 教授、F.N.Jones 教授、P. P.Pappas 教授和陈刚峰高级研究员等。这些讲座和演讲开阔了业内人士的眼界，对于提高我国涂料界的水平有深远影响。与此同时，我也被聘为学术期刊《有机涂料进展》(*Progress in Organic Coatings*) 的编委，并参加有关国际会议，促进了与国际涂料界的交流。

涂料这门学问涉及化学、物理等多个学科，对提升学生理论联系实际、综合各学科能力极有帮助。鉴于此，我先后在北京大学、清华大学化学系开设了涂料化学课并受到好评。此后，又应邀在浙江大学、中国科技大学、北京化工大学、上海大学、陕西科技大学以及北京红狮油漆厂，武汉材保所、杭州化工局、西安油漆总厂、中国科学院成都有机化学研究所等开设了涂料课程或专题讲座，将涂料作为一门科学介绍给了高校学生和涂料界技术人员，使他们对现代涂料有了深入的了解，并能把现代涂料科学理论与生产实践结合起来。1997年我和冯汉保一起将讲义编写成《涂料化学》一书，由科学出版社出版，现已三版，印刷30次，我也获科学出版社优秀作者称号。2019年协助中国涂协创办了中国涂料大讲堂，将涂料化学教学搬上了网络；又应中国科技馆邀请举办了现代涂料科普讲座。近期还参加了《有机涂料科学和技术》一书的翻译，该书获2021年引进出版科技类优秀图书奖、2022年中国石油和化学工业优秀出版物图书奖。我还参与了师昌绪主编的《材料科学与工程手册》和《材料大辞典》中有关涂料部分的编写，参加了《英汉涂料涂装技术辞典》和《涂料工艺》第四版等的编写。为了培养涂料人才，2013年与叶汉慈一起协助申亮博士在江西科技师范大学成立了我国首个涂料系。

作为中国涂协的专家和顾问，我积极参加涂料界的各种活动，为推动涂料的现代化和绿色低碳发展作出了努力，也为某些企业解决了一些技术难题。为推动我国涂料现代化，使我国涂料从弱到强、从“漆糊涂”迈入科学化作出了贡献。为此，2015年获中国涂协“中国涂料百年影响力”人物奖和2020年特别贡献奖，2019年获《涂料工业》突出贡献人物称号。

5. 为发展有机材料建言　为项目把关

我曾被多个高校、刊物、重点实验室和企业聘为兼职教授、编委、学术委员和顾问，我也曾是化工部及化工集团、人事部、教育部、国家科技奖励办、国家自然科学基金委及国防科工委（局）的评审专家，参加了大量的有机材料项目的立项、验收和鉴定以及评审和专业会议。不同类型项目的评审和会议使我能徜徉在学术殿堂和工业江湖之间，从中学习到了很多，我有时也成为基础研究和工业应用两者之间的桥梁。在评审项目时，我奉行“评审从严，结论从宽”的方针，审核时要明确提出存在的问题，多挑刺，找毛病，但也决不会因一些错误而不予通过。通过评审，我为国家项目把了关，也为提高研究水平和培养人才作出了贡献。

在担任国防科工委（局）的咨询委员和学术委员会成员期间，2004年参与制定了有机材料战略规划。在任国家自然科学基金委材料与工程学部咨询委员和高分子学科项目评审组长期间，主持了基金委有机高分子材料学科发展战略研究。在这些活动中我都将光刻胶和先进涂料列入其中，以引起大家重视。

为涂料奋斗一花甲的刘国杰自述

刘国杰

刘国杰，男，1939年8月出生于湖北省蒲圻县（今赤壁市）嶂山村。1964年毕业于武汉工学院（现武汉理工大学）化工系基本有机合成专业，被分配到化工部天津化工研究院，进入涂料行业。通过入院教育和工作实践，逐步认识到国家发展涂料意义重大，决心为它奋斗一辈子。

时光荏苒，一晃已是60年。尽管东进西行，走南闯北，人生旅途的空间有所变换，但始终未离开涂料行业。不论是搞技术，还是搞管理，抑或从事信息工作，应该说都做到了“尽责、尽心、尽力”。虽无大建树，却也未虚度年华，总算为我国涂料工业的发展尽了绵薄之力。

1. 对重点课题尽责

在天津永明油漆厂劳动实习一年后回院，分到物化分析室。1969年响应国家建设三线号召随单位迁至兰州，进入化工部西北涂料工业研究所，继续进行涂料物化分析。1972年转入工艺研究课题组，进行涂料新品种、新技术研究。

一次根据单位领导要求，我写了一份6000多字的工作小结《一个普通科技人员的工作片断》。出乎意料，竟在甘肃省政协文史资料委员会主编的《陇原创业的人们》上发表。这是该委员会资料选编的第32辑，由当时甘肃省委副书记葛士英题写书名，甘肃人民出版社出版（1991年7月）。我的小结题目改为《责任所在，拼命为之》，原题目作为副标题。我受到了较大鼓舞。

“小结”写了节代油会战、稀土催干剂研究与推广应用的工作片段。

（1）节代油会战

1975年初，由于甘肃省食用油紧张，每人每月5市两，且不少是苦涩的云芥油，而当地油漆生产却年消耗食用亚麻油100多万斤。单位响应部、省的号召，组织节代油会战组，任命我为组长。我采用工业合成的$C_{10\sim16}$脂肪酸配合非食用的桐油，代替中油度醇酸树脂配方中一半食用油。技术难点是配方设计和生产工艺选定。因我对桐油的应用有基础，很快确定了配方。关键是合成工艺，传统的醇解法和脂肪酸法都不适用，通过探索，采用脂肪酸—油法合成，这在当时是国内首创。会战组完成了一年内节代食用油10万斤的目标。1976年10月，化工部在兰州召开涂料节代食用油现场会，向全行业推广此项成果。该成果获1978年甘肃省科学大会奖。在会战后期担任技术顾问的老专家陈士杰，对醇酸树脂基本理论发挥了指导作用。

（2）稀土催干剂研发应用

稀土开发应用是“六五”“七五”期间国家经委的重点项目，也是甘肃省科委的重点项目。我和兰州大学谭民裕、翟应离老师合作，采取液—液萃取工艺，合成羧酸稀土络合物代替铅催干剂，萃取率达100%，完成了小试。因既能扩大正在寻找销路的轻稀土应用，又可代替有毒的铅催干剂，1984年获甘肃省科技成果奖三等奖。国家科委作为国家级重大科技成果予以登记。

合成的稀土催干剂在储存中产生沉淀，这关系产品能否工业化。我利用稀土元素形成多配位价键的能力，采用酸超量，解决了沉淀问题。在化工部支持下，经过近两年工作，在业内完成稀土催干剂推广应用任务，并通过部验收和鉴定，获得化工部科技成果奖三等奖。我也由此获得国家经委和全国稀土推广应用办公室的奖励。

当时，由于钴价格高昂，且多依靠进口，第二代稀土复合物代钴催干剂课题列为“七五”攻关项目，由我的课题组承担。由于络合剂联吡啶无工业产品，要自己合成，我让组员刘梅玲（1986年来组内的大学毕业生）负责，在中国科学院上海有机化学研究所的支持下，她掌握了联吡啶生产技术，课题组完成了攻关任务，获得化工部重大科技攻关奖，产品被评为国家级新产品。

在节代油会战一年半期间，因要克服技术难点和赶进度，加班较多，造成心肌劳损，我带病坚持完成了会战任务。在推广稀土催干剂时，出差时间多，大儿子因感冒引起风湿热住院，又正值小儿子考初中，单位几次打电话催我回家，我坚持工作任务告一段落才回了单位。大儿子治病时间长，休学了一年，小儿子没有考上重点中学，对此我感到很内疚，但科研任务完成得较好，又比较欣慰。

2. 为技术进步尽心

1990年，我被化工部评为有突出贡献的中青年专家，享受国务院政府特殊津贴。次年被化工部任命为副所长（1996年所更名为院，续任副院长）。除完成单位分管工作外，我还主动尽量多做些对单位、对行业有益的事。

（1）主持编撰《英汉涂料·涂装技术辞典》

行业内一直缺英汉涂料和涂装专业辞典，但要实现这个夙愿，难度很大。我首先动员单位内两位即将退休的老情报技术人员孙承文、夏曙蕾“出山”，他俩下决心在退休前“搏一次”，同意担任辞典的正副主编。接着我在单位内精选了几位工程技术人员组成编辑部。初稿完成后，邀请十多位业内专家、教授，组成审订委员会，我担任主任委员，对初稿进行认真细致审订。专家们一致认为词典内容较全面，填补了国内空白。

当时我单位已由“吃皇粮”的事业单位转为“自负盈亏”的高科技企业。审订费和出版费用是一笔不小的开支，都是我找企业朋友帮助解决，没有增加单位支出。1994年3月该辞典由中国轻工业出版社出版。一问世就广受行业欢迎，至今仍在发挥重要作用。

（2）创办《现代涂料与涂装》期刊

1987年，我院一多半科技人员迁建常州涂料技术服务中心（后更名为常州涂料化工研究院），几种期刊都带走了。本单位很想创办一本期刊。也许是机缘巧合，1997年我院终于得到了一个国家批准的正式刊号，取名为《现代涂料与涂装》，由我任主编。

创刊之初，稿件奇缺，想方设法“找米下锅”。除我尽量多写外，发动同事多写，找朋友、熟人征稿，办技术交流会增加稿源。由于多方艰苦努力，加上期刊有特色，稿源逐渐增多，先由季刊变为双月刊，后又变为月刊，后来居上，成为涂料界颇有影响力的期刊之一。

3. 发挥余热到永远

到1999年6月我正式退休，返聘3年后赴京，先到中国氟硅有机材料工业协会任专家委员会副主任，负责筹建了氟硅涂料分会并任秘书长，获氟硅协会杰出贡献奖。随后到中国涂协任专家委员会副主任、总工、技术顾问，承担和完成纵向和横向科研与技术服务工作，发挥余热至今25年。

（1）编著出版涂料专著及参编《中国化工通史》

1996年，通过对日、德、美等国涂料企业实地参观考察与交流，深感有系统宣传涂料领域技术新进展非常必要。为此，我邀请业内有关涂料专家、教授参加，由我主编出版了十多本专著。其中有：

《现代涂料工艺新技术》，中国轻工业出版社，2000年4月出版；

《特种功能性涂料》，化学工业出版社，2002年7月出版；

《水分散体涂料》，中国轻工业出版社，2004年1月出版；

《氟碳树脂涂料及施工应用》，中国石化出版社，2005年1月出版；

《纳米材料改性涂料》，化学工业出版社，2008年9月出版。

因这些专著销售较好，社会影响不错，几家出版社争先向我约稿。

2011年5月，我参加了沈渭、周嘉华、刘承彦等9人联名发起编写《中国化工通史》的倡议，并成为10人编写组成员之一。我主要参加化工行业卷的编撰工作，其涂料、颜料、染料、有机氟和有机硅等5章由我负责，前两章由我主笔，后3章由我负责联络和组稿，我按时完成了任务。

古代涂料发展资料极少，最缺的是大漆（生漆、国漆）古代应用历史情况。我在中涂协内组织了编写组，从多个渠道努力收集相关资料。

从考古研究资料得知，我国大漆的应用始于公元前约五千年的新石器时代晚期，精美漆器和制漆技艺，远在汉唐时期就传到日本、朝鲜、泰国、缅甸、印度以及法国、德国、意大利等欧亚各国。漆器艺术是中华民族留给世界文明的一笔宝贵的历史财富，是对人类的伟大贡献。

在出版通史的区域卷时，由我任编写组组长。我主要是拉了几万元赞助，使本卷得以顺利出版。

中国涂协组织编写的《中国涂料工业100年》《伟大的变革，辉煌的成就——致敬中国涂料工业改革开放40年》聘我为副主编，并编写卷首综述：《涂料工业百年回眸》和《改革开放40年》，这也得益于参编化工通史时的资料积累。

（2）创办涂料专业

为争取创办高校的涂料专业，业内不少前辈多方努力无果；我接着寻找合办专业的伙伴，努力了20多年，到退休时也无果。退休后借中国涂协平台继续努力近20年，终于找到了办专业的合作伙伴——上海工程技术大学化工学院。我联合业内专家编教材、讲授专业课，涂料工程专业终于在2018年3月获教育部批准，从此该专业正式列入高校的专业目录中，结束了中华人民共和国成立后68年高校不设涂料专业的历史。中国涂协孙莲英会长、上海工程技术大学化工学院徐菁利院长二人居首功，整个过程详见《中国化工通史 · 区域卷》附辑：《化工人物剪影〈助力推进系统培养涂料专业人才——刘国杰〉》一文。此处不再赘述。

随后，2020年江西科技师范大学、2021年吉林长春工业大学申办涂料工程专业也获批准。在此基础上，涂料硕士、博士点也在有关高校创办中。

我在这个过程中获得中国涂协颁发的多项荣誉：中国涂料工业百年影响力人物（2015年）、改革开放四十年中国涂料行业影响力人物（2019年）、《中国涂料》期刊卅周年特殊贡献奖（2016年）、中国涂料行业教育培训工作贡献奖（2019年）。同期被聘为上海工程技术大学兼职教授、江西科技师范大学客座教授。

目前，在中国涂协领导下，我正在联合业内专家对2012年出版的涂料工程专业教材（约300万字）进行修订。

回眸60年，弹指一挥间。我虽已是耄耋老人，只要业内有需要，只要我有余热余光，决不吝惜发挥，为我国涂料发展继续尽绵薄之力。

石油炼制专家胡永康院士

白鸿博　王雪丽

胡永康，1940年2月生于云南省曲靖市。1961年毕业于云南大学，在抚顺石油化工研究院（简称抚研院）一干就是40多年，系教授级高级工程师，院总工程师，石油炼制专家。1997年当选中国工程院院士。人们习惯称其为“胡总”。

自我们刊由《沈阳化工》更名为《当代化工》以来，胡就是我们一直聘请的技术总顾问。

十几年前的2008年春节前后，我们拜访了这位总顾问。

随着几声轻轻的叩门声，笑容可掬、步履敏捷的胡院士将我们迎入他的办公室中。正巧一位中国科学院生态环境研究中心的年轻同志正在就相关的课题请胡院士评议，于是我们落座在门口的沙发上稍作等候，目光环视四周。这是一间充满阳光、宽敞的办公室，正前方大型板台上排列着各种杂志和文卷，案头整洁而有序。办公桌后面的几组书柜占据了一面墙壁，一幅中央领导人在人民大会堂会见两院院士的长幅照片和世界地图横列一边，我们身后的墙壁上点缀着精致的白桦林油画，一株大叶植物正舒展着绿油油的叶片，在阳光的照射下生机勃勃，给办公室带来绿意和生机。我们眼前的茶几上，一帧红色精美的贺卡映入眼帘，这是中共中央组织部于2008年1月16日给胡院士寄来的新春贺卡，我们的目光在贺卡上跳跃：“新的一年孕育新的希望，新的一年开启新的航程，祝您再接再厉，开拓创新，为建设新型国家做出新的贡献。”这帧贺卡虽薄，却凝聚着国家给他厚重的荣誉和重托。

乘着胡院士还在交谈中，我们快速浏览了抚研院宣传部事先准备的胡院士简介：“胡永康，中石化科学技术委员会委员、精细化工国家重点试验室委员会委员、中国石油学会炼制分会委员会顾问、辽宁省科协副主席。胡长期从事石油炼制加氢裂化催化剂和加氢技术的研究开发工作，先后主持多项国家科技攻关课题和中国石化重大科技攻关项目。他研制成功3825轻油型和3903中油型两种类型加氢裂化催化剂，填补了国内空白，达到国外同类先进催化剂水平，已用于多套工业装置，经济效益显著。20多年来，在他的带领和许多科技工作者共同努力下，抚研院成功开发了品种多样的加氢裂化催化剂系列及工艺技术，并在全国30多套工业装置上成功应用，国内市场覆盖率超过80%，加氢裂化技术已成为抚研院的核心专业领域。”

待送走了客人，胡院士稳健地向我们走来。虽说他满头银发，早已过了花甲之年，然而他那双睿智安详的眼睛、平和的笑容告诉我，眼前这位石油炼制大家的内心境界是坦荡而宁静的。

“胡总，您是北方石化城抚顺唯一的院士，您研制成功的3825轻油型和3903中油型加氢裂化催化剂，为抚研院和抚顺乃至辽宁赢得了不少荣誉。”

只见胡院士淡淡地笑了笑，认真地对我们说：“我从1961年11月7日来到抚研院，刚来时每天吃的是窝头和白菜汤，从没想过将来当什么院士。我们这一代老知识分子的命运总是和国家的命运紧密相连。因为抚顺是国家加氢催化剂的基地，我一直参与这项研究工作，赶上了好的历史机遇。党的十一届三中全会以后，祖国大地迎来科学的春天。20世纪80年代初，我领导的课题组有幸承担了国家‘六五’重点科技攻关项目‘轻油型加氢催化剂（3825）’的研制工作。国民经济的高速发展，为我国科技事业腾飞和广大科技工作者发挥聪明才智提供了难得的机遇，是历史的潮流把我们推到了炼油加氢裂化催化剂研发工作的第一线。当时国内一缺资料，二又没有现成样品，我们怀着极大的为国争光的热情，全身心投入研制工作中，因为加氢裂化技术是现代石油化工中将劣质重油转化为国民经济急需的优质喷气燃料、柴油和为化纤工业发展提供更多原料的重要二次加工技术。后来我们又承担了国家‘七五’重点攻关项目3903催化剂的研制，其性能超过了国外的同类产品。我们这一代人都是这样，一切听从组织安排，让干什么就把什么干好。不要把院士看得太重，我们也是普通人。因为有好的大环境才能促进人才的成长，当然本身也要勤奋努力，不断进取。我们自己要定好位，一切荣誉都是身外之物。”

胡院士一番平静的讲话，让我们的脑海马上跳出四个字：真水无香。

“胡总，您现在忙什么呢？”我们单刀直入地追问着。

“快70岁的人了，‘人生七十古来稀’。我现在已退居二线，但仍然在做点事。

主要是对年轻人的培养，每年带几名博士、硕士生。另外在我的专业领域里，对国家、省、市的一些课题项目做做咨询、评议、鉴定等参谋工作。事情还挺忙，发挥一点余热吧！”胡院士谦和地回答着。

抚顺是中国炼油工业的摇篮，抚顺石化为中国国民经济和国防建设作出过重要的贡献。炼油工业五朵金花中“催化裂化、催化重整、延迟焦化”三朵金花就诞生在抚顺。

“尽己所能为地方经济发展多做贡献”是胡院士经常考虑的问题。科技部下发了〔2007〕201号《关于认定抚顺市为抚顺国家精细化工产业化基地的函》，这为进一步促进产学研相结合，打造抚顺北方石化城创造了良好的契机。这些大的国家项目以及省市的一些重大行业决策和发展规划，无不浸透了胡院士这些知名专家的智慧和心血，他们是国家宝贵的财富。云南省政府也请云南籍胡永康等院士共谋发展云南的策略。2007年4月，胡院士在“云南科技管理”创新论坛上发表了《充分利用资源优势，促进石油替代燃料的发展》的论文，受到了当地政府的好评。2007年3月胡向抚顺市政府提供了一份有理有据的《对抚顺市油页岩制油技术发展的建议》的可行性发展规划报告。

“胡总，请您谈谈您的这份发展抚顺油页岩制油技术的报告好吗？您的根据和具体设想是什么呢？”针对我们的提问，胡院士就油页岩相关问题认真地从国内外一直说到抚顺，他那专注的神情和条理清晰的思路深深地打动了我们。

胡详细而又有条理地告诉我们：“石油是不可再生的资源，世界石油供求结构性矛盾增大，都在开发油气资源的同时，积极发展石油替代燃料，开发以天然气、煤、油页岩或生物质为原料生产液体燃料的技术。以美国为例，美国油页岩储量十分丰富，页岩油储量为1640亿吨，相当于目前全球原油储量。2005年，我国原油消费量为3.32亿吨，居世界第二位。当年国内生产原油1.81亿吨，原油及石油产品净进口量1.46亿吨，国内生产原油不能满足需求的矛盾十分尖锐。面对我国经济进入新的高速增长周期的能源瓶颈，在《国家中长期科学和技术发展规划纲要（2006—2020年）》中，已明确提出要推进能源结构多元化，增加能源供应。在提高油气开发利用及水电技术水平的同时，大力发展核能技术，形成核电系统技术自主开发能力。风能、太阳能、生物质能等可再生能源技术取得突破并实现规模化应用。

“油页岩是一种富含有机质、具有微细层理、可以燃烧的细粒沉积岩。其有机质的绝大部分是不溶于普通有机溶剂的成油物质。油页岩不但可以提炼出页岩油，并进一步加工成各种运输燃料，并且还可以得到煤气、硫酸铵和页岩灰等多种有价值的副产品。

“抚顺拥有丰富的油页岩资源，至2002年年末，油页岩富矿地质储量为35亿吨，可采储量9亿吨，仅东露天矿–390米以浅油页岩可采储量就达7.6亿吨，按含油率7%计，页岩油资源量为5320万吨，按2920元/吨计，产值不低于1553亿元，对于一座年产页岩油60万吨的工厂来说，可以连续生产88年，年产值在17.6亿元以上。

“在油页岩加工方面，大连理工大学开发成功的‘褐煤和油页岩固体热载体法干馏技术’1980年通过了国家教委组织的技术鉴定，具有工艺简单、油页岩利用率高（＜6毫米均可利用）、采油率高（92%~96%）、油质轻、煤气热值较高和灰渣固定、碳排放量较低的特点，装置投资仅为引进技术的1/2，达到了国际先进水平，易于实现工业化。

“根据抚顺现有的优势，我建议成立抚顺市油页岩制油领导小组和技术研发中心，把以上单位的资源和技术优势结合在一起，形成产学研结合的平台，以抚顺矿产集团为主体，联合大连理工大学、抚研院和中石油抚顺石化公司等单位，向国家申报‘油页岩制油及油品深加工成套技术开发’项目，通过技术攻关，尽快形成具有自主知识产权、在国际上居领先地位的油页岩制油和页岩油深加工的成套技术。”

胡总详尽的介绍为我们描绘了一幅欣欣向荣的抚顺页岩油生产蓝图。

采访结束时胡总一直送我们出来，还一面叮嘱我们：“没有什么好写的，人生一切都以平淡为好。”他的低调和谦逊给我们留下了深刻印象。在抚研院大门口大型的奔牛雕塑前，望着那只脚踏实地、竭尽全力、无须扬鞭自奋蹄的老黄牛，我们心中肃然起敬。正是这些科技精英无私奉献的老黄牛精神，才铸就了我们中华民族的魂魄和脊梁。“苍龙日暮还行雨，老树春深更著花”，这句古诗一直在我的心中回响着……

丙烯酸酯结构胶开拓者陆企亭

翟海潮

2016年11月，在苏州举办的“首届长三角胶业精英论坛”上，76岁高龄的陆企亭老先生介绍了弃研经商的创业经历，并赋诗道：

实事求是真善美，改革开放机缘来。
弃研经商从头越，摸爬滚打苦也甜。
运筹帷幄高精尖，弯道超车更争先。
峥嵘岁月逍遥时，伴君追梦到天年。

在他这个年纪，许多人早已享受着安逸的退休生活。可他老而不闲，退而不休，依然每天工作6小时以上，用实际行动践行着他亲手打造的“追求真善美、力创高精尖”的“康达精神”。

2015年5月27日，康达新材发布公告称，陆企亭先生辞去了公司董事长和总经理职务，分别由姚其胜、陆巍两位年轻人接任，这是康达新材管理层年轻化、去家族化所走的重要一步。这个困扰了陆多年的接班人问题，终于在他75岁之时有了着落。多年前，陆曾想在家族内部培养接班人，但没有成功。这次换届，老一代管理者除徐洪珊仍担任副总经理外，陆企亭、张立岗、侯一斌等不再担任公司任何职务，这几位老人为康达的发展立下了汗马功劳。新任董事长姚其胜曾任研发经理，是前任副总经理侯一斌的下属；新任总经理陆巍虽与陆企亭同姓，但与陆没有任何亲属关系，以前曾任销售经理，是副总经理徐洪珊的下属。

与陆老先生相识多年，这位个子不高、略显清瘦、认真谦和的长者，确实令人敬佩。他生活俭朴，精力充沛，把一生的时间和精力都用在了工作上；他思维敏捷，做事严谨，带领康达公司不断发展壮大，并于2012年4月16日登陆深交所成为上市公司。

陆1940年出生于上海，读中学时他就对化学产生了浓厚兴趣，后来考入北京大学，就读有机化学专业。1963年毕业，他积极响应国家号召，远离家乡，怀着满腔热血奔赴冰城哈尔滨，选择了刚刚筹建不久的中国科学院东北石油化学研究所（黑龙江省科学院石油化学研究院前身，简称石化所）。在那里，他放飞青春的理想，开始了胶黏剂研究的生涯。在石化所初期，陆与黄应昌等人主要研究应变胶，后来黄应昌转入其他胶黏剂课题研究，而陆始终如一，在应变胶研究上一干就是20年。由于成绩突出，他还挑起了石化所第六研究室主任的担子。作为一名科研工作者，他的深切体会是“做科研要有坚定不移的信念，要耐得住寂寞，静得下心，遇到困难要想办法去克服，更重要的是，不能轻言放弃”。

有一次，我与陆聊天问他是如何开启丙烯酸酯结构胶研究的。陆老显得有些兴奋，说2002年石化所庆祝建所40周年时请他作报告，报告后有人向他提出了同样的问题。陆老说：“当时也许问得太突然，开始我愣了一下，真的不知道如何回答，后来下意识地说了句‘差异化竞争’。”我追问陆老“差异化竞争”是什么意思，他幽默地说：“不想抢王致禄的饭碗！”因为王致禄老先生多年来一直致力于酚醛–丁腈、酚醛–缩醛、酚醛–环氧等结构胶的研究，而陆独辟蹊径，开始了丙烯酸酯结构胶的研究。“差异化竞争”，其实也是企业成功的精髓。

丙烯酸酯结构胶在当时是国内全新的研究项目，所能参考的资料很少，研究相当艰苦。陆回忆说：“配方所需的原料大部分需要自己合成，比如四甲基硫脲，开始根本找不到合成的方法。我查阅了大量资料，大海捞针，费了九牛二虎之力，后来在印度的一家杂志上发现了合成方法，经过不断摸索才取得了成功。”陆潜心钻研，带领项目组经过了数百次的实验，经过不懈努力，终于在1979年研制出中国第一款丙烯酸酯结构胶J-39。1980年后，作为项目负责人，陆先后承担了多个军品、民品研制项目，心无旁骛地在科研道路上艰苦并快乐地跋涉和求索着，取得了一系列研究成果，获得了黑龙江省科学院多个奖项。他参与的应变胶项目于1984年获得了国家科技进步奖三等奖，还光荣地当选1984年度黑龙江省劳动模范。按常规的人生道路，他从此就在科研道路上一直走下去了，更多的科研成果、更多的荣誉将会接踵而来。可人生往往不按照常理出牌。

1988年5月，陆因照顾夫人精神方面的病痛，无奈地调回了家乡，被分配到了川沙环保局。从此，他的命运开始改变。这时，正值改革的春风渐渐吹醒神州大地，邓小平的“科学技术是第一生产力”的著名论断点醒了念念不忘搞科研的陆企亭，并使他萌生出创办胶黏剂企业的想法，于是于1988年7月创立了上海康达化工实验厂。陆回忆道，当时所谓的实验厂只是归属川沙环保局下的一个三产企业，真是一穷二白，厂房、设备、2.5万元启动资金都是借来的，3名员工也是从局里派来的同事。

“弃研经商从头越，摸爬滚打苦也甜。”企业创立当年，陆着力研发扬声器用的快固型丙烯酸酯AB胶。该胶主要用于扬声器的装配，大幅缩短了装配时间，提高了生产效率。在此基础上，他不断改进，进行创新性研究，推出了系列化的丙烯酸酯AB胶，产品性能达到同类进口产品的水平。1990年，上海三菱电梯副总裁斋藤先生，在得知上海也有企业能生产丙烯酸酯AB胶时，简直不敢相信，要亲自到工厂看一看。与陆交流后，斋藤先生感慨地说：“原来厂长是位学者啊！”就这样，上海三菱电梯成了上海康达的用户，不再从日本进口AB胶了。丙烯酸酯AB胶从早期的维修应用领域逐步拓展到扬声器、电梯、电机等高端工业领域，填补了国内空白。1994年12月，丙烯酸酯系列AB胶获得上海市星火计划三等奖，从此确立了上海康达在国内丙烯酸酯AB胶细分行业的领头羊地位。

作为康达的创始人，陆始终重视企业的研发与创新。为进一步提升企业档次，打造核心竞争力，陆在2000年创立了上海康达化工技术研究所，并亲自担任所长。2013年，在该研究所基础上成立了“上海胶黏剂工程技术研究中心”。在学术方面，陆曾编著出版《快固型胶黏剂》等专著3部，与公司的研发人员一起发表学术论文40余篇，获得国家授权发明专利16项。他于1992年10月获得国务院政府特殊津贴，1999年晋升为教授级高级工程师，2001年被选为上海粘接技术协会理事长，2014年荣膺中国粘接学术事业支持奖。经过不断创新，目前康达公司的产品已涵盖环氧胶、聚氨酯胶、丙烯酸酯AB胶、α-氰基丙烯酸酯胶、光敏胶、硅橡胶、厌氧胶、丁基热熔胶、工业修补剂、喷涂聚脲系列等200多个品种，产品广泛应用于扬声器制造、新能源装备、交通运输、防腐耐磨、港口矿山、军用装备、机械设备、电子电器、建筑加固等诸多领域。

“峥嵘岁月逍遥时，伴君追梦到天年。”陆虽然退休，但依然每天上岗，工作是他最大的乐趣。如此晚年生活显得别样，却也更让人肃然起敬。

中国科学院胶黏剂专家余云照

翟海潮

我与余云照先生认识是在1992年，当时我在开发环氧结构胶产品，看到余发表的论文《环氧树脂增韧新方法》[《粘接》，1991（6）]，就找到了余老师并采用了他所研制的微凝胶增韧剂，从此和余老师认识。后来我成为北京粘接学会理事、副理事长，余任副理事长，和余老师一起举办过两届国际粘接技术研讨会，和余老师就更加熟悉了。

我很佩服余的理论水平，他治学严谨，为人随和，有什么胶黏剂理论方面的问题，经他一点拨，马上就会茅塞顿开。余的研究领域涉及高分子材料、复合材料、界面理论等方面，胶黏剂只是其中的一部分。

余1940年生于浙江天台县，1962年毕业于复旦大学化学系。1962～1966年，在中国科学院化学研究所读研究生；1979～1981年，德国洪堡基金访问学者，1981年获德国Stuttgart大学博士学位。

1964年，余在中国科学院化学研究所读研期间，参加了“有机硅耐高温胶黏剂研制”课题。此后，余参加了一系列国家重大工程项目所需的特种胶黏剂的研制工作，包括：卫星太阳电池透明胶和导热胶，红外探测器高折光黏合介质，通信卫星结构胶，航空点焊胶，正负电子对撞机绝缘子胶黏剂，光学组件结构胶，航空发动机耐高温绝缘胶黏剂，航天器螺纹防松胶黏剂。

1966～2006年，余在中国科学院化学研究所工作了40年。于1987年晋升研究员，1993年被国务院学位委员会批准为博士生导师。1992～2004年，任中国科学院化学研究所学术委员会副主任。2000～2004年，任中国科学院分子科学中心学术委员会副主任。

1992～2004年，余任北京粘接学会副理事长。在此期间，曾担任在昆明召开的“1999粘接技术回顾与展望”大会主席、“2001北京国际粘接技术研讨会”主席、“2004北京国际粘接技术研讨会”主席、第二届和第三届“世界粘接及相关现象大会”（WCARP）国际组委会委员，长期任《化学与粘合》杂志编委。余还参与编著《合成胶黏剂》（科学出版社，1980年）、《胶黏剂技术与应用手册》（宇航出版社，1991年）、《结构胶黏剂及胶接技术》（科学出版社，1994年）、《材料科学与工程手册》（化工出版社，2004年）等多部书籍。

在老一辈胶黏剂专家中，不论是学位，还是学术水平，我个人认为没几个人能与其相比。下面主要介绍一下余在胶黏剂基础理论研究方面所做的贡献。

1987～1991年，先后受中国科学院研究基金、国家自然科学基金资助，余开展了“环氧树脂增韧方法与增韧机理研究”。环氧树脂增韧剂普遍采用的是液体橡胶，如端羧基液体丁腈橡胶（CTBN）等。液体橡胶的活性端基与环氧树脂中的基团反应形成嵌段聚合物。在树脂固化过程中，发生微相分离，形成两相结构，这种两相结构能使环氧树脂的韧性提高数倍至数十倍，但在许多情况下相分离是不完全的，例如对于一种CTBN/DGEBA（双酚A环氧甘油醚）体系，在固化后仍有约3%的橡胶溶于环氧树脂中。另外，液体橡胶溶于环氧树脂使整个体系耐热性下降，增韧剂用量增大时这种情况更为明显。此外，液体橡胶对环氧树脂的增韧效果受许多因素影响，它对环氧树脂的增韧效果往往不稳定。例如在采用伯胺类固化剂时，CTBN对环氧树脂的增韧效果就不够理想。

为了克服液态橡胶增韧剂的上述缺点，余带领王霞、宋爱腾等人开发出预制橡胶微球（微凝胶）增韧环氧树脂技术。微凝胶增韧环氧树脂的特点是，在环氧树脂体系中分散相粒径是一定的，微凝胶分散相与环氧树脂基体之间有化学键连接，微凝胶与环氧树脂基体相分离完全，环氧树脂固化条件的变化对增韧效果的影响小。微凝胶对采用各种固化剂的环氧树脂体系均有优良的增韧效果。在实际应用中微凝胶的含量须根据胶黏剂性能的要求进行调节，通常微凝胶含量3～5phr（parts per hundred）时增韧效果已经很显著。实验表明，对于伯胺类固化的环氧树脂，微凝胶的增韧效果明显优于CTBN。例如采用氰乙基三乙烯四胺作固化剂时，加入5phr CTBN可使环氧树脂固化物的断裂能提高3倍，而在相同的条件下加入5phr微凝胶可使环氧树脂固化物的断裂能提高5倍。

1994～1997年，受福特中国研究发展基金资助，余带领张峥等课题组成员开展了“胶黏剂流变特性控制方法”的研究。用于汽车组装高速生产线用的结构胶黏剂，要求流动性好，便于机械化施胶，同时又要求在加热固化时不流失。通常的做法是在胶黏剂中添加适当的无机填料如气相白炭黑来改进胶黏剂的流变性，但这种技术的缺点是抗流淌性能会随储存时间的延长而降低。

余在环氧树脂中引入高分子流变改性剂如聚对苯二甲酸丁二醇酯（PBT）和对苯二甲酸聚丁二醇酯共聚物（PBT-b-PTMG），使胶黏剂的触变性大大提高，同时不降低胶黏剂的强度与耐热性。这种高分子流变改性剂适合于制备多种抗流淌环氧树脂胶黏剂，可采用的固化剂包括脂肪族多胺、芳香族多胺、双氰胺等。实验结果表明，环氧树脂中引入7.5wt%的PBT，使低剪切速率下的黏度提高2个数量级。随着剪切速率的增大和降低，黏度的变化和恢复十分迅速，该体系经过长期储存后流变性能仍很稳定。在环氧树脂中引入2.5wt% PBT-b-PTMG，可使胶黏剂屈服应力达到50.2Pa，足以使1毫米厚的胶层在垂直于地面的位置上，在固化过程中不发生流淌。

作为博士生导师，1999～2002年，余带领博士生高玉等人开展了“导电胶固化过程中导电网络形成的机理”的研究。尽管导电胶的应用已经有几十年的历史，但是人们对许多相关科学问题的认识还不很清楚。其中一个最基本的问题是，导电胶为什么能导电。“渗流理论”（percolation theory）合理地解释了导电填料的体积分数超过渗流临界值时体系的电阻为何会急剧下降，但是并没有回答导电胶在固化过程中如何从不导电变成导电。导电胶中导电粒子的体积分数都超过了渗流临界值，但是导电胶在固化前仍是不导电的。只是在固化后，导电粒子才形成导电网络，体系由绝缘体变为导体。

一些研究认为，导电胶固化前后导电性的变化是由于固化时树脂的体积收缩，使导电颗粒之间的接触电阻降低，但是这样的解释并不令人满意。余通过研究环氧树脂导电胶固化过程中电阻的变化与电极距离的关系，提出了如下观点：导电胶在固化过程中由不导电变为导电，是由于导电填料颗粒凝聚成为导电团簇并进一步形成导电网络。固化时体积收缩固然对电阻降低有一定贡献，但是和导电团簇形成相比它的重要性是第二位的。余还发现导电颗粒凝聚形成导电网络与吸附在表面上的分散剂有密切的关系。这为制备性能优良的导电胶黏剂提供了一条新思路。

科研著述双丰收的氯丁胶黏剂专家李子东

翟海潮

李子东，男，1940年8月出生于吉林省怀德县的一个贫苦农民家庭。1949年10月才上小学，1953年考入长春市的一所初中，1956年被保送到长春市最好的高中。1959年7月毕业时，又被选送到北京工业学院化学工程系固体火箭推进剂专业学习。入学后，恰逢中华人民共和国成立十周年大庆，李担任了天安门广场内标兵，至今回忆起来还令李兴奋不已。1964年，李大学毕业后考取了北京工业学院的研究生，研究富氧高分子的合成。1966年，因“文化大革命”李被迫中止学业，被分配到解放军沈字609部队从事科研工作。1968年10月，他响应毛主席关于知识分子接受工农兵再教育的号召，奔赴南京6293部队农场，一去就是3年。

1971年，李由部队接受再教育后调入吉林524厂工作，被分配到合成树脂车间。此时，李开始接触胶黏剂。1974～1978年，李参加了原兵器部重点项目“红箭-73”反坦克导弹的研制与生产，负责发动机部分。他自行配制双组分室温固化环氧树脂灌封胶，用于全弹装配时零部件的固定、密封、防腐、绝缘等。

1978年恢复高考，李再次考取北京工业学院研究生，研究课题为双基药流变性。1981年11月李以优异成绩毕业，获中国首批工学硕士学位。当时，徐僖教授（中国科学院院士）评审了李的毕业论文，给予了很高评价。

1981年底，李研究生毕业后分配到沈阳工业学院（现沈阳理工大学）。基于对胶黏剂的热爱和研究经验，李向院领导建议开展胶黏剂的研制和粘接技术的推广。院长很重视，同意了李的建议，还专门改造了实验室，并拨了两千元研究经费。李最初的研究项目是室温快速固化环氧胶黏剂，他研制的铸件砂眼修复胶，在沈阳第一机床厂和本溪缝纫机厂成功试用，大受欢迎。1983年，在新一任院长的支持下，李成立了沈阳工业学院应用化学研究所，并担任所长，专门从事胶黏剂的研究。

1984年，李与沈阳冶金选矿药剂厂合作研制出“801大力胶”。该胶属于溶剂型氯丁胶黏剂。经测试，该胶性能良好，他立即进行试生产并推广应用，迅速占领了市场，产品供不应求。“801”牌号很知名，一度被认为是氯丁胶和强力胶的标志。1985年6月，“801大力胶”通过了省级鉴定。随后，李还研制成功“841汽车通用胶”，在沈阳汽车制造厂试用后得到好评，解决了东北地区冬春季节的粘接难题，厂方非常满意。1985年6月，“841汽车通用胶”通过省级鉴定后，更名为“841万能胶”。该胶很快就推广到第一汽车制造厂、丹东黄海汽车制造厂、瓦房店汽车改装厂等，用于生产、改装和维修。2001年，该胶又被沈阳飞机制造公司选定为沈飞客车顶棚内饰专用胶。

1986年，李研制出222多元接枝氯丁胶黏剂。他采用两种橡胶、两种单体、两种溶剂进行接枝反应，质高价廉、低毒无害。产品很快投入生产，供应客户，取得了满意的效果。1988年，该产品通过辽宁省科委组织的技术鉴定，处于国内领先水平。该成果还被1990年第4期《国家科技成果公报》收录，并由国家科委颁发了国家科技成果完成者证书。

1990年，李又研制出“901快速强力胶”。他采用独特的增强剂，致使这款胶具有优异的性能：初黏力很大，固化极迅速，粘接强度高；耐低温性好，-28℃不凝胶；不使用苯类溶剂，无毒无害无污染；具有优良综合性能，可粘接多种材料；耐久性能相当好，粘接木材水泡18个月不开胶，PVC防水片与水泥屋顶粘接14个月不脱胶。该胶1991年通过省级鉴定，处于国内领先水平。1992年申请了发明专利，在全国专利博览会获金奖，并被国际专利收录（IPCC09J 109/04）。同时被1999年出版的《化工产品手册——胶黏剂》一书收录。

1998年，他成功研制出SDS热熔压敏胶，用于乌鲁木齐某部队粘贴修补丁基橡胶防化服，效果很好，解决了困扰多年的难题，并通过总后勤部的技术鉴定，1999年获中国人民解放军科技进步奖三等奖。

1999年，李又研制出“998特级溶剂型万能胶”，其突出特点是气味极小、初粘力大、强度很高、耐久性佳、胶液防冻（–30℃）、用途广泛，能粘多种材质。

李子东教授于2000年10月退休。退休后他继续胶黏剂方面的研究。

多年来，李在科研工作的同时，在国内公开发表论文50余篇。如《湿气和水分对胶粘界面的影响》[《粘接》1987（5）]、《氯丁胶黏剂不稳定性的影响因素》

[《粘合剂》，1991（2）]、《氯丁胶黏剂的配方设计》[《粘合剂》，1990（2）] 等。1998年，他的论文被在德国召开的世界粘接会议（WCAPP-1）录用。

基于李的研究成果和知名度，他被国内多家杂志如《粘接》《化学与粘合》《当代化工》《热固性树脂》等聘为编委，还被《中国化工报》聘为评报员，被中国胶黏剂工业协会聘为顾问。多年来，李还一直参加沈阳市科委组织的科技项目申报评审和评奖、科技成果和新产品投产鉴定工作。2002年被科技部聘为国家重点新产品项目评估咨询专家。

除了进行胶黏剂的研发外，李还为胶黏剂和粘接技术的普及和推广做了大量工作。早在1978～1981年，李在北京工业学院读研时，就写了一篇《胶黏剂与胶接》的综述，发表于北京塑料研究所编辑的《塑料》1980年第2期上。在此基础上，李于1985年整理完成《实用粘接手册》一书（内部发行），很受欢迎。该书于1987年4月由上海科技文献出版社正式出版。

李相继出版了多部胶黏剂与粘接技术专著：1992年5月出版了《实用胶粘技术》（国防工业出版社，2007年出了第2版）；1994年7月出版了《胶黏剂应用技术手册》（上海科技文献出版社）；1999年7月出版了《实用胶黏剂原材料手册》（国防工业出版社）；2002年1月出版了《现代胶粘技术手册》（新时代出版社）；2005年2月出版了《胶黏剂助剂》（化工出版社，2009年出第2版）；2006年1月出版了《胶粘与密封新技术》（国防工业出版社）；2007年7月出版了《环氧胶黏剂与应用技术》（化工出版社）。

《现代胶粘技术手册》一书于2002年出版时，《中国化工报》对该书做了报道，并给予高度评价："该书具有全面、系统、高新、可靠、具体、实用、权威等特点，充分体现了现代高新技术发展趋势，适应现代科技发展潮流。"2004年11月，在国防工业出版社建社50周年之际，李因在该社出书多本，被该社评为优秀作者，并颁发了荣誉证书。

李子东教授从事胶黏剂研究40余年，相继研发出特种环氧胶、环保型和环境标志型氯丁胶、SBS型净味环保万能胶、净味SBS喷胶、SDS热熔压敏胶、PU热熔胶、水性环保拼板胶、多种密封胶等。

李子东教授，科研著述双丰收，为我国橡胶型胶黏剂特别是氯丁胶黏剂的研究与推广作出了杰出贡献。

湖北磷化工的推动者熊家林

刘安强[①]

2023年10月，湖北省人民政府公布了《湖北省化工产业转型升级实施方案（2023—2025年）》，方案明确提出将磷化工、盐化工、石油化工作为万亿元产值的支柱产业。将湖北省打造成世界级磷化工产业集群。当笔者将此讯息转告给年逾八旬的湖北省化学工业研究设计院原院长、湖北省磷化工经济技术促进会原秘书长、《磷化工概论》主编熊家林先生时，熊老高兴地说："湖北磷化工发展到今天，当年的一切努力与付出都是值得的。"

熊老1941年出生于武汉，1964年毕业于武汉大学化学系分析化学专业，毕业后分配到中国科学院兰州化学物理研究所。他参与的"丁烯氧化脱氢制丁二烯的催化研究"获国家科技进步奖特等奖。通过参与该项目，他获得了良好的科研素质与能力。20世纪70年代初，他调回家乡，参加了湖北省化工厂采用侯德榜先生发明的联合制碱法工艺的建设与生产，担任厂中心试验室主任。

"文化大革命"结束后，新组建的湖北省石油化学工业厅，向湖北省政府提出成立湖北省化工研究机构，以服务于全省化工行业需求的报告，1978年10月获湖北省人民政府批准，定名为湖北省化学工业研究设计所（后改为院），于1984年基本建成。湖北省石油化学工业厅调熊家林任该所首任所长。

熊家林就任所长后，首先健全业务机构，组建科研队伍，并与班子成员分析湖北省化工产业现状，及湖北省化工资源及产业发展趋势，共同确定新组建的研究设计所的科研方向。认为应以磷化工、盐化工、精细化工为主要科研发展方向，以应用研究为主要工作内容，以科研开发与化工设计相结合为工作总思路，积极开展科研工作。

根据确定的科研方向及工作目标，熊院长组织科研人员深入全省各地市及

① 刘安强系湖北省化工研究设计院三级教授、《湖北化工》前主编。

主要化工企业，特别是磷资源丰富及磷化工生产具有一定基础的襄阳市、宜昌市、荆门市、武汉市等地调研。通过调研发现，全省磷化工企业多为简陋的普钙及小钙镁磷肥，其品种单一，规模偏小。两家湿法磷酸企业均为年产三千吨五氧化二磷的规模。且技术落后，手工翻板过滤，使用国产矿需配用进口摩洛哥矿使用，制备磷酸净化后用以生产五钠（三聚磷酸钠）及三钠（磷酸三钠）产品。两家黄磷厂为年产千吨规模，生产的黄磷用于生产马拉硫磷等有机磷农药产品。通过调研分析，结合国内外磷化工产业发展现状及发展趋势，确定了磷化工研究领域。将磷化工新产品开发，磷矿加工及黄磷与热法磷的工艺改进、开发等作为重点内容进行研究。院内迅速组织并开展普钙水萃法生产饲料磷酸氢钙可行性研究课题、黄磷及热法磷酸工艺生产可行性研究课题、添加剂改进萃取湿法磷酸的工艺研究等湖北省立项攻关的研究工作。随后又组织院内开展工业级磷酸一钙、二钙、三钙产品开发项目，及食品级磷酸一钙、二钙等产品开发研究。在他的组织安排下，湖北省化工研究设计院先后开展多项磷化工项目的研究，并取得十余项研究成果，部分项目荣获湖北省科技进步奖。这些成果对推动当时湖北省内磷化工企业的快速发展和技术进步起到很大的促进作用，使湖北省磷化工产业在20世纪末迅速发展为我国重要的磷化工生产基地，并为新世纪全省磷化工迈向更快更好发展奠定了基础。

熊家林院长在院内积极组织磷化工新产品开发的同时，充分利用和发挥湖北省化工研究设计院立足服务于全省化工企业这个平台，积极组织全省化工行业开展技术交流活动，推动全省化工企业技术发展进步。在20世纪80年代后期，在他积极倡议和推动下成立了湖北省磷化工经济技术促进会。促进会将湖北省内的相关高等院校、科研院所及磷化工企业组织起来，有会员单位近百家。先后在湖北荆襄磷化公司、湖北黄麦岭磷化公司、宜昌市、荆门市、襄阳市、武汉市等地召开学术成果交流年会，并举行了多次的技术推广活动，极大地推动了全省磷化工企业发展与技术进步。

在熊家林院长的组织及推动下，促进会并不满足省内的技术交流，还将视野扩大到参与全国磷化工技术交流之中。

1992年11月，化工部无机盐科技情报中心站磷酸盐情报协作组在云南昆明组织召开了第七次全国磷酸盐学术交流会。

熊家林院长组织了湖北省磷化工企业、研究机构及大专院校等数十人参加会议，并向会议提交多篇论文，有数篇论文被评为优秀论文。在这次会议上，不仅向全国宣介了湖北磷化工发展的现状，而且更好地吸收全国各地磷化工发展的好经验。会议期间，熊院长组织参会的湖北省代表共同商议，提议由湖北省举办第八次全国磷酸盐学术交流会，得到积极响应，并向会议组织单位提出申请，得到批准。

会后经过熊院长的协调，湖北省相关单位及磷化工企业积极组织会议交流论文，及会议赞助等筹备工作。

第八次全国磷酸盐学术交流会于1994年9月在湖北省宜昌顺利召开。湖北省提交大会的论文被评为一等奖，推动湖北省磷化工进一步迈向全国、走向世界。

在组织推动磷化工技术交流过程中，熊院长认识到磷化工技术的推广与发展除会议交流外，更需要有专业著作的问世。鉴于我国磷化工发展较晚，有关磷化工的专业书籍较少，仅有上海化工研究院吴佩芝先生著《湿法磷酸》、成都化工研究院陈嘉甫先生著《磷酸盐的生产与应用》，及南京磷化工公司编写的有关磷肥工业的书籍等。这些专著都着重于某个方面，为当时我国磷化工的发展起到很好的作用；但随着我国磷化工产业在20世纪90年代的蓬勃发展，需要有一本更全面介绍磷化工理论与应用的工具书。为此以熊院长为主编并组织湖北省内从事磷化学、磷化工研究的高校、科研院所及相关企业的各方面专家，共同参与编写《磷化工概论》一书。该书由化工出版社于1994年6月出版。由于该书对我国的磷矿资源及加工方法、磷化工系列产品的生产技术和应用领域，“三废”利用和综合治理进行了全面论述，并对磷化工新材料、新技术、新发展作了介绍，取材新颖，理论联系实际，实用性强。该书的出版深受欢迎，并获得了湖北省科技进步奖。

历经40多年，我国及湖北省磷化工已由普钙、钙镁磷肥的生产起步向磷化工新电子材料、新能源材料发展；由以为农业生产服务为主，到对推动我国新型电子工业及新能源汽车发展起到积极的推动作用。面对磷化工翻天覆地的变化，笔者请熊老对我国磷化工今后的发展提出预测。熊老笑笑答道：“我没有什么预测，但可以想象到，从当年磷化工1.0时代到今天磷化工2.0时代、3.0时代，将来肯定会有4.0时代、5.0时代。”

终生与胶黏剂打交道的胶黏剂专家杨玉昆

翟海潮

杨玉昆，男，1941年6月1日出生于上海嘉定，1958年嘉定一中毕业后考入中国科学技术大学高分子化学专业，毕业后又考入中国科学院研究生院，师从学部委员（院士）王葆仁教授，1966年毕业留在中国科学院化学研究所从事合成胶黏剂的基础研究和应用开发工作，直至2001年退休。1981年和1989年，杨曾两度去美国进行研修和合作研究。杨曾任中国科学院化学研究所研究员、研究生导师、研究室副主任。现任中国胶黏剂和胶黏带工业协会专家顾问、河北华夏集团公司和绍兴振德医用敷料公司科技顾问。

1.1966～1982年：环氧胶黏剂的研发

1966年，刚开始工作的杨就参加了当时国防军工迫切需要的“高温点焊胶”研制“大会战”，几年后研制成功的有机硅高温点焊胶黏剂在我国的飞机制造工业中得到了应用，该成果也获得了中国科学院科研成果奖一等奖。

其后的十多年，杨和同事们一起根据军、民各部门的实际需要进行研发工作，取得了许多环氧胶黏剂方面的应用成果。其中“氦氖激光器用环氧密封胶”和“环氧光学胶及其固化过程的研究”均获中国科学院科研成果奖二等奖。

由于合成胶黏剂和胶接工艺当时还是一种并不普及的新材料和新工艺，他和同事们十分重视胶黏剂和胶接工艺的普及和推广工作。不仅认真接待来自生产第一线的来访者，还经常深入工厂车间，根据生产中的具体情况和要求，为他们选用胶黏剂（或设计胶黏剂新配方）并选择最佳的胶接工艺，帮他们解决生产中的具体技术问题。他和同事们自豪地称这支胶黏剂应用推广队伍为“乌兰牧骑小分队”。

20世纪70年代后期，杨负责的科研组完成了一项“压倒一切”的政治任务——毛泽东主席水晶棺的粘接成型。1976年毛主席逝世后，中央决定毛主席遗体用水晶棺长期保存。水晶棺由当时的中国科学院长春光学精密机械与物理研究所所长王大珩（院士）领导设计，所用的水晶玻璃板材由北京玻璃总厂研制生产，胶接水晶玻璃板材所用的光学胶黏剂以及胶接成型后的水晶棺与金属底座连接所用的密封胶黏剂由中国科学院化学研究所研制生产，胶接工艺和成型的工作则由中国科学院化学研究所和北京玻璃研究所合作完成。对于水晶棺光学胶黏剂和胶接工艺的主要要求如下。

（1）光学性能：外观无色、透明性好，固化后胶层的折光指数尽可能与水晶玻璃板接近；

（2）机械性能：与水晶玻璃板的粘接性能好，胶层弹性好，固化过程中和固化完成后胶层和水晶玻璃板均不产生较大的内应力；

（3）老化性能好：在特殊条件下长期存放后外观、粘接性能、内应力等均不发生较大的变化；

（4）胶接工艺要方便施工、不会发生任何损害水晶板材的安全事故。

在各方大力协助下，杨带领课题组设计并合成了一种特殊结构的新型透明环氧树脂，采用了一种分子量较大的透明固化剂，进行了大量的配方研究以及胶接工艺和固化过程的研究，经过一年多的日夜奋战，终于按时完成了这项任务。“水晶棺光学胶黏剂及其胶接工艺研究”的成果获得了全国科学大会奖，主要参加人员受到了党和国家领导人的接见。

中国科学院化学研究所是全国较早开展胶黏剂领域学术研究和应用开发的顶级研究机构。最盛时全所参与的科研人员有二三十人。在经历了十多年的科研开发后，他们积累了大量的资料、知识和经验。1980年，经科学出版社邀请，杨玉昆和廖增琨、余云照、卢凤才等人组织编著了一本近60万字的专著《合成胶黏剂》。这是我国改革开放后出版发行的第一本胶黏剂专著。书中既深入浅出地介绍了合成胶黏剂和胶接技术完整的基础理论知识，又列举了大量的各类胶黏剂的真实配方、制造方法和应用实例，因而深受该领域广大读者的欢迎。该书被后来出版的专业书籍和科技文献大量引用，为合成胶黏剂在我国的普及和发展作出了较大贡献。

2. 1983年后：压敏胶黏剂和胶黏带的研发

20世纪80年代初，北京东方化工厂引进万吨级丙烯酸酯生产装置，开启了我国丙烯酸酯压敏胶及胶带工业的大发展局面。杨应邀担任新成立的北京东方化工厂研究所的技术顾问，参与了丙烯酸酯乳液压敏胶产品的开发。同时，他领导的科研组还承担了北京市化工局委托的丙烯酸酯溶液压敏胶的研发任务。上述丙烯酸酯乳液压敏胶和溶液压敏胶产品研发成功后，经过中试，先后在北京东方化工厂和其他工厂投入规模化生产和销售，推动了我国胶黏带，尤其是BOPP（双向拉伸聚丙烯）包装胶黏带的快速发展。“溶液型丙烯酸酯压敏胶”获得了北京市科技进步奖三等奖。

杨从事压敏胶黏剂和胶黏带研发工作三十多年，他的研究涉及该行业众多的品种。除包装胶黏带外，值得一提的还有表面保护胶带（膜）、医用压敏胶制品和微球型压敏胶制品等。这些产品都是受生产部门的委托，在实验室研制出符合要求的压敏胶并帮助他们制造出合格的压敏胶黏带（膜）产品后，再将技术转让给生产部门。

2001年，杨从中国科学院化学研究所退休。之后，他建立了自己的实验室，继续进行研发工作。当时由于“反倾销”的原因，丙烯酸酯单体价格特别高。他根据市场的需要研发了一种醋酸乙烯—丙烯酸丁酯共聚物乳液压敏胶代替国内大量使用的纯丙烯酸酯乳液压敏胶，降低了BOPP包装胶带的生产成本。该研发成果在多家工厂应用，两年中共生产醋—丙共聚物乳液压敏胶约两万吨。

杨很重视技术资料的积累和科研成果的总结，他是胶黏剂领域撰写和出版科研论文和书籍较多的专家之一。50年来，杨在国内外各种刊物发表科技论文60余篇；出版多本胶黏剂专业书籍。除上述《合成胶黏剂》外，1990年他和王致禄应科学出版社的邀请，组织国内10位胶黏剂专家编著出版了一部“合成胶黏剂”丛书，共10册。其中第8册《压敏胶黏剂》就是由杨独立编著完成的。2004年他和吕凤亭应化工出版社的邀请，与冯世英、宋湛谦、赵临五、崔汉生、曾宪家等压敏胶专家一起，编著出版了一部大型《压敏胶制品技术手册》。书中以压敏胶制品为中心，全面系统地介绍了研究、开发和生产各种压敏胶制品所需的基础理论、性能测试方法以及各种原材料，重点是橡胶系、丙烯酸酯系、热塑弹性体系和辐射固化型等压敏胶黏剂，也介绍了基材、底涂剂、背面处理剂、防粘材料和其他各种压敏胶材料；压敏胶制品生产中的各种涂布工艺、干燥工程及涂布机等各种生产设备也做了专门介绍；还从应用角度分类介绍了各种压敏胶制品，包括它们的应用领域、应用方法和应用技术等。该书在压敏胶制品领域具有一定的权威性，它的出版在该领域广受关注和欢迎，对我国的压敏胶及其制品工业的发展起到了一定的促进作用，因而获得了我国石油和化学工业系统科技进步奖三等奖。2014年，在化工出版社的邀请和支持下，他和吕凤亭、崔汉生、刘奕等压敏胶专家，并聘请孔卫、金春明等在一线打拼多年的年轻技术骨干，将该书进行了重大修改，并补充了10年来该行业在科研开发方面的重要成果和在生产技术、工艺设备等方面的重要发展，出版了《压敏胶制品技术手册》(第二版)。

与“氟”结缘的江建安自述

江建安

江建安，男，1941年8月出生于上海江宁路一条里弄，那时算是公共租界地域。出生不久，由于太平洋战争爆发，回到无锡老家，1955年入无锡市第一中学读高中，1958年考入华东化工学院化学工程专业，五年本科毕业后经考试留校继续攻读化学工程研究生，导师是苏元复院士。化学工程学专业是为培养能解决各种不同化学产品领域具有共性的工程技术问题而设置的学科。1968年2月研究生毕业，分配到上海市合成橡胶研究所（简称合成胶所）。到所后知道这里不是研究通用概念的合成橡胶，而是研究开发当时国家急需的有机氟高分子材料，氟树脂和氟橡胶，是国内唯一的有机氟材料技术开发和中试生产的专业研究机构。从此，直到20世纪末我的职业生涯就同有机氟材料和氟化工结缘。1980～1982年公派到英国曼彻斯特理工学院，从事氟化学的研究进修，身份是访问学者。该校化学系是享誉世界的氟化学研究中心之一。两年期满回原单位，此时已改名为上海市有机氟材料研究所。此后。我先后担任计划技术科主持工作的负责人、副所长、总工程师，1992年转制成股份制上市公司任董事和分管技术的副总经理，直至20世纪末退休，其间被批准享受国务院政府特殊津贴和评为教授级高级工程师。退休后，仍被返聘继续担任董事10年，职业生涯从未离开氟化工。

来到合成胶所，开始从事有关部门下达的若干小分子氟化合物合成。这些都是国内尚无任何研究机构做过的，涉及很多特殊的氟化技术，包括元素氟和一些特殊氟化试剂氟化。我开始了在课题组试验室对陌生的有机氟化学边学习边实验的过程。这是我结缘氟化工的起点，首任课题组组长姚锡福先生调任所长后，我接任组长。该课题是同中国科学院上海有机所协作的，各有分工，发挥各自的优势条件，上海有机所有张景云和赵成学等，国内氟化学界的泰斗黄维垣院士也在上海有机所的课题组，我很幸运有不少机会向他们请教。约4年的工作结果得到了好评。在试验过程中，发生了一次意外的爆炸，幸好有防护设施，我的前额和右眼受了点伤，体会到了从事氟化物合成的危险性。

1975年，我接受了一项具有重要意义的技术研发项目，姚锡福所长和副所长陈焕新直接要求我承担这项工作。希望我发挥化学工程专业的专长，对1964年建设1965年投产的聚四氟乙烯中试车间的四氟乙烯单体装置的生产工艺进行优化改进。这套装置的建成投产，当时在国内具有较大影响，填补了国内尖端科技急需的氟树脂聚四氟乙烯（俗称塑料王）空白，是老一辈专家高曾熙等及年轻科技人员团队数年艰苦创业的结晶，由上海医工设计院设计。陈副所长要求我从改变二氟一氯甲烷（俗称F22）空管热裂解制四氟乙烯的工艺着手。当时在聚四氟乙烯中试车间制四氟乙烯（TFE）和利用四氟乙烯为原料热裂解制六氟丙烯（HFP）的试生产装置，都采用耐高温高镍铬合金管空管高温裂解，反应的产物成分很复杂，副产物主要是沸点相对较高的多个有毒全氟碳混合物，俗称高沸点残液，其中还含有吸入毒性极大、半致死浓度LC50小于0.5ppm（ppm为体积浓度）的全氟异丁烯（又称PFIB ）。1965年建成投产的中试装置以及用TFE生产HFP时产生的残液（其中PFIB含量更多）从中试生产起的几年内，一直难以处理，无奈只好暂存于旧钢瓶内置于厂区冷僻角落。日积月累，剧毒残液越来越多，旧钢瓶还因腐蚀出现渗漏，甚至周边出现了飞鸟和小动物中毒死亡的现象，成了保持正常生产的极大障碍。

合成胶所组建了四氟乙烯生产工艺改革课题组，期望从源头改进。我和朱顺根、施怀慷为主要成员，我任课题组长。我们从两个方面入手：一是查阅尽可能查到的文献资料；二是深入中试装置现场调查研究，跟班实际观察。经过几个月的周密调研，我们分析了现有工艺反应器的缺陷，主要是反应传热方式导致反应物各向温度分布不均匀，温度的差异致使反应物在不同温度下反应副产物增加，反应中间体二氟卡宾易与反应主产物发生串联反应生成高沸副产物，为控制副反应只能在低转化率下操作，装置需回收的原料占60%以上，增加了回收提纯的负荷，这些导致了装置生产效率低下。提高反应器效率、降低高沸残液量成为我们的目标。文献中有多种不同的F22制四氟乙烯工艺，曾一度寄予希望的催化裂解法经过预研证实反应选择性不理想，我们的重点关注就转移到以高温过热水蒸气作为稀释剂和传热介质的稀释裂解工艺。文献对此虽有报道，但比较简单，也无法判断国外是否确已将此工艺实用化。经反复讨论总结，我们列出了调研报告详细提纲，委托朱顺根执笔写出了总结报告，明确提出要将高温水蒸气稀释裂解的技术作为替代空管裂解工艺的主攻方向。理由是其优点为高温水蒸气同预热汽化的F22在一种专门设计的混合反应器内瞬间即达到充分混合，实现快速传热达到温度场充分均匀，使F22瞬间达到反应温度而裂解，两者最优的配比可以经计算和试验验证确定，水蒸气同时作为稀释剂，降低了中间产物二氟卡宾在反应混合物中的浓度，可以降低较高沸点有毒副产物的生成。从而实现在保持四氟乙烯选择率高达95%的同时，F22的一次转化率达到65%或更高。

这个方案一出台就有两种评论：一种认为看似好，但试验条件苛刻，不确定因素较多，难以在目前条件下实施；另一种是支持该设想，要创造条件开展试验。在领导支持下，在现有工艺改革小组基础上增加人员成立了化工研究室，开始试验的前期工作。要在试验中产生高温过热水蒸气，用简单方式行不通，必须有外援。最原始的小型反应器由我们自己设计，文献记载中介绍的反应器结构复杂，仿造不符合国情，我们想到了文丘里式结构可以满足两种不同流体的充分混合，以高温水蒸气高速下流过反应器，在喉部吸入已预热到接近反应温度的F22的工艺具有可行性。没有适用的材料，就到上海有关钢厂找到了他们剩余的产品边角料，可以实现预定目的。姚锡福所长多方联系和介绍了我们的前期工作和预期目标，得到了化工部二局的大力支持，及时召开了有全国多位著名反应工程教授（如陈敏恒、陈甘棠等）以及化工部第六设计院的部分技术人员参加的四氟乙烯技术攻关扩大会议。一场以F22水汽裂解为主要内容的多方合作联合攻关就此拉开序幕，陈鉴远和孙酣经等领导都到会指导，六院派出严建中等直接加入项目课题组。合成胶所领导因我已离岗等待出国留学，调第三研究室主任滕名广到化工研究室任主任（1983年起接任所长）。同时二局领导委托我们承办化学反应工程培训班，请华东化工学院联合反应工程研究所以陈敏恒领衔的教师团队讲课，历时三个多月。我正值等待出国，领导指定我主持办班。在随后的工作中，由六院同志设计了试验用过热蒸汽加热炉，就地取材以城市煤气为能源，用高镍铬钢制成的文丘里式反应器直接连接在过热蒸汽出口处，稀释裂解产物经急冷后直接连上生产装置。试验中在急冷工序遇到了难题，反应混合物中副产的HCl，在急冷后与水结合成为盐酸，加上产物中含少量HF，两者均具有极强的腐蚀性，反应器出口和急冷设备都经受不住，试验遇阻。几经折腾，借鉴在石化行业列管式固定床催化反应器用加压水作为传热介质可维持温度在150℃或更高，经讨论将急冷分为两段，阶梯式分步冷却。反应混合物用加压水降温到不低于150℃，再用内衬氟塑料的直管冷却到不低于100℃，接着在石墨冷凝器彻底冷却去除酸性废水，这种方案达成共识并被采用。经过试运行考核后整个稀释裂解流程打通。结合对已采用新型高效丝网填料的多塔分离提纯工艺和未转化F22的回收工艺，由六院和有机氟所课题组共同完成了基础设计。这是具有中国特色的首创，经在济南化工厂以此基础设计为主设计建成年产千吨装置并试车运行成功。从20世纪90年代起陆续在各地建成多套采用稀释裂解技术的生产装置，取得了很好的效果。特别是新技术装置产生的高沸点有毒残液大大减少，且已试验成功有毒残液焚烧技术。我虽然没有与同事们一起直接参加六院加入进来后的联合开发工作，但作为1983年换届后的领导小组副组长，解决了若干试验装置与老装置联动试车中的协调问题，在20世纪90年代中，项目先后获得化工部科技进步奖一等奖和国家科技进步奖一等奖，获奖人员名单中我虽未被列入，但对整个过程取得成功依然感到非常欣慰。尤其是这种技术创新在全国各地开花，对整个行业的蓬勃发展起了重要作用。

1980~1982年9月，我在国外以访问学者身份开展学术研究的同时，也不时记挂原单位的一些研究工作，特别是氯碱工业用全氟离子交换树脂的合成研究。该课题立项时正值我出国前夕。中国科学院上海有机所选择参照全氟磺酰合成路线，我们则发现全氟磺酰树脂制成的膜在氯碱电解过程中的应用有很大缺陷，于是选中全氟烷氧基羧酸甲酯基乙烯基醚为单体合成全氟羧酸甲酯树脂，优点是成膜后在氯碱电解反应过程电流效率高，产品质量好；但是两种不同类型树脂单独成膜均非理想，经过优化复合后可以得到理想的离子膜结构。合成羧酸树脂难度更大。我回国前夕与导师R.E.Banks告别时，在他办公室看到了一本新出版刚送到他手中的新书《全氟离聚体膜》（*Perfluorinared Ionomer Membranes*），立即商量借我几天，在最短时间内复印带回，此书是美国化学会的Symposium Series之一，记载了国外离子膜研发和实用化的最新信息。由于国内在20世纪80年代初已从日本引进离子膜烧碱装置，膜的运行寿命只有两年，需不断高价进口，万一进口膜发生障碍，这些装置都只能停产。严酷的态势摆在面前，突破全氟离子膜国产化技术开发非常紧迫。化工部领导和二局领导都将此事放在重要位置，由二局领导协调，建立了以上海有机所、有机氟材料所和南通合成材料实验厂为核心的联合攻关组，3个单位的副职领导任副组长。我以副所长（1985年起转任总工程师）身份被有机氟所指定为具体领导和协调全氟羧酸树脂研发工作的负责人。全氟羧酸课题组成立已有数年，但在单体合成过程遇到很棘手的困难，全氟羧酸单体合成路线长，起始原料为两端均为碘原子的直链全氟烃，试验中分工从事相关合成反应的技术人员，多人发生血液中白细胞明显下降的情况，难以继续，工作只能暂停。

正好我在留英回国前参加在温哥华举行的第十届国际氟化学会议，从会议报告中获得信息：这类两端均为碘原子的化合物具有较强毒性，从此信息也证明必须更换合成方法，此前课题组同事们已从文献中获悉，可以用两端为氟磺酸根的直链氟烃替代二碘化物，但同样必须自己合成。方法是用氟磺酸同四氟乙烯，在特殊设计的反应器中进行阳极氧化反应，由于特高腐蚀性，阳极需用无定形玻璃碳板、阴极需用昂贵的白金薄片制成。经打听，北京人工晶体研究所可以用他们的高温焙烧炉给我们试制，得到合格成品，解决了反应器的电极问题。请上海化工厂按我们要求，特制了氟塑料衬里的试验用关键设备，课题组李顺龙、张连弟等同事一起花了很大心血启动了试验。试验中发现存在电化学腐蚀，到天原化工厂请教后，知道每次停车都会出现电压不归零的情况，缓慢放电会造成电化学腐蚀。就这样一步步克服困难，一步步往前走，在课题组集体努力下终于得到了数量不多的全氟羧酸树脂，而我们的树脂成单膜后与上海有机所的磺酰树脂挤压成单膜后是否匹配？又经过反复试验，克服重重困难，最后终于看到了在南通厂试制出了复合膜。

在研制过程中，我们还承担批量生产六氟环氧丙烷（HFPO）的任务。HFPO是上述两种单体合成中必不可少的关键中间体原料。试生产中，发生过多次爆炸，我和同事们一起不断改进解决。整个离子膜攻关过程历经数年，每年都由二局组织协调会数次，陈鉴远和其他领导不断对各单位检查协调，还给了很多具体指导。几年全氟离子膜攻关，受到化工部主要领导和方方面面的高度重视，尤其是已经引进离子膜烧碱装置的工厂和部化工司。鉴于试制全氟离子膜产品环节多，配套的原材料不齐备，关键工艺还不成熟，攻关结束后暂时不能建厂，但从上到下大家心里一直记挂着全氟离子膜。

值得一提的是，1992年由时任化工司总工程师方度和锦西化工研究院院长杨维驿合作主编了《全氟离子交换膜——制法、性能和应用》一书，由化工出版社出版，我应邀编写了其中第二章全氟离子交换树脂的合成。多年后，北京一家民营研究机构专程到上海找到我，希望提供全氟磺酸树脂用于试制氢燃料电池作隔膜，正值在我处从事博士后研究的张永明已完成预定论文即将出站，我和单位领导带了张博士一起到北京联络，并希望他出站后能开展这方面的研究工作。我为他配了助手，协调了原材料和设备，他在小规模聚合釜开展了全氟磺酰树脂的聚合和后处理预研工作，收集了能获得的相关信息和资料。之后他几经辗转来到新兴起的东岳化工厂，经过多年艰苦努力又重新崛起，在燃料电池专用磺酸膜和全氟离子膜领域取得了重大进展。这中间自然也包含了20世纪80年代离子膜攻关打下的基础。

在离子膜攻关的同时，我的同事们也正在进行氟硅橡胶中试攻关，聚全氟乙丙烯树脂FEP质量提升，可熔性聚四氟乙烯PFA研制的技术攻关等。其中在PFA共聚单体全氟正丙基乙烯基醚的合成中，脱羧反应器的放大遇到较大困难，没有现成可用的反应器，我与国外协作朋友共同设计了可连续加料的搅拌床反应器。经过十多次试验和挫折，终于克服障碍，实现了半连续运行，完全克服了原来易结炭造成堵塞的弊端。这种模式也适用于其他含氟乙烯基醚单体的制备。

世纪交替之际，我作为项目负责人，与刘伯南等骨干力量组成团队，完成了千吨/年氟橡胶工业化试验和计算机程序控制的生产装置建设和试车。其中“千吨/年氟橡胶工业化关键技术开发及应用”获上海市科学技术奖二等奖。我是第一完成人。

作为总工程师，我同时也关注着行业动态，尤其是安全生产具有共性的问题，收集和整理了有代表性的十多个业内安全事故案例，编写了讲稿，在有机氟行业协会举办的培训班上作学术报告。我还应邀到相关工厂现场提供帮助指导。例如，山东某厂四氟乙烯重大爆炸事故的原因分析判定。当时市安监部门组织专家进行事故调查，对原因争执不下，我到现场查看并根据自己积累的经验和知识，判定是储槽中微量氧的存在加上储槽停用后有四氟乙烯余留较长时间，低温下生成过氧化物，再次升温引起剧烈爆炸。得到一致赞同，事后还指导相关技术人员寻求解决问题消除隐患的方法。行业协会办事机构挂靠在有机氟所，出版期刊《有机氟工业》，我在前任主编退休后接任主编十多年，主要负责审稿、选用稿件等事宜。该刊物颇受业内好评。

在整个职业生涯中还先后参加不少中外交流，曾出席在温哥华举行的第十届国际氟化学会议，在东京举行的中日氟化学研讨会，均有论文发表。我还参加了一次美国冬季氟化学会，在日本著名氟化学家石川延男教授同我方共同推动下，分别在中国西安、广州、桂林举办了三次中日氟化工研讨会，石川教授带领了一大批日本学术界和企业的知名人士来华参加交流，对推动技术合作和贸易发展起了积极作用，并陆续带动美欧日著名氟化工企业来华投资和开展合作。这些活动对后续建立江苏常熟氟化工园区起了积极推动作用。

从20世纪90年代后期开始，我积极参与了保护臭氧层蒙特利尔议定书的实施活动，先后五次以专家身份参加在加、美、欧举行的技术研讨和有关履约淘汰ODS补偿的会议。2010年结束返聘后我以自己积累的知识和经验，结合氟化工基本技术和国内外最新技术动态编著了《氟树脂及应用》一书，作为合成树脂及应用丛书之一由化工出版社出版。在以师昌绪为顾问、石力开任主编的《材料词典》中编写氟材料条目，在《中国化工通史》中编写了部分涉氟化工内容。

作为技术人员，回顾过去与氟化工结缘的岁月，我几乎付出了全部心血，有挫折，也有成功。深感未尽事还有很多。一个人的能力有限，解决重大科技关键技术需要团队合作，向广泛的其他领域学习和借鉴。技术进步，永无止境，随着社会和科技发展日新月异，我们只有一代代接力传承，才能赶上和超越国际先进水平。

首先提出“人工自愈”理论的高金吉院士

孙　云

当今世界，人工智能（AI）不再是一个新鲜的词汇，它已经走进了人们的日常生活，但“人工自愈”却有些难以让人理解，它是一个与人工智能有所不同的另一个仿生智能科学，前者模仿人脑的智能，后者模仿人体的自愈机制。2003年11月在“智能维修国际学术会议”上这一具有前瞻性的科学理论由中国工程院院士高金吉首先在国际上提出。

“自愈是一种稳定和平衡的自我恢复调节机制，抑制自毁或者说抑制事物的衰减即自愈。它具有自发性、非依赖性和作用持续性等显著特点，自愈过程基于其内在的自愈系统，以自愈力的表现方式，来排除外在或内在对人体和其他生命体的侵害，修复已经造成的损害，达成生命的延续。”这是人类和其他生命体的一种非意识状态下的自然行为。作为非自然生命体的动力机械设备也能具有这样的自愈机制吗？回答：能。它就是“人工自愈”。

1999年还在辽阳石油化纤公司工程一线的高金吉被选定为中国工程院院士，那年他57岁，已经在工程实践中摸索了32年，也是那一年的年底，因为对母校有一个承诺，他毅然放弃了科研条件比母校更好院校的邀请，回到了母校“北京化工大学”开始了科研之路，将他32年的实践经验转化为理论科学。

高院士一路走来总让人感觉有一些戏剧性。当年，作为辽宁省重点沈阳二中拔尖的高才生，因为家庭成分为小职员，还有一位叔叔是国民党兵，在辽沈战役中失踪，虽然后来判定那位叔叔已身亡，但他依然没有进入心仪的北京大学技术物理（核物理）、清华大学工程物理、北京科技大学地球物理、中国农业大学气象物理等专业，而是出乎意料地被北京化工学院的化工机械专业录取了。因为那一年的考生被分成三类，一类是不予录取，另一类是普通专业，还有一类是保密专业。而高金吉的家庭成分只为他争取到了普通专业的录取通知书。

这么大的落差让年轻的高金吉着实有些郁闷，但1942年出生在北方重工业城市沈阳的他从小就对中国工业的落后有着更深刻的理解与感受。一辆驮着6个人的德国产自行车蹬起来还是那么轻快，而国产的自行车一个人骑着都觉得费劲。进口的机床透着精密灵巧，而国产机床粗鄙笨重。他还听老人说，我们东北产大米，但是日本占领时期中国人连大米饭都不能吃，吃了就会被日本人枪毙。这一切都在他的心里烙下了深深的印记。国不强民自弱，没有可以撑得起来的工业基础怎么会有强国的底气。学工程也不错，既然专业由不得自己选，那就选择做一名优秀的工程师，一样可以在强国之路上留下一笔。

当年的北京化工学院还是一所十分年轻的高等学府（1958年建校），全校连一位正教授都没有，只有两位副教授、12位讲师和359位助教，更没有一位学术权威。对于高金吉来说这是一个遗憾，却也是一种契机。没有权威的束缚倒让他养成了独立思考的能力，也提升了他对未知世界探索的欲望。

1968年他放弃了留校任教的机会，但是留下了一句“十年后学校如果还欢迎我，我就回来”的承诺，去了辽宁正在建设的阜新氟塑料化工厂。当时全国各地共去了50多个大学毕业生，只有他一个是学“化机”的，没有老技术人员的带领，他就成了设备技术负责人，成了一个年轻的“权威”，在工程一线边工作边学习，什么不懂就学什么，从不拘泥于学科的桎梏。

1975年他极力争取参加了国家重点项目：辽阳石油化纤公司（简称辽化）大会战；1979年他又一次放弃了在阜新当副厂长的机会，来到辽化做了一个普普通通的技术员。高院士说：他心甘情愿，因为那里有一整套可以学习的从国外引进新设备，是学习国外先进技术的绝好机遇。为了学习西方先进科技，他大学四年级开始自学英语，为后来去瑞典参加联合国工业发展组织举办的设备维修组织与管理研修班，也为考取清华大学固体力学博士研究生取得工学博士学位打下了基础。

可是1980年从法国引进的这套先进技术设备，裂解气压缩机总是会因为“轴位移”而频繁停机，并且造成转子、密封、轴承等损坏。这是高金吉专业的动力机械问题，他一定要找到问题所在并解决它。他与工人、技术人员日夜在现场查找原因，连续工作几个昼夜，硬是用简陋的计算尺计算出了故障原因。这一进口的先进设备竟然在设计上出现了错误，转子残余轴向力比设计值大出十多倍。当高金吉把这一结论向法方反映时，法方人员说：“高先生，你不是在做梦吧，轴向力是计算机用程序算出来的，现场计算是不可能的。”然而法方人员在对比了用简陋的计算尺计算出的结果后不得不竖起大拇指，因为高金吉他们的计算结果与法方用计算机确认后的结果几乎丝毫不差。一套崭新的设备重新归位，确保了辽化工程按期试车投产，避免了频繁停车，为国家减少了上千万元的经济损失。

人生总是有失有得，但“不能为一时一事而放弃长远的大目标”。高金吉的大目标就是成为一名优秀的工程师。何以为之？唯有到工程一线去，追逐着先进技术的脚步，不断学习不断探索不断思考，“机遇往往归于勤奋学习，善于超前准备的人。”而也只有超前准备才有可能触及世界的前沿，从而完成真正的超越。他就是这样一个人。

32年在工程一线得到的宝贵经验，早已让他打破了单一学科的限制。他说：未来的大工业应该是一套完整的系统工程，不可能是一个或几个学科就可以把控的，它是全学科全方位的。而作为一个优秀的工程师更应该有超前的意识，有跨学科的勇气和能力。

1989年厂里的压缩机同频振动及高速透平压缩机现场动平衡效果依然存在很多问题。对于振动和转子动力学的知识高金吉在学校里没学过，他感觉到了知识储备的不足，虽然当时担负着繁重的工作，岁数也已经到了47，却还是凭着自己扎实的工程实践经验，在没有硕士学历的情况下，带着辽化现场悬而未决的关键技术问题，考入清华大学工程力学系的论文博士，攻读固体力学专业博士生课程，圆了到清华大学读书的梦。学习振动和转子动力学，研究高速透平机械振动故障机理及诊断方法。

现代化大型化工厂都是大型、复杂的流程工业装备。目前智能化可以避免重大事故的发生，人工智能技术能让机器变得更聪明，可以在高危的环境下代替人工。一旦机器设备发生故障，人工智能技术的应对方法大都是紧急停车或设备置换，然后由人工进行诊断、维修，他们的术语叫“治愈”。而每一次紧急停车都会造成巨大的经济损失，造成上下游的停产。这让一直在工程一线的高金吉想到了所有自然生命体都有的一种自愈能力，机器是不是也能够拥有这样的能力呢？这是一个单一学科所无法解决的问题。

从1994年起，他任课题组组长完成了国家经贸委企业重点推广应用项目“旋转机械振动诊断工程软件包”，该系统为国内首创，在机械故障诊断机理及识别特征方面达到了国际先进水平。软件包已被石家庄炼厂、宝钢等12个大企业采用，对故障早期预警避免故障停机发挥重要作用。而溯源诊断仅靠故障机理研究远远不够，要提高诊断准确率还涉及多台机器的数据搜集、数据监测、数据汇总、数据分析，这又与信息工程密不可分。另外，诊断出结果如何自愈又可归为物理学的“耗散结构”理论，以及医学上的免疫功能，这些已超出了化工机械故障诊断的专业。

学习，是高金吉发现问题与解决问题的法宝。在这之后，他开始攻读哲学、系统科学、控制论、仿生学、耗散结构理论和医学特别是传统的中华医学等经典理论著作。他阅读了维纳著的《控制论》、钱学森的《工程控制论》《系统科学概要》《普利高津与耗散结构理论》等著作。在这些理论的指导下总结多年的工程实践，再参加国内外学术交流研讨时才能信心满怀。

学习耗散结构理论，使他了解到宇宙中的各种系统，不论是有生命的，还是无生命的，实际上无一不是与周围环境有着相互依存和相互作用的开放系统，从而认识到运行的装备和人一样，都是开放系统，两者并无严格界限。可以认为，与机器故障作斗争就是与疾病作斗争的另一种方式，客观上两者遵循着某些共同的规律。

为了实现设备的数字化诊断，他在20世纪90年代就在局域网上完成了美国人在2012年提出的“工业互联网”概念的现实操作。2000年回到母校，高金吉成立了国内第一个炼化分公司设备远程监测诊断中心（PDE），将局域网与互联网相连，实现了真正意义上的“工业互联网”，算起来比美国人提出的概念早了10年。2003年将PDE更名为诊断与自愈工程研究中心（DES）。同年在国际学术会议上他首次提出了“故障自愈原理”。他坚信这是大型、复杂、高频动力机械设备和流程工业的未来，它不仅可以应用于化工领域，还可以在其他领域里大显神通，特别是更能为新一代的航空、航天发动机保驾护航。

近年来，高院士团队在国家自然科学基金和973项目资助下，人工自愈技术工程应用已取得显著成果，如采用调谐质量阻尼器抑制压缩机及管道系统振动；发明一种基于径向励磁原理的机床自动平衡系统，将机床砂轮的不平衡振动实时抑制在1微米内，性能远高于国外同类产品水平。2022年，获得“日内瓦国际发明展”发明金奖；采用整机动平衡了百余台航空发动机，应用自动平衡技术大幅度降低螺旋桨振动；应用挤压油膜靶向抑制振动技术解决了涡喷发动机振动大的关键技术难题等。

对于高速透平机械振动自愈调控取得了一些阶段性的成果。通过研究对透平机械复杂系统振动故障溯源诊断原理和方法，有了深刻的认识。首次提出“临界负荷”与“六维对中”新概念，还推出基于电磁自愈力的多频振动靶向抑制方法和基于改变质量分布的不平衡振动靶向抑制方法。

关于人工自愈的论断逐步得到国内外学术界的认同。《机械工程学报》创刊70周年，高院士所著的论文《人工自愈与机器自愈调控系统》被列为两大创新理念之一。2024年2月《美国生物科学与工程》（*American Journal of Bioscience and Bioengineering*）和《当代物理》（*Current Physics*）编辑部致函称：对《仿生人工自愈赋能机器的自主健康》（*Bionic Artificial Self-Recovery Enables Autonomous Health of Machine*）印象深刻，邀请他为杂志的编委或审稿人，前者已正式聘任。

“人工自愈”也许是新一轮工业革命的开端。第一次工业革命开始于17～18世纪的英国；第二次工业革命开始于19世纪的美洲；第三次工业革命是20世纪四五十年代的“新科学技术革命”，那么，第四次工业革命呢？它是否可以开始于中国人首先提出的“人工自愈”工程的研发与应用？中国的强大不应只停留在“弯道超车”的速度，而应该适时地抛出自己的原创科学理论去引领世界，让世界跟随。我们应该有这样的自信。

采访即将结束时，高院士说：“人生就像骑自行车似的，往前走就不容易倒。”人生从来不是一条直线，一个新概念、新理论的提出也从来不会一帆风顺。2016年8月在上海召开的“国际工程科技发展战略高端论坛——机械与运载工程科技2035发展战略论坛”上，中国工程院前院长徐匡迪院士作了题为《创新的“顶峰”——颠覆性技术创新》的报告。提出“对颠覆性创新的意愿应给予宽容、理解与支持”的建议。同时他认为，对未来产生影响的颠覆性技术，需要建立以市场为主导的机制，需要战略眼光以及风险投资机构的支持。“人工自愈”理论便是对传统的故障诊断、治愈技术的一次颠覆，是人工智能体系的一个补充。它将机器设备视为一个非自然的生命体，人工智能让机器更聪明，而“人工自愈”则可以让机器更健康、更安全、更可靠、更节能。

高院士的“自行车”还在继续前进着，今年（2024年）已82岁的他说：我生日小（12月）还应在81岁哩！听似玩笑，但从中可以感受到一种渴望和期盼，那是对生命的渴望、对未来的渴望、对国之强大的期盼！

高院士自嘲地说：我是一个没有获得过奖项的院士，但辽阳市政府授予他“优秀知识分子”和“专业拔尖技术人才”称号，国家人事部授予他“有突出贡献的中青年科技专家”称号，哈工大、东北大学、装甲兵工程学院聘请他为客座教授。

不到两个小时的采访，高院士的执着、乐观、努力，勤于学习、善于思考、勇于争取的精神感动并感染着我。近20年来高院士在不同的国际、国内的学术会议上、高端峰会论坛上讲解着自己的“人工自愈”理论。他说：如果一个全新的科学概念、科学理论一经提出就被世人所接受，那它一定不是创新，而只是一个传统理论的延续。新的科学概念一定会有一个被接受的过程。在他的努力之下，2021年7月10日首届“人工自愈与装备自主健康学术论坛”在他的母校北京化工大学召开。本次论坛邀请相关领域7位院士、中国航天和中国航发（中国航空发动机集团有限公司；英文全称：Aero Engine Corporation of China，英文简称：AECC）的总师、几十名国内行业知名学者、专家参会。高院士在会上作了题为《仿生人工自愈赋能机器自主健康》的主旨报告。会议期间有1.26万人在线关注。这并不是一个多么大的数字，但一颗扔进池水的石子已经溅起阵阵涟漪，并不断地向外扩展，它必将会掀起一场颠覆性的技术革命！

真乃是：

欲上青天品味醇，一身傲骨为求真。
涟珠石溅霞光映，冉冉初阳照宇辰。

有机化学和物理化学家朱道本院士

魏 然 刘承彦

朱道本，1942年8月20日出生于上海的一个很平常的家庭。父母亲对朱从小就要求很严，希望他长大以后能够成为一个堂堂正正和对社会有责任心的人。父母亲的这一愿望充分体现在给他起的名字中，“君子务本，本立而道生”，后来成为他人生奋斗的目标和成长进步的基石。

1. 在学生时代就喜欢破解数学难题

朱道本的中学和大学阶段都是在上海度过的。中学时的数学老师陈振宣先生对朱影响较大。陈老师的教学不拘泥于书本，而是着重于培养学生掌握良好的学习方法和思维方法，启发学生多开动脑筋。除了课堂上的教学外，陈老师还组织学生成立课外兴趣小组，学生自己办数学专栏，交流学习体会，探讨难题的解析方法，甚至邀请了一些国内的数学家来学校讲课。

那时中学生能读到的刊物不多，《数学通报》就成了朱道本爱不释手的知识之友。他把《数学通报》上面刊登的难题求解作为自己特别喜欢的课外作业，几乎每期必答。把答案寄给编辑部后，就在下一期的刊物中寻找解题结果。如果能在其中找到自己的名字和答案，他就会有一种成功后的喜悦，有时能兴奋好几天。

朱1960年进入华东化工学院（现华东理工大学）有机化学系，分别于1965年和1968年本科和研究生毕业。1977年初到1979年底，朱远赴德国海德堡研究所进修，师从著名化学家斯塔博（H.A.Staab）教授。斯塔博既是一位科学家又是一位管理专家，曾经担任德国马普协会主席、海德堡研究所所长和国际纯粹与应用化学联合会执行主席。朱从斯塔博身上也学到了很多。1986年，朱又应斯塔博教授的邀请到他的实验室做访问教授，使他有机会与斯塔博密切合作、共同研究。

2. 掀开有机固体的神秘面纱

1968年，朱道本从华东化工学院结束研究生学习后，被分配到中国科学院化学研究所工作。当时正值“文化大革命”期间，科研单位同文教等其他行业一样受到严重冲击，研究工作不能正常进行。作为普通研究人员的朱却因此有了较多时间系统读书，学习了物理化学、固体物理方面的专著，为以后从事有机固体研究打下了良好的基础。

时任中国科学院化学研究所所长的是我国著名无机化学家和物理化学家的学部委员柳大纲，他虽已受运动影响“靠边站”，但还时刻关注着科研事业的发展，关注着青年科研人员的成长，朱这个刚出校门不久的好学青年很快引起了柳先生的注意，并博得了这位久负盛誉的科学家的钟爱。

对朱有机固体研究事业产生重要影响的还有学部委员钱人元。钱人元先生学术功底深厚，开创了中国有机固体研究的全新领域，对我国高分子物理学科的建立和发展功不可没，在国际学术界享有很高声望。1975年钱人元出访日本参加学术活动时，把随同访问的朱引见给了国外知名学者和同行，同时也把朱的视野、研究内容和合作伙伴引领到了一个新的、更为广阔的领域。

有机固体是近30年来迅速发展的一门新兴、交叉边缘学科，对它的深入研究促进了合成化学、结构化学、低维物理及微电子学等学科的交叉渗透，发展和形成了相关的新思想、新概念和新材料。从分子设计着手，研究有机化合物的合成、分子本身的物理化学性质、分子排列和分子间的相互作用等聚集态结构，以及相关物理化学性质与结构的内在联系等，可以为有机固体的实际应用提出新的设计思想。

在老一辈科学家的启迪下，朱从20世纪70年代就开始了有机固体的科学研究，成为我国最早从事该领域研究的主要科学家之一。朱以有机化学的基本方法和理论为基础，从物理学的基本概念出发，注重功能分子的设计和发展新的制备方法与技术，在研究有机晶体的生长，进而研究结构与物理性能的关系等方面，建立了有自己特色的、创造性的研究方法。在研究分子在有机晶体中的排列方式以及分子间的相互作用中，朱发现了一系列新的一维、二维有机导体。通过把高温超导体的某些结构特征引入有机晶体，又发现了准三维的有机晶体，从而把有机导体从一维至二维的研究扩展到了三维，以此指导设计和制备了一系列具有功能导向的有机晶体、聚二乙炔晶体和分子薄膜。

1980年，朱在有机超导体研究中观察到不对称结构对超导性能的影响，发现了两个有机晶体新相，为科学家设计有机超导体提供了依据。1986年后，朱通过实验研究观察到铁磁、反铁磁等现象，提出了分子间相互作用是影响其磁性能的重要因素，推动了有机固体领域研究的深入发展。

1991年开始，朱在我国最早开展了富勒烯的化学和物理研究。进行了C_{60}、C_{70}及其衍生物LB膜的制备及膜结构研究，使以C_{60}为基质的电荷转移制备、单晶培养以及晶体结构的研究方面都走在了国际研究的前列，得到了国际同行的关注，在国际上产生了较大反响。1997年，朱以在国际有机固体研究领域的突出贡献，当选中国科学院院士。朱和他的科研组“C_{60}化学和物理若干基本问题研究”项目，获得2002年国家自然科学奖二等奖。

朱提出了从单分子、分子材料、分子聚集态材料以及分子体材料不同尺度发展新材料和器件的思路，在基于分子材料的发光二极管、场效应晶体管器件，以分子为尺度的分子整流器、分子开关、分子逻辑门、分子导线等器件，以及分子传感器等领域都取得了一系列重要的研究成果。他作为第一完成人的“新型光电功能分子材料与相关器件”研究成果，于2007年获国家自然科学奖二等奖。

在有机纳米材料和基于纳米材料的器件方面，朱提出了一系列新的制备方法，获得了大面积的有机纳米结构阵列，并用于场发射器件的研究。他提出了制备有机纳米单晶场效应器件的新方法，制备了一系列高性能的有机纳米单晶器件。这些研究成果受到了国际同行的广泛关注，多次被国际重要科学媒体转载，并应邀撰写系列综述介绍和推广。他领导和指导的中国科学院有机固体重点实验室是国内该领域的研究基地，在国际上也有较大影响。

朱先后获得国家自然科学奖二等奖4项、中国科学院自然科学奖二等奖2项，发表论文400多篇，获得专利20多项，合译专著1部，合著专著2部。2002年以来。他应邀担任了《材料化学》(*Joumal of Materals Chemistry*)、《应用物理A：材料科学与处理》(*Applied Physics A: Materals Science &Froceslg*)、《亚洲化学》(*Chemistry—An Asian Joumal*)和《大分子快讯》(*Macmmolecule Rapids Communications*)等多个国际重要学术刊物的国际编委或编辑。

3. 重要的是科学家的社会责任感

朱1988年担任中国科学院化学研究所副所长，1992年至2000年担任所长，同时还担任中国科学院化学与化学工程学院院长。事无巨细的行政管理和应接不暇的社会活动占去了朱相当多的时间和精力，但正是在这一时期，朱的许多重要成果产生了，他所带的学生一批批成长起来，化学研究所在他的领导下各项工作取得了长足进步。为此，朱被授予“国家级有突出贡献的中青年科学家”光荣称号。如何处理好科学家、博士生导师和所长三者的关系，有人想向他探秘，有人对此疑惑不解。

熟悉朱的人都知道，惜时如金和善于学习是他在科研、管理和育人“三位一体”中取得成功的两件法宝。化学研究所地处北京海淀区中关村，离家较远，但朱每天总是最早来到单位，大家下班回家后他仍在办公室或实验室里学习、研究或处理日常工作。化学研究所的人说，只要他在单位，每天的工作时间一般都在12小时以上。朱总是说，人的一生是很短暂的，只有珍惜和抓紧时间才可能有所作为。朱还认为，学习应该是一个人生命中很重要的主题，一个人要勤于学习、善于学习，特别是学习其他人的长处，不断丰富自己。他回首自己近40年伴随着管理和教学的科研生涯，认为就是一个不断学习、不断实践和不断提高的过程。

化学研究所实行所长负责制，所长对全所的改革、科研、开发、管理、教学和后勤等各项工作负总责。同时，化学研究所又是中国科学院创建较早的研究所之一，其一举一动在国内外都有一定的影响。1993年，朱道本担任所长一年后，化学研究所的总体改革方案出台，明确改革的总体目标和具体措施，把科研改革向前推进了一大步。1994年，国家科委基础研究改革试点所专家评议组通过了对化学研究所的评估，并给予了高度评价。到这一年，化学研究所已连续5年在发表文章数、被SCI引用数和文章被引用率3项指标中列全国专业研究所前10名。

尽管行政管理和科研工作繁忙，但朱从未放松对所带学生的指导工作，定期同每位学生进行讨论，大到研究课题的思路，小到具体实验的操作细节，他都一一过问，并提出具体指导意见。多年来，经他培养的博士毕业生已有40多名，其中多人获得中国科学院的各项奖励，有两人获得全国优秀博士论文奖。朱本人先后获得中国科学院优秀导师奖、优秀研究生指导教师奖和优秀研究生导师奖。

2003年，为全面介绍化学与其他学科交叉渗透产生的新思路、新技术和新方法，朱和化工出版社一起组织策划了一套反映化学发展前沿与进展的《“化学进展”丛书》，由他亲自担任编委会主任，组建了由12名院士及国内知名化学家组成的编委会，帮助物色各分册作者，在北京“非典”疫情紧张时期主持召开组稿会，逐项落实编写要求和出版事宜。该丛书十个分册于2005年7月出版后，在化学界引起了较大反响，受到读者的欢迎和好评。2007年，《“化学进展”丛书》先后荣获新闻出版总署“三个一百”原创出版工程奖、中国石油和化学工业优秀科技图书一等奖。

4. 致力于建设冲击世界科学前沿的创新团队

中国国家自然科学基金，是20世纪80年代初由中国科学院89位院士提出建议，在邓小平的高度关注和亲切关怀下，于1986年2月14日正式建立的，主要是为了推动我国科技体制改革和变革科研经费拨款方式，促进基础研究发展、科学水平提高和优秀人才成长。2000年，58岁的朱担任了第四届国家自然科学基金委员会副主任。

朱担任自然科学基金会领导职务后，在党组领导下，协助主任和其他领导成员一道积极推动资助科技创新力量，于2000年设立了创新研究群体科学基金，宗旨就是努力造就一批冲击世界科学前沿的创新团队。截至2005年，自然科学基金资助创新研究群体118个，资助青年科学工作者9759人，资助国家杰出青年科学工作者1491人，资助海外及港、澳青年科学工作者521人。同时，国家基础科学人才培养基金资助了40所大学、15个专业的90个基地，参与资助6个大科学工程和7个特殊学科点。科学基金资助了大批处于学科前沿领域的研究工作，取得了一批在国际上产生广泛影响的重要成果，孕育出许多具有发展前途的新思想，一些学科领域和研究方向的整体水平得到显著提高。

科学评估是自然科学基金会的主要工作重点之一，朱主张要把握好评价标准，树立正确的价值理念。他坚持认为：无论是遴选项目还是成果鉴定，以及对人才的推荐，都应该把“有无科学价值和资助价值”的理念贯穿于评审的全过程。不能过多地强调是大人物还是小人物、是东部还是西部、是年长还是年轻，以及照顾单位之间的平衡等。对于每一项资助，他提出要有统一的价值标准，不能过多地强调“政策倾斜”和特殊标准，避免人为因素的干扰，保持科学评估的客观公正和实事求是。

朱倡导建立有利于学科交叉的评估体系和激励措施。有一件事对朱触动很大：联合培养的一个研究生毕业时，发表的论文虽然水平很高，但因为发表论文的第一署名单位不是学位授予单位，讨论授学位时怎么也通不过，要求必须完成一个第一署名单位的文章才行。他认为这样的评价体系不利于鼓励做学科交叉工作。他说，试想一下，如果科学家之间开始讨论准备开展交叉研究时，首先想到的不是交叉研究工作，而是将来发表文章能不能第一个署名或打星号，那怎么可能开展合作和交叉研究呢?

2006年4月28日，朱在接受记者专访时，介绍了“十一五”期间国家自然科学基金冲击世界科学前沿创新团队的资助规划：将安排资助创新研究群体100个左右，延续资助的创新研究群体约180个；资助杰出青年科学人才约900人；支持基础科学人才培养基地约100个；资助外籍杰出青年科学人才100人，海外及港澳青年学者合作研究基金约400人。到“十一五”末期，资助青年科学基金项目每年将达到2500项。朱道本满怀信心地说，到那时，我国冲击世界科学前沿的创新团队就会比现在强大得多。

从少年纤夫到全国劳动模范的肖秋生

马向男[1]

1. 滏阳河上赤背拉纤的少年

肖秋生，河北衡水人，1944年生于滏阳河畔的南华街村。在他出生时，其祖上经营的衡水著名的十八酒坊之一德昌号酒坊已经毁于日寇的铁蹄之下，家庭因此失去了生活来源。他从小勤奋好学，1958年，以优异的成绩考入衡水中学读书。然而，人生多磨难，在他上初中的第二年，父亲不幸因病去世。

少年丧父，他坚强的母亲含辛茹苦供他念完了初中。为了生计，成绩优异的他被迫辍学，到生产队参加劳动。他谨记母亲“醒得早起得晚是个毛病”的告诫，种地、挖河、修堤，他都干过，但他从未叫过苦和累。为了改善生活，他不畏艰辛，在滏阳河上与人一起给大船拉纤，南到邯郸北到天津，这一拉就是三年。这个自强自立的少年，以稚嫩的肩膀挑起了家庭的重担。正是当纤夫的这三年，磨炼了他的意志，培育了他吃苦耐劳的精神，也为他日后成为改革大潮的弄潮儿打下了坚实的基础。

2. 从操作工到副厂长

1967年，衡水地区筹建第一化肥厂，肖秋生成了一名造气操作工。

面对化肥厂里林林总总的塔、炉、槽、罐，还有密密麻麻的管道，他充满了新鲜感和好奇心。他开始了如饥似渴般的恶补学习，从理论知识到实践操作，从半水煤气制造到液氨合成、从工艺流程到设备大修，他一步一个脚印踏实走来。

由于他工作出色，从造气操作工干起，当过班组长、车间主任、生产科长，直至副厂长。

① 马向男系河北冀衡化学股份有限公司职工，河北省衡水市作家协会会员。

从1967年到1977年，肖秋生有三次被推荐上大学的机会，都是“满票”通过，但由于当时他肩挑生产与技改重任，厂长用着顺手，故一次次地好意挽留答应让他明年再去，最终使他与憧憬多年的大学梦失之交臂。后来，又因为学历这道“门槛儿”，他这个当了11年的副厂长又与提拔厂长无缘。

他身为副厂长，危险活儿总是冲在前面。1981年在技改大修现场，吊设备的钢丝绳卡子突然断裂，造成正在扶正设备的肖秋生左手重伤。几天后，他又回到技改现场继续指挥作业。那一年，他被衡水市政府授予“大上化肥的闯将”荣誉称号。

3. 救活二化兼并磷肥厂

1987年，衡水地区第二化肥厂（简称二化）濒临破产，工人们举着“要活干，要吃饭”的标语到地委行署门前静坐。同年5月，肖秋生临危受命去二化当厂长。上任伊始，百废待兴。

面对上一任留下来的76份请调报告，肖秋生语重心长地对请调职工们说：“请你们给我半年时间，半年后如果不出成效，那么各位愿走愿留，我悉听尊便，绝不阻拦。”

为搭建领导班子和组织管理队伍，他礼贤下士，亲自去请竞聘对手原二化副厂长出山管生产；他稳定中层干部队伍，宣布中层干部一个也不动，半年的试用期，他说，“是骡子是马要拉出来遛遛！”

他盘活资产，修旧利废，整合优化流程，停掉不合理的流水线，集全厂人力财力物力恢复生产。到6月底，多年未见过利润的二化扭亏为盈。

他带领全厂职工搞工程技改，58天技改完成，合成氨年生产能力由7000吨提升到了15000吨。这期间他与广大职工披星戴月，同甘共苦。在这次技改中，他亲自坐镇指挥，巧用绞盘、风绳、枕木、千斤顶、倒链等小型简易工具代替吊车，硬是将20米高的碳化塔安装就位。时至今日，仍被传为美谈……

技改完成开车正常后，肖秋生一身疲惫回到家中。正在上小学的女儿见到了像个挖河民工一样归来的爸爸，她好奇地问：“爸爸，你是企业家吗？”贤惠的爱人一边给丈夫盛饭一边跟女儿说：“你爸爸呀，他只有企业，没有家……”

二化的生产上去了，职工们收入高了，家家户户都过上了好日子。1988年他又力排众议，兼并了已经停产四年的地区磷肥厂。当然，还包括300多万元的债务。

预计四个月的改造期，却被业内专家判了个“不可能”，但是肖秋生偏偏不信邪，他带领二化的干部职工们又一次“艰苦创业、奋勇拼搏、团结奉献、求实进取”，奋战126天改建完工，比原计划的四个月只多用了几天。

开车出磷肥的那天正下着雨，肖秋生和党委书记于佑臣在雨中指挥，他们也顾不上打伞了。衡水地区行署副专员蒲增瑚和地区化肥局的领导们来了，肖秋生让人送去雨衣，蒲增瑚专员执意不披，他说，咱工人们都淋着哩，我陪你们淋一会没事儿。

后来，“艰苦创业、奋勇拼搏、团结奉献、求实进取”这十六个字被确定为企业精神。磷肥技改攻坚战胜利结束后，肖秋生整整瘦了15斤。

4.“肥化并举　大有作为”

1990年“学吉化”时，搞化肥的肖秋生，开始关注其他化工项目。1992年，肖秋生申请的二氯异氰尿酸钠消毒剂项目（简称“二氯”）终于完成国家审批，落户二化。

在跑办“二氯”项目和准备开车的日子里，他克服了常人难以想象的困难和艰辛，费尽了心血。厂里的那辆破吉普也卖了力气，严寒酷暑里跟着肖秋生跑了八万多千米，相当于绕地球两圈。

他和工程技术人员们，或奋战在设备安装现场，或驱车奔波在向专家取经的路上。1993年，在“二氯”工程竣工准备试车之际，他又要去请帮助开车的师傅。90岁高龄的老娘自觉身体不如从前，见他又要走，便说，再陪娘过个生日吧！他说，娘，明天我一定赶回来！他贤惠的爱人说，娘，您就让他去吧，厂里离不开他。您的大寿，有我哩！谁知情况有变，从保定又转天津奔黄骅，等到项目开车成功回到家时，他才知道老母亲已经卧病在床七天了。

1993年7月，原化工部部长顾秀莲视察已更名为冀衡化工总厂的老二化。参观“二氯”分厂后，挥毫题词“肥化并举、大有作为”。这幅墨宝一直挂在冀衡集团的会议室里。

5. 挺进药业　三足鼎稳

冀衡化工总厂下辖氮肥分厂、磷肥分厂、氯碱分厂、修造分厂、科研所等多个单位，产供销一条龙、科工贸一体化，干得风生水起。

在改革的浪潮中，国有企业转轨变型形成的阵痛也随之而来。一时间，衡水有大批的企业效益下降，甚至濒临破产。受政府委托，冀衡化工总厂十年间先后兼并了衡水市原料药厂、衡水市制药厂、衡水地区中药厂、衡水人民药厂、衡水新特药公司等众多企业，实现了低成本扩张。

十年风雨历程，顺势扩张，1998年成立了冀衡集团有限公司，产品囊括化肥、化工、制药三大产业，十几个分厂形成了肥化药三足鼎立的良好局面。

现今，冀衡集团已成为亚洲主要的消毒剂生产基地和华北较大的解热镇痛药生产基地，产品远销世界各地，做起了国际贸易。

6. 面对荣誉　低调做人

肖秋生不但是一名化工人、一位创业企业家，他还胸怀家国、心系社会。

1972年，他作为学毛著模范出席参加了“河北省活学活用毛主席著作积极分子”表彰大会。

1976年唐山大地震发生后，他跟随省化工厅救援队赴灾区救灾，他的360毫升O型血输进了一位重伤员的血管中。

1996年，与衡水市副市长吴平一行5人去深圳出差，在乘坐的公交车上遇到劫匪持刀抢劫。他大吼一声“打”，便抡起雨伞打了过去。后来，在深圳市副市长来衡送锦旗时，他说，作为一名共产党员，带头与违法犯罪行为作斗争，我责无旁贷。

2003年和2019年疫情两度袭来，疫情面前，冀衡集团义不容辞，克服人员紧张、原材料供应紧张等诸多困难组织生产，释放最大产能，为市场供应消毒剂和解热镇痛药品。

肖秋生事业有成，各种奖励和荣誉也纷至沓来。多年来，他荣获多项荣誉称号：衡水市功臣企业家、衡水市劳动模范、衡水市十大领军人物、河北省省管技术拔尖人才、河北省劳动模范、河北省创业企业家、全国劳动模范。他享受国务院政府特殊津贴，连续五届当选河北省人大代表。

面对荣誉，他说，国家给予了我很多，我自当万分珍惜，报效国家。我始终以自己曾经是一名纤夫为荣，我要与我的同事们一起驾驶冀衡化工这艘巨轮扬帆远航。

化工过程仿真专家吴重光

孙　云　孙可华

2024年4月的一天，我们一行人带着诸多的好奇来到化工过程仿真专家吴重光教授的家，对他进行了一次采访，说是采访其实是吴教授给我们上的一堂关于人工智能和系统仿真的普及课程，让我们对智能化教学有了进一步的认识。以一首《采桑子》记之。

优盘电脑银标跳，数据滔滔。
故障相邀，危害无情时作妖。

建模曲岸勤思考，智教今朝。
防患狂飙，泪眼愁眉换自豪。

一张珍藏了59年的关于有机化学的知识图谱在我们面前被小心翼翼地展开，上面的字迹清晰整齐。

“你们看，这就是知识图谱，边上这个图就是思维导图。我1965年做的。‘思维导图’这个词近年才有。你看，这是1965年，我已经在用了。这个‘思维导图’中所含的一些机理我还会再给它展开……”

这张已经泛黄、边边角角都留着岁月痕迹的图纸上标注的日期是“1965.6.13”。吴重光教授又拿出了一个陈旧的已经褪色的硬皮笔记本，翻开已脱线的本皮，扉页上认认真真地写着“发愤图强，刻苦学习！把科学知识和思想武器尽快掌握到手！一九六三年十月二十八日”。这是他当年考入北京化工学院（现名为北京化工大学）时给自己的寄语，他也是这样认认真真、兢兢业业、一步一步地走到了现在这个制高点上，并且他还要继续地走下去……

早在1986年，吴重光教授就主持研发成功化工动态流程仿真系统，该项目属国家“六五”攻关课题，获化工部科技进步奖二等奖及国家科技进步奖三等奖。值得自豪的是这套系统是我国科研人员靠自身的努力所开发的第一套基于单元模块组合结构的流程级动态仿真软件，它开了中国化工动态仿真的先河。在此基础上，1987年吴研发成功中国第一套石油化工仿真培训系统，为进口装置一次开车成功和操作员训练作出贡献，获中国石化科技进步奖二等奖。其后由他指导毕业的研究生夏迎春创业东方仿真公司在国内大规模推广，30余年累计培训操作员200万人。吴重光1988年被评为北京市劳动模范。1989年10月作为有突出贡献中青年专家在中南海怀仁堂受到江泽民、李鹏等国家领导人的接见。

1990年，吴教授在国内首先提出并倡导采用全数字仿真技术解决本科生的工程实践教学，他开发的仿真实习软件已经在清华大学、北京大学、浙江大学、西安交通大学、上海交通大学、南京大学、华东理工大学、华中科技大学、西北工业大学等100多所大学应用，涉及工业过程自动化、化学工程、应用化学、环境工程、生物工程、热能与动力工程等多个专业。这一年吴教授被评为化工部有突出贡献中青年专家。1991年获得教育部、人事部共同颁发的学成回国作出特殊贡献的荣誉证书，1992年再次被评为化工部优秀专家。其教学成果1997年被评为国家级教学成果二等奖，两次获得北京市教学成果一等奖。

2006年吴又在国内提出、倡导并研制成功多功能过程与控制仿真实验系统MPCE-1000，采用先进的半实物仿真技术进行多功能、多组合、多专业的教学与科学实验，也已经在国内100多所大学和专业技术学校推广普及。在本实验系统上可以进行的化工过程控制实验是排列组合的概念，实验内容数百种，这也是本系统革新传统实验系统的重要方面。由于这种自由组合功能，为学生和教师提供了一个综合型、设计型、创新型、探索型实验环境。在教育部、中国系统仿真学会和西门子中国公司的大力支持下，采用该仿真实验系统与西门子先进控制系统联合，于2006～2020年成功举办了16届“西门子杯全国大学生过程控制及仿真挑战赛”，受到各高校师生的热烈响应。

“静态仿真只能解决设计问题，而动态仿真可以解决安全评估、故障诊断和技术训练问题。”吴教授语重心长地说。

随着石油化工生产装置大型化、复杂化，安全问题日益突出，火灾、爆炸、中毒等重大恶性事故不断发生，这些事故不仅造成了人员和财产的重大损失，也导致了严重的社会问题。而对化工企业的技术人员进行仿真训练是应对这些问题最有效的办法。

继1993年燕山石化全实物仿真工厂研发成功之后，2007年吴教授又研发成功了国内第一个现代化半实物化工仿真工厂，这是我国工业实训技术的一次新的飞跃。受训人员可以在这个等比例缩小的现代化工厂里进行各种现场仿真实践，可以反复进行各种事故模拟训练。所有的反应器、精馏塔、管道、离心泵及自动控制的仪器、仪表设备等除了大小与实际不同，其所反映出来的状态、数据，包括报警时发出的刺耳的声音都与实际现场完全一致，它是通过数学模型将实验操作中的各种数据以数字化的形式传至计算机。受训人员的每个动作都在数学模型中设定了极限数值，而所有的由操作表现出来的状态（包括达标、危险、紧急停机等）都是由计算机来模拟，以此来达到强化与训练受训人员的认知及行为的目的。通过受训的技术人员便可以在实际工作中最大限度地减少或避免重特大恶性事故的发生，更是在危险工况的一种快速反应及应对能力的有效提高。对于受训人员来说，它是绝对安全的，也是环保和节能的。

吴教授将我们带到他的书房兼工作间的一个小工作台前，上面摆放着一台全部开放式的数字化小型控制器。“这就是紧急停车的报警和监控装置，是我自己设计安装的。”吴教授用鼠标在与这个小装置相连的一台电脑上点按了几下，一阵尖锐而急促的警报声响了起来。

“据了解大型乙烯的这类紧急停车装置都要进口，要价600万美元，仿真工厂没必要买真的系统，里面的结构原理我都搞清楚了，我自己做的也就几百块钱吧。所以，一个工程人员一定要有很强的认知、设计和动手能力。这个很重要。”

他指着放在桌子上的一台老式的九吋电视机说：“看，这个也是我自己做的。里面的电路全都是我自己一点儿一点儿设计安装的，我完全搞清楚了早期黑白电视电路原理和结构。”吴教授又拿出了一个笔记本，从里面翻出了一张透明得很有年代感的“油纸”，上面整整齐齐地画着一套电路图和印刷电路板设计。“这台电视机大概是1973年或1974年做的。”

吴教授是个雷厉风行、思维快速跳跃的人，在我们的思绪还沉浸在那台九吋的电视机上时，他又将我们引向了他的新一代人工智能软件平台——AI3系统，这是一个可以把我们带进未来的一个崭新的“工业人工智能”软件平台。

目前人们普遍认为的人工智能还是“ChatGPT”，它是美国人工智能研究实验室OpenAI在2022年11月底推出的一种人工智能技术驱动的自然语言处理工具，简单地说就是“人机对话”，还能完成撰写邮件、视频脚本、文案、绘画和翻译代码等任务。“这个可以用于工业吗？”吴教授眨着眼睛看着我们。然后斩钉截铁地说：“不行，绝对不行。工业要是搞这些似是而非的玩意儿，将来是要出重大事故的。”

关于这方面的论文，“我下载了OpenAI研究院2016～2022年所有公开的与ChatGPT相关的研究报告，进行了泛读和重点选读。终于从原理上搞清楚ChatGPT说的根本不是工业AI，而是关于语言的AI。”“美国实时专家系统‘G2’才是工业上真正大规模应用的人工智能。”它是当今最为领先的工业4.0数字孪生实时智能系统平台。“它已有40年历史。起源于化工，而实际上对于核电、通信网络、作战指挥和军事装备实时智能监控来说，它已经在欧美大约有20000个用户，这套系统的开发者是美国一位著名的化学工程博士格里高利·斯坦利。”

“这套系统美国人是不会卖给我们的，从1998年以后我国可以租用，……搞科研的话一年租金是65万元，如果用于工业一年租金是360万元。……但这根本不是核心技术，只是一个基本应用软件，而且全部是英文，我们为什么要用！”

20世纪80年代，吴重光教授在昆士兰大学做访问教授时开始接触人工智能。“那时访问教授是要接课题的，我接的课题就是基于第一代人工智能专家系统‘外壳’的化工自动化设计应用，……我开始知道人工智能是什么了，我是从那里起步的。如果不能把人类的知识精准地用计算机表达和记录下来，你怎么搞后面的事情？”

“20年前我就把G2搞明白了。”吴教授拿出了一本他编写的于2021年出版的著作——《知识图谱建模与智能推理技术》。该书已经获奖，兵器工业部已经将这本著作推荐到军事院校作为人工智能教材使用。“这个就是AI3。”

AI3是一种应用工具软件，是知识管理、知识传承、知识创新、数字转型、数字孪生的应用工具软件，具有自主知识产权，国家版权局计算机软件著作权登记号：2016SR372689，是历经40多年，在智能化大型石化安全评估和故障诊断项目研发及工业应用的基础上，不断进取的AI新成果。

AI3是用第一原理+定性+经验+大数据“深度融合”的方法建立起来的一个

复杂的“数学仿真建模和智能推理平台”，“工业人工智能的大模型就是动态知识图谱，它有两层含义：一层是概念图谱，一层是因果关系图谱。把这两个结合起来构建知识模型，并采用自主知识产权的多功能高效推理‘引擎’分析问题解决问题，就是当代工业人工智能‘数字孪生’的核心，没有这个平台，无法实现工业4.0数字化转型。……工业人工智能绝不能给出似是而非的结论，它必须精准、可靠、高效、易学易用”。现在这个平台已经建好了，它是吴重光教授和他的团队用了四十多年的工业实践、大量的现场数据构建起来的科技成果。它解决了过程工业的问题识别、实时分析、科学决策、精准行动（控制）四大问题。

现在的关键是教会人们如何去使用它。首先要让各高校的教授们、导师们去学会它的使用方法，然后才可能快速普及。吴教授兴致盎然地给我们演示了这个平台的强大之处。AI3实际操作起来要比G2更加简便，所得到的结果比G2更深入。它可以用于工业过程、军事作战指挥、教学实践等，可以说是一个全能的“人工智能软件平台系统”。20年来在应急管理部的倡导和直接组织下，基于AI3的智能安全评价软件已经得到大规模推广应用。吴教授期待着在其他领域推广应用。

“现在我们还是应试教育，教育部早就提出了教育的数字化转型，没有智能教学平台如何实现转型？……人类的知识到底是什么？它是概念知识和过程知识的结合。”吴教授说，现在的应试教育只能在学生的脑子里装进去10%的概念知识，而90%的过程知识是不能通过这种教育模式进行的。它需要实践，而一个老师如何针对每个学生的实践做出正确、及时的指导呢？现在这个AI3就可以做到。这是一种“锚定教学”、一种“启发教学”和一种“个性教学”。它的辅导可以精准地到达每一个人，细化到每一个知识点和决策点。这个平台是通用的，可以叫作“教育数字化转型”的认识平台。

在这个平台里可以方便快捷地构建各种各样的知识模型，这些就要靠国家、靠年轻一代，“靠我们这些老人吗？我马上就80岁了。……我真的很着急，……我们现在推理机的速度要比美国快得多，是我们自己的算法，这个软件要比国外进口的强。……我免费给大家用……这些软件都要用起来才有实际意义，光得个奖没用！”

采访结束，我又重新翻看着吴重光教授的履历，他1945年出生，1968年毕业于北京化工学院基本有机合成专业。毕业后被分配到兰化公司从一名钳工干起，他用了10年的时间在兰化公司将整个化工过程、化工机械、过程控制和计算机应用了解得通透。

在采访中吴教授总爱说一句话：“动手能力是很重要的。”在他工作间窗台前有一张长条桌，那上面放满了他自己制作的各种工具，其中有几个好似玩具的小工具和几样仪表，还有几把已经有半个世纪历史的自控设计专用流量计选型和控制阀选型计算尺，现在还可以自如地滑动，当时他还给设计室的每一位同事制作了两把。吴教授1979年考入母校攻读控制工程专业硕士研究生，1982年毕业并留校任教直至2008年退休，他培养了100多名硕士、10名博士。

退休后吴重光教授没有休息，他受聘为中国石化青岛安全工程院过程安全首席专家，在国家重点实验室，负责两个国家863项目，并且将项目成果推广应用于工业实际，2009年该成果通过大型石化生产过程安全评估，吴教授获得国家安监总局颁发的安全生产科技成果奖一等奖。

基于定性仿真技术的计算机辅助危险与可操作性分析（HAZOP）软件平台将系统工程、人工智能与定性推理技术结合，自主研发的高速定性“推理机”，突破了西方国家对该技术的垄断，填补了国家定性仿真技术空白。

2008年、2012年、2021年分别出版了《系统建模与仿真》《危险与可操作性分析（HAZOP）应用指南》《知识图谱建模与智能推理技术》AI理论与应用“三部曲”以及有关仿真建模及应用的著作共计11部。

现在他还在努力地学习与工作着，为他的AI3可以实现真正意义上的素质教育而奔走在不同的讲堂上，《仿真与智能教学》一书即将由国防工业出版社出版。“人类总在失败与反思里面才能学到，所以反思训练在提高认识能力方面有特效作用。”“任何一个科学问题、任何一个工业过程分析，最后都是一个因果关系，……它是宇宙共通的规律，……根据现象，反向推理找原因，正向推理找不利后果。……事故发生前的安全措施叫‘抑制’措施，事故发生后的安全措施叫‘减缓’措施。”“探究式、批判性思维和个性化教学的一个主要方法就是‘反思’。”

是的，个人需要反思、行业需要反思、国家也需要反思，我们只有在不断地反思中才能在前行的道路上走得更稳。我们似乎觉得这已不是一个科学问题，而是一个哲学概念。冯友兰先生在《中国哲学简史》中提出的哲学定义是“‘哲学’就是对于人生的有系统的反思思想”，而科学更是一个在反思中不断纠错、调整的过程。

最后让我们用一首七绝作为这次采访的结语吧：

仿真教育启新程，探索安全砥砺行。
图谱建模何妙意，反思因果智能情。

将作品摆满书架的跨界才女王雪丽

刘承彦

说起王雪丽这个名字，在化工期刊界可能无人不晓，她硬是将原本地方性的《沈阳化工》办成了全国名刊《当代化工》；在辽宁文艺界更是声名显赫，2005～2019年曾任辽宁省散文学会常务副会长兼秘书长、法定代表人，并以数百万字的《王雪丽文集》《风华永茂》（简称《二文集》）等散文集光耀文坛；在她的家乡温州，她被称作江南才女，与其父优秀建筑师、革命活动家王祝光携手“复活”了其先祖南宋历史名人王十朋。与王长期往来和共事的王充闾、王向峰、周兴华、康启昌、初国卿等文化名人或单独撰文或通过作序，已将王的神韵与风采描绘得惟妙惟肖、淋漓尽致了。鉴于1996～2010年，我曾或参与或主导或辅助做过化工系统刊物的管理工作，也许还因兴趣爱好和经历上的某些相同或相似，驱使我还想为王写几句话。

1. 将《沈阳化工》更名办成名刊

王雪丽，女，1948年1月19日生于被称作“华侨之乡”的温州青田。王在《在文学边缘行走》一文中写道：1958年8月，随父来到沈阳就读，直到1966年高中毕业。“文化大革命”初期，由于有祖父等海外关系，遭到抄家，家中书架上的书籍也被洗劫一空。望着空荡荡的书架，父亲说：“没关系，将来书架上一定要放上我们自己写的书。”也许是父亲的这句话，点燃了王的作家梦。

理想是美好的，现实却是残酷的。1968年父亲携家眷回原籍，王作为知青边务农边读书。20世纪70年代初王返回沈阳，1973年在沈阳石油化工厂当了一名工人。由于表现突出，先后上工人大学和沈阳科技干部学院学化工。1981年，她报考了诗歌培训班，结识了《辽宁日报》副刊编辑荆鸿。1982年毕业前夕，以雪力笔名在《辽宁日报》副刊发表了她的处女作《青田石门洞》这一千字文，且一发不可收。真是“洞门一开福运来”，由此改变了她的人生轨迹，迎来了命运的转折点。1985年王成了沈阳市化工局主办的《沈阳化工》的一名编辑，从此开启了她的化工编辑之旅。1990年起，担任副主编，1993年成为副编审，进入高等编辑行列；1998年晋升为编审，时年50岁，这在当时，获此职称者，在化工期刊乃至化工出版界，也是凤毛麟角。在其编辑生涯中，中间虽有短暂曲折，但一干就是40年至今，用王的话说就是“一丝不苟做嫁衣”。

这“短暂曲折”是，1992年底王离开了《沈阳化工》来到了沈阳市粮科所。也正是这一“曲折”，成就了王的另一伟业：与儿子白鸿博等合著了50多万字的《中国大豆制品》这一列入国家计划的重点图书（1997年中国轻工业出版社出版），由此升为正高职，也再次将书摆上了书架。1995年辽宁省电视台拍摄了由王执笔的十集电视系列片《源远流长话豆腐》。1996年王又回到了阔别数载的《沈阳化工》，担任了主编。

当时的《沈阳化工》，由于转制，正面临停刊的危险。王受命于危难之际，力挽狂澜，及时调整办刊方向，确定新的办刊宗旨，联合中石油抚顺石化公司和中石化抚顺石油化工研究院共同主办，极力扩大稿源和经费，使杂志自负盈亏。2000年经国家新闻出版署批准，正式更名为《当代化工》。由此还引起了一场小小风波。

原来科技期刊更名等重大事宜皆由各部委上报科技部同意后再报国家新闻出版署批复。后新闻出版署将此权力下放给了各省市新闻出版局。

当我的领导看到新出版的《当代化工》后非常生气：已经有了《现代化工》（中国化工信息中心主办），怎么又冒出了一个《当代化工》？英文里，“当代”与“现代”是同一个词，你是怎么管的？我笑而答道：政策变了，人家有路子，出版署也批了，我们只好来个“良性竞争”吧。

更改刊名，的确是步好棋，妙棋、大棋 。后来才知道，棋手就是王雪丽。我影影绰绰地了解到，王还是辽宁省的一个作家，其先祖是温州的南宋名臣王十朋。由于我对文史的爱好，与王走得也就越来越近了。

近距离的接触是2007年底的西双版纳化工期刊研讨会。看上去，王身材魁伟，浓眉大眼，走起路来，风风火火，说起话来，声如洪钟。这哪里像年近花甲的暮秋之人，分明是风华正茂的东北“女汉子”。我有意点名王介绍经验。王不慌不忙地站起来，口若悬河，语惊四座，把全场人都震住了。由此我们这个化工期刊圈，几乎都知道出了个作家名人王雪丽。

还有件令我难忘的事。闲聊中王告诉我有次出差她把孩子丢了。我当时一惊，但也不便细问。这次看了《二文集》方知：我这个人属猪，“记吃不记打”。除了写文章做编辑心细外，其他事都粗得很。儿子小时候，我领他从温州姥姥家回沈阳，经过上海公平路码头时，把他给弄丢了，幸亏当时好心人给送回来了。

王雪丽确实是粗中有细。对主编《当代化工》工于心计，细了又细，有温州人的胆略和经营头脑。2003年12月，王组建《当代化工》杂志社，任社长兼主编，法定代表人。2004年将季刊改为双月刊，由64页改为120页。2008年《当代化工》第3期刊登了为纪念汶川地震的公益广告文《大爱无疆》，在同类科技期刊中并不多见。2009年，王向科技部申报科技核心期刊。作为我们的会员单位，中国化工情报信息协会为其出具了推荐信，科技部很快批准《当代化工》为中国科技核心期刊。2010年《当代化工》改为月刊，内文增加到256页，成为名副其实的“大刊”。自2010年后，我完全淡出信息协会。听说《当代化工》和王本人得了不少奖。我想这都是实至名归。

2. 将《辽宁散文》办得红红火火

辽宁是我国散文大省，出了不少名家、大家。如王充闾、王向峰、周兴华、邓荫柯、康启昌等，王雪丽后来居上，由“在文学边缘上行走”渐入文学中心。

1995年春风文艺出版社出版了王雪丽的《雪晴集》，2008年北方文艺出版社出版了王的《云彩缤纷》，2010年辽宁大学出版社出版了王的《王雪丽文集》。

鉴于王的文学成就及其人品和活动能力，2005年散文学会换届时，在康启昌等前任领导的推荐下，王承担起了散文学会秘书长、常务副会长和法定代表人的重任。

王接任时，恰好是学会的低谷，是个无办公地点、无办公经费、无志愿办公人员的“三无民间团体”。

王接手后，先是将学会每季度出版一期的黑白《辽宁散文通讯》改为彩色四封，实现了华丽转身，有点像本杂志的样子了。2006年，又经省新闻出版局批准，改为《辽宁散文》(内刊)。

无办公地点，王就将自己家当成办公室；无发行经费就自掏腰包，并动员家人邮寄。王及其一家人，全都拿着公事当自己的事办。2010年《辽宁散文》改为月刊，真正成了辽宁散文作家展示自己作品的窗口和交流的平台。王和康启昌老师还组织会员和作家们赴俄罗斯海参崴（符拉迪沃斯托克）、朝鲜等地采风，将《辽宁散文》这样一份内刊办得红红火火，使一些同类正式刊物都感到汗颜。散文学会也由1986年刚成立时的50人发展到1000多人。2009年被辽宁省社科联评为优秀社团。

3. 使历史名人王十朋重新“复活”

1985年王回温州省亲，偶尔发现清光绪元年（1875年）的一本王氏祖谱：父亲是南宋名臣宋十朋的第26代嫡孙，自己是第27代嫡孙女。她欣喜若狂。回沈后，利用节假日到辽宁图书馆查找有关资料，后又赴杭州、温州、乐清、青田、北京等地图书馆深入求索，花费3年时间，记下了六七十万字的卡片，又用了两年时间，由她执笔和父亲合著了《王十朋传》，1990年由辽宁大学出版社出版。此书开启了当代王十朋研究的序幕，国学大师南怀瑾写信称贺。1991年10月，温州市委宣传部组织召开“纪念梅溪先生逝世820周年暨《王十朋传》首发式”。《温州日报》连载此书。当地新华书店供不应求，以致市面上出现盗版书。在她42岁这年，终于将自己写的第一本书摆上了书架，实现了多年夙愿。

王氏父女并未就此止步；而是像滚雪球一样，将王十朋这一历史名人进行研究、挖掘、宣传乃至产业化，步步推进。先后出版了《颂梅集三百首》《王十朋纪念论文集》等多部著作并开展了多种纪念活动，成立了温州王十朋研究会，并邀请了南怀瑾、王定国、苏步青、陈慕华、赵忠祥等众多名人参与其中，形成了浩大声势，掀起了阵阵旋风。王还在“辽海论坛”主讲“清官王十朋”。

王雪丽父女使近千年前的历史名人复活，可谓我国历史研究中的一大成就。像王十朋这样被湮没的历史名人也许俯拾即是，但又有谁染指其间呢？我企盼学习、研究历史的学子们能以王氏父女为榜样，把我们的历史写得更鲜活些。

按照《中华人民共和国著作权法》，图书、杂志、电视剧等，都被称为“作品”。王在科技、文学、史学等各个领域都游刃有余，25年中由她主编的《当代化工》合订本近3米高，出版了10本专著，200多万字，可谓著作等身，将作品摆满了书架。

王雪丽，舍其大半生，给了皑皑白雪的大东北。从江南水乡到了辽宁沈阳，守住前辈的薪火，开辟明天的道路。半个世纪的风雨，不是谁都经得起吹打。一腔爱，一本杂志，一场文化苦旅，从青春到白发，心归处，是守望的坚强。

最后，我想还是用雪丽前任秘书长康启昌在《温州姑娘——访南宋大贤王十朋第27代孙女王雪丽》一文中的一段动情的话作为本文的结束语吧：

远看，一位叱咤风云的铁娘子；近瞧，一个浓眉大眼的东北姑娘。谁都想不到，她竟是一位健硕其表、柔曼其中的温州闺秀。标准的温州话，吴侬软语，吉米来里，听起来如乐谱里的音符。

退而不休的富志侠自述

富志侠

富志侠，男，1949年出生于吉林省长春市，是共和国的同龄人，系清华大学工农兵大学生，教授级高级工程师。曾任化工部军工办公室副主任、行业指导司副司长；中国乐凯胶片集团有限公司副总经理；中国化工集团公司副总工程师兼科技部、军工部主任。

人们常说：“船到码头车到站。”2009年9月2日，对我来说是个重要的日子。这天，我年满60周岁。随着时针的嘀嗒，下午5点整，我缓慢地站起身，环顾一下四周，怀着依依不舍的心情，走出办公室。我人生“旅途”到了“退休”的时点。

退休前的情况，我曾在《中国化工通史·区域卷》中有一自传，题目是《敬畏岗位职责　认真做事》。自传末尾，我曾写道：岗位需要敬业与理智。履行岗位职责，就是要以有所作为的责任感为第一要务。

第二天早上，一觉睡到自然醒，但我还回味着昨天的情景。突然有一念头闪过：清华大学教导学子“要为祖国健康工作50年”！掐指一算，我从1968年知识青年下乡计算工龄到2009年退休，总计才41年。距母校要求“为祖国健康工作50年”还相差9年呢！思来想去，看看自己精力还算旺盛，觉得应该再干点事。这就是我“人生‘旅途’再出发”的由来。

退休前，无论在机关还是企业，工作都很忙，没有时间考虑退休后该怎么过，但偶尔也有念头闪过：退下来，就是社会人，社会需要能胜任岗位的人。

现在，退休已成现实。首先我想到，若要符合或适应社会需要，能接纳你干点啥，最现实的途径，就是要找与自己曾工作或专业擅长的岗位。想到我曾在化工部军工办公室负责管理过“有机氟硅”行业（原化工部二局管理业务），随即联系了“中国氟硅有机材料工业协会”，经面试，在协会先后任专家委员会副主任和主任。在此期间，为行业标准化委员会成立、筹备“有机氟硅行业”企业联盟、专家委员会技术交流会和建立与道康宁技术交流合作渠道等方面做了些工作，历时近两年。

退休前，在化工部主要从事“化工新材料”科技项目管理工作，还是科技部评审专家库专家。2012年初，由曾在教育部科技发展中心的金石处长引荐，被“国杰老教授科学技术咨询开发研究院”（简称国杰研究院）聘为副院长。

国杰研究院，是一个为退休老教授和院士从事科技咨询服务搭建的平台（民办非企业单位），2000年，由中国老教授协会出资设立，其前身是老教授协会的“科技部”。1986年依据《中共中央办公厅、国务院办公厅转发〈关于发挥离休退休专业技术人员作用的暂行规定〉的通知》（已失效）。老教授协会为发挥老教授们的科技咨询作用，将协会“科技部”扩展组建为“研究院”。老教授协会业务挂靠在教育部，国杰研究院业务主管单位是科技部。“国杰”二字是当年在向科技部报批时，科技部政策法规司认为研究院是老教授群体，都是国家杰出人才，故确定研究院名称以“国杰”称谓开头。

国杰研究院自成立以来，已走过23个年头。拥有来自清华大学、北京大学、中共中央党校（国家行政学院）等在京高校和中国科学院、农业、林业、冶金、矿产、化工等部属研究院（所）600余位教授、专家（包括50多位院士顾问团）。老教授们自觉承担社会责任，坚守“爱国奉献，为人民服务”的光荣传统，“自律诚信”的优良风气，“博学敬事”的文化理念，努力开展科技咨询、技术开发、学术交流、业务培训、科普宣传、社会公益等活动。其每年的科技咨询和社会服务额达2000万元。

国杰研究院设有理事会和监事会，日常工作由院长、办公室和财务6人负责。我在研究院分工负责“咨询研究部”和部分“项目研发部”的管理、信息工作（院网站和活动报道、公众号，院“工作”和“信息娱乐”的“微信群”，兼顾“国杰大讲堂”）及研究院新闻发言人。

国杰研究院“咨询研究部”以在京高校专业领域设置，是研究院非法人的二级机构。如北京航空航天大学退休老教授群体，就设为“航空航天咨询研究部”。每个部都有主任和10名以上教授骨干参加部门日常活动，并建有“微信群”，开展科普讲座、教学督导、企业咨询、提供培训、参加论坛和社会公益活动等。我每天上班处理的就是各部门信息传递、资源协调、信息新闻报道和年度总结等，有时也参加接待地方政府、开发区、服务机构、企业来访等。

在国杰研究院工作时，我更加深切地感到：赶上了信息大发展的大好时机，每天享受着信息流量带来的快乐。因为研究院岗位分工的需要，自己必须熟练掌握信息化手段和相应能力。自己年龄大，如何迅速熟悉呢，按照在清华大学上学时老师所教导：一个人重要的能力，就是学习的能力。即在人生旅途中，碰到什么学习什么的本事。回顾自己的工作经历，何尝不是这样。我曾从事过多种岗位，之所以都还能应对，并有所收获，靠的就是按照老师的话去做。这次也一样，新工作岗位需要，我就必须学习掌握。很快，我的计算机和手机App应用能力，在实践中适应了工作，并如鱼得水。例如：上午开会的新闻报道，下午就可以图文并茂地出现在院网站和公众号上。至于负责的相关业务工作，因有以往工作经历和与人打交道的历练，也都能胜任。归结起来，我认为作为退人员，只要摆正自己位置，平和心态，肯定会得到岗位认可。在国杰研究院工作12年，已历三届理事会（每届四年）。

国杰研究院的工作范围和接触人员，都与我以往经历的大不相同。这里以老教授居多，他们知识层次高，阅历丰富。一般都是各学科领域有专业特长的人。因此，我接触到的人员层次、学识、部门都更加广泛，通过与他们打交道，相互交流，使我在知识能力和见识方面受益匪浅。更重要的是，面对各类专业科技成果的转化、参加会议等，有更多方面的知识，需要重新学习和提高。

在国杰研究院工作中，我的副业收获：更加喜爱信息化工作，对互联网多种App软件的运用也在不断提高。我习惯于将看到的东西与更多人分享。这几年我用“美篇”编辑了：纪念“人民音乐家”王莘和《歌唱祖国》；曲波与《林海雪原》；参观“伊犁林则徐纪念馆”；河北怀来县参观“董存瑞纪念馆”印象分享；在齐齐哈尔参观抗战“和平广场”印象分享；在延安参观杨家岭和枣园革命圣地印象分享；参观怀来“国家湿地博物馆”和“葡萄酒博物馆”等。除此之外，我还喜爱用手机拍照，分享朋友圈。在抖音和快手编辑小视频分享。

人都到我这把年纪了，总想着该看的地方都应该再看看。因我曾在西北工作（青海黎明化工厂），于是2022年7月我乘坐旅游班列游览了新疆、青海、甘肃、宁夏，最远到祖国地图的顶角新疆富蕴县的“可可托海”，游览额尔齐斯大峡谷，在可可托海标识地唱首“可可托海牧羊人”；回到阔别三十多年的黎明化工厂，走在我曾经工作过的地方，回味往昔；与见到的老同志把酒言欢，畅聊过去，分享友谊。因我是东北满族人，老家辽宁辽阳。2023年7月，我又乘坐旅游班列，畅游祖国东北，主要是吉林、黑龙江和内蒙古。最远到“北极村”、中俄边境等。也回到长白山“满族乡”观光，并有幸与夫人体验了一把“满族式婚礼”。2023年11月，我参加了赴祖国西沙“银屿”和“全富岛”的旅游，参加升国旗仪式，去祖国西沙观光其壮美景色，在“南海邮轮”组织的“欢乐颂晚会”上，还演唱了一首《西沙我可爱的家乡》，算是圆梦吧。

除工作外，我还比较关注世界上正在发生的大事新闻。过去工作忙，无暇顾及。现在退休了，时间比较充裕，看新闻、追看大型历史题材电视剧。凡是感兴趣或不了解历史过程及事件、人物的，我都饶有兴致地在互联网上寻找答案。当今巴以冲突，更要了解其历史背景及过往。通过互联网深入查询，增长知识，充实自己。日久天长，使自己的阅历谈吐与年龄更加相得益彰。知晓天下事，乐此不疲。

我每天坚持走路锻炼，下班后就到附近公园走路7000步。走路间隙，可以唱唱歌。通过唱歌锻炼了肺活量和气管功能，以前每到冬天，都会因上呼道感染而吃药打针。现在通过唱歌锻炼，基本可以改善，如此一举两得。

在国杰研究院工作之余，我参加的科技评审活动也没有停下来。其中我被聘为科技部863“十二五”高性能分离膜关键技术攻关重点项目专员，项目跟踪了五年；参加国家科技支撑项目和新产品化工项目评审；参加国防科工局颁发武器装备科研生产许可证评审；石化联合会和化工自动化协会科技奖评审；参加社会中介服务机构组织的项目评价等。

我现在的体会：退休前，由于岗位责任所在，工作的压力使人始终要紧绷一根弦。现在的工作虽有压力，但已经具备了做好工作的基础和能力，完全可以适应。只要记住做好自己分内工作就好。每天高高兴兴地上班，平平安安地回家。相比在家安享晚年，我更愿意过现在的生活。

记我国著名稀散元素化学专家臧树良

白鸿博　王雪丽

1989年，德国南部慕尼黑，国际微量化学学术会议正在这里举行。庄严的会议大厅，会聚了国际上一流的化学专家与学者，与会的报告项目都代表着微量化学这一领域的前沿水平。这时，一位身材高大、充满活力、年轻的中国学者健步登上讲台，他用流畅的德语，向大会宣读了他自1988年以来在德国留学期间完成的关于“巴伐利亚湖水中重金属的化学形态分布规律”的研究课题。他向与会的专家学者介绍了他的研究成果暨采用混合溶剂多级萃取技术，成功地分离了多种不同化学形态的重金属化合物，以电化学分析及塞曼原子吸收法测定，绘制出湖水中不同化学形态的重金属水平与梯度分布规律图，完全符合重金属化合物的分布、转移及变化规律，为湖水重金属污染来源的判明及进一步治理提供了更为准确、科学的依据。与会的各国专家学者对这位年轻学者的研究成果给予了很高评价，会场爆出了热烈的掌声。

还是这位中国学者，在1995年10月和1996年8月召开的国际铂分析会议上又见到了他的身影。会上他报告了自己在德国作博士论文期间，受德国环境与健康研究中心的邀请所完成的“使用催化剂的汽车尾气中微量铂的化学形态分析研究”工作。他是较早提出以高速公路隧道中的粉尘作为汽车尾气中铂的分析指示物的研究者之一，并被聘为此项目子课题的主持人。在进行粉尘中铂的不同化学形态鉴定、分离、测定的同时，他和他的德国同事们还将粉尘样品加入不同植物培植土壤表面，以此确定粉尘中不同化学形态的铂对植物发育生长的影响。此项研究成果对于描述污染物的不同化学形态与生态环境影响之间关系方面提供了重要的数据，有力地证明了分析化学正在走向分析科学的论点。从而引起了与会化学专家及学者的极大兴趣并得到了他们的高度评价。

这位就是跻身世界化学研究前沿的稀散元素重点实验室主任、中国稀散金属学术委员会副主任、辽宁省留学归国博士联合会副理事长、辽宁省科协副主席臧树良教授。

臧作为《当代化工》杂志的编委，我们早在20年前就与他相识。为了及时向国内外化学化工同行介绍我国这所目前唯一的稀散元素重点实验室，2005年8月19日，我们再度走近这位著名学者。

臧1951年8月出生于沈阳市，祖籍山东高密。1975年毕业于辽宁大学化学系后留校任教。1980～1982年于厦门大学化学系研修分析化学专业，师从国内著名电分析化学家杨孙楷教授。1988年4月通过国家出国留学考试，获中国政府奖学金公派到联邦德国留学，1996年获自然科学博士学位。同年他响应母校辽宁大学的召唤，提前归国，1997年3月出任辽宁大学副校长。

臧多年来从事化学教学与科研工作。主讲“分析化学”“稀散元素化学”“环境污染控制化学”等10余门专业基础课。从教30年来，他已经培养出数百名本科生、数十名硕士生，可谓桃李满天下。1996年刚刚回国时，他为本科生上专业基础课，被学生们评为“辽宁大学学生最喜爱的教师”。

我们知道他太忙了，于是开门见山，直奔主题，请臧介绍一下，由他组建的我国第一个稀散元素化学研究所和组建重点实验室的相关情况。

说起稀散元素，臧树良教授是如数家珍，侃侃而谈。

稀散元素又称分散元素，是稀有分散元素的简称。

1971年，辽宁大学原副校长、著名化学家宋玉林教授开始研究从沈阳冶炼厂炼铜的烟道灰中回收铟，并取得成功。此项成果于1978年在中国第一届科学大会上，荣获中国第一届科学大会奖。20多年来，宋玉林教授始终坚持在稀散元素的科研和开发的前沿阵地上。在培养出一批批人才、产生一批批成果的同时，也奠定了辽宁大学稀散元素化学研究在国内的学术地位。宋老寄希望于后来人，他热切期望刚刚回国的臧树良教授接过稀散元素科研和开发的这面大旗，并青出于蓝而胜于蓝。

年轻的臧树良教授不负众望，在他建立了辽宁大学稀散元素化学研究所以后，带领全所同志系统地开展了稀散元素分离与溶液化学、稀散元素新型配合物和超分子化合物的合成与表征、稀散元素功能材料与器件及稀散元素在环境与生命科学中的应用等方面的基础理论研究，连续在国家自然科学基金获得资助10余项，成为我国第一个从事稀散元素化学研究的专门机构。1998年受国家自然科学基金和科技部委托，制定了我国21世纪无机化学发展战略中的“稀散元素化学发展战略”部分。建所8年来，已在国内外重要学术刊物上发表论文百余篇，其中60余篇被SCI、EI等检索刊物收录，并形成了一个融化学、电子、生物、环境、医药等多学科，跨无机、有机、分析、物化等多专业人才聚集的研究团队，成为我国稀散元素化学基础和应用研究的基地。

我们问臧校长：“您作为国家有突出贡献的专家，在国内的位置和业绩有目共睹。在1996年获得博士学位时，德国特别希望用最好的生活待遇、工作环境留下您，您为什么携妻女选择了回国？”

他认真地对我们说：“那是因为在辽宁大学有我最心仪和喜欢的稀散元素化学研究事业。当年国内各方面条件虽然比不上国外，可我是在给自己的祖国干。凭我们国家稀散元素的资源优势，凭着我们的聪明才智，我们一定会干出一流的研究成果。在国外，工作条件好，但不能你想干啥就干啥，只能人家叫你干啥你干啥。因为你是在给人打工，你不是主人。”

正是由于对稀散元素研究的兴趣和热爱，自1997年成立稀散元素化学研究所以来，他带领全所上下取得许多在国内外有影响的基础理论研究成果，不断巩固、提升了自身的学术影响和地位。在此基础上，作为所长的他大力推进应用开发研究。几年来，他带领所里的伙伴足迹踏遍海南、云南、广西、江西、内蒙古，与企业广泛合作，为企业提供技术咨询、技术改造服务，同时把自己实验室成果放大应用于实际生产当中。通过不断提高稀散元素铼产品的技术含量，增加产品附加值，争取效益最大化，把我国稀散元素的资源优势逐步转化为技术优势、产业优势和经济优势。

2002年，臧教授主持的第三个国家自然科学基金项目——“新型MTO（甲基三氧化铼）衍生物的合成与应用研究”，该项目的研究成果可大大提高稀散元素产品的附加值，将铼的价值放大200多倍。这种由实验室的应用基础研究成果迅速被放大、被增值的现象引起并得到许多专家、学者和企业家的关注和高度评价。它不仅吸引了国内大部分稀散金属研发和生产者，也使得稀土金属研发与生产者们大感兴趣。中国稀土资源占有和研发生产的龙头老大包头的稀土高科、辽宁省著名的稀土生产辽宁美宝纷纷与臧树良教授和他的研究所建立起合作研发的关系。这为臧教授进一步发展他的研究所，进一步做大、做强中国稀散金属产品深加工这篇大文章增添了信心和动力。

2000年，辽宁大学进行国家“211工程”的二期建设。在全校众多的研究方向中，选出了“稀散元素化学与功能材料”这一方向作为全校五个重点建设的学科方向之一。这是全校理工科唯一的项目。中央财政、辽宁省政府和辽宁大学三家投资1000多万元建设“稀散元素”这个项目。臧作为这个项目的负责人，首先把目标定在搭建起一个研究方向更加凝练、条件更加先进、能够吸纳国内外稀散元素研究高水平课题和一流人才的平台——重点开放实验室。2004年，辽宁大学稀散元素化学研究所申报的辽宁省稀散元素重点实验室，经过中国工程院院士胡壮麒、中国科学院院士徐如人等国内7位著名资深专家的评审，认为“辽宁大学稀散元素化学研究所是国内唯一一个专门从事稀散元素研究的机构，得到国内外学术界的承认，研究水平在国内居领先地位”，“具有一支年龄、职称、学历结构合理，研究经验丰富、基础深厚、团结合作、优势独特、成果突出的研究队伍，”从而获得通过。现在辽宁省稀散元素重点化学实验室正在申报教育部和国家重点实验室。在此基础上，臧利用多年在国外工作的经验，广泛地与国际同行开展科研合作与交流。他与德国慕尼黑工业大学的世界著名铼化学研究专家、两次诺贝尔化学奖提名的Herrmann教授建立了稳定、长期的合作关系。他还同日本九州大学先导物质研究所的新铭主教授合作，开展了稀散元素新型超分子化合物的研究，已经产生了一批重要的新成果。由于国际高层面广泛交流，使这个重点实验室的研究水平迅速提高，并与国际先进水平同步。目前，这个实验室的一些青年学者分别在德国、日本、韩国、美国的重点大学、研究所的实验室中继续进行着稀散元素化学的研究工作，并产生了一批高水平成果。如由臧主持完成的辽宁省重大项目“高效稀散元素汽车尾气催化剂”，利用我国特有资源铼代替贵金属铂作为主催化剂，其主要催化性能指标已达到欧洲三号标准，同时具有起效温度低、成本低等优势。此成果已获得三项国家发明专利。由他主持完成的另一项成果“新型MTO化合物在烯烃环氧化过程中的催化作用研究等”也申报了三项国家发明专利。

说起稀散元素化学研究成果的推广和产业化水平，臧的眼神闪烁着自信的光芒。他特别自豪地对我说：“一个知识分子、科研工作者只有在自己熟悉的土壤中才会迅速成长、成才，才会创造人生最大的价值。现在我在自己建起的实验室里做着自己设计的项目，真正发挥了自己的所好所学和聪明才智。下个月我还要去德国，专门就稀散元素深层次课题，再次同德国的知名学者广泛合作。回来后根据我们的需求，设计新的研究课题。我觉得我能为把我国的稀散元素资源的开发与应用水平的提高做点事感到很自豪，自己的生活很充实，人生没有虚度。”臧一番深情的述说和发自肺腑的感悟，令我感动万分。

告辞臧之后，我们站在辽宁大学校门口，久久凝视着20世纪50年代由朱德元帅题写的辽宁大学校名，其字体遒劲老到，浑厚有力。办公楼前“明德精学，笃行致强”的校训在阳光照耀下显得格外醒目。爱国为士子之大德，精学为学子之利器。笃行不倦持之以恒，勇于实践自强不息。我们的国家多有一些像臧树良教授这样的民族脊梁，真正富民强国之日还会远吗?

开创企业 “心力管理”方法的刘鹏凯

叶建华

我与刘鹏凯相识于2007年，我们一起参加原化工部副部长、中国化工文联主席李士忠等主持的中国化工文联和中国化工作协在陕西渭南化工厂召开的理事会会议。我们俩同居一室，早上我醒来时发现刘鹏凯在卫生间阅读学习。我多有不解，问他为何要在卫生间读书？他告诉我，他养成了早起读书的习惯，怕影响我休息，所以就在卫生间里看一会儿书。刘鹏凯的这一举动令我感动，在他身上凝聚着勤奋学习、持之以恒、尊重他人的良好素养，值得我们尊重并交往。此后，刘鹏凯成了我的良师益友。我有机会多次前往他的企业——江苏省泰州市黄桥黑松林粘合剂厂学习参观，并且有幸被邀请到他家做客采访，认识了其夫人郑佩佩，听到了许多外界鲜为人知的故事，为我撰写并发表在《化工管理》杂志的长篇报告文学《众心成城》提供了不少新材料、好故事。

刘鹏凯，1951年出生，江苏泰兴黄桥人。不仅是全国知名企业家，而且是有文化的企业家，收获了全国优秀企业家等许多殊荣。他从企业实际出发，把中国传统文化的精髓与现代企业管理融为一体，将理论与实践相结合，创造的“心力管理”理论受到国内外专家好评，入选哈佛大学工商案例库和清华大学中国工商管理案例库，清华、北大等许多高校争相请他讲座传道。他已出版与“心力管理”相关的专著七八本，成为中国作家协会会员，担任中国化工作家协会执行主席兼秘书长，活跃在胶黏剂产业、企业管理、心力管理、文学创作等多个领域。下面，我们在多支相汇的江河中撷取几朵浪花。

1. 仁心博爱　营造和谐环境

刘鹏凯不仅将胶黏剂产品做得风生水起、海外扬名，而且把企业管理故事讲得绘声绘色、娓娓动听。这些年，黑松林的几百个管理故事见诸报刊、编辑成书、影响深远，成为不刊之论。在这些故事中，仁心博爱、营造和谐构成了主旋律。

如何才能让员工达到尽心的境界呢？刘鹏凯认为不是给予名誉利益，而是老板的仁心博爱、知心融心。

在黑松林，只要员工购买了摩托车，刘鹏凯就会送上头盔，并送上“请注意安全，家人盼着您平安回家”的话语。员工孩子考上大学，公司会颁发奖学金。每年农忙季节，公司都会主动组织义工为长期出差外地的销售人员抢收抢种。每个员工的生日，都会收到公司赠送的生日蛋糕。退休员工，只要身体健康，自己提出申请，可以继续返聘工作。黑松林还为员工设立了洗衣房，安排专人兼职为员工清洗工作服；设立了情绪气象台，对情绪波动的员工进行心理疏导……

2013年6月的一天，笔者在黑松林采访，共进午餐的有不少当地中小学的老师和领导。刘鹏凯与他们称兄道弟、亲密无间。总经理助理胡宏告诉我：刘总有不少教育系统的朋友，员工子女入学、升学，他都不吝利用自己的私人关系，解决员工的后顾之忧。刘鹏凯常对员工说：“我的工作是你的，你的生活是我的。”

刘鹏凯准备出台工作期间中午不许喝酒的制度，但他最担心的是司炉车间老孙头。老孙头是公司元老，技术过硬，勤奋敬业，却有嗜酒之好，几乎每天两顿酒。怎样才能让老孙头中午不喝酒呢？着实让刘鹏凯颇费思量。他认为不能简单地用违规处罚的方法来解决问题，这样容易激化矛盾、事与愿违。刘鹏凯终于想出了一个妙招。在禁酒制度颁发的头天晚上，他特意安排副厂长殷萍拎着几瓶好酒前去看望老孙头。殷萍说：“您老德高望重，请您带头执行厂里的禁酒制度，因为咱们是化工企业，工作期间喝酒容易误事，可能危害自身安全。您老晚上和星期天在家多喝几杯，您的酒刘厂长包了。”这番有情有理的话语，说得老孙头乐开了怀，从此告别了上班期间喝酒的嗜好，为黑松林禁酒制度的顺利实施发挥了示范作用。

刘鹏凯的送酒法犹如一阵阵南风，将难题化解于无形，将仁爱播撒到心田。

2. 剑胆琴心　勇立市场潮头

如果说今日的黑松林是一只美丽的天鹅，那么它也有着丑小鸭的昨天。

这个始建于1986年的工厂，1991年的现状是租来的一块地、11个人、12间房、两台反应釜、外加一屁股外债。号称工厂其实只能算作一个小作坊，无品牌、无技术、产品单一、时开时停、管理混乱、人心涣散、杂草丛生，有的员工闲得无聊，竟然在院子里养了几只羊，当时企业年产值才20多万元。

黄桥镇不少企业自生自灭，镇领导却十分看好胶黏剂产品的未来市场，为了拯救胶黏剂厂没有少操心，采取过不少措施，给予过不少支持。他们不愿放弃这个濒临破产又蕴含希望的企业，决定“重症下猛药”，采取组织措施，选派一个开拓创新、善于管理、乐于奉献的干部担任厂长。为此，书记、镇长进行了专题讨论，把黄桥镇干部花名册来回理了好几遍，最终将目光定格在了镇工业公司副总经理刘鹏凯的身上。

刘鹏凯怀揣企业家的梦想，毅然接受了组织的安排，勇敢地抛弃救生圈跳入了商海。1991年，他只身前往胶黏剂厂走马上任，从此，与胶黏剂行业结下了不解之缘，开启了企业家的征程……

面对低落的士气、锈蚀的设备、混乱的管理、萎靡的市场、愤怒的债主。如何从一团乱麻中理出头绪，使濒临破产的企业走出困境？刘鹏凯不知度过了多少个不眠之夜。刘鹏凯知道，没有调查，没有发言权。他相信救厂之策来自群众，来自客户。他上任后没有急于发表豪言壮语，没有新官上任“三把火”，而是与每一个员工进行深谈，探寻问题根源和解困之策；风尘仆仆走访主要客户，征求产品质量和服务意见。

一番调研之后，工厂的问题水落石出、治厂之策逐渐清晰。刘鹏凯胸有成竹地对症下药，拉开了他的改革发展大幕。他将在这个小舞台上演一出精彩大戏。

员工们清楚地记得刘鹏凯为此的奉献与付出。

当时的黑松林被“三角债”困扰。在销售人员多次努力未能要回东北一家客户大额货款的情况下，这年春节前夕，刘鹏凯亲自北上催讨救命钱。俗话说：“虱多不痒，债多不愁。”面对众多债主，客户缺乏还款诚意，每天来回推磨。刘鹏凯心急如焚、嘴角起疱，情急之下当着客户领导的面跪下了双膝，落下了热泪。因为公司等着这笔货款购买原料、发放工资，否则，这个年关过不去。客户被刘鹏凯的举动动容，终于优先支付了他的货款。

刘鹏凯跪下的是身体，强大的却是精神，站起来的是他的黑松林。

他还带领科研人员不断开发环保新产品，由单一的万能胶发展到溶剂型、水剂型、环氧型、树脂型等5大系列100多个规格的系列产品。企业成为数十项胶黏剂国家标准的主持与参与制订单位，先后获得专利20多项，注册商标60多个。

在全国水基白胶同行中，黑松林第一个打出“本产品用离子水生产”的口号，引领技术创新和绿色环保之风。

黑松林的产品不仅在国内声名远播，而且受到国际市场青睐。美国、德国等国际知名世界500强企业纷纷向黑松林伸出橄榄枝，成为业务合作伙伴。

3. 冰心一片　开启诚信绿灯

刘鹏凯常对员工说：“我们任何时候都不要忘记曾经帮助过我们的人，滴水之恩要涌泉相报。”“今天的质量是明天的口粮”“做人要有良心，人无良心一世穷。”他不仅是布道者，也是践行者。

有一次，刘鹏凯在阅读公司市场日报时发现，销售员小刘误将20公斤工业型万能胶当作环保型胶发给了一名张家港网购客户。尽管购买者只是在网络上与黑松林“萍水相逢”，并非长期合作伙伴，刘鹏凯还是当即决定让销售员小刘与客户联系，向客户致歉，带上20公斤环保型胶，开自己的专车赶往张家港客户家里进行了调换。

一天晚上，某集团一辆满载黑松林产品的货车在驶出40多千米后货物发生侧倾，胶黏剂桶散落一地。求助电话打给了刘鹏凯。刘鹏凯立即安排员工开车赶往出事地点，帮助司机和采购员重新搬装4000多桶产品。他们冒着刺骨寒风整整干了一个晚上，并将货车开到厂里，更换了损坏的包装，化解了客户的难处，令客户感动不已。

有关黑松林诚信的故事很多。一叶知秋、一斑窥豹。诚信是支撑黑松林不断开疆拓土、扩大市场份额的基础，是渡过金融危机，稳健发展的法宝，是托起美丽冰山的冰基。

4. 匠心独运　打造民企盆景

小与大是相对的，小是大的组成部分，大由小而来。

让我们一起走进黑松林，去观赏盆景、感受新异、触摸模式。

这里每个工作日的早晨七点半，全体员工迎着冉冉升起的太阳出早操，他们高唱《黑松林之歌》，朗诵企业精神、六倡六戒、质量方针；点评工作、表扬先进、鞭策后进。刘鹏凯说：每天出早操是为全体员工充电热身，员工经过早操充电热身，一天都会精神饱满、干劲十足。从1996年开始，黑松林的早操风雨无阻、持之以恒。

这里没有刘鹏凯家的一个亲戚。黑松林虽然是刘鹏凯家庭持股100%的企业，但他的爱人、女儿及所有亲戚都不在公司工作。刘鹏凯自有他的理由，按照他的说法是，家人和亲戚如果有本事到哪都可以发展，如果没有本事，待在我的公司会碍手碍脚、弊多利少。因此，刘鹏凯在管理上公正严明、一视同仁、毫无顾虑。

这里喊出了“不争500强，要干500年”的口号。刘鹏凯十分注重控制经营和财务风险，带领员工一步一个脚印，踏实了左脚再迈右脚，公司的四层主体厂房分四次建成，公司资产负债率控制在30%以内。曾有人建议刘鹏凯涉足房地产、贸易等领域，加速扩大企业规模，提升行业排位，刘鹏凯没有动心。他的理念是“莫让小树乱分枝”。刘鹏凯曾对“不争500强，要干500年”的口号有过一番浪漫形象的诠释：我宁愿将自己当作一颗种子，在适合自己的土壤生长，让金灿灿的麦子结出沉甸甸的麦穗，让它种了收，收了再种，生长500年。大也是美，小也是美，由小到大才是真正的美。

5. 众心成城　点亮长青梦想

刘鹏凯20年前就构筑了一个梦想，那就是将他倾力打造的黑松林干上500年，让它大道远行、让基业长青。

刘鹏凯潜心研究的“心力管理”理论引起学术、理论、企业界的热烈反响。几十位企业文化和企业管理界知名专家学者为《心力管理》撰写序言及推荐语。

这是一本什么样的书，为何惊动了这么多名人，激起了如此大波浪？

张德教授认为，中国企业管理大致可分为经验管理、科学管理和文化管理三个阶段。如果说陈景润研究的哥德巴赫猜想是数学皇冠上的明珠，那么刘鹏凯研究的“心力管理”就是文化管理皇冠上的明珠。

黑松林作为“心力管理”的发源地，让我们来看看这里的“心力管理”风景。

黑松林是一个胶黏剂化工产品生产企业，刘鹏凯向社会展示的是呼吸无异味、厂区无废物、地面无滴胶，桶内无积胶，桶外无挂胶的“五无”形象和花园式工厂。

人们常说，每一个成功的男人身后，必定站着一位优秀女人。刘鹏凯的身后站着两位优秀的女人。

自从刘鹏凯当上黑松林老板后，郑佩佩奉行“三不原则”，即从不参与公司人事决策，从不插手公司供销业务，从不安排娘家亲戚进黑松林就业。郑佩佩一直在机械厂工作到退休，全力做好家务，全心抚育女儿，精心照顾丈夫，为刘鹏凯营造温馨的港湾，打造坚忍的平台。当黑松林员工遇到困难时，郑佩佩会尽力提供帮助，将温暖输入员工的心田。

站在刘鹏凯身后的第二个女人是女儿刘泱，一位美丽、聪慧、礼貌的女孩。刘泱是刘鹏凯的独生女，在爸爸妈妈严格的教育下成长。刘泱曾经从事新闻媒体工作，后到南开大学商学院攻读博士学位，为教育部全国万名优秀创新创业导师人才库首批入选导师之一。刘泱没有进入黑松林公司，也没有参与公司管理，只是作为爸爸的智囊，为爸爸决策提供参考信息，提出决策建议。

刘鹏凯所在城市黄桥是人文沃土、教育基地，这里有高高耸立的黄桥决战纪念塔，有名震中外的新四军黄桥战役纪念馆，有飘香千年的黄桥烧饼，她像一本生动厚实的教科书教育着黄桥子孙后代，传承着爱国、奉献、智慧、创新的基因。

结束刘鹏凯的采访，面对渐渐远去的黑松林和刘鹏凯，笔者心潮澎湃、浮想联翩。晚上做了一个梦，我梦见很久很久以后，植根于黄桥这片沃土的黑松林枝繁叶茂、涛声远扬，刘鹏凯在企业文化和管理的天空大鹏展翅、凯歌高旋！

记化工信息事业标兵刘安强

刘承彦　刘安宁[①]

刘安强，1953年底出生于湖北省随州市一个名叫茅茨畈的小集镇。此地名可能出自“蒿草之下或有兰香，茅茨之屋或有侯王”。安强虽未成侯王，却的确成了这里土生土长的兰花香草。

1966年小学毕业准备参加初中考试的刘安强，遇到了“文化大革命”，年幼无知的孩子却欢呼雀跃。由于家住镇上，不用干农活，也不用上学，天天看游行和集会。

1967年他回到原来小学“复课闹革命”；1969年秋，拿到“洪山小学九年级”毕业证；1970年春节，进入随县三中，当时更名为“洪山五七高中”；1972年春节前，作为高中毕业生回家了。

1972年5月，刘安强作为知青来到了洪山区双河公社红寨大队，经历了“苦其心志、劳其筋骨、饿其体肤、空乏其身”的历练；1974年10月8日，经生产队推荐，步入了武汉大学化学系的大门，成为一名大学生，当时人们称其为“工农兵学员”。

1977年9月毕业，分配到湖北化工厂。先到厂技校当老师，1979年调往厂生产科。每天跟着老技术人员到各化工生产车间了解情况，借此对厂里化工生产、工艺过程及主要设备进行熟悉，为其后来的科研开发打下了基础。

1980年调入新成立的环保科，针对纯碱包装工段碱尘污染问题，他提出采用反吸振动袋式除尘器用于包装碱尘回收的建议，后得到实施，经不断完善，该项目在20世纪90年代初获化工部科技进步奖。初次展露了他热心科研、善于革新的心志与才华。

1983年11月，他被借调到湖北省石油化学工业厅生产处协助工作，全面了

---

① 刘安宁系贵州省原化工厅行业指导处处长。

解了全省化工生产状况。这为他后来从事湖北省石化厅科技情报中心站（后又改称信息中心，但人们还是习惯称其为湖北站）副站长的工作打下了基础。1985年5月，他正式调入梦寐以求的湖北省化工研究设计所（简称湖北所，后改为院）。在此后的十年间，刘安强先后主持或参与多项科研课题，取得5项省级科研成果，发表科研论文多篇。

1995年2月，湖北省石油化工厅一纸任命，刘安强担任了湖北站实际主持工作的副站长一职，1996年初又兼任《湖北化工》副主编（后升为主编），一直到2014年退休，并延聘和实际工作到2020年底。刘安强在化工信息领域奋斗了25年，成为从事化工信息事业时间较长、贡献突出的一名标兵。

说到化工信息事业，可以追溯到20世纪50年代末。

1958年12月28日，化工部颁发《化学工业技术情报工作方案》，1959年5月11日，化工部化工技术情报研究所（简称情报所）正式成立。由此揭开了我国化工信息工作历史上新的一页。根据化工行业专业多、布局广的特点，化工部在直属的若干院所设置了若干个专业情报中心站（简称专业站）；建议各省、自治区、直辖市化工厅（局）建立技术情报机构（简称地区站）。

1983年3月17日，湖北省石化局根据化工部1980年12月〔80〕化情字第1407号文《化工科技情报工作条例（试行）》的要求，正式发文批准成立了“湖北省石化局科技情报中心站”，挂靠在湖北省化工研究设计所内。1988年，该所和中心站编写的《湖北省磷矿资源与磷化工情报调研报告》荣获化工科技情报调研成果奖；从事情报工作15年的中心站副站长周吐清被评为全国科技情报系统先进工作者。1988年11月，由情报所编撰的《回顾与展望－－化工情报事业创建三十周年 1958—1988》在第三部分选登了中心站撰写的《湖北省化工科技情报工作总结及规划设想》。

1992年底，部情报所和部经济信息中心合并为中国化工信息中心。具体信息管理仍由中心业务处负责，1997年业务处撤销，管理工作转移至总工办，我时任总工办主任，与时任湖北站副站长不久的刘安强开始接触。

据刘安强介绍：院里下达的指标是湖北站1995年实行差额补贴过渡，1999年要实现经济独立自给。他说，我和站内同志们认为情报站经过十多年的发展，已具备熟悉技术、掌握市场、了解政策、资源丰富等多种优势，面临的主要问题是面向市场的工作方式。多年来习惯于项目由上级下达，咨询由企业登门索取等。

如何改变服务方式？首先争取项目由上级下达变为主动申报，改单一向主管机构申请为向省内多家综合部门申请，扩大服务范围。服务企业由等待上门改为深入企业寻找服务机会。在服务内容上，要根据市场需求，改变传统情报服务内容，不断调整思路，创新服务，延伸内容。

思路一定，就大胆探索。湖北站除完成好日常化工技术、经济、政策等资料收集和研究整理工作外，1995～2004年，先后申报承担完成省内政府机构及相关企业多项课题研究，如湖北省计委重点项目“湖北省工业废气综合利用及环保研究”、湖北省科委“化工行业高新技术发展与传统产业改造问题研究”、湖北省经委“国内外、湖北省及周边地区聚丙烯、柴油、润滑油、洗涤剂产品市场供求情况调研”、湖北省经委重点项目“湖北省石油化学工业利用高新技术改造传统产业重点领域选择”、湖北省发改委重点项目“湖北省生物技术产业与新医药产业发展战略研究”、湖北省科技厅课题“湖北精细磷化工发展战略研究”，湖北省双环集团重点项目“国内外染料工业发展趋势情报调研”等20多项课题。

随着市场经济的逐步深入，化工信息管理的模式也在不断变化，由行业管理变为社团自治。2000年11月25日至29日，中国化工情报信息协会信息与刊物分会成立大会在昆明召开。分会设立了“四部一处”，即专业信息部、地区信息部、刊物部和企业信息部及秘书处。刘安强当选地区部副部长，我任分会秘书长，走得更近了。2004年4月11日至15日，安强在武汉召开了全国各省市化工信息站经验交流会，其办站经验广受关注，并组织与会者参观了三峡工程和湖北博物馆等。到会的各位站长都对刘安强赞誉有加，由此也成了地区部的一面旗帜。

刘安强领导的湖北站，除在项目咨询方面卓有成就外，在帮助县级企业编制规划以及新化工园区建设等方面也做了不少开创性工作，博得院和政府有关部门的赞赏。特别值得一提的是刘安强参与和主持的《湖北化工》不断提升，有了质的变化。

《湖北化工》原本是一本综合性的地方化工期刊，由于区域范围小，专业性差，期刊市场竞争力不强。为了改变这种局面，2002年刘安强担任主编后，在各方支持下，将刊物更名为《化学与生物工程》，将其内容由综合性向专业化发展，由区域性向全国性发展。刊物也由双月刊改为月刊，经过千辛万苦的努力，2004年6月入选中国科技核心期刊，2023年又入选中文核心期刊。

刘安强于2014年3月退休，2015年5月辞退担任多年的《化学与生物工程》主编，但仍被单位续聘承担协助培养新一代情报人员工作，于2020年底才离开他奋斗了几十年的工作岗位。

刘安强由一名插队知青，被推荐成为“工农兵学员”，由科研精英而进入化工信息领域，成为教授级高级工程师，享受政府特殊津贴，可谓风光。我最钦佩的是其2020年底彻底离开工作岗位后仍笔耕不辍，用诗文形式写下了他的《自传》：平凡而又不凡的一生。他在《编后语》中写道：“自然界中，每种花开放前都会向外界释放一种信息，人们将其称为‘花信风’。借用这个词，将这本册子定名为《花信风语》，副标题为‘我的一点感受，一种心情，一段记忆。’”其中有首《清明春色》诗尤其感人至深，这也可以说是刘安强的人生写照。

季春三月，细雨蒙蒙，天气乍暖还寒。雨过天晴，阳光明媚，大地树绿草青，更有红花点点，展现出一幅清明春色。

清明细雨烟蒙蒙，洗尽残冬露春容。
新枝翠叶染地绿，杜鹃花开映山红。

优秀化肥企业家董海水

王乐意

在我的记者生涯里，一些特殊年份特殊事件的采访，在时间的坐标里意义分外凸显，我在镜头流转，键盘敲击间见证和记录了许多化工企业的巨变和从内心钦佩的企业家。董海水先生算是其中的一个，他在我心中一直是一个高智商、高情商、大智慧的人。

董海水，男，1954年11月生，山西临猗人。中共党员，研究生学历，高级经济师，国际特级职业经理人。山西省第九届、第十届、第十一届人大代表，1995年被评为山西省特级劳动模范、全国劳动模范。他1990年担任临猗化工总厂厂长，深化改革，强化管理，优化经营，先后主持完成了“碳铵改产尿素”“甲醇联产”和“四改六”“六改八”“八改十四”“十四改二十”等尿素技改工程，创造了国内氮肥行业技改效率的奇迹。他把一个县级小厂打造成国家大型煤化工企业集团，缔造了“百亿丰喜、百姓丰喜、百年丰喜”的神话传奇。

1998年6月19日，由山西临猗化工总厂为发起人、以资产为纽带联合省内其他6家小化肥企业组成的山西丰喜肥业（集团）股份有限公司正式挂牌，成为全国小化肥行业第一艘联合舰队。在《中国化工报》头版头条报道，标题用了一个复合型结构。

引题：山西丰喜肥业公司创立。

主题：第一支小化肥联合舰队在晋启航。

副题：顾秀莲胡富国发来贺信　孙文盛到会并讲话。

我和董总比较熟，这次采访是从闲聊开始的。

我问他：“你在临猗化工总厂已经干了快二十年，搞得风生水起。咋想起来弄个‘集团’？”他说：“咱这人，就是想做事，不混日子。”

此时成立丰喜集团，他自认为是应了“天时”“地利”“人和”。

他说：“临猗厂经过6年的超常规、跨越式发展，企业的规模和效益都得到了很大的提升，但是，我国小化肥企业在过去的发展过程中，始终没有摆脱“小”的束缚，要想在市场经济的大潮中有所作为，就必须组建一支抵御大风大浪的联合舰队，走规模化、集团化经营之路。”

“机会终于来了！”他说。1996年3月，国务院副总理朱镕基在视察山东小化肥企业时指出：到“九五”末，要实现国内化肥自给自足，化肥的增量主要依靠中小企业的技术改造，为解决企业技改资金的问题，可以搞两个试点省，把小化肥企业联合起来，组成大集团到境外融资。股票发行不占指标、不排队，哪家成熟哪家上。

偶然得到这一消息，他说真是心潮澎湃，兴奋不已。他苦苦追寻的企业大发展机遇已近在咫尺，争做“中国肥业大王”的目标和设想实现在望。于是，他提出：以临猗化工总厂为主体，联合省内的小化肥企业共同组建山西化肥企业集团。

对他的想法，两种意见尖锐对立。

在职代会上，有人认为：临猗厂目前已初具规模，在全国小化肥行业中已具备明显的竞争优势，为啥放着太平日子不过，而非要走联合这步险棋？也有人认为；临猗厂眼下的竞争优势和良好的经营状况只是暂时的。在市场经济条件下，没有规模便没有实力，更没有跨越发展的能力。

会后，他经过认真思考，采纳了后一种意见，并在决策层和广大职工中很快达成共识，同时也得到化工部及省、地、县各级领导及职能部门的肯定和支持。

机不可失，时不再来。他说：“那些日子里，激情燃烧，热血澎湃，豪情万丈，一定要在这片神奇的土地上闯出一片属于自己的新天地。”

1997年6月，他亲自挂帅，抽调精兵强将，成立了专门领导组，拉开了集团公司组建工作的序幕。他说：“在之后的近一年时间里，不知熬了多少个不眠之夜，也不知在运城、太原、北京之间往返了多少个来回。”功夫不负有心人，凭借他的谋略、智慧和坚忍不拔、顽强拼搏的“龙马精神”，依靠临猗厂的优势和实力，1997年11月，正在筹备中的“山西丰喜肥业（集团）股份有限公司”（简称丰喜公司）被国务院证券委确定为发行境内上市外资股（B股）预选企业。

1998年1月初，在筹备期间我采访过一次董海水。他对集团组建后做什么已有明确构想：通过对公司生产要素的重组，盘活存量资产，优化资本结构，集中资金与技术，分工协作，协调发展，实现多元化经营；通过不断对其他化工企业收购、兼并、控股、参股等方式，实现公司资本的低成本扩张。

他说："公司自1998年1月1日'模拟运行'以来，已经完成了机构重组。目前，各分公司（各厂）都在紧张进行人员分流、定岗定员工作，其他各项准备工作也已大体就绪，为公司计划3月份挂牌后的正式运行奠定了基础。"

这次"突击"采访后，我写了一篇《山西组建小化肥"联合舰队"》的报道，在《中国化工报》企业版头条位置发表，算是此信息第一次在国内重要媒体披露。

两年后的1998 年 6 月 19 日，由临猗化工总厂为主发起人，联合山西省闻喜县化肥厂、新绛县化肥厂、稷山县化肥厂、广灵县化肥厂、吕梁地区化肥厂等小氮肥企业在省城太原共同组建了丰喜公司。标志着各个成员企业不再是随浪漂泊的一叶扁舟，而是一艘驶向市场经济的特混舰队，开启了"集团化、多元化、效益化"的蓝海之旅。

丰喜公司董事长董海水在接受记者采访时说，联合的优势是明显的：能够使分散的小化肥企业上规模，并通过优势互补，使产品上档次，同时还可以联手对外，避免互相残杀。

他介绍：组建后的丰喜公司有职工6500人，总资产6.2亿元，合成氨年生产能力35万吨，年产尿素24万吨，碳铵72万吨，还有5～6个精细化工产品出口国外，年销售收入可达10亿元，实现利税1亿元以上。公司将以肥为主，多业并举，在一两年内，实现三个跨越：由原料型化肥企业向现代企业跨越，由自我膨胀跳跃向可持续发展跨越，由生产力导向、销售力导向向形象力导向跨越。

当时他提供的一份资料，为"丰喜"描绘出了"十一五"发展的壮丽蓝图：在"十一五"末实现年产尿素300万吨，甲醇及化工产品200万吨，年装备制造能力10万吨，年销售收入100亿元，利税10亿元的奋斗目标。真正成为一个以肥为主，集原料化工、精细化工、建材化工、化工机械于一体的现代化特大型集团公司。

集团创立那天，原化工部部长顾秀莲、山西省委书记胡富国、省人大常委会主任卢功勋发来贺信。山西省省长孙文盛亲自到会并讲话。

董海水是规模化发展的鼓动者和实践者，他率先在全国化肥行业卷起了一股集团式发展的飓风。

这次，我与董总“专门挤出”3个多小时对话。他说得最多的一句话：“我们赶上了好政策。”眼里含着的泪花打湿了眼眶！

爱默生说过：“所有伟大的企业，说到底都是企业家的影子的延伸。”每一家成功的企业总是与某一位伟大的企业家的名字联系在一起的。

公司成立到2002年，四年艰苦卓绝的产品结构调整，使“丰喜”人开始取得了一定的主动权。从1999～2001年，临猗分公司按照董海水的发展思路，创造条件，克服困难，发扬“负重赶超”精神，实现了30万吨合成氨和52万吨尿素的大化肥规模和生产能力，率先以排头兵的身份攀上了市场的制高点。几乎与此同时，闻喜、新绛、稷山、平陆等分公司也在老合成氨生产装置的基础上，开始向化工产品大规模进军。仅用了不到两年的时间，甲醇、硝酸、硝盐、纯碱、氯化铵、三聚氰胺等化工产品相继批量问世。

与此同时，董海水精心策划并打好了彻底改变丰喜公司前途和命运的“三大战役”。

2001年，丰喜公司以闻喜分公司1.2亿元资产为资本，和国家重点能源企业——山西晋城无烟煤矿业集团达成合作协议，合资创建了晋丰煤化工有限公司，并于2003年分别在高平和闻喜建成投运了40万吨合成氨、80万吨尿素和联产10万吨甲醇的生产能力，而且创造了化肥、化工建设史上工期最短、投资最省、一次投料试车成功的新纪录。

2005年，董海水与世界化肥经销巨头瑞士亚梅洛巴公司的董事长一起，共同为华瑞公司奠基填上了第一锹土。开了从节能环保入手，通过厂商联合，利用外资和当地的焦煤废气发展煤化工产业之先河。

2007年，丰喜公司在兼并山西化机厂，积极完成5万吨化工装备制造扩能改造工程的基础上，又与美国联合镁业共同收购了永济天马铝合金铸造有限公司，开始实施5万吨铝镁深加工项目。随着这一“双五”工程的推进，丰喜公司大规模地向设备制造和铝镁加工这一新领域挺进。

以晋丰、华瑞和联合镁业为象征的“三大战役”，从根本上改变了丰喜公司与国内诸多化工企业的实力对比以及在市场上的份额。

数字可以证明一切。十年后丰喜公司总资产达50亿元，是组建时的8.3倍；

年合成氨生产能力160万吨，是组建时的7.3倍；尿素产量150万吨，是组建时的8.8倍；各种产品实物总量280万吨，是组建时的4.6倍；年销售收入50亿元，是组建时的15.6倍；年利税5亿元，是组建时的62倍。丰喜牌尿素荣获“国家免检产品”称号，丰喜商标被评定为“中国驰名商标”，丰喜品牌无形资产价值达11亿元之多。

企业就是这些企业家为自己树立的丰碑，他们的能力借助企业的成功得以显现，他们的个人魅力也同时得以彰显。董海水这个从工人、班长、车间主任、副厂长、厂长到集团公司总经理、董事长的企业家奋斗之路、拼搏之路和创业之路，见证和记录了这个伟大时代造就的那些踏浪弄潮的一代天骄。

聚氨酯设备工匠张春锦

周瑶瑶[1]

张春锦，男，1956年2月出生，福建省屏南县人，中共党员。1982年毕业于厦门水产学院机械工程专业，1995年毕业于中国人民大学企业管理专业，现为温州飞龙聚氨酯设备工程有限公司董事长，高级工程师，中国聚氨酯工业协会常务理事、装备专业委员会主任，国家反应注射成型研究中心装备工程技术分中心主任，温州市福建商会会长、浙江省福建商会副会长。

2024年3月，春暖花开，我见到了张春锦。年近70岁的张给我的第一印象是满面红光，精神矍铄，没有一点大老板的“架子”。张像一个热情的“老大哥”，带着我这个“化工设备小白”一层层地参观企业。“这里的每一件设备、产品，就像我自己的孩子一样珍贵。”张如数家珍般地向我介绍着，每天他都要在车间、工厂里走走，看看有没有机器要调整，有没有什么技术需要改进。

我和张聊了整整一个下午，他回忆了自己整个创业的历程，他的好学、钻研、勤恳、创新的精神深深感染了我。

从1986年涉足聚氨酯设备行业至今30多年，他以“工匠精神”潜心钻研有自主知识产权的设备技术，是国内聚氨酯设备方面的首批研发人员，在技术开发和应用方面有很高的建树，打破了行业装备基本靠进口的局面，为我国化工设备行业打造民族品牌贡献了自己的力量。

1. 结缘化工设备从兼职工程师开始

张出生福建闽东山区里的一个小县城，受父母的影响，他小学就能够自学安装无线电半导体收音机，作为知青下乡的几年又靠着祖传的行医手艺成为当时茶场医务室的赤脚医生、茶机设备机修技术员。1978年高考恢复，张凭借自己的文

① 周瑶瑶系温州日报报业集团《温州晚报》记者。

化基础，一举考上当时的厦门水产学院本科机械专业，大学毕业后，他被分配到了中国水产温州渔业机械公司，凭借着扎实的机械基础，很快就被提拔为机械研究所副所长。

本来这个渔业机械公司和聚氨酯行业没有太多的关联，1986年，一次机缘巧合，张就开始涉足了聚氨酯设备的技术研发。张回忆道：“那时候温州市政府有一个文件，科技人员可以做‘星期天工程师’。”张就利用周末时间，在温州嘉隆设备厂当起了兼职工程师。

1987年，张兼职的设备厂老板在广州一个展销会上拿回来一页广告纸上的一张照片，没有其他任何资料，问张能不能想想办法，研发一个生产鞋底的聚氨酯设备。当时全国都少有企业了解聚氨酯材料，并且设备是德国产的，进口价格要八百多万元，一般的企业买不起。于是张凭着一股劲，自己研发设计，画图纸，做实验，在当年就研发出了中国第一条聚氨酯鞋机生产线。1989年，张在获悉东北有家聚氨酯制品厂进口了一台日本的最新设备后，到处打听，最终凭借一个搅拌头上的手绘零件草图又设计出中国第一台弹性体设备。

就这样，张和聚氨酯行业的情缘逐渐开始。

2. 下海创业一门心思搞研发

张在中国水产温州渔业机械公司干了接近20年，在当了四年副总经理有机会转为正职的情况下，于1999年9月递交了辞呈，下海创业。

创业初期还是充满了艰辛。一开始在其他企业当高级技术顾问，随后又东拼西凑了50万元注册了自己的公司。张谈及这一往事时，颇有些感慨：“当时我连一个写字楼都不敢去租，就把公司办在我自己家里，就是东港小区2幢501室这个居民楼里。”

张说，创业的第一年非常艰难。有三四个月，一点生意都没有，“当时买了一本全国的电话本，哪个跟聚氨酯稍微有点搭边的我们就发业务信，结果是石沉大海，没有客户”。

2001年2月，张的公司迎来第一单业务：帮以前的一个朋友设计一台聚氨酯浇注机。后来随着钢铁产业的兴起，首钢、宝钢、本钢、鞍钢等全国十几个大型的钢厂都上了这个机器。凭着深厚的机械功底，在短短的一年内，张就将全部借款还清。

企业走上正轨之后，在接下来的两年里，张将公司的主营方向调整为聚氨酯机械及其成套设备的研发、生产和销售，并将公司名称改成了专营聚氨酯设备的温州飞龙聚氨酯设备工程有限公司。

“面对进口厂家，飞龙优势在哪里？又如何竞争呢？”面对我的疑惑，张笑道：“技术我们不怕，价格更有巨大的优势。”当时聚氨酯设备进口需要200万元，张的公司生产的仅20万元，相差十倍的价格，功能基本一样，这打破了20世纪90年代聚氨酯行业机械基本依靠进口的局面。而如今，飞龙公司成立20多年来，销售的聚氨酯专用设备累计4000余台，价格仅为同类型进口设备的1/10～1/5，间接为国家节约外汇数十亿元，为推动中国聚氨酯工业的发展奠定了一定基础。

回忆到这里时，这个有着家国情怀的化工人满脸洋溢着自豪：“我国现在是全球最大的聚氨酯的使用国和生产国，虽然还有少量的配方和新的高端技术靠进口，但我们自己能研发生产绝大部分产品了，所以我自认为我对行业的贡献还是比较大的。”

3. 创新经营成为行业标杆

公司的发展离不开领头人的思维。作为“飞龙”的掌舵者，张在公司成立初期，就决定了公司的发展方向和管理理念，就是强调“效率、效果、效益”这“三个效”和“技术创新、产品创新、管理创新、市场创新”这“四个创新”。

作为设备厂商的飞龙公司需要针对医疗器械、军工、汽车、化肥等行业进行设备的“量身定制”。因此每一次生产新设备，对于张来说都是一次新的探索，需要丰富的知识储备和更新能力，而坚持创新发展的张也一直在钻研和创新自身产品，创造性地跟上世界先进行列。

2015年，在张的努力下，公司促成了跟全球知名化工企业德国巴斯夫公司在合成革行业的联合研发。他带领公司技术研发团队针对环保材料的特性进行专用设备的攻关，发起主持的科技项目《全自动无溶剂合成革专用涂布机》解决了合成革在生产制造过程中产生的严重环保问题，最终的成品革也通过了欧盟的各种检测，达到了真正的零溶剂残留。

在聚氨酯行业中，张属于聚氨酯装备方面的领头人，此前在聚氨酯设备行业中没有国家标准也没有行业标准，张在公司成立的第二年就制定了自己的企业标准，并由温州市标准化局确认。

“我感觉标准很重要，当时也是在想如果我们自己制订一个行业的标准，对于未来整个行业的发展都有好处。”他分两批将两个系列的标准报到省里，参加省里的专家评审会，定稿通过后，张所主持制定的标准就成了正规的浙江制造团体标准。

随着时代的变化，张带领着飞龙在技术上一直紧跟时代、不断更新。张说曾经有个军工企业，要求公司设备生产的产品重复精度值在5‰，但是公司按照最高的精度实验多次，只能达到8‰。

“我想不通，到底哪里出了问题？于是我利用各种实验去分析它，利用我这一生走过来的路，利用我毕生所学的理论一步一步地分析。”张的认真和钻研最终迎来了回报，在经过22天的实验和调整后，这个设备终于达到了重复精度值在5‰以内的要求。

在飞龙公司的企业文化墙上，数十项国家发明专利及实用新型专利技术赫然在目，国家高新技术企业、院士工作站、装备工程技术分中心等奖牌也述说着这家企业的光辉和荣誉。创立20多年来，飞龙公司蓬勃发展，成为行业内鼎鼎有名的龙头企业，拥有着专业的研发、生产和销售团队，年产销设备三百余台套，为中国南车、比亚迪汽车、上海宝钢、北京首钢等国内众多知名企业提供配套服务。

载誉满满，张却从来没有骄傲自满，有的只是一颗扎根行业的心。他说：“在中国聚氨酯协会里，我的企业规模是很小的；但在聚氨酯装备行业里，我们是很大的。”张凭借着专业技术和设计能力将公司做到全国领先，部分技术达到了国际先进。

当我问及临近70岁的年纪，他是否会慢慢退出这个行业时，张很坚定地回答：“现在我也逐步地往后退了，但是技术上我不会离开。”在和我的谈话中，张总是反复提到：“我从来没有想说每年要赚多少钱，但为这个行业尽自己最大的努力，促进民族工业磅礴发展，这就是我最大的初心。”

助力涂料涂装技术进步的林安自述

林　安

林安，男，1957年6月出生于湖北省黄冈市，1982年2月毕业于武汉大学化学系高分子专业，1985年7月于中国科学院长春应用化学研究所高分子专业研究生毕业，分配到机械电子工业部武汉材料保护研究所（简称材保所）工作。其间公派到日本神户大学工学部化学科进修一年（1990年10月~1991年10月）；2003年调到武汉大学资源与环境学院（简称武大资环学院）工作，同时在职攻读该学院环境科学专业的博士，2011年5月获博士学位。2017年9月从该学院教授、博士生导师岗位上退休。

后期我虽在大学进行科研和教学工作多年，但从事的专业仍是涂料涂装及表面工程研究。2024年6月，从行业专家刘国杰老先生那里得知《古今石油和化工人》征稿通知，觉得很有意思，决定将我经历的几件事及当时感受感想呈现出来，望大家共享与指正。

1. 研制抗高温氧化和耐候的涂料是一场硬仗

20世纪80年代改革开放初期，我国新建了一个上海宝山钢铁厂，没想到我自己也参与其中。宝钢需要的冶炼设备制造技术主要来自西德和日本，但设备制造主要是国内几大重型机械厂。设备中大型拼焊件制造过程要高温（600℃左右）退火，为了使设备退火过程中不氧化生锈，西德的工艺是在设备表面涂敷抗高温氧化涂层，涂层退火后不用去除，到现场直接涂中间漆和面漆，我们的生产厂家也是学习人家按照这个工艺做的，但是当这批设备（热连轧机等）运到上海工地时，表面涂层就脱落了。这件事立即引起中央高层注意，有位领导发话，原话大意是“我们生产厂家连个油漆都做不好，还何谈设备制造！”国务院重大办马上安排大型拼焊件抗氧化高温耐候涂料、导静电、长效防护等几个系列的共性技术课题，而这些课题主要由材保所来承接。我研究生毕业刚好在该所上班，涂装研究室潘肇基主任马上将大型拼焊件抗高温氧化和耐候涂料的课题交给我来负责。

刚刚上班就接到这样的课题，深感领导的信任，也倍感压力的巨大。我认真研究课题的主要目标和关键技术指标。其中，抗高温氧化又要耐候的技术难点如何解决，一直盘绕在我的脑海里。我当时的做法：首先查找文献。当时正值改革开放初期，资料不好找，幸好所里还有美国《化学文摘》和《涂料工业》等杂志。那段时间，我基本上是在资料室度过，将与本课题相关的资料都收集一遍，重点文献还查找原文，能打印的就打印下来，反复学习。当时，机械电子工业部有关部门不时要我们汇报课题的进展，有一次领导听取了汇报后，批评我们“光在实验室做研究，不了解应用现场和使用工艺”。实际上，涂料只是个应用材料，不与涂装工艺结合，就是半成品，其性能很难发挥出来。在部里支持下，我们又深入设备制造厂家了解涂料使用环境、涂装工艺过程等。发现原来使用的涂料在使用过程中对涂装重视不够。例如：基体表面没有认真进行表面处理（如喷砂处理等）。有了这些准备，逐步形成一个初步技术方案。涂料的成膜物主体初定为有机硅树脂。硅氧烷通过缩合反应制备的有机硅树脂，经研究发现，有机硅优异的耐高温性能，主要是由于—Si—O—Si—为骨架，清漆的涂膜可以在200～250℃下长期使用而不被分解或变色。在更高的温度下（如400℃以上），Si原子上连接的烷基分解（或燃烧）掉，分子间形成新的—Si—O—Si—键，而不是树脂的分解，但成膜后有很多微孔。研究后认为还要加一点特殊填料，这种填料必须在高温退火温度范围内，与硅烷中硅氧形成—Si—O—M—键（M代表硅或填料中其他原子），从而形成较致密的涂膜，避免通过微孔氧化基材，但填料必须随着温度变化而变化，在常温下是粉末，温度梯度在500～650℃依次熔化逐渐成膜，这就是高温二次成膜，这些设计就突破了填料原来界限。耐候主要依靠底漆致密，与后续涂料有较好层间结合力。在设备制造的现场我们和厂方技术负责人潘峰高工等一起施工，尤其注重喷砂处理。设备表面处理完好后涂装，运到上海现场，我们又跟踪到现场，发现设备表面涂层完好，圆满完成课题任务。

该项目1988年获得国务院重大办、国家计委经委联合表彰；1989年获国家计委、国家科委、财政部联合表彰；1991年获国家重大技术装备成果表彰二等奖。我个人1991年获机械电子工业部优秀科技青年奖。

2. 无取向硅钢无铬涂层研究

“无取向硅钢无铬涂层研究”，这是与宝钢相关的另一个项目，来自企业委托。无取向硅钢无铬涂层，有四十多项技术指标要求。很多指标，在实验室无法检测，有些指标要委托检测，不仅要花很多费用，而且要耽误很长时间。而这个项目，企业只给我们6个月时间。在一个课题有很多技术指标时，怎么从这些指标中找相互关系，找出主要控制指标，以关键指标来调整配方，是本课题研发的关键。

我对主要性能指标进行了认真分析，如硬度与耐磨、附着力与腐蚀、层间电阻与膜厚度、击穿电压与绝缘性能等及其之间存在的关系。在短期内以较易检测的，同时也是开发产品的主要指标作为主要研发依据。这样，研发进展较快，并通过甲方现场检测，经过一段时间涂装工艺的调试，产品很快投入中试和批量生产，较好地完成了无取向硅钢的环保涂层的应用研究。这个研究方向也成为目前硅钢表面环保涂层研究的主流。

3. 编著《表面科学与技术》专著

从课题负责人到研究室副主任，从事涂料、涂装项目研发十多项，对涂装技术（特别是其中表面处理技术）的重要性深有体会。我后来被机械电子工业部任命为材保所副所长、所长，并晋升为研究员，担任研究生导师，责任加重，接触材料保护科技领域也更宽广。在管理实践中，我进一步体会到表面处理技术的重要，而国内尚无这方面的专著。

为弥补这一不足，我联合有关专家、学者，由我主编了《表面科学与技术》一书，共分两卷，约两百万字，由科学出版社出版（2023年7月开始，已出版第一卷）。从自己科研、管理工作实践中深深体会到涂装技术非常重要。业内流传有“三分漆，七分用”的说法。有文献报道涂装前表面处理对涂膜性能影响占50%以上。该专著总结了涂料涂装表面处理的理论与实践经验，并根据材料保护科技的业务领域和自己管理的实际体会组织了专家编写出包括电镀、轻金属转化膜、热喷涂、缓蚀剂、防锈、真空镀膜、激光熔覆等表面处理的理论与实践经验方面的专著。

4. 重视环保工作

2008年，我作为材料保护行业专家参加了在联合国环境规划署日内瓦总部召开的“关于持久性有机污染物斯德哥尔摩公约”第四次专家审查会，主持调查并编写了《PFOS类物质在中国电镀行业中应用情况调查报告》。全氟辛基磺酸及其盐类（PFOS）和全氟辛基磺酰氟（PFOSF），具有远距离迁移、生物积累、持久性等特性，疑似对人类致畸致癌，要禁用！

2010年我作为第二负责人承担了国家863项目“全氟辛烷磺酸盐及替代品开发技术”。2017年至2023年6月，受生态环境部对外合作与交流中心的委托，我作为“全球环境基金中国全氟辛基磺酸及其盐类（PFOS）和全氟辛基磺酰氟（PFOSF）优先行业削减与淘汰项目——电镀行业闭路循环系统改造示范”的行业专家，承担了该项目六价铬电镀生产线闭路循环技术方案设计和项目运行的技术指导任务。经过各方几年的努力工作，该项目主要技术指标达到了世界银行和中国生态环境部的合同要求，保障了PFOS等铬雾抑制剂和六价铬的循环利用，消除或减少了这些有毒有害物质的排放。该项目已于2023年11月通过世界银行和中国生态环境部对外合作和交流中心组织的专家验收，现正在全行业推广。

个人的成长离不开学校老师、行业导师们的指导：中学阶段得到化学老师邱德芝校长的教育与关心；大学期间得到查全性院士等老师的指导；硕士阶段得到中国科学院长春应化所孙家珍老师教育与生活上的帮助；博士阶段武汉大学的甘复兴老师，帮我系统梳理科研思路，开阔眼界；行业内刘国杰、潘肇基等老师在业务上给予指导。在此一并表示谢意！

聚合物设备专家俄罗斯外籍院士吴大鸣

孙　云

七绝·访吴教授有感

阵阵清流入满怀，微精逐梦暗香来。
春晖疏影繁花处，技艺高深一俊才。

在我们的生活中到处都充满了塑料制品。最常见的有电脑外壳、手机外壳还有各种触摸屏、灯罩、各种塑料包装袋等，几乎看得到的、摸得到的大都是高分子材料制品。它们是如何被制作出来的呢？大多数人可能从来没有想过，就算是想过，可能也说不清楚。这些塑料制品的生产设备是什么样子、如何工作的、它们有什么神秘之处，就很难再有一个完整的概念了。

2024年7月的一天，我走进了北京化工大学机电工程学院吴大鸣教授的办公室，他就是研制开发这些生产设备的专家。

吴大鸣教授于1957年10月出生，1982年北京化工大学化工机械专业毕业，1988年被公派赴莫斯科化工机械学院攻读副博士学位，师从苏联和俄罗斯聚合物加工领域的著名学者巴瑟夫教授和斯库拉多夫教授，1992年获得技术副博士学位并于当年回到北京化工大学任教。1994年晋升副教授，1997年破格晋升教授。2022年被批准为俄罗斯工程院外籍院士。他还是一位博士生导师并且是塑料机械及塑料工程研究所所长、高分子材料加工装备教育部工程研究中心主任。

吴大鸣教授在塑料精密成型原理与装备、塑料微纳成型原理及装备、聚合物功能复合材料制备方法与技术等方面的基础研究、技术创新及工程应用方面取得了显著成绩，为提升我国塑料加工装备的技术水平和在国际上的核心竞争力作出了积极的贡献。

交联聚乙烯是具有三维网状结构的高分子材料，具有极高的抗热氧老化能力。化学交联聚乙烯管材能够满足建筑热水管道的使用要求，化学交联聚乙烯管材需要特殊的反应挤出工艺和专用生产装备，其生产技术和装备技术在20世纪90年以前一直受到西方国家制约。

为实现化学交联聚乙烯管材生产技术装备的国产化，吴大鸣教授提出并实现了管材生产过程化学反应的分步顺序控制和分段精密控制技术，解决了大分子自由基引发、硅烷接枝、水解缩合等化学反应的有序高效进行的难题；首创具有四段式反应挤出单元的一步法硅烷交联聚乙烯反应挤出装备，实现了化学反应和管材成型一步完成，突破了国外的技术制约，研发的成套设备的价格仅为引进设备的1/10左右，所生产的D20交联聚乙烯管材价格仅为进口设备生产管材的14%。装备的产能和连续运转周期达到引进装备的水平。

该技术被列为国家“九五”科技成果重点推广计划（99050322A，一步法化学交联聚乙烯管生产机组），在国内推广生产线160余条，市场占有率在90%以上。一步法硅烷交联聚乙烯管材生产装备的国产化和大规模推广应用，为建筑用冷热水管的升级换代作出了重要贡献，产生了巨大的经济和社会效益。

这项成套技术获北京市科技进步奖二等奖，一步法硅烷交联机组获山东省科技进步奖二等奖。吴大鸣作为第一起草人主持编制国家标准《冷热水用交联聚乙烯（PE-X）管道系统》（GB/T 18992—2003）。

吴教授对塑料管材高速挤出成型技术装备的研发，成功地解决了21世纪初我国无规聚丙烯（PPR）管材和耐高温聚乙烯（PERT）管材生产装备的产能不足及生产效率低下、单位能耗和人工成本居高不下等问题。

塑料管材高速挤出成型装备，基于高分子相态演变热力学，吴教授研发了以固体摩擦能量耗散和熔体剪切能量耗散为核心的高速塑化单元；基于聚合物流变学原理，研发了并联稳压式高速管材挤出模具；基于传热学和结晶热力学原理，研发了高速喷淋式冷却定型系统；研发了基于统计过程控制的多闭环智能控制系统。上述技术集成和实施，彻底解决了高速生产所面临的高速稳定塑化、精密成型和定型的关键技术瓶颈，单机管材生产速度从12米/分钟提高到46米/分钟。创造了很大的经济和社会效益。

作为理论研究成果，吴教授主编了《特种塑料管材》专著，出版后成为塑料管材生产领域工程技术人员的重要参考书。

聚合物高速挤出成型技术和装备项目，获2013年度中国机械工业联合会科技进步奖一等奖。

吴教授介绍说："现在塑料工业已被工信部列为'工业母机'。"说明塑料加工工业已成为我国的基础工业。

外形制造工艺的不断发展与精密化只是塑料制造设备的一个方面，如何在保证外形设计的情况下，保证加工材料的高分子结构不发生变化，是塑料制备工艺的另一个核心技术。

聚合物精密成型技术及装备的研发及大规模产业化，开拓了面向通信、电子、光学、光电、介入医疗、汽车、高铁、航空航天等领域的市场需求。

注塑成型是热塑性塑料最主要的加工方法。塑料在注塑过程中要经历复杂的相态和聚集态结构变化过程，这些变化与最终制件的几何形状和尺寸密切相关，导致注塑成型精度的提高极其困难。

在国家科技支撑计划项目的支持下，吴教授攻克了智能伺服驱动变量泵、伺服驱动精密塑化、精密合模机构模板结构优化等核心技术，用于海天和长飞亚6个系列的电液复合精密注塑机和全电动精密注塑机，显著提升了国产精密注塑机的技术水平，打破了国外长期的技术垄断。

通过技术转型升级，宁波海天集团的注塑机产量和销售额激增，畅销全球包括瑞士、德国和日本在内的数十个国家和地区，其中精密注塑机技术水平的提升功不可没。

挤出成型是第二大塑料成型方法，用于生产具有相同截面形状的连续制品，如薄膜、管材、型材等。

由于挤出成型是一个连续化的生产过程且熔融聚合物的定型是在半开空间的冷却定型模具中进行，因此产品会沿纵横两个方向产生不同频率的几何波动，严重影响制品的几何精度。

吴教授在教育部和北京市科技计划项目的支持下，开展了系统的理论研究和技术创新，研发了伺服驱动精密塑化系统、并联式稳压系统、挤出流量软测量系统、多闭环智能测控系统等关键技术。基于上述创新技术的精密挤出成型机为高精密塑料制品的生产提供了可靠的装备，在精密医用导管、介入医学用梯度变硬度管、多层汽车燃油管、精密液压管、导光板、光扩散板等高精密制件的生产中得到大量应用，产品质量和能效达到国际同类装备的先进水平。

聚合物精密挤出成型技术及装备项目，获得2010年中国石油和化学工业联合会科技进步一等奖。“塑料精密成型技术与装备的研发及产业化”项目获得2011年度国家科技进步奖二等奖。

作为理论研究成果，吴教授主编了《精密挤出成型原理及技术》专著，作为副主编编著了《塑料机械设计与选用手册》，成为塑料装备和制品领域工程技术人员的重要参考书。

高分子材料，顾名思义它的分子量是巨大的，从几千到几十万甚至几百万。高分子结构包括链结构与聚集态结构，链结构是单个分子的结构，聚集态结构是分子链之间的排列与堆砌，聚集态结构是反映高分子链之间的相互作用关系。而它们的结晶形态决定了高分子材料的性能高下。

例如，聚四氟乙烯号称“塑料王”，它就是我们所熟悉的“特氟龙”材料。它有很多性能在塑料里排第一，如，耐温性，它可以从-190～260℃，化学稳定性；等等。但它也有致命的缺点。如，蠕变与不耐磨。聚四氟乙烯的优点使它可以成为最好的密封材料，但蠕变大大影响了它的应用。另外在高能射线下聚四氟乙烯很容易老化也是它的缺点，使得应用场景很难拓展。

吴大鸣教授介绍，一位俄罗斯科学家致力于聚四氟乙烯的研究四十多年，已经攻破了蠕变与不耐磨等问题，并且没有损失聚四氟乙烯的其他优点。主要就是将聚四氟乙烯的结晶形态从折叠片晶转变成球晶。“我们现在正在与俄罗斯洽谈这个项目的合作，希望能在中国落地。这将大大扩展聚四氟乙烯的应用场景……”

精密塑料制备工艺不仅要考虑外形的微结构设计，更多的是要在材料上下功夫。必须了解材料的内部结构，在不改变材料性质的前提下，生产出所需的产品，这是需要攻坚克难的，也是我们的核心技术。只有掌握了核心技术才可以在市场上有话语权及定价权。

吴大鸣教授承担的重大工程项目中，有一项是高分子材料战机座舱盖制造技术。前一代战机多采用有机玻璃浇铸而成，而新一代战机则采用特种聚碳酸酯，通过特殊的注射工艺制造。

现代战机的座舱盖要求能够承受高马赫数下急剧变化的压力和温差、抗鸟撞性好、穿盖逃逸性可靠、耐刮划性高，同时还有严苛的光学畸变和角偏差等光学性能要求，在几何上，因制件成型尺寸在2米以上，为减重还要采用变厚度结构，这些都给产品的设计和制造带来了极大的困难和挑战。在研制过程中，攻克了制件力学和光学性能兼顾的设计准则和优化方法、大体积聚碳酸酯均匀塑化技术、制件内应力及取向度的控制技术、成型模具设计制造技术等难题，完成了系统的理论研究、试验验证工作，为后续型号任务的实施奠定了坚实的理论和试验基础。目前，项目所支持的型号任务已圆满完成。

聚合物功能材料及其性能强化技术是一种聚合物个性化的利用。吴大鸣教授在聚焦聚合物基体中纳米功能相的原生尺度分散、导电/导热填料的网络构建与强化，以及聚合物表面跨微纳尺度功能阵列结构的高效构建等先进聚合物材料及器件制备的关键瓶颈问题，以工程化应用为目标，提出了“空间限域强制组装法”（Spatial Confining Forced Network Assembly SCFNA）制备高性能导电/导热复合材料的方法，“类固态聚合物等温微纳热压印”（Isothermal Hot Embossing in Solid-like State，IHESS）高效制备聚合物表面微纳结构阵列的方法，“原位气泡拉伸法”（In Situ Babble Streching，ISBS）制备聚合物纳米复合材料的方法，等等。上述加工方法的创新，突破了传统加工方法的性能和效率极限，具有重大的工程应用价值。

例如，在聚合物基体中添加导电/导热填料是使聚合物具备导电/导热性能的主要方法。传统方法通过一定加工条件下导电/导热填料的自组装，在聚合物基体中形成导电/导热网络，以大幅度提高复合材料的导电或导热性能，该方法行之有效，已沿用数十年。但自组装方法的局限性在于，一旦形成自组装网络，复合材料的导电/导热性能就到达极限，无法进一步大幅度提高。

吴教授“空间限域强制组装法”（SCFNA）的提出突破了上述极限，突破的关键在于通过创造限域空间，实现外力场与填料自组装力的正向叠加。与自组装复合材料相比，SCFNA的实施，可以在不增加导电/导热填料的前提下，使复合材料的导电、导热性能分别进一步提高4个数量级和1个数量级以上。

相关方法已在柔性传感器、人工肌肉、介电弹性体发电、介电弹性体驱动、柔性电磁屏蔽材料、微电子热管理材料等方面应用，取得了很好的效果。中国科学院化学研究所阳明书研究员认为“聚合物复合材料的导热性能在过去几十年内一直在较低水平徘徊，SCFNA使之大幅度提升至接近甚至超过不锈钢的导热性能，同时还具有良好的加工性能，该创新的意义怎么评价都不为过”。

该方法已获得美国专利1件、国家发明专利多件。

再如，在聚合物微纳结构功能材料制备技术方面，吴教授针对传统微纳热压印成型周期长达10分钟，导致其工程应用受到严重制约的问题，提出了“类固态等温热压印”（IHESS）方法。一改传统微纳热压印先加热到黏流温度压印再冷却到固化温度以下定型的工艺路线。

IHESS法创新提出在高弹态（类固态）下进行等温热压印，在压印出微纳米尺度结构的同时完成应力松弛，得到稳定的微纳结构。IHESS法突破了一定要在聚合物黏流温度下进行热压印的思维定式，充分利用高分子材料在特有的高弹“类固态”下的流变和松弛特性，实现了无须升降温度即可完成微纳热压印全过程的目标，使得热压印时间从传统工艺的10分钟以上降到20秒以下，仅为传统工艺周期的3％左右，为热压印这种跨微纳尺度的成型方法走出实验室提供了理由和可行性。

采用IHESS方法制备的具有鲨鱼皮仿生结构的超疏水功能材料，试用于酸奶包装，性能优异，防粘和持久性优于进口产品；用于制备手机导光板、柔性传感器敏感单元、医用透皮给药微针等制件，均获得良好的效果。

对于光的追求人类永远也不会停下脚步，从自然光源到人造光源我们已经追索了几千年。

早在三千多年前人类就开始利用火光来照明。19世纪末人类进入了电灯时代。人造光源又经过了一百多年的发展，进入21世纪，一种可以把电能直接转化为光的发光二极管走进千家万户，这就是LED灯。

LED光源方向性很强，灯具设计则需要考虑LED特殊光学特性。过去即便给LED光源罩上灯罩，也会有刺眼及眩目的不适感。针对LED光源的这种特性，灯具设计需要从几何光学原理方面解决光源照射问题。

在图纸上对于微结构光学导光板和微结构光扩散板的设计，可能不是一个很难解决的问题，困难在于如何把这一设计落地成为真正可用的产品。

2011年吴大鸣教授带领他的团队开始研发灯具制作工艺。经过不懈的努力，2013年研发出了基于微纳热压印技术的微结构光学导光板和微结构光扩散板生产装备，及超大型微结构光学制件滚塑成型装备，用于高效LED灯具光学配光材料的生产，取得了很好的经济效益和社会效益。比普通导光板和光扩散板提高光效15%左右，光线的均匀度大幅度提高，同时可以对光照度分布进行控制。

2017年厦门金砖领导人会晤大厅中的直径为9.3米和8米的两盏巨型室内LED花灯，就是吴大鸣教授带领他的团队采用本技术仅用五十多天完成的，受到了业内专家的一致赞誉。该LED灯具采用微结构配光灯罩，美观大气。

在此次金砖会议上，除了制作国内最大巨型花灯外，该团队又实现了若干个“第一”。“第一个‘第一’是显色指数达到了90%；第二个‘第一’是第一次使用了滚塑成型制造巨型、精密双曲面光学制件，节约了材料和时间；第三个‘第一’是同时满足高透光率、高雾度、高显色性、无卤阻燃的要求，也是国内首次。”《中国科学报》和科学网以“一灯”诞生记为题进行了专门报道。

该技术获得2020年中国轻工业联合会科技进步奖二等奖。

关于塑料的环保问题，吴教授说这应该已经不是一个技术问题了，更多的是管理上需要重视和解决的问题。降解并不是唯一，更不是最好的方法。“石油的形成至少需要200万年，从石油里提取出的高分子材料如果只用了一次就要把它降解，不是太浪费了吗？”

在未来的发展中，塑料的潜能必将会被一一地发掘出来，替代某些传统材料的趋势势不可挡。塑料制作设备工艺的提升与创新任重道远，吴大鸣教授对此很有信心。

吴大鸣教授除自己的教学与科研工作外，还主持国家自然科学基金、国家科技成果重点推广计划项目、国家科技支撑计划项目、国防973计划项目、国防科技173计划项目等纵向科技项目10余项，与企业间的技术开发和技术转让项目50余项。

发表科技论文280余篇，其中70余篇被SCI、EI收录；获得国家专利60余项，美国专利1项；获得国家科技进步奖二等奖1项，省部级科技进步奖一等奖3项、二等奖5项。

吴大鸣教授2019年9月，荣获中共中央、国务院、中央军委颁发的“庆祝中华人民共和国成立70周年”纪念章；被中国塑料加工工业协会授予“中国塑料行业杰出人物”，同年10月，被母校俄罗斯莫斯科国立工程生态大学（МГУИЭ）校长Генералов Н. 教授颁发从教30周年铜制纪念章。1998年入选北京市青年学科带头人，1994年入选北京市优秀青年骨干教师。

聚氨酯产业先锋尤小平

白鸿博　王雪丽

风起云涌的市场经济浪潮中，敢为人先、特别能创业的温州人创造了一个又一个的辉煌与奇迹，作为率先打开阿里巴巴财富大门的领跑者，温州已成为备受瞩目的民营经济先发地区和中国乃至世界最具活力的城市之一。“温州模式”作为市场经济的“经典关键词”，在科学发展不断创新的今天，时代的弄潮儿们又赋予了它新的内涵。

闻华峰大名久矣。2008年春节，笔者回乡省亲与温州大学化学系教授们谈起了谁是温州地区中国化工行业的名企名家时，他们首推华峰集团及其董事局主席尤小平。作为从温州走出来的化工办刊人，我们为家乡有这样一位著名的化工企业大家而骄傲。于是心中便有了一个愿望，想再回故乡时，去华峰走一走、看一看，好一睹华峰风采。

8月中旬又回温州。热情如火的故乡将远行的儿女拥入怀中。时光定格在2008年8月21日，华峰集团派小车将笔者与家父温州王十朋研究会会长王祝光一同带到千年古镇瑞安，这里因有近代著名学者孙诒让的四大藏书楼之一的玉海楼而闻名中外。

华峰集团坐落在风光旖旎的飞云江畔，小车停在了中国华峰集团现代化办公楼前，大门口上方一行醒目的“热烈欢迎《当代化工》杂志社王雪丽社长莅临华峰考察指导”的红色电子屏幕映入眼帘，面对华峰人的真诚和周到，我们的心好生感动。华峰集团党委书记、副总胡永快同志和华峰氨纶公司的徐宁副总将我们迎入楼中。胡总告诉我们，恰值华峰董事局尤小平主席出差，今天还不能回来，由我们来接待您的采访。

尤小平，男，1958年1月出生于浙江瑞安。

胡总让我们先看看华峰集团的播出带，尤小平主席刚毅的国字脸、从容淡定的神情给我们留下了极为深刻的印象，虽未见其人，却先睹其容了。然后胡总全面地为我们介绍起集团的四大主导产品、三大转型发展历程和四个共同核心文化理念。

华峰创业于1991年，1994年进入高分子材料聚氨酯产业，1996年组建华峰集团，2001年成为无区域企业，拥有温州、辽宁、上海、福建、成都等生产基地，它们分别是浙江华峰氨纶股份有限公司、辽阳市华峰聚氨酯有限公司、华峰上海有限公司、晋江兰峰制革有限公司（合资），2003年在瑞安投资建设华峰工业园，2006年又成立了成都华峰聚氨酯有限公司。华峰集团建有一个国家级行业研发中心，两个省级研发中心，有两大产品荣获中国名牌产品称号，是超纤维合成革和氨纶长丝行业标准的起草单位，是全球最大的聚氨酯鞋用树脂生产企业。

华峰目前有四大主导产品，即年产各15万吨的“聚峰”牌聚氨酯鞋底原液和聚氨酯革用树脂，年产4.2万吨的“千禧”牌氨纶长丝和年产800万平方米的“华峰”牌超细纤维合成革。鞋底原液、革用树脂和氨纶长丝是中国名牌产品，其中鞋底原液国内市场占有率超过50%，氨纶长丝销往全球35个国家和地区。

创新是科技时代的灵魂，也是华峰持续高速发展的引擎。17年来，华峰坚持走科学发展的创新道路，大胆突破了民营企业的发展模式，成功实施三大转型：即产品结构由传统产业向高新技术转型；股权结构由封闭向开放转型；治理结构由传统家族式管理向现代化企业管理结构转型。创新使华峰实现了跨越式的持续发展，2004年国家税务总局民营企业纳税百强排行榜中华峰名列第22位。作为中国制造业和中国民企500强、中国石油和化学工业百强企业之一，2006年8月23日上午8点，华峰氨纶在深圳证券交易所上市，成为温州民营企业首家A股国内上市公司。这一庄严时刻，标志着华峰氨纶已正式驶入资本市场的快车道。

2007年，华峰集团这艘航空母舰在舵手尤小平主席的带领下再创辉煌，华峰集团温州本部销售收入首次突破50亿元，上缴税款首超4亿元。近8年来，华峰集团温州本部累计上缴税款11亿元。目前，温州总部有员工2611人，其中有3名博士、70多名硕士生，大专以上占24.8%，2007年人均创产值200万元，人均创税18万元。从50亿元出发，2008年华峰又迈上了一个新台阶，踏上一个新高度。

面对华峰取得骄人的成就和业绩，中央、省、市领导一直关注着华峰的成长和壮大。2008年7月7日，时任中共中央政治局常委、国务院副总理李克强同志到温州视察时，特地来到华峰认真听取尤小平主席关于华峰在节能减排管理上的一些先进经验。几年来，习近平、贺国强、张德江、赵洪祝、吕祖善等中央和省级领导都来过华峰视察和指导过工作。作为“新温州模式”的代表，华峰的成长和崛起为人们提供了一份可资借鉴的民营企业如何做大做强、持续发展的样本。华峰坚持以人为本，构建“在岗学习，集中培训、知识管理”三大人才培养机制，把人才长效培训作为企业重大发展战略，这种为打造百年华峰、志存高远的人才战略，使华峰永葆青春。

在胡总的指引下，我们乘车来到瑞安经济开发区华峰工业园。678亩的华峰工业园中，布局合理的现代化工厂，绿草如茵的清洁环境，一条清澈的河流从园区内缓缓流过。鸟儿在管线架上纷纷筑巢飞翔，和谐友好的生态环境，使华峰氨纶股份有限公司获得了2007年中国化纤企业环境友好企业的殊荣，并通过了国家级环境友好企业验收。华峰集团历来重视环保工作，大力发展循环经济，实施清洁生产，从技术改造、工艺改进、余热余能利用等多方面入手，在节能减排工作上创造了崭新的纪录。几年来，华峰集团先后投入30多亿元进行“脱胎换骨”式的扩建和技术改造，稳居全国行业龙头地位。尤其是在节能减排方面，华峰氨纶走在时代前列，综合能耗处于国际先进水平。2024年还要再投巨资进行污水处理改造，污水回收利用率将由72%提高到95%以上。本着对社会负责，华峰专门请周边的居民来给工厂提意见，向居民承诺“碧水蓝天”，实现企业与社会和谐发展。

胡总指着生机勃勃的花园式工厂，告诉我们：“我们尤小平主席是一位极富爱心的企业家，汶川地震我们公司捐助了520万元，员工的捐资超过30万元。他倡导责任关怀，以回报社会为己任；他为人宽容，用人之长，对朋友诚信；他与时俱进，不断地超越自我；他有双赢理念，在财富上与人分享。多年来，我们华峰集团为各类慈善事业已捐款2550多万元。2007年8月成立的‘华峰诚志助学基金’，采取项目运作的方式分8年拿出不少于1300万元用于支持贫困生上大学。”

作为企业的灵魂人物，为打造百年华峰，尤小平主席为华峰集团提出了共同目标、共同创业、共同利益、共同发展的“四个共同”企业核心文化理念，体现了以人为本和谐发展的思想。“财聚人散，财散人聚”，他把氨纶的股权拿出来让大家分享，这种共享成果的博大胸怀赢得了员工们的尊重和拥戴。

员工是集团的巨大财富，这两年他拿出1亿元建华峰专家楼筑巢引凤。又投资8000多万建设员工安心公寓，改善员工生活条件，让华峰人安居乐业。为保障员工健康，华峰每年都为员工做一次体检。员工人均工资处于温州前列就是共同分享企业发展利益的最好注解。2007年，华峰荣获“全国模范劳动关系和谐企业”称号。

我们请胡总再谈谈尤主席对华峰集团“十一五”以后还有哪些发展举措。说起明天的发展，胡总坚定地告诉笔者：我们尤主席特具战略眼光，是一位走在时代前列的企业家。我们将坚持产业一体化发展，适度多元化，做好产业经营与资本经营相结合文章。坚持“走出去”与“请进来”相结合战略，在更大范围内整合资源发展自己。

在氨纶公司样品室里，我们注视着宣传板上尤小平主席的总裁致辞：17年来华峰在社会各界的支持和协助下，一直致力于聚氨酯系列产品的研发、生产和销售，以满足现代人对高品质生活的追求，使更多的人享受到人类智慧的最新成果。我们在追求技术创新的同时，要不断地推进企业的管理提升和文化塑造，依托企业高科技特征、精细化管理和诚信品格，推动企业跨越式可持续发展。我们将以快速和稳健的发展步伐，为员工创造价值，为客户创造效益，为社会创造财富，为人类创造更加舒适、美好的生活。

采访考察即将结束，家父王祝光为华峰即兴挥毫：“品牌兴国”。呼唤品牌，创造品牌，尤其是创造世界知名品牌，是摆在中国企业面前迫切的任务。“欲穷千里目，更上一层楼”，前面的路还很长。作为中国聚氨酯产业的先锋，从50亿元出发，华峰人已站在一个新的历史起点。“屹立华峰，聚合天地”，华峰这艘企业航母在尤小平主席的指引下，必将在商海中乘风破浪，扬帆远航……

中国化工过程安全管理理念的实践者王浩水

孙宝福[1]

王浩水，男，1959年出生于山东省临朐县。1982年于山东省化学石油工业学校毕业后，分配到齐鲁石油化学工业总公司（简称齐鲁石化），先后负责芳烃和聚乙烯等装置工作，历任车间技术员、工段长、车间副主任、主任，齐鲁塑料厂副总工程师、副厂长、厂长，齐鲁石化股份公司经理、中国石化齐鲁分公司副经理。他先后被评为齐鲁石化公司劳动模范、中国石化总公司劳动模范、中国石化集团公司优秀青年知识分子、山东省第十四届优秀企业家。

王浩水有长期在化工企业工作的经历，深切理解化工生产过程的危险性。“在齐鲁石化的24年间，没有一天不与安全生产打交道，无时无刻不在处理生产和安全问题。”王浩水说。他回忆起见过的惨烈事故现场，回忆起失去家中顶梁柱的事故亡故职工家属，至今依然感觉“无法面对”。

“长期的化工装置基层工作使我积累了较为丰富的化工安全生产经验，但也为随时可能发生的生产安全事故担心，总想有朝一日能够把握化工安全生产规律，找到一条做好化工安全生产工作的有效途径和管用办法，可以有效避免化工生产事故造成人员伤亡和财产损失，让化工更好地助力国家民族的振兴，更好地造福人类。”

2006年7月，王浩水带着强烈的愿望和使命感，奉调来到国家安全生产监督管理总局（简称国家安监总局）。此后，他先后任国家安监总局危险化学品监管司司长，国家安监总局党组成员、总工程师，应急管理部原党组成员、总工程师。

来到国家安监总局工作后，王基本上是“追着事故跑”。辽宁大连“七一六”卸油管道爆炸、青岛“一一二二”输油管线泄漏爆炸、晋济高速岩后隧道“三一”燃爆事故、沪昆高速邵怀段“七一九”交通事故、天津港“八一二”火灾爆炸、江苏响水“三二一”爆炸……凡涉及危险化学品的重大、特别重大事故的应急处置和事

① 孙宝福系《中国应急管理报》记者。

故调查，王浩水都积极组织或参与其中，深入调查事故发生的原因，潜心思考危险化学品事故规律，深入研究推动我国化工行业和危险化学品领域安全发展治本之策。

"全国各地发生了典型的化工或危险化学品事故，司里就会针对事故暴露出的突出问题，发文提出整改和整治的工作要求，但找到一套化工安全生产科学管理方法、安全管理要走在事故发生前的信念一直激励我不断地探索。"他说。

在国家安监总局工作期间，王借鉴世界化工发达国家的化工、危险化学品安全管理的法律法规标准和管理体系，针对我国化工行业、危险化学品领域的安全生产现状，组织修订了现行危险化学品安全管理法规，规划并组织制定了一系列适合我国化工行业、危险化学品安全生产特点的国家标准、行业标准、指导性和政策性文件，建立起比较完善的危险化学品安全生产管理政策体系，为促进我国化工、危险化学品行业领域的安全生产作出重要贡献。

王浩水说："在开展我国与化工发达国家安全监管法律法规标准的对标研究和安全生产监管对外交流的过程中，我发现美国化工过程安全中心推行的化工过程安全管理，对提高化工装置本质安全水平、防范遏制化学品事故有明显成效，是化工企业预防事故的有效管理方法。"

化工过程安全管理理念的提出源于印度博帕尔事故。1984年12月3日，位于印度博帕尔市的美国联合碳化物公司印度公司发生剧毒化学品甲基异氰酸酯泄漏事故，造成6495人死亡、12.5万人中毒，接受治疗的受害者高达20万人，震惊了美国化工界。为防范和遏制化工和化学品事故，美国化学工程师协会成立了化工过程安全中心。2007年，该中心编写出版了《基于风险的过程安全指南》。

"通过对美国化工过程安全管理要素体系的深入研究，同时借鉴欧盟化学品安全管理的经验，从事化工和危险化学品安全管理的众多专家都认为在我国推行化工过程安全管理，是提升我国化工行业、危险化学品领域安全生产管理科学化水平的有效途径。"王浩水说。

王凭借丰富的化工安全生产实践经验和深厚的危险化学品安全监管经验，在充分吸收美国化工过程安全管理理念和要素，借鉴欧盟化学品安全管理经验的基础上，结合我国化工、危险化学品安全生产法律法规、标准规范和实践经验，用一年多时间亲自拟定了《关于加强化工过程安全管理的指导意见》，2013年7月国家安监总局印发了该意见。该意见首次提出了具有中国特色的化工过程安全管理理念，对化工企业、涉及危险化学品单位的安全管理提出了12个方面30项工作要求，引导我国化工行业和危险化学品领域安全生产走向新的发展阶段。

“我国化工安全生产与其他国家相较具有自己的特点，大型企业与较小企业也不一样，我们需要的是一种普遍适用于我国化工生产的安全理念和方法。”王浩水说。2019年开始，他深入研究美国化工过程安全管理 20个要素，欧盟化学品安全管理内容，日本、韩国、马来西亚及新加坡化工安全管理做法，结合多年来化工安全生产的实践经验，以及在国家安监总局和应急管理部从事化工、危险化学品安全监管的工作经历，研究构思我国化工过程安全管理体系要素。

2022年6月，王浩水利用两年多时间编著的《化工过程安全管理与实践》首次出版发行。“这本书是我利用业余时间，一个字一个字亲手用电脑打出来的。”他说。该书一经出版便受到业界一致好评，迅速成为畅销书。2023年1月，这部花费了他大量心血、凝聚着他几十年化工安全管理实践经验和危险化学品安全监管实践经验的著作第3次印刷。该书规划设计了我国化工行业、危险化学品领域安全生产管理20个要素体系，清晰界定了化工、危险化学品安全生产的工作边界，为解决化工行业、危险化学品领域企业安全生产管理工作“东一榔头西一棒槌”问题，解决化工、危险化学品事故防范“按下葫芦浮起瓢”现象，找到并提供一条理念先进、科学、有效、符合国情的工作路径。

《化工过程安全管理与实践》先后获得中国石油和化学工业联合会2023年度石油和化学工业优秀出版物图书一等奖、中国石油企业协会2023年度石油石化企业管理现代化创新优秀著作二等奖。书中提到的20个要素，已经转化为被应急管理部批准的行业标准《化工过程安全管理导则》(AQ/T 3034—2022)。该标准完全替代《化工企业工艺安全管理实施导则》(AQ/T 3034—2010)，自2023年4月1日起施行。《化工过程安全管理导则》也已转化为我国危险化学品生产企业安全生产标准化的评审标准，实现了我国化工过程安全管理基于风险理念的转变。王浩水的化工过程安全管理的理念、思想、方法已经通过行业标准、规范性文件和教科书般的著作转化为我国化工安全生产管理的生动实践，他成为我国化工行业和危险化学品领域公认的化工过程安全管理导师。

安全生产永远在路上。王浩水初心不改，为“让化工更好地助力国家民族的振兴，更好地造福人类”，他依然脚步匆匆，探寻在化工安全生产的最前沿。

勤奋好学善解难题的物探队员贾金忠

赵占英[①]

贾金忠，男，1960年5月26日生于河北省平山县三汲乡河渠村。1978年考入中国石油工业部石油物探学校地震仪器专业学习，在学校学习期间，第一次见到了当时亚洲最大的计算机处理中心并在此实习，第一次见到了当时全国领先的计算机芯片制造厂并在此实习，第一次认识到地震勘探是一项科学技术非常高的事业。1981年毕业后被分配到石油物探局第四地质调查处工作。

20世纪80年代，作为国家恢复高考后培养的第一批专业技术人才，他刻苦钻研技术，进口的仪器说明书和线路图都是英语，贾自学了英语，很快成为全局出类拔萃的仪器维修工程师。他不但解决了本单位很多仪器的故障，还为兄弟单位解决了不少难题。例如：1993年冬季，在东北施工的地调一处的DFS-VI仪器的相关器件出了故障，全队停工好几天了，一直找不到问题出在哪里，一处的领导请贾去帮助解决，专车送到东北，经过连夜的检查维修，终于在天亮前排除了故障，解决了困扰他们多天的难题。由于出色的技术水平和工作表现，1993年贾被公派到美国进行专业技术学习。学习结束后，美国方面想让贾留在他们公司，为他们工作。贾坚决回绝了，他觉得作为中国人应该为祖国服务。

由于当时MDS-10地震仪器的最多道数为48道，为了解决用两台仪器做三维勘探的难题，贾主持研制了MDS-10仪器同步器，成功解决了两台仪器做三维勘探的问题，这个项目被评为物探局技术进步奖，贾也被评为青年技术能手。

1997年，贾响应中石油“走出去”的战略，第一批进入非洲苏丹进行风险勘探，当时苏丹的反政府武装经常与政府军交战，勘探区块又正好就在交战区附近。贾作为勘探队副经理主要负责野外生产，虽然雇用了政府军保护，但看到政府军的简易装备时，心里还是不太踏实。因此，贾和他的团队一边勘探一边做好

① 赵占英系东方物探公司职工，中国石油作家协会会员。

了随时避险的准备。同时，克服了酷热天气影响。

1998年，由于伊朗国家石油地震勘探队受到美国等西方国家的制裁和技术封锁，无法掌握三维勘探技术。贾作为物探局专家组成员之一，到伊朗国家地震勘探队指导他们做三维勘探。为了便于对伊朗技术人员的培训，贾除了学习英语外还自学了波斯语。经过努力，圆满完成了专家组的任务。由于这个专家组的任务完成得好，让伊朗国家石油公司看到了东方物探公司的实力，在接下来的几年里，每年都给东方物探公司好几个勘探项目。

1999～2002年，贾作为项目副经理参加了波斯湾过渡带项目PC-2000的运作。这是东方物探公司在海外的第一个过渡带项目，其复杂和困难程度难以想象，设备有勘探船、汽爆船等各型船只，还有过渡带设备如空气船，气垫船等以及陆地设备。各种地方关系更复杂，涉及甲方以及甲方监督、当地政府、移民局、海军、边防警察和美军军舰等。除了顺利地完成项目，贾凭着自学的波斯语，熟练地与当地人交流，解决各种问题。一次，在一个驻有海军基地的岛上周边工作时，两名中方员工被当地海军扣押，贾立即找到海军司令部用流利的波斯语说明了情况，他们佩服贾说一口流利的当地话，气氛马上缓和了很多，问题得到了解决，释放了扣押的人员。

2002～2004年，东方物探公司在墨西哥运作第一个三维项目时遇到了大问题。在墨西哥的最大难题是工农关系，施工区域都属私有农庄，没有地主的允许，中外方雇员根本无法进入他们的土地进行勘探。当地人即使同意了也经常反悔，并找各种理由到法院起诉，三天两头传唤主要班组长去法院过堂。一千多人的地震队经常因工作关系停工停产，损失巨大。在这种情况下，局领导把贾从伊朗急调到墨西哥担任项目副经理，主要负责公共关系。经过认真的调查研究，贾发现法院的主法官是个关键，这个法官对中国的风水学说特别喜欢，贾利用自己掌握的风水知识与他探讨，并因此成为好朋友，法官也充分了解了我们的工作，开始为我们着想，工农关系也顺利了。贾用中国的传统文化解决了我们工作中遇到的大问题。

2004年，由于出色地完成各项派出任务，贾被调到东方物探公司国际部工作，先后任作业部副主任、人力资源部副主任、党群工作部副主任、工会副主席等职务直到退休。

退休后，贾热爱公益事业，积极组织和参加在革命老区西柏坡周边的公益事业，贾和单位为老家的希望小学捐赠学习用品多次，并参与希望小学的各项课外活动。牵头成立敬老爱老促进会，组织大家捐款捐物，关心村里老年人的精神文化生活。几年来，组织乡村文化节7次，九九重阳节饺子宴7次，每次400多人参加，每年中秋节为200多位老人发月饼6次。

石化行业领军人物“国家卓越工程师”方向晨

白鸿博　王雪丽

2024年1月19日，国家工程师表彰大会在北京人民大会堂隆重举行。这是我国首次以国家名义开展的“国家工程师”表彰，共选出81名“国家卓越工程师”和50个“国家卓越工程师团队”。作为国家工业重要支柱的石化行业的领军人物、中国化工学会副理事长兼秘书长、《当代化工》编委会常务副主任方向晨名列其中。

方向晨1960年5月出生在安徽桐城，1982年毕业于华东化工学院（现华东理工大学），被分配到抚顺石油化工研究院。

自改革开放以来，我国经济持续快速发展，原油供不应求。从中东等地进口的原油，有的杂质含量较高，加氢就成了破解这一难题的关键技术。

1989年方从海外进修回国后，承担起了中国石化重点科技攻关项目“缓和加氢裂化动力学实用数学模型”的科研任务。他在实验室里夜以继日地做了大量研究，经过“实验—计算—实验”的无数次循环，他终于带领团队取得了突破性进展，建立起的反应动力学模型能够利用常规油品的分析数据，精确预测加氢反应结果。以此为基础研发的各种油品加氢反应动力学模型，被广泛地应用于生产实践中，时至今日仍属先进，为国内加氢裂化技术赶上国际先进水平作出了重要贡献。

20世纪90年代中期，中国进口含硫劣质原油的数量明显增加。当时含硫原油加工的理想工艺路线是加氢裂化，但适应含硫原油加工的加氢裂化装置在全国仅有7套，远远不能满足对进口原油加工的需求。方主动请缨攻堡垒，带领团队通过动力学模型和流程模拟等基础工具，综合推演了各种加氢新技术集成应用的可行性及其效果，对企业进行了脱瓶颈扩能改造，使国内7套装置的总加工能力增加了近一倍。

但加氢裂化装置的扩能仍不能满足企业加工进口含硫原油的需求。为此，方向晨长期驻扎在镇海炼化公司，主持开发出劣质蜡油加氢处理部分转化技术，成功解决了传统加氢脱硫或加氢处理存在的问题。镇海炼化采用该技术后，率先建成国内首套180万吨/年含硫蜡油加氢脱硫装置，于2002年8月开车一次成功。

进入21世纪，随着机动车的飞速发展，机动车尾气排放对环境的污染日趋严重，解决这一问题已迫在眉睫，而改善燃油质量是解决问题的关键一环。

催化裂化柴油在我国柴油中的占比高达1/3，但其芳香烃含量高，致使柴油的十六烷值低，造成发动机效率降低，颗粒物排放量大，成为柴油产品质量升级的重要瓶颈。2000年方承担了国家科技攻关项目“劣质柴油加氢改质技术（MCI）”，他带领团队创新性地提出将稠环芳烃的加氢反应控制在“开环而不断链”，兼具加氢裂化过程柴油质量高和加氢精制过程柴油收率高、氢耗低的优点。发明了含空间位阻的大分子硫化物脱除关键技术，经济高效地解决了柴油超深度加氢脱硫的世界性难题；发明了催化柴油加氢转化技术（FD2G），引领了重质油高效转化生产清洁燃料的发展方向；发明了液相循环加氢技术，使加氢过程的能耗降低50%，投资降低1/3。

进入21世纪，我国石油和天然气的对外依存度快速攀升。如何把宝贵的原油“吃干榨净”，成为炼油技术的重要课题。

早在2003年，方担任中国石化大连石油化工研究院院长时，就作出一个大胆的决策——开发沸腾床渣油加氢技术。因为这项技术能够将低价值劣质重渣油高效转化为优质油品和化工原料，是提高原油利用效率的关键技术。

方率先提出烃类分子结构导向转化的创新理念，发明了反应器分区强化、渐次反应等创新技术。方带领攻关团队突破了一系列关键技术，终于成功开发出了渣油沸腾床加氢转化成套技术——STRONG沸腾床技术，这一具有完全原始创新性质的三相自分离式沸腾床渣油加氢技术，大大简化了系统和设备、降低了投资和运行费用，提高了装置操作的稳定性，为提高石油资源利用率和清洁生产作出了重要贡献。

2020年7月，我国首套国产化50万吨/年中低温煤焦油STRONG沸腾床加氢裂化装置在陕西神木开车成功，可提高液体收率15%以上，具有原料适应性强、流程简单、投资低等特点。此后，他带领团队利用沸腾床技术优势，结合固定床渣油加氢过程的特点，在国内外首创沸—固复合床渣油加氢处理技术。这些创新为蜡油、渣油等低值组分高效转化和化工利用提供了新路线。

回顾方向晨从业近40年走过的路，他的研究一直走在我国炼油加氢技术的前沿高地，由此也赢得了一系列职位和荣誉：他是博士研究生、教授级高级工程师。曾任中国石油化工股份有限公司抚研院院长、大连石油化工研究院院长；退休后，又任中国化工学会党委书记、副理事长兼秘书长，特别是2024年4月4日，又接任亚太化工联盟主席。

方向晨作为《当代化工》编委会常务副主任，多年来对该刊起到了积极指导作用。我们永远都不会忘怀。

“科技型企业家”李若平

白鸿博　王雪丽

2005年4月27日，中国抚顺。母亲河浑河，浩浩荡荡，穿城远去；高尔山下，春花烂漫，万物复苏，人心欢腾。

受国家发改委委托，由中国国际工程咨询公司、中国石油、辽宁省、抚顺市等领导和专家学者参加的“抚顺石化公司100万吨/年乙烯技术改造工程现场调研及评估工作会议”正在抚顺石化公司举行。

这里会集了中国石油工业顶尖级的专家学者及相关领导。与会期间中国国际工程咨询公司，以副总经理肖凤桐为首的专家组一行16人，对抚顺石化公司100万吨/年乙烯技术改造工程进行了实地考察和评估。

4月28日，中咨公司专家组根据独立、平等、公正、可靠的原则，经实地考察和对各种技术资料进行仔细的审核后郑重宣布：抚顺石化公司100万吨/年乙烯技术改造工程顺利通过评估。

在欢笑的领导们当中，最激动的莫过于抚顺石化公司总经理、党委书记李若平。

自2004年4月26日这个项目立项以来，李为了能申报立项这个抚顺市领导格外关注的“救命”项目，他所带领的抚顺石化领导班子，这一年中不知跑了多少趟北京，也不知提交了多少技术资料和报告文件，熬了多少个不眠之夜。今天公司原有的16万吨/年小乙烯将扩建改造成为100万吨/年世界级规模的大乙烯，这个项目终于得到了国家的认可，这必将为公司和抚顺市提供难得的发展机遇。这次评估的顺利通过，标志着抚顺石化公司在建设“千万吨炼油，百万吨乙烯”世界级规模炼化生产基地和打造“百年企业，世界品牌”的征程中迈出了重要的一步，从此抚顺市和抚顺石化将步入历史发展的新纪元。

4月，中国石油选择了抚顺，历史将铭记这一光辉时刻。抚顺石化在李的带领下乘胜追击。2005年5月23日，在北京召开的“中国石油抚顺石化公司100万吨/年乙烯技术改造工程环境影响报告书技术评估会”上又传来喜讯：该项目已顺利通过国家环保总局组织的专家评估。“我们终于通过环评了！”李的一句感慨，包含着几多喜悦，几多艰辛。

这个项目总投资129.12亿元，与其配套的环保设施投资预计2.36亿元。作为抚顺石化公司的党政一把手，他深知自己所领导的这家国有大型石油化工联合企业，肩负着重大的经济责任、政治责任和社会责任。几年来，李始终把经济与社会、能源与环境的和谐作为抚顺石化追求的目标。这次国家环保评估的顺利通过，标志着100万吨/年乙烯技术改造工程已进入了实质性的阶段。他清醒地意识到，自己所驾驶的抚顺石化这辆时代列车，已驶进了世界级炼化高速公路。

李若平，男，1963 年出生于山东省梁山县。1985年，作为抚顺石油学院化机专业毕业的大学生，李满怀豪情和理想，奔赴齐鲁石化公司第一化肥厂，开始了他人生工作的第一站。1989年他调到抚顺乙烯化工有限公司，从乙烯车间的设备员干起，历任乙烯车间副主任、主任，抚顺乙烯化工有限公司经理助理、副经理、经理，到1999年11月就任抚顺乙烯化工有限公司经理、党委书记。2001年11月，他被上调中油抚顺石化公司任副总经理、党委委员。2004年8月，李任中油抚顺石化公司总经理、党委书记。

作为科技企业家，李思维敏捷、思路清晰，提出了“先做强再做大”的发展思路。2004年他带领班子和抚顺石化全体员工，充分发挥现有装置的能力，通过结构和资源优化，使公司在未进行大规模扩能改造的前提下，原油一次加工能力突破1000万吨，全年完成原油加工量900万吨。他把握市场机遇，以过人的胆识和果断的措施，推进高清洁汽、柴油的生产，公司生产出中国石油首批98#清洁汽油和符合欧Ⅱ标准、专供北京的0#车用柴油，近期又生产出首批符合欧Ⅲ标准93#清洁汽油发往北京，填补了中国石油生产高档原柴油的空白。他以丰富的市场经验灵活地把握市场，科学地制定营销策略，销售收入连续刷新单月纪录。累计出口汽油、石蜡、烷基苯71.2 万吨，创汇3.1亿美元。实现了抚顺石化公司的内涵增效和跨越发展。

长期的基层领导实践，造就了他工作务实、脚踏实地的工作作风、缜密的管理风格和追求卓越的顽强品质。市场竞争说到底是人才竞争。李带领抚顺石化公司全面落实人才强企战略，全年组织892个专业培训班，培训员工3.3万人次。

首创开展“专业技术人员业务素质大赛”，对1380名专业技术和专业技术管理人员进行考核，提高了专业技术队伍的素质，开辟了中国石油系统专业技术人员考核的新途径。开展“员工练兵比武和技能竞赛”，培训员工1.7万人次。完善以KPI考核指标为核心的经济考核体系，加强“三基”工作，出台了《基层单位建设实施办法》和《生产车间基层建设评价标准》，全面推进现场管理和节能降耗工作上水平。2004年仅节水35.5万吨、节电1500万千瓦·时、节汽3.74万吨，就创效1020万元。

李思想开阔，敢于创新，大力推动技术进步。他深入组织开展“技术效益年”活动，投资1.6亿元，进行“五大平衡”“三年一大修”攻关，创效1.4亿元。他积极组织中油股份公司核心技术攻关项目重油悬浮床加氢工业化试验，取得了重要的突破。并继续推进重油接触裂解制乙烯工业化试验，为经济评价取得了大量的技术数据。他还组织开展丁苯透明抗冲树脂的攻关，开发高速线BOPPT38FE（双向拉伸聚丙烯专用料）等6项新产品，增效1291万元。李有很高的综合协调能力、强烈的事业心和责任感。他深入基层，主动倾听员工的呼声，保障了员工的知情权和参与权，不断地把改革成果惠及广大员工。深入开展“送温暖、送知识、送健康”活动，积极改善员工的工作学习环境和生活就餐条件。他为人谦虚，工作认真，率先垂范，具有很强的创新开拓意识。几年如一日，每天工作14小时以上。他严于律己，宽以待人，慎用权力。多年来他没有为亲属朋友批过一张条子，身边的配偶、子女及亲属没有一个经商办公司的。在2023年领导班子民主测评时，公司领导班子没有不合格票，班子优秀率达96.5%，李本人的优秀票达97%，在广大干部员工中具有很高的威信，深得广大员工的拥护和信赖。

在他精心的管理下，中国石油抚顺石化公司先后荣获“中央企业先进集体”“辽宁省文明单位标兵”“辽宁省花园式工厂”等称号。

生命的意义在于奉献。李若平这个生于斯、长于斯的抚顺石化人，有太多的抚顺情结。奔流不息的浑河赋予他聪明智慧的头脑，苍翠连绵的高尔山给予他刚毅与顽强的性格。他热爱抚顺，热爱这方黑土地，更热爱这里纯朴的人民。他曾为抚顺辉煌的历史骄傲过，他又为转型期一度徘徊的老工业基地而担忧。

面对国家振兴东北老工业基地的战略机遇，作为抚顺石化的带头人，李深深地感悟并清醒地意识到自己肩上的责任重大。大改革大机遇必能带来大发展，抚顺石化的明天会更好。百万吨大乙烯项目投产后，抚顺石化将实现“1145”（1000万吨以上炼油；100万吨乙烯；4个世界级石油化工原料生产基地，即石蜡60万吨/年，润滑油基础油50万吨/年，烷基苯30万吨/年，合成树脂140万吨/年；年销售收入达到500亿元以上）奋斗目标。

抚顺石化这辆时代的列车在李若平总经理带领下，带着抚顺人民的深情厚谊和满怀期盼，在改革开放的道路上已渐入佳境，并给抚顺带来鸿运和生机。抚顺石化大发展的春天已经来临。

探空气球引航人孙建华

田　瑛[1]

2023年，美国国务卿布林肯因气球事件而推迟访华，舆论沸沸扬扬。

经株洲橡胶人近50年的研究，探空气球以“花魁”之身份独占中国市场80%的份额，并以制定的国际标准：ISO 17717：2017（E）《气象气球规范》蜚声国际领域，填补了我国乳胶行业没有主导国际标准的空白。2022年入选“全国第二批制造业单项冠军产品”。

谈及这方面的贡献，我们无法绕过一个人，他就是中国化工株洲橡胶研究设计有限公司（简称株洲橡胶）总经理孙建华（1965年出生于湖南省娄底市）。2023年1月，孙建华被授予“株洲市优秀企业家”光荣称号。

孙总所在的这家公司是占地仅80多亩的小型公司，前身为化学工业部乳胶工业研究所，1988年5月1日由株洲市委从云南引进。

孙总是1988年来到公司的，也就是说，他是与企业落地株洲后一起成长起来的。最初，他只是一名技术员，主要从事气象气球生产与课题研究。探空气球越飞越高，归功于孙总和其他气球研究人员的共同努力。

2009年，孙建华和课题组成员接到中国气象局下达的任务非常兴奋，为了实现目标，他们日夜扑在一线，攻破难关。

那时，我作为气象气球生产部门的一名基层管理人员，亲眼见证了他和课题研究人员扑在一线，深入一线修改配方，调试生产的全过程。

当时我们生产的最大气球是1600克产品，我们在此基础上研发了2000克探空气球，完成了气球工艺超实质性的跨越，确保了阳江对比实验的成功。2000克气球研发成功，具体调试多少次，无法统计数据了。

2010年，在广东阳江举行第8届世界气象组织国际探空仪对比实验中，我公

① 田瑛系中国化工作家协会会员。

司的探空气球终于代表国际载体出现在台站。2009年前，世界气象组织国际探空仪系统对比实验，连续7届选用飞行载体都是日本的探空气球。

2010年，当“华一”战胜了强热带风暴“康森”“灿都”等恶劣天气，超出全球最大探空气球生产企业产品高度的20%的水准，平均升空达3.16435万米的高度。

放飞探空气球的那一刻，雀跃，欢呼！从那天开始，胶乳制品分厂的生产大门上，高高悬起“放飞全球”四个大字。

孙总和课题组成员并没有因此止步，他们瞄准制定气象气球国际标准的目标，开始实施气象气球8年研发与标准摸索制定。8年来，孙总和课题研究人员以无数的实验过程与结论，攻破了行业专家对各项技术指标、参数的质疑，获得了他们的认可与信服。公司气象气球生产技术大幅度提升，熟练地掌握了两种气球的生产工艺，产品品类从10克到5000克十几种，探空高度高达4.8万米。当前全球最大的探空气球企业，也仅掌握1种气球生产工艺，其产品探空高度不到3万米。

探空气球的功能强大，它除了获取天气预报的基础数据外，还承载了太空飞船的运载升空。神舟十一号、天舟一号火箭顺利升空，飞船能够准确进入预定轨道，背后凝聚了孙总等众人的心血和艰辛。

而今，我们的探空气球已远销俄罗斯、法国、美国、德国、英国等40多个国家和地区。

“从技术上来讲，我们在国际上已全面领先。下一个目标是要坐上气象气球国际市场的头把交椅。”孙总如是说。

2012年，公司成立了我国乳胶行业第一个国家级产品质量监督检验中心。2014年，公司又被工业和信息化部认定为全国工业产品（乳胶制品）质量控制和技术评价实验室。

孙建华毕业于青岛科技大学，身为橡胶工艺方面教授级高级工程师，他一边把探空气球生产与研发向极致推进；一边直面公司困境，敢于担当，将一部分精力转向管理。

公司在运转过程中，由于上马的项目失误曾陷入困境。2003年，公司亏损5600万元，资产负债率高达140%，公司面临破产的局面。在这样的关键时刻，

38岁的孙总敢于担当，出任了株洲橡胶企业负责人兼党委书记。他将全部精力与全体职工一起共克时艰，直面公司的矛盾和核心问题，果断处置历史债务，调整产品和内部结构，逐个解开公司生存的死结。

第一件事情是深入人心、稳定人心，将员工当自己人看待。只有机制活了，公司才能活。孙总始终坚信人才是企业的根本，他组织企业建立实施了“着力于‘引’，立足于‘培’，致力于‘用’”的科研技术人才开发策略；注重内部人才培养，深挖内部资源，对现有员工特别是近年高校毕业生中的优秀人员加大培养力度；还不断优化科研人才结构，实行科研课题合同制管理、学术带头人选拔考核、科技项目专题奖励、科技人员职级管理办法和重大贡献科技人员享受终身津贴等一系列制度，充分调动职工的工作积极性。各类应届毕业生和具有工作经历的科技人才纷纷相约而至。他始终坚持科技立企方针，围绕企业“三大”主业发展，成立了3个相应的研究所，提供技术支撑，创新探索出“研－产－销”一条龙的科研产业化道路。十几年下来，株洲橡胶实现专利“零突破”，共获得30项专利授权，多次被评为中国化工集团公司专利工作先进单位称号，多项专利获得中国化工专利奖优秀奖和株洲市专利奖三等奖，各项科研成果亦纷至沓来。

那时候的胶塞厂面临解聘，员工存在买断的风险。我亲自跑到了孙总家，表达了照顾孩子与老人的需要，表述了自己的工作能力，渴望自己能与企业同进退、不愿离开企业的意愿。

孙总是仁慈的，也是善于用人的。那一年，他将我调整到气象气球生产部门，成为一名气象气球生产部门的管理人员，直到2012年担任分厂厂长助理一职。

孙总以德稳住了企业的人心，以智慧调整了人才结构。以全面的眼光制定了企业发展的方向。在任职期间，他坚持把经济建设、职工收入作为检测工作成效的标准，用温情文化增强员工凝聚力，以真抓实干的精神推动创新力，每年循序渐进推进利于经济和科技创新的几件实事，并落到实处。

功夫不负有心人。2020年，孙总带领200多名员工实现年销售收入1.66亿元，利润近1000万元，资产总额1.77亿元，资产负债率10.9%。实现了从破产企业到“行业小巨人”的成功逆袭，赢得了上级单位和地方政府的充分肯定，获得了单位广大干部职工乃至气象行业人士的一致认可和好评。

面对如此成绩，孙总没有半点骄傲，一笑了之。他说，我只是实实在在地干了点事情。

回望孙总带领我们走过的光辉岁月，深感我们像腾空的气球，以其独特的乳白，握住蓝天，握住未来。

化工企业改革转制弄潮人金月昶

白鸿博　王雪丽

历史的时针定格在2003年11月18日，中国北方石化城抚顺。原抚顺石化设计院，经重组加盟中国石油集团工程设计有限责任公司（CPE）。CPE抚顺分公司成立庆典暨揭牌仪式正在举行。CPE董事长刘毅、中油抚顺石油化工公司经理耿承辉等行业领导及相关各大新闻媒体莅临抚顺。当CPE抚顺分公司金月昶总经理接过闪光的公司牌匾时，全场响起了经久不息的掌声。

出于关心和探索，晚秋时节，笔者再度走近总经理金月昶。我们踏进金的办公室，宽敞的办公室极富书卷气息，简约而大气，这是我进入金总办公室的第一感受。见我们来采访，充满年轻活力的金总迈着矫健的步伐，向我们伸出他那双宽厚的大手。

金月昶，男，朝鲜族，1966年出生于吉林省柳河县。1988年，毕业于北京化工学院化学工程专业，被分配到抚顺乙烯化工有限公司工作。10年中他从工艺员到专责工程师，从车间主任到规划设计处处长。他脚踏实地，一步一个台阶。1999年10月，他从乙烯厂调到抚顺石化设计院任副院长，2003年8月荣升为院长。

抚顺院隶属于抚顺石化公司，是专门为公司配套服务的工程设计单位，过的是计划经济下衣食无忧的太平日子，处于一种生存可保、发展后劲不足的状态。为寻求更大发展，上一届班子已签订了加盟CPE的协议合同，中油集团公司也已批准。2003年8月，新班子成立后，就紧锣密鼓操作加盟CPE的各项准备工作。

在总经理办公室小型的会议桌旁，我们的采访不时被进来请示工作的同志所打断，我们深知金总日理万机，便开门见山地请他谈一谈两年前加盟CPE时的心情。

金总略微沉思了一会儿，然后微微一笑极认真地对我说："当时刚加盟CPE时，真有几分担心和茫然。2003年，原设计院全年的营业收入是2276万元，利润51万元，扣除固定资产减值与损失，实现净利润6.5万元。院里保证300多人的生存应该没有问题。加入CPE后，我们设计院从抚顺石化分离出来，业务上缺少了这棵大树的保护，也许连生存都有不保的可能。加入CPE后，每年院里还要上缴200万元的管理费，这对一个正负平衡几乎无盈利的设计院来说，是一个很大的压力。当然加盟CPE也有优势，比如CPE是中油专门以设计和工程总承包为主业的大型公司，加盟CPE后，可借助CPE的资信度和资质，拓宽我们的设计和施工领域，缩短我们进入市场的时间，为设计院加速发展提供了条件。CPE公司明确地表示：加盟CPE只给我们设计院优惠的政策、先进的理念、先进的管理方法和先进的企业文化，其他投入一概没有。当时加盟CPE是一种专业重组，在抚顺石化，我们设计院虽然是高科技型企业，但只能属于辅业。而加盟CPE后，我们就是以工程设计和工程总承包为主业的大公司的一员了。以前我院技术人员的流失特别严重。而现在公司强大了，工作环境好了，收入提高了，你撵他都不走。事实证明，我们设计院加入CPE这条道是走对了。”

“金总，2004年是你们加盟CPE后开局的第一年，开始时压力是那么大，可2004年的年终收入比2003年翻了三番，达到6700万元，税后利润416万元。那你们的领导班子采取了哪些举措，2005年又有什么样的目标呢？”又一个提问，使金总再度陷入对以往走过的艰辛岁月的回忆之中。

金总感慨地对我说：“刚加入CPE那阵子真是背水一战啊！脱离了赖以生存的抚顺石化，一下子进入了市场经济的大潮，多亏了有一个特别团结又能打硬仗的领导班子。我们一致认识到企业要发展只能靠自己。面对适者生存的市场经济，我们的管理者与所有员工只有转变观念，才能求生存谋发展。无论你加盟什么集团，你自己的企业必须壮大，即产值、利润、员工待遇、企业建设都要有很大的提高和发展，叫人们感到你的企业是一个积极向上、有奔头的大家庭，你的团队有凝聚力和亲和力。为此2004年初，我们班子做的第一件事就是竞聘上岗，解决人浮于事的老大难问题。我们的具体做法是加强充实一线设计队伍，大大减少管理辅助人员。原来设计人员和管理人员的比例是200∶100，调整后是300∶50，坚持能者上庸者下，优化人力资源配置。将那些懂技术有朝气、适应新形势发展的年轻干部委以重任。实行设计、管理、操作服务三岗阶梯管理。改革分配制度，拉开分配收入的档次，真正体现多劳多得的分配原则。两年后的今天，在我们公司里下岗的人你找不到，不努力工作的人也找不到。一盘散沙的时代已成为过去，全体员工都在努力工作，人人都是企业主人翁，现在很多员工节假日都来上班，劝都劝不回去。”

金总接着告诉我们：“加盟CPE可以说是第二次创业。2004年新年伊始，我和刘继臣党委书记带领班子成员在公司召开的第一次会议就是经营工作会议，一切工作围绕市场转。为此我们首先确定2004年的工作思路：以全面提高经济效益为中心，加大市场开发力度；提高员工队伍整体素质，与CPE先进的管理经验和先进的文化接轨；励精图治，奋力拼搏，实现三年翻两番的目标。2004年CPE公司给我们下达的任务目标是全年完成主营收入2800万元，我们自加压力力争收入达4000万元，税后利润208万元。由于观念到位、战略到位、组织到位及机制到位，2004年实际完成营业收入为6717万元，实现利润416万元。通过2004年一年的拼搏，树立了企业职工的自信心，找回了久违的自豪感。”

2004年底，CPE公司迟尚忠总经理亲自赶到抚顺为分公司庆功，授予抚顺分公司“最具成长性企业”荣誉称号，授予金月昶总经理优秀管理奖。

面对荣誉，金总谦虚地说：“2004年加入CPE的第一年获得了这么大的突破，主要靠全体员工的苦战和CPE公司正确的领导及抚顺石化的大力支持。另外特别值得一提的是，我们的企业从单纯的以设计为主演变成以工程总承包为主的工程设计公司，这是我们企业加速发展壮大的原因之一。”

2005年是持续发展年。CPE下达的任务是5600万元，利润299万元。我们领导班子经过研究后，在年初的职代会上再次提出自加压力，加大市场开发力度，2005年主营业务收入力争1亿元，实现利润1000万元以上。想当初当领导班子向全体员工提出自加压力，将2004年的主营收入目标达到4000万元时，员工们还抱有疑虑，心里嘀咕着咱能行吗？经过一年的考验后，2005年初，当金月昶总经理向全体员工宣布2005年产值达到1亿元，利润过千万元目标时，全体员工爆发出长久热烈的掌声。为了实现2005年的这一宏伟目标，分公司积极培育核心技术，靠技术占领市场。干气制乙苯工艺技术和偏三甲苯工艺技术已经成功地申报了国家专利。正是由于拥有了既环保又节能的乙苯工艺专利技术，使分公司在锦州、林源两套乙苯装置招标中取得了优势。现在分公司向中油集团公司申报的专有技术还有烷基苯装置反应器设计、F-T合成油加氢改质技术、催化裂化汽油加氢改质工艺技术、废硫酸制造成品硫酸工艺，继续保持自己的专有技术特色优势，并不断研发其他的专有技术，做到人无我有，人有我精。2005年抚顺分公司的工程设计项目已介入国际市场，2006年就可以走出国门承揽国际项目了。

金总的谈话思路清晰明了，尽管不时被我的提问打断，然而他那务实淳朴的工作作风给我们留下了极其深刻的印象。坐在身边办公室的一位同志告诉我们说：“金总在工作中对部下要求很严格，但对员工又特别有人情味。我们分公司有给每个员工过生日的制度，只要金总在家，总是亲自把鲜花送到员工手中，并和他们照上一张相。大家觉得这个集体就是自己温暖的家。对一些犯错误的员工也是本着以教育为主、治病救人的原则，使人心悦诚服、内存感激。为把分公司变成学习型企业，在我们的员工中，还开展了读书、荐书的交流活动。分公司给员工推荐《细节决定成败》等一些好书，让大家理解后增强质量意识，培养‘第一次就把事情做对’的理念。现在公司里充满了浓厚的书香氛围。我们以CPE迟尚忠总经理三次到我抚顺分公司进行企业文化建设讲座为契机，加大了培育企业文化的力度。分公司内统一了员工的着装，实现视觉统一。在环境建设上加大投入，对分公司办公区域和门前进行了整体规划和改造，使分公司的环境面貌焕然一新。在资金紧张的情况下，重新改造了食堂，开设了营养丰富的自助餐，并为设计人员装配了空调，为员工营造了舒适健康的工作环境。这些工作的实施，提升了我们分公司的企业形象，营造了向上、和谐的内部氛围，拓展了企业文化的内涵。”说起分公司的变化，这位同志如数家珍、滔滔不绝。

金总感慨地说：“两年来分公司的面貌变了，多亏了员工们的努力，为了抢任务，许多员工加班抢进度，一直干到深夜，第二天照常上班；还有的员工生病，上午打点滴，下午又回到工作岗位上；有的员工外出工作，顾不上生病的家人。像这样感人的事例比比皆是。我们的企业正是有了这样一批爱岗敬业、可亲可敬的好员工，才使分公司创造了建院20年来的最好成绩，取得了历史性的突破。”

采访结束时我们又问道：“眼看2005年快接近年底了，那么2006年你们分公司的主营收入目标是多少？”“1.5亿元！”“2007年呢？”“2亿元！”几组简单明了的数字，金总的回答是那样的干脆和胸有成竹。

献身石油物探的赵占英半生自述

赵占英

赵占英，男，笔名战鹰，1967年4月出生于河北省辛集市。1987年7月，毕业于石油物探学校数字地震仪器专业，1997年9月，河北师范大学电子信息工程专科函授毕业。1987年9月，被分配到石油物探局地质调查四处，从仪器操作员干起，先后担任仪器组长、生产队长、办公室主任、人事经理。现在科威特项目部从事企业文化宣传工作。

1994～1995年，在北京二外学习俄语；又于2000年9月，赴俄罗斯古卜金石油与天然气大学进修了半年俄语。

我在国内进行物探工作15年之久，先后在腾格里沙漠、毛乌素沙漠、酒泉基地、塔里木沙漠、洪泽湖等不同地区进行勘探作业，先后荣获先进个人、质量标兵称号，所在班组及2165队、2153队、2255队荣获质量信得过优秀班组及优胜队等称号。

2002年，我被选调到东方物探公司国际部，开始国外工作。先后赴苏丹、乍得、喀麦隆、沙特阿拉伯、俄罗斯、土库曼斯坦、科威特等国。在沙特阿拉伯和科威特工作期间，踏实敬业，业余时间主动发掘好人好事进行宣传，仅2023年在国际部公众号发表报道及最美物探人44篇，局公众号转载22篇。2023年底被国际部党委推荐为《中国石油报》特约记者，还以个人经历为背景在《地火》杂志上发表中篇小说，在《石油文学》发表报告文学，在各大省市级报刊发表作品多篇，同年加入中国石油作家协会。

1. 千淘万漉虽辛苦　吹尽狂沙始到金

在腾格里沙漠3年多的时间里，我在2165队担任仪器操作员，师从高级工程师黄小千（现为法国SERSEL特聘专家），养成了严谨务实的工作作风，很快掌握了仪器电路、野外辅助设备采集站和大小线的全部维修知识。当时地质调查处只有两套法国仪器，都是插件集成线路板，难免有接触问题发生。远在沙漠，维修是个大难题。我在保证自己一套仪器正常运转的情况下，还常为兄弟队仪器进行对比维修。腾格里沙漠中心沙丘起伏落差大，初至时差有一道大线的差距，和我一起施工的操作员和质量监督员怕担质量责任，要求停止施工。那时没有沟通工具，停工会造成巨大损失。我驱车实地核对桩号没有问题、验证排列没有问题，确认无误后坚持施工。我说："一切责任我承担。"两天后，勘探处专家确认资料处理结果无问题，为小队减少了可能造成的巨大损失。1990年底，在"征服腾格里沙漠纪念碑"上，作为技术骨干，镌刻有我的名字。

在毛乌素沙漠2153队两年时间里，黄转交仪器组长一职给我。作为仪器组长对生产负有不可推卸的责任。我兢兢业业，恪尽职守。1993年，2317队的两名同事，一名因家中变故回家，另一名临时抽调出国学习。我独自一人连续操作指挥生产20天，累了就趴在仪器上小憩，用凉水冲一下头，恢复精神后继续干，获得领导嘉奖和表彰。

在塔里木沙漠2255队，我担任检修员。小队为了提速生产，急需补充检波器。我带领几名员工起早贪黑，每天组装20串检波器。在钻井生产遇阻时，我被临时抽调负责监督钻井生产，没有发生任何浅井、哑炮等事故。2255队领导特电告总部和仪器中心，对我给予嘉奖。

我在苏丹担任生产经理时，负责微测井和小折射施工。由于涉及危险品出入库和下井安全风险，我对每一个人、每一道工序都严格把关，每天核对出入库清单。根据多年经验，我确保每放一炮技术资料都过关，整个施工季保持高效生产。一次，我所在班组在密林中与反政府武装人员遭遇，在政府军保护下才顺利逃脱。现在想起来还心有余悸。

在俄罗斯担任办公室主任期间，凭借语言优势，曾多次出面解决我方进出海关人员签证和大量超重行李处置（携带多种生产物资配件）问题。为了取得森林施工许可，多次约见总统办公室主任、秋明州森林管理局局长、杰明杨卡地方官员，为早日获得生产施工许可争取了时间。第二年，支持前移，我筹建前线支持点，修码头、修简易公路、打水井、建简易停机坪，与当地百姓关系搞得不错。我负责两架直升机运输吊装大量的食品、柴油、人员、营房车等物资，对他们的计算时间进行多次有理有据的说服，对超时和不合理记录进行核实纠错，减少大量不合理支出。

2007年初，俄罗斯遭遇百年不遇的低温，达到-60℃。小队发电机因柴油标号低而熄火，有可能造成重大人身伤亡事故。冰天雪地里，我驱车紧急联系当地供应商，以自身名义担保，在未付任何费用的情况下，由直升机连续吊运柴油进队，距离发电机熄火只差半天时间。

喀麦隆项目，我担任人事经理兼办公室主任。项目启动阶段，负责人员身份办理，我多方打听和疏通关系，上至喀麦隆总理，下至移民局官员，方方面面都为我们敞开大门。我用低于其他人一半的费用为几十名中方人员办理身份证。之后，为了给小队施工做准备，提前两个月每天乘船往返项目部和50海里外的小岛建设营地。克服了热带雨林气候不适应、没有食品、工具奇缺等各种困难，争取在开工前完成了营地建设。在喀麦隆执行的4个项目中，先后驱车走遍喀麦隆天南地北，面试招工上千人，最南端到过与尼日利亚接壤的巴卡西半岛冲突区域。在乍得项目工作期间，最北端到过博科圣地极端组织驻扎的危险区域。在喀麦隆项目工作期间，发挥工作能力优势，联系食品供应商、人力供应商、船舶供应商，以及柴油、水供应商，经受住了方方面面的利益诱惑和考验，为项目顺利实施起到了助推作用，深受领导信任，并以此为背景写下中篇小说。

2. 弘扬正能量　学习无止境

2013～2023年，我从喀麦隆重返沙特阿拉伯，作为队里的副经理负责人事及后勤。我一边做好人员招聘、轮换工作，一边把后勤服务工作做到位，温暖每一个人。对早出的晚归的嘘寒问暖，聊家常、聊工作，对他们的家庭负担、工作压力、思想变化都耐心倾听，留下记录，尽可能协同领导帮助化解烦恼，整个队伍上下团结和谐。同时，我在这期间积累了丰富的素材，写了若干散文诗歌活跃小队文化生活。无论是在沙特阿拉伯还是在科威特，我所在项目的宣传稿件都在海外项目中名列前茅。后来，项目部把我调到设备库工作，那里有舒适的环境和宽敞的培训基地，除了对新招外籍员工进行培训外，我还写了多篇小说。

2022年8月初，根据科威特项目部领导的倡议，我专职从事企业文化宣传工作。我组织成立了以年轻骨干和项目部管理层为主的理论学习群、读书论坛。从每周分享一篇好文章到每天都分享好文章；从中华思想国学经典到西方管理行为心理学；从结合理论交流读书心得到自我反思。知识的获得与积累，让每一个爱好读书的人迅速成长。我还负责推荐最新理论、分享新思想、新理论；最新系列丛书书目涉及领域越来越广，如高效能人士的七个习惯、人生十二法则、菜根谭等，使人们忙碌的工作变得更加充实。在日复一日的阅读生涯中，我每天定期选择正能量好文进行推介，自己首先读透悟透，然后分享给同事。

我在谈到读书体会时，领悟到孤独是一种常态，没有任何人会陪伴你一辈子，而书籍可以做到随时随地陪伴你。纸短情长，当书中文字激起你无限的思考与遐想时，你会觉得自己就是书中人，有温度的灵魂陪伴，何来孤独？让我们把书籍当作营养品，在生活工作中遇到的一切不解与疑惑在书中寻找答案。生活中没有书籍就好像大地失去光泽，智慧里没有书籍就好像鸟儿失去翅膀。科威特项目部掀起的学习热潮很快引起国际部领导的高度重视和赞誉，号召国际部其他海外项目部迅速组织推广。

3. 自己动手丰衣足食　让餐桌“绿”起来

2012～2017年，我担任人事经理，先后参与启动沙特阿拉伯S71、S77项目。S77项目启动后，小队特级队经理张建军和我聊天，问是否可以在院区中央开垦小菜园。一来可以丰富人们的餐桌；二来在这里支一顶大帐篷，每天在这里开例会，创造一个优美舒适的环境。我们两人都是实干家，说干就干。我组织人员在划好的位置挖土掘深一尺；用细筛过滤石子沙砾；再从牧民那里拉来羊粪，放进废旧空油桶发酵；一个月后和种子一起混合种下去；每日清水喷洒浇灌。一个多月后，秧苗破土而出，西红柿、大蒜、茼蒿、菠菜、莜麦菜，种了一茬接着种下一茬。早餐凉拌，晚餐涮火锅。夏天酷暑季节，在布满藤蔓的凉棚下享受清凉。人们在这里读书，畅谈工作心得，打牌娱乐，其乐融融。

有了在沙特阿拉伯种菜的好经验，我也把好传统带到了科威特。科威特环保要求，所有生活污水都要求专业公司回收处理。由于中东穆斯林有净手净面的习惯，每天5次，平均用水量6罐。我们通过污水处理系统，用化学药剂对污水进行分解，出来后的灰水基本无色无味，用于菜园灌溉，再也不必为浪费水源操心。我们开垦了一大片菜园，种上了十几种蔬菜。闲暇之余，民工们也加入种植和采摘行列，每天都能品尝到新鲜蔬菜，外方雇员纷纷竖起大拇指，称赞中国人聪明勤劳。菜园周围种上密密麻麻的红柳，极其茂盛、郁郁葱葱，一年到头都能听到鸟鸣，好一派异国田园风光！

我是“文化大革命”初期诞生的“红婴”。不料一晃“天命”已过，逼近退休年龄。回眸大半生，多在沙漠上空翱翔，不妨留下点雪泥鸿爪。

油漆匠人周建民自述

周建民

周建民，1968年6月生，山东昌邑人。1989年沈阳大学高分子化工（涂料）专业毕业，同年入沈阳油漆厂汽车漆分厂树脂车间氨基树脂组实习，半年实习期满后组建汽车漆分厂实验室，任实验室攻关组组长。

1994年沈阳油漆厂与日本关西涂料株式会社合资成立沈阳关西涂料有限公司（简称沈阳关西公司）时，我进入筹备组。1995年公派去日本关西涂料株式会社做访问学者半年，回国后入沈阳关西公司历任技术部系长、课长、部长等职。2009年合资公司到期，日本成立独资公司——关西涂料（沈阳）有限公司，我任部长。2012年进入沈阳派尔化学有限公司（沈阳油漆厂改制公司），任常务副总经理、总工程师。2023年进入中涂油漆（沈阳）有限公司任法人、总经理至今。

作为一位从业35年的油漆匠，我最值得骄傲的事还是在年轻时参与了“国家‘八五’攻关项目：五大类油漆攻关——氨基漆攻关”项目组。

1. 初生牛犊　勇担重担

那是1989年一个阳光明媚的深秋，一位身材雄伟、长相俊朗、头戴八角呢子帽、身穿褐色夹克衫的中年男子，来到沈阳油漆厂汽车漆分厂树脂合成车间氨基漆组中控室。当时我在值班，陌生人进来后就去看树脂合成配方及中控记录，我当时非常气愤，就冲过去把配方拿起来挡在身后对那人说：“我们公司有明确的规定，配方保密不准偷看，请您马上离开！”那人看了看我，说：“小鬼挺可爱呀！”说完就笑眯眯地走了。没想到一周后分厂召开全体大会，公布新来的技术主任李德義就是被我挡在门外的人。

李是20世纪60年代初的大学生，毕业后进入沈阳油漆厂很快就成为技术骨干。正当他准备大展拳脚的时候，中苏交恶，国家号召三线建设，沈阳油漆厂派出一个车间，数名技术骨干和一些熟练工人去兰州组建西北油漆厂，李义无反顾地去西北支援三线建设。时光荏苒20余年过去，改革开放的春风吹遍神州，李的两个儿子也已临近高考，为孩子考虑，李放弃了在西北油漆厂拼搏奋斗赢得的技术权威地位，又回到了沈阳。

我正懊恼自己的鲁莽没有几天，汽车漆分厂成立车间实验室，我被任命为汽车漆组组长，负责清漆、色漆、万吨醇酸、过氯、精制油、稀释剂6个工段的技术工作，我也顺利成为李的关门弟子！

1990年的中国汽车行业，还是以醇酸防锈漆、氯化橡胶漆、醇酸面漆体系为主，彼时国际上的汽车漆已经突飞猛进，进入高温烘干型氨基漆的新时代。

为提高中国涂料全行业的技术水平，由化工部化工司、中国涂料协会联合全国涂料行业技术力量，设立了“国家‘八五’计划——五大类涂料技术攻关”项目，将全国知名、技术领先的各大油漆厂进行分组，分别设定技术指标进行攻关。

由于沈阳油漆厂在汽车漆方面一直领先，1985年就从日本关西涂料株式会社购入汽车用阴极电泳漆专利技术，1990年又购入汽车用中面漆（为汽车用中涂层漆与汽车用面漆的省略语）专利技术，所以化工部化工司将氨基漆的攻关任务落在了沈阳油漆厂。以沈阳油漆厂为组长厂，北京红狮、武汉双虎为组员厂，广州红云、江门制漆、长春油漆厂为协作厂进行联合攻关。沈阳油漆厂任命李德義挂帅，由我任攻关组组长，组员为孙传志、刘松柏、彭忆军、白明淑、朴连顺、赵雪怡、张亚萍等。

由于熬制醇酸树脂需要醇解、酯化工艺，一轮下来就得18～24小时。攻关组分成三组，一组做短油醇酸树脂合成，一组做氨基树脂合成，一组做成品漆试验性能，这样大大加快了研发进程，提高了工作效率。经过三年多的昼夜试验，上千次的成品漆验证，海南琼海老化试验场一年以上的暴晒测试，各兄弟公司的全力配合，终于熬制成功了由蓖麻油改性椰子油短油醇酸树脂与异丁醇醚化改性三聚氰胺甲醛树脂合成的高固体分子、高硬度、高耐久性的新型氨基汽车烘干面漆，其技术指标全面超过了设计攻关要求，达到了国内领先水平。

1993年3月由化工部化工司、中国涂协在常州召开的全国表彰大会上，顾秀莲部长亲自颁发了获奖证书，李德义、周建民获得奖状与奖金，其业绩收录到该年度《中国涂料年鉴》中。

2. 漂洋过海　精研技术

1994年4月，沈阳油漆厂与日本关西涂料株式会社合资成立了沈阳关西涂料有限公司，专业生产汽车漆。由于我在国家“八五”攻关项目的良好表现，被厂里选派研修生去日本关西涂料本部研修汽车漆技术。先后在关西大阪本部、尼崎工厂、东京工厂、平冢研发中心、名古屋工厂进行研修学习，从配方设计、原料检验、调色、涂装、涂装线服务、新产品研发、大型生产等整个汽车漆的生产研发流程，极大地提高了我的汽车漆技术与理论水平，同时也成为一名汽车漆专业日文翻译，为日后工作打下基础。

回国后，我全力开拓汽车漆市场，将攻关经验与留日所学尽力发挥，短短几年就将沈阳关西公司的汽车漆市场销售额从0增长到过亿元，市场也从开始的一汽解放、一汽奥迪、一汽红旗、一汽捷达、一汽青岛，拓展到哈轻、吉轻、沈阳华晨金杯、沈阳中顺汽车、丹东黄海、沈飞、河北田野、保定长城、北汽福田、郑州日产、郑州宇通、南京依维柯、天津夏利、秦皇岛金程、青岛颐中、一汽丰田等，2012年企业营销收入实现2.4亿元。

20世纪90年代中后期，中国汽车行业进入突飞猛进的时代，各汽车厂纷纷投资建涂装线，我也在提供汽车漆产品的同时，积极参与客户汽车涂装线的升级、改造、新建工作，其中最让我自豪的是全程设计沈阳华晨金杯汽车有限公司中华轿车涂装线。这套投资45亿元，国内第一条年产15万辆现代化轿车涂装线，采用当时国际上最先进的技术，每56秒涂装一辆B级轿车。该中华轿车涂装线也曾在德国宝马汽车首次进入中国后，与宝马汽车共线生产数年之久（华晨宝马一期只建有三大车间，涂装车间与中华轿车共线生产），一直到沈阳华晨宝马汽车第二工厂建成后，四大车间齐备才脱离中华轿车涂装线独立自己涂装生产。

3. 兼职管理　教书育人

2004年在南开大学经济学院读完硕士研究生后，随着工作的需要，我逐渐走上了领导及教育岗位。由于我在关西技术部工作的18年间，培养了大批技术骨干，加上参与设计了12条汽车涂装线及在汽车漆技术方面的成就，获得了教授级高级工程师的职称。也由于我对沈阳化工大学、中国科学技术大学、中国科学院金属研究所的毕业生、研究生悉心培养，先后获得了客座教授、硕士研究生导师、博士研究生导师的崇高荣誉。陆续发表的数篇论文及获得的十多个专利，一直鼓励着我奋勇前行，不敢有一丝停滞。因为我深知在油漆领域、汽车漆领域我们与国际公司还有相当的差距，只有不断地培养新一代技术骨干，我国才能够走上世界之巅！

从沈阳大学开始学习涂料、有幸参与国家“八五”攻关项目、公派留学日本，在关西工作了18年后又回归国企，两鬓斑白仍然为培养技术人才呕心沥血。一路走来：“衣带渐宽终不悔，为伊消得人憔悴”，我作为一名普通油漆匠人感到由衷自豪。

根植实践潜心著述的化工安全专家赵正宏

雷明川[①]

赵正宏，男，1968年8月出生于山东省青岛市。

20世纪六七十年代，那是个崇尚军人的火热年代，赵的梦想最先是当兵，可惜先天不足，一双平足把他的当兵梦踩碎了。兵没当成，能成为一名威风凛凛的人民警察也不错，于是他高考又报刑侦专业，可惜视力又差了一点儿，警察梦也成了泡影。最后，命运的列车把他拉到了武汉地质学院（现中国地质大学）钻探专业学习，我俩分在一个宿舍，很快成了好朋友。他本以为职业道路就此锁定，不承想，命运的列车又拐了一个弯儿：1988年上大二时，包括武汉地质学院在内，我国8所高校开始设立安全工程专业，我们所在的钻探3班转学安全工程专业。我们常在一起玩，打篮球、踢足球、游泳、谈文学。

1991年，赵大学毕业，被分配到了中国石油天然气总公司河南石油勘探局。石油、天然气易燃易爆，危险性大，安全工程专业很对口。河南石油勘探局有钻井、采油、测井、炼油、机械制造二十多个二级单位，其中炼油厂安全要求最高，他便被油田安排到了炼油厂安全科。在此期间，有两件事让他印象极为深刻、触动极大。一件是工作之初，他自认为学的是安全专业，也在基层实习过，有些心高气傲，可现场安全检查，总是发现不了问题，而科里工作三十多年的老师傅不仅一眼就能发现问题，路过机泵设备一听就能发现异常，令人叫绝，给他上了一堂触及灵魂的“学历不等于能力”的教育课，从此放下架子、扑下身子干工作；另一件是工作一年多他便亲历了一次油罐爆炸火灾，作为党员，义无反顾地冲上去与消防队员一起全力灭火，那是他第一次抱消防水龙带。当大火扑灭，看到防火堤内烧成黑炭的遇难者和悲恸欲绝的遇难者家属，触目惊心的悲惨画面

① 雷明川系陕西汇丰应急咨询有限公司董事长，中国职业安全健康协会安全一体化服务分会副理事长，系传主大学同学。

给他上了一堂刻骨铭心的“生命大于天”的安全教育课。从此对化工安全充满敬畏，养成了谨小慎微、较真碰硬的职业病。

赵喜欢思考，善于总结。工作不久，就经常有关于安全生产的“豆腐块”发表在企办报《河南石油报》上。1995年，他从炼油厂调到河南石油勘探局安全处，从事油田工业安全和事故调查工作，对安全工作的理解认识不断加深，发表了一些很有见地的论文，特别是他撰写的《工业安全管理的实用事故模型研究》等论文连续3年获油田科技奖，展现了较强的创新能力。赵思想敏锐，有前瞻思维。1998年，中国离正式加入世界贸易组织（简称WTO）一步之遥，正在读工程硕士的他敏锐察觉到中国加入WTO会给企业安全管理带来很多挑战，以《中国石油企业安全管理应对WTO的科学决策研究》为题完成了毕业论文，在顺利获得学位的同时，该论文在《安全环境和健康》上连载，很有前瞻性和实用价值。几十年前，信息化落后，安全工作就靠眼看嘴说腿跑，安全天天讲，现场天天跑，隐患到处查，“婆婆嘴、跑断腿、得罪人”是安全员的时代印记。毕业10年，大学同学纷纷转行，他倒越干越有劲、越干越有味，特别是被顺利评为工程师、高级工程师给了他很大鼓舞，干起工作来就更用心、更有劲了。

天道酬勤。21世纪的大门刚刚打开，2002年他便幸运地被中国化工信息中心以人才引进方式调到北京，从事化工安全刊物编辑、咨询研究工作。中国化工信息中心是国内首屈一指、国际知名的化工信息平台，他的视野在这里得到了很大拓展，政策水平、专业素养迅速提高，写出了一批力作。2002年，安全生产法治建设的里程碑《中华人民共和国安全生产法》颁布，他撰写出版专著《举案解读安全生产法规》，通过事故案例对该法及《危险化学品安全管理条例》等3部法规进行了重点解读、答疑释惑，时任国家安全生产监督管理局副局长王德学为该书题词。该书“案例生动典型、语言通俗易懂、辨析深入浅出”，受到读者喜爱，《中国安全生产报》记者顾立民还根据该书在该报策划了“安老师信箱”专栏予以改编连载，反响强烈，发挥了很好的普法教育作用，该书获得第五届全国石油和化工行业优秀信息成果奖二等奖。2003年赵被国家认定为首批注册安全工程师，之后通过考试取得国家一级安全评价师职业资格。2004年我国首次进行全国注册安全工程师执业资格统一考试，通过率很低。他很快撰写出版了《注册安全工程师应考必备与技巧》，这场“及时雨”对广大考生很解渴，《化工安全与环境》周刊进行了节选连载，很受欢迎。2006年，他又创作出版了《安全生产“五要素”的理论与实践》专著，该书“具有鲜明的理论指导性与实践操作性”，被列入国家注册安全工程师考试推荐阅读书目，时任国家安监总局的主要领导对该书予以充分肯定，指示某科研单位进行研究。安全教育刻板枯燥，是难以破解的难题。2009年，他完成了一个至今无人超越的创举：创作出版我国第一部章回体安全科普小说《安全王国漫游记》。在该书中，他运用“唐僧师徒兴企办厂，亲历安全生产之事，力创安全生产真经”的故事架构，用小说的形式对安全管理方法、知识进行生动讲解，内容丰富，图文并茂，寓教于乐，先后被《中国安全生产报》《信息早报》等报刊连载，反响强烈。

赵视野开阔，思维活跃，善于借鉴学习国外先进经验成果，创新转化，洋为中用。2010年，在担任中化化工标准化研究所总工程师期间，通过科技部立项，借鉴美国联邦紧急事务管理局（FEMA）和联邦紧急事务管理委员会（NEMA）联合开发的应急管理准备能力评估程序（Capability Assessment for Readiness, CAR），主导开发完成了具有独立知识产权的危险化学品企业应急能力评估软件系统，开我国危险化学品企业安全生产应急能力评估之先河。2007年，他不到40岁就获评教授级高级工程师，实属不易。他先后被国家安监总局、工业和信息化部等多个部委机构聘为安全生产、应急救援专家，积极建言献策，发挥专家参谋作用。我在陕西经营着自己的安全咨询公司，经常来北京，两个“老安全”每次都是举杯痛饮相谈甚欢。我对赵太了解了，他爱化工安全工作，干出了味道，更爱专业写作，虽然50多岁了，但爬格子创作成了他的最爱。有个在北京搞工程的民营公司几次邀他一起干挣大钱，都被婉言谢绝。他潜心著述，累并快乐着。

2015年，赵调入时由原国家安监总局现由应急管理部管理的国家安全生产应急救援中心，从事化工安全应急救援工作至今。多年来，参加了江苏响水“三二一”特别重大爆炸事故、辽宁盘锦浩业化工“一·一五”重大事故等多起重特大化工事故救援，在一次次生死考验的救援亲历中，深刻领悟了习近平总书记“对党忠诚、纪律严明、赴汤蹈火、竭诚为民”重要训词精神，坚持人民至上、生命至上成为政治自觉，坚持科学救援、安全救援、高效救援成为思想自觉与行动自觉。

在部委机关工作，赵的党性修养、政策水平得到了显著提升，通过潜心研究、创作，撰写发表了《用新发展理念推进企业应急管理能力现代化》等多篇论文，出版多部专著。2018年主编出版《危险化学品生产事故应急救援》（全套14册），获得应急管理部应急管理科普作品优秀作品三等奖。2019年创作出版《应急救援培训系列丛书》（全套5册）专著，被诸多企业应急救援培训及多所大学教育选作教材，获得2020年中国石油和化学工业优秀出版物奖（图书奖）二等奖。

2018年党和国家机构改革，国务院撤销应急办、国家安监总局，将分散在十几个国家有关部门机构的相关职责整合，组建应急管理部。以应急管理部成立为标志，中国开启以大安全大应急框架为标志的中国特色应急管理。一路走来，赵的格局不断扩展，家国情怀越来越浓。几年来，不仅撰写发表了《把握主要矛盾提升安全生产应急救援能力》《基于大安全大应急框架的应急管理方略探索》等多篇颇有见地的论文，更是综观古今中外，以欲“究天人之际，通古今之变，成一家之言”的决心和抱负，殚精竭虑，历时3年撰写完成专著《突发事件应急管理理论与实践》。该书坚持科学发展观，以揭示原理、探索理论、创新实践为主线，以习近平新时代中国特色社会主义思想为指导，运用贯穿其中的世界观、方法论，遵循一以贯之的中华应急哲学观和应急管理科学原理，构建了基于风险的现代应急管理理论体系。谈起该书创作，他感慨万千，滔滔不绝。他说，中国特色社会主义进入新时代，在这个波澜壮阔的伟大时代，加强应急管理基础理论研究是推进应急管理体系和能力现代化的现实要求和时代任务，中国源远流长的应急文化和改革开放的丰富实践为理论创新、实践创新提供了可能。理论创新不易，但要敢于挑战，要有理论自信，不能一谈理论就言必称国外，要不负这个伟大的时代，主动创新理论、实践，助力中国应急管理体系与能力建设现代化，在构建人类命运共同体的时代背景下，亦为世界各国应急管理展现中国智慧、中国方案，树立中国应急管理的新形象。创作期间，很多次都江郎才尽，没法写下去，感觉写这本书是不可能完成的任务。是一次次从阅读《资治通鉴》《易经》《道德经》等中华经典名著中，又找到了强大的精神力量，受到了深邃博大的传统文化启迪，守正创新，从中华传统应急文化及世界各国的一切文明中汲取营养，文明互鉴，才能创作完成。听他的创作心得，我为之感动、自豪，期待该书尽快面世。

赵30多年深挖化工安全一口井，根植实践，潜心著述，已公开发表论文200

余篇、出版著作30余部，用作品潜移默化“滴灌”化工安全。虽然已过“天命”之年，但他依然浑身是劲儿。他经常说：“人生可有长短，不能没有亮点。工作可以平凡，不能干得平淡。”他对中国化工有一个梦想：从化工大国华丽转身化工强国。我相信，未来的他，一定会创作更多更好的作品，为中国化工高质量发展添砖加瓦，书写更加美好的人生。

造“氟”者李嘉

杨雪莲[1] 胡 群

1965年，根据国家三线建设的战略部署，全国24家科研院所和生产企业内迁四川自贡，组建晨光化工研究院，成为原化工部直属科研院所。

创业者们怀揣赤子之心，为着共同的梦想——建设新中国的新材料基地，报效祖国而奉献青春、辛勤耕耘。他们在生活、工作和科研条件极为艰苦与简陋的情况下，研制生产出各类化工新材料，满足了重点工程的急需，“化工报国”成为晨光人的初心使命，敢为人先、创新拼搏成为刻入晨光基因的独特气质。

2021年6月28日，正值举国上下共庆中国共产党成立100周年的喜庆日子，党中央在北京人民大会堂隆重召开全国“两优一先”表彰大会，第十二届全国人大代表、时任中昊晨光化工研究院有限公司（简称中昊晨光）党委书记、执行董事、总经理李嘉喜获“全国优秀党务工作者”称号。这是中昊晨光建业近60年来唯一获此殊荣的个人，也是李嘉继同年2月荣获“全国三八红旗手”称号之后的又一“国字号”荣誉。

一个历史悠久的老牌科研院所，历经辉煌与磨难，走出一位全国人大代表、全国优秀党务工作者，您或许会问，李嘉能担得起这重任和这沉甸甸的“国字号”荣誉吗？答案是肯定的。

1. 在艰难困苦中坚定理想信念

李嘉，女，1969年出生于四川自贡 。1990年李嘉大学毕业后，满怀憧憬来到晨光院。那时，随着计划经济向市场经济加快转型，晨光连年亏损、步履艰难，和她一起分配到晨光的大学生相继离开。

事业的暗淡、家庭的重担，一度让李嘉想要放弃，每当想到放弃的时候，她

① 杨雪莲系中国化工作家协会会员。胡群系中国化工作家协会会员。

总会想起那些建院之初的老专家、老党员，在党和国家最需要的时候主动放弃大城市的优越条件，拖家带口不远千里来到富顺这个偏远荒僻的地方，将青春和热血挥洒在这片共和国的热土上，献了青春献子孙，不讲条件，默默耕耘，无怨无悔，在不毛之地建起一座新材料化工城。

“我的困难与他们相比算什么呢？”李嘉咬牙坚持了下来，一路参与、引领和见证了中昊晨光从濒临倒闭到起死回生，到脱贫解困，到转制发展，到产业化重铸辉煌的全过程。伴随着企业发展，李嘉从一名普通技术人员逐步成长为企业领导人，2010年9月和2013年11月，李嘉先后被委任中昊晨光院长、党委书记。

面对企业转型遇到的生存难题，李嘉重组研究机构和研究人员队伍，紧贴市场选题立项，开启自主知识产权技术转化为现实生产力的大幕。产业化过程中，遇到过各种难题，如简单扩产、资产负债率高、不良资产多等。

李嘉与党委班子成员认真梳理分析后，制定了创新驱动、推动科技成果产业化，走内涵式发展道路的战略，坚持“突出氟材料主业，有所为、有所不为”，关停了不具备技术和资源优势的部分装置，集中优势兵力打歼灭战，并持续推动和深化企业改革。

通过自有技术产业化和创新发展，转制当年产值和销售收入分别仅有1亿多元，到2023年，实现营业收入16.58亿元，利润总额1.53亿元，资产负债率43.32%，资产总额46.28亿元。自2010年以来，累计实现营业收入224.29亿元，利润总额26.34亿元，职工收入大幅提高，获得感和归属感显著提升。

李嘉说，“作为企业党委第一责任人，我的初心就是为员工谋幸福，让晨光人过上有尊严的生活”。在职工心中，李嘉是为全体职工谋幸福的“造福者”，在中国有机氟工业发展中，她更是一位功勋卓著的造“氟”者，荣获中国氟硅行业功勋成就奖、中国氟硅行业终身成就奖。

2. 科技创新筑牢产业化发展根基

氟是化学元素周期表中最活跃的元素，其形成的化合物具有高度的稳定性，被广泛应用于国民经济各领域。中昊晨光主导生产的产品氟树脂、氟橡胶、含氟精细化学品、特种有机硅产品、工程塑料等，被广泛应用于汽车、电子通信、新能源、环保、纺织、石油等领域。

多年的市场征战，使李嘉明白一个道理，市场风云变幻，一个企业要想立于不败之地，就要打造核心竞争力。如何打造核心竞争力？那就是坚持“将科技创新作为实现公司高质量发展的唯一选择和头等大事”，做好科技顶层规划，从“完善科研基础设施建设、建强科技人才队伍、构建科技创新体系”等方面发力。

持续加大科技投入，搭建多层次创新平台。中国中化主要负责同志近年调研中昊晨光时指出，“企业在经济效益好了以后，仍然保持着艰苦奋斗作风，不是用来改善办公条件，而是用于科研投入，提升竞争力”，对中昊晨光党委班子给予充分肯定。“十四五”以来，中昊晨光累计研发投入4.35亿元，占营业收入的7.23%，进行新产品、新工艺、新技术研发及科研基础设施建设。先后获批3个国家级、2个省级创新平台，被认定为国家高新技术企业、国家创新型企业、国家知识产权示范企业等。

坚持党管人才，大力倡导“以奋斗者为本”的人才理念。建立以业绩和贡献为导向、与市场接轨的分配和激励机制，形成以博士等高层次人才为带头人的研发团队和有开拓精神的技术创新团队；破格提拔优秀博士、年轻骨干担任研发部门负责人和党支部书记，给高学历科技人员压担子，根据他们的特长制定职业培养规划，大力支持他们牵头开展攻关，带领科研人员着力攻克核心技术难关。

以需求为导向，建立面向市场的快速研发体系。建立了科研、生产和销售联动拓展市场机制，鼓励基层技术创新，由应用技术专家和活跃在各生产单元的技术创新人员、共产党员共同组建攻关团队，准确分析、把握市场脉搏，通过对关键设备的优化设计和技术升级改造，工艺配方的精细控制，解决当前影响企业发展的新产品产业化、工艺优化和产品质量提升问题，重点突破市场急需的高附加值产品，实现现有生产装置的提质增效。

在李嘉的感召下，以党员专家带头的课题攻关小组，以钉钉子精神攻克了数个技术难题，历时10年攻克特种含氟单体开发的技术难关，合成的耐低温氟醚橡胶、膨化聚四氟乙烯密封材料等突破了有机氟行业技术瓶颈；应用于新一代信息技术等领域的高端氟聚合物满足了重大工程及高端市场的迫切需求。

“十四五”以来，中昊晨光开展科研项目101项，其中承担重大科技项目38项，8个新产品被列为国家重点新产品名录，获国家科技进步奖二等奖一项、四川省科技进步奖一等奖两项，为产业化发展打下坚实根基。

3. 践行初心使命彰显责任担当

荣获“全国优秀党务工作者”称号后李嘉在向全院职工的报告中说，坚持全心全意为人民服务的宗旨，是我们党的最高价值取向。共产党人践行宗旨，就是要始终保持同人民群众的血肉联系，以为民造福的实际行动诠释“我将无我、不负人民”的崇高情怀。李嘉带领班子成员就像春蚕，吐出一缕缕锦丝，为中昊晨光、地方经济发展乃至中国有机氟行业发展编织出一片锦绣、一片春色。

作为2000多人的大家长，李嘉牢记初心使命，为企业创效益，为职工谋福利。收入分配向基层一线职工倾斜，职工基本工资得到大幅提高。提供人才公寓，改善通勤环境，加强食堂安全管理。工人倒班津贴、住房公积金、独生子女费、女工卫生费、职工生日慰问金及倒班职工免费餐标准都得到相应提高。一桩桩、一件件惠民举措如春风温暖着每一个职工的心。

作为第十二届全国人大代表、第十四届四川省人大代表和政协四川省第十二届委员，李嘉在经济社会发展、精准扶贫、应急救援、抗洪救灾等工作中主动担当作为，贡献了自己的智慧和力量。在2020年抗击新冠疫情战役中，充分发挥央企排头兵和主力军作用，带领团队仅用5天时间便成功研制出e-PTFE（膨体聚四氟乙烯）微滤膜高效防护口罩，有效缓解了防疫物资短缺的难题，在大战大考中彰显央企责任担当。

李嘉说，“晨光是企业，更是国资央企，要时刻不忘肩上的道义和责任。”她深入贯彻落实习近平生态文明思想和关于安全生产的重要指示批示精神，大力推动产业实现安全、绿色升级。开发具有自主知识产权的“等离子裂解技术”，并成功应用于CDM（清洁发展技术计划）项目。自2015年底投运以来，已处理温室气体三氟甲烷7469吨，实现累计减排二氧化碳11054万吨当量。得到生态环境主管部门高度评价。

她大力推动公司成为首批进驻自贡市沿滩园区建设的企业，带动园区有机氟上下游产业链协同发展；推动富顺县以中昊晨光为依托打造了省级经济开发区，吸引30余家企业入驻；与富顺县富世镇2户贫困建档户结成帮扶“对子”，帮助他们先后摘掉贫困“帽子”；帮助富顺县联合村修建公路，发展柑橘产业；积极向四川省困难职工帮扶基金会、自贡市关心下一代基金会捐赠资金等。

中昊晨光犹如一棵大树，早已深深扎根自贡大地，不忘社会公民角色，自觉爱护着这里的山水草木，百姓乡亲。

4. 奋力建设世界一流氟材料科技公司

2021年9月17日，是李嘉难以忘怀的日子，也是晨光人值得纪念的日子，更是中昊晨光开启新里程碑的重要日子。中昊晨光年产2.6万吨高性能有机氟材料项目开工仪式在沿滩高新技术产业园区隆重举行。时隔2年8个月，年产2.6万吨高性能氟材料项目施工现场，呈现一派热火朝天的建设景象，大型卡车、吊车穿梭其间，交替作业；安柱架梁、拼装焊接，大型设备和工业管架次第林立，项目建设进入完工冲刺阶段。2024年底，这个总投资近23亿元的化工新材料项目即将启动投运。

项目采用中昊晨光自主研发的60余项核心专利技术，建设聚四氟乙烯树脂、聚全氟乙丙烯树脂等生产线，产品主要面向现代通信、新能源、环保等领域，广泛应用于城际高速铁路和城际轨道交通、充电桩、大数据中心、人工智能、工业互联网等领域，满足化工新材料高端市场需求，这对促进四川乃至我国有机氟材料发展及技术进步有着积极而深远的影响。

不仅如此。“一期项目加速推进，二期项目也将落地。”中昊晨光在自贡川南新材料化工园区规划的二期特种氟橡胶项目已进入可研论证阶段，将发展特种氟橡胶及下游产品，进一步延伸产业链。

离中昊晨光项目几百米外的同一园区内，中化蓝天四川新能源年产10万吨锂电池电解液项目已开始调试设备，即将试生产。至此，包括中昊晨光、中化蓝天在内，中国中化已在自贡川南新材料化工园区布局5个重大项目，拟打造其在国内最大的氟材料产业基地，这一步，离中国中化控股有限责任公司（简称中国中化）实现“全球氟化工领跑者”的目标又近了一步。

李嘉打趣说，她是园区的“媒人”，当年，她与政府相关负责同志多次进京，终于打动中国中化，最终决定将“中国中化川南新材料产业基地”项目落户自贡川南新材料化工园区。

中国中化对沿滩基地的定位由“百亿级氟氯一体化基地”升级为“原料产品一体化、技术领先化、品种多元化、品质高端化、生产低碳化的国际一流氟聚合物生产基地、国内领先高端氟化工制造基地及国际知名的中国氟化工新技术、新产品发源地”。这是企业未来发展的增量重心，也成为李嘉职业生涯最浓墨重彩的一笔。

如今的晨光，已形成“一总部、两基地”发展格局，富顺老基地装置改造升级、提质增效；沿滩新基地项目建设如火如荼，老树新花，企业充满无限生机活力和蓬勃生命力。

李嘉常常到项目建设现场，查看项目进展，关心项目进度，看着一栋栋装置如雨后春笋般拔地而起，想着中昊晨光的前世今生以及未来发展，心中感慨万千，唯有任重道远。

古人云“众人同心，黄土成金”。以李嘉为代表的无数晨光人，正在以接力赛的方式，经受住一次次挫折的考验，化解了一个又一个危机，携手“跑”进新时代、新未来！所有晨光人坚信，未来的晨光必将编织锦绣前程，筑就长青基业。

物探发明创新能手张建军

赵占英

2018年1月25日，中国石油天然气集团公司（简称中石油）旗下的东方物探公司质量科技成果发布会圆满结束，国际勘探事业部（简称国际部）沙特项目部的“张建军创新工作室”再次载誉而归。

张现任沙特项目部的副经理，特级队经理。1998～2018年的20年海外工作期间，张先后从苏丹、墨西哥、尼日利亚转战沙特，他始终迎难而上，攻坚克难，屡创佳绩。尤其是2005年来到沙特后，他带队顺利启动并平稳运作S51、S63、S70、S77等重大项目，为东方物探公司累计创造产值达3.9亿美元。

张不仅是一名优秀的生产管理者，更是一名出色的发明创新能手。他始终默默无闻地实干、无怨无悔地奉献，从初出茅庐成长为独当一面的设备维修能手，到带领团队攻克一个个生产难题，他始终在自己擅长的领域不断创新。因爱而专、因专而精，他用实际行动为自己代言。虽然“张建军创新工作室”于2017年才挂牌成立，但自从1993年参加工作开始，经他参与完成的创新课题多达11个。其中，国家级实用新型专利2个，工业和信息化部、集团公司级的奖项1个，公司级和国际部的奖项8个；他个人也多次获得公司优秀共产党员、先进工作者、劳动模范，河北省优秀企业基层管理者等荣誉。

1．主动申请上一线　创新之路试啼声

张建军1971年出生于河北省固安县，1993年毕业于石油物探技工学校动力机械专业，被分配到新疆库尔勒地调三处机修站工作，其主要职责是在汽车底盘车间负责奔驰变速箱的维修与组装。在机修站的3年里，他时常在车间一待就是一整天，他天性好学，很快成为奔驰变速箱的“维修专家”。无论哪个野外队送来的奔驰变速箱发生故障，他都能够快速拆装，修复运行。渐渐地掌握变速箱专业技能已不能满足他对设备机修行业的追求，他深知作为石油勘探队的一员，野外

地震队才是他发挥才能的舞台。

“海阔凭鱼跃，天高任鸟飞”，年纪轻轻的张建军满怀梦想来到了2100队，任修理组长兼高级机械师。理想很美好，现实却很残酷。野外一线的工作强度和艰苦条件远超他的想象，但是他始终坚持结合实践工作、不断完善自己的理论知识。地震队的机修工作是繁杂的，而无论是汽车底盘还是发动机，无论是机动设备还是推土机、钻机等特种设备，他样样精通。为了确保顺利施工，多少次往返营地与野外现场，多少个夜晚加班加点维修。在20世纪90年代初的一线地震队，机修组没有自己的工作厂房，没有维修防尘条件，没有重物吊装设备，每次野外变速箱维修都只能在露天进行。为解决这一困扰，张苦思冥想地设计出了一套变速箱拆装翻转架，可将野外发动机及变速箱的维修改在帐篷内工作平台上进行，降低了作业安全风险，提高了设备维修效率。在1997年新疆轮台西高分辨采集项目中，施工地形表面为硬质胶泥，检波器埋置深度要求最少10cm。张凭借自己丰富的专业经验，通过使用铆管器工作原理，琢磨出了“推压旋转钩挂提取”装置。该工具操作简单能方便快捷地解决野外生产中的大问题，受到时任队长翟立新的大加赞赏，并取名“检波器埋置提取器”。

一腔热血洒边疆，青春无悔勘探梦。在国内工作的这几年，张勤于钻研的精神、爱动脑筋的性格，指引他不断前进，为他后来工作中的持续创新打下了基础。

2. 发明创造保生产　海外创新留美名

1998年，为了响应东方物探公司海外发展战略，张又一次踏上了逐梦之路。东方物探公司考虑苏丹9731队所在项目前景不明，所以项目设备投资谨慎。队上有不少已经淘汰的东风钻机，这种状况又一次激发了他发明创造的热情。经过不断深思熟虑的构思与实验，那些废旧的老旧东风钻机被改造成为四台卡车，在当时艰苦的条件下为项目顺利运行提供了有力保障。此外，甲方审计时提出轮胎维修必须有防护措施。因为曾经发生过因轮胎压圈或锁环在维修过程中飞出伤人案例，他苦心钻研出轮胎修理架。该装备适用于任何车型的轮胎，可根据轮胎的大小、薄厚调整铁链的长度，对维修的轮胎进行锁定，有效地防止了轮胎维修时锁环弹出伤人的安全隐患，该措施至今很多项目还在使用。

2002～2004年，根据工作需要，张转战墨西哥项目0288队。在项目前期调研中，得知过去西方在这一区域使用的是履带式拖拉机钻机，这种钻机虽然动力大，钻井深度有保证，但在山地及丘陵地区，需要直升飞机吊装配合作业，成本太高。另一种是人抬钻机，也就是我们仿造组装的CANDERRA钻机。但是项目当时订购的是野猫钻机和美国产John deer小拖拉机钻机。经过项目实践，暴露出好多缺点：动力小，遇到岩层打不动；拖挂式，若遇丛林或频繁穿越不同的农场铁丝网及围墙施工，移动起来不方便。因此项目不得不继续使用西方在此地区使用过的人抬钻机，但这种钻机已经淘汰了。身为设备监督的张，几经走访调研，弄到一台报废的人抬钻机。他如获至宝地端详着这台钻机，经过一周没日没夜地钻研，终于仿造完成了东方公司第一台CATERRA人抬钻机。该钻机第一天上线就打出了7口25米深的井。面对如此高效的实验结果，困扰项目运作的难题迎刃而解，全队上下无不欢欣鼓舞，但只有张沉默不语，因为只有他能够体会到这成果创新的艰辛。在第一台CATERRA人抬钻机仿制成功之后，又陆续制造了43台，保证了项目高质量、高效率顺利完工。

3. 破除实际大难题　持续改进获专利

2012年，在东方物探公司各级领导的全力支持下，沙特项目经理部一举拿下了阿美公司S70、S71陆上超大道数三维采集项目。当时东方公司并没有超大道数高效采集经验。张临危受命，承担起了S70项目运作的任务。S70项目共计6万道采集设备，按照以往传统地震队收放线作业方式，即收线工跟着倒线车，将一串串大小线传递装载，然后由车上人员进行码垛。经过野外实践，时任队长的张很快察觉到这种模式有太多弊端：一是作业效率低下，完全达不到超大道数高效采集要求；二是工作人员紧跟倒线车，存在轮胎碾轧石头飞溅伤人的安全隐患。针对这种情况，设备改造经验丰富的张再一次大显身手，没用多长时间就改良出了“第一代陆地高效收线装置”，他在倒线卡车的后保险杠外加了一个平台，收线工站在车尾平台上，利用钢钎钩子，右手抓扶着摇晃颠簸的车子，通过身体蹲起，将大小线从地面上钩住，抡臂回环将其甩到车厢内，再由厢内的人员进行堆放。

经过第一代陆地高效倒线车的实际生产应用，张时常亲赴野外跟踪观察。爱动脑筋的他很快又发现并总结出一系列缺点：一是作业人员所在的后保险杆上站立不安全，单手抓扶，容易滑落；二是收线人员单臂抓扶、频繁蹲起、抡臂回环，极易疲劳；三是作业人员视野受限，与倒线车司机不能有效沟通。面对这些问题，张又一次陷入了深思，他以自身强烈的责任感、独到的眼光、专业的智慧再次对第一代陆地高效捯线车进行升级改造。为了避免车辆超出规定长度，并防止作业人员滑落，将原有作业平台改进为可收纳的抽屉式平台；此外还在尾部加装了自动开关，一旦工作人员摔落，驾驶室会有报警，提示捯线车司机马上停车。正当张满怀欣喜庆祝成功的时候，野外倒线车作业过程中的一次偶然未遂事件再一次引起了他的警觉。由于当时在外围施工，没考虑到车辆在山地或沙丘这一施工特点，一旦向后溜车，尾部突出的“抽屉”会被挤压变形而伤人。针对这一安全隐患，张着手对第二代陆地高效收放线装置又进行了升级，由原来的尾部抽屉式升级为侧方内嵌式作业平台，收线方式由单臂钢钎钩线改为双臂搭钩收线。该措施有效预防了车辆侧翻或后溜造成人员被挤压的安全风险，并且开阔了作业人员的视野，使其轻易看到桩号，方便了与倒线车司机的交流，在提高生产效率的同时也降低了安全风险。该项目多次获得国际部及东方物探公司的荣誉，同时也获得了国家实用新型专利认证。

陆地高效收放线装置的诞生历程，诠释了张的不畏困难、敢于挑战、好动脑筋、务实创新的工作作风。他以“凡事有记录、凡事有计划、凡事有执行、凡事有检查、凡事有改进”的工作态度，将自我认识转化为实践成果，将生产困难转变为创新业绩。

谈到创新，张说：“我就是爱琢磨，看到生产上的问题，就想办法去解决。作为领导，我不去想办法，让谁去想办法？”但一花独放不是春，百花齐放春满园，“张建军创新工作室”表面是我个人名字，实则是设备组整个团队的力量。

自沙特项目开工以来，在“张建军创新工作室”的带动下，每年度各班组先后诞生了多项成果：2016年度仪器组的“提高508XT仪器操作员的工作效率”、2017年度仪器组“降低查线车装载设备运输中的损坏率”；震源组“降低AHV-IV364震源空调压缩机的消耗率”“震源有线一致性同步测试技术的开发”“陆地大型三维高效采集项目中可控震源日检方法的创新”，“AHV-IV 364震源自动充放气系统的升级改造”“提高震源组奖金的制作效率-VBA程序设计”；测量组《降低三维无桩号施工高效采集的空炮率》，“陆地高效多功能仪器车的研制”；机修组“移动式高压气站挖线装置研制”“提高维修丰田皮卡变速箱的效率”；等等。以上这些小改革小措施，均在中国石油及东方物探公司质量科技成果比拼中获得过多项奖励。此外在技术创新方面，由解释组编写的《海量地震数据现场质控及管理软件》曾荣获国家版权局计算机软件著作权认证。

“人人是创新之源，时时是创新之机，处处是创新之地”，这就是“张建军创新工作室”的文化氛围和创新理念。工作室始终坚持以生产实际需求为宗旨，将以前由问题驱动式的被动创新，转变为全面的主动创新，以实现生产效益的更大化，为项目的提速提效作出新贡献。坚持发挥技术和品牌带动整体的思路，组织有技术专长、勤于思考、善于钻研、勇于创新、能解决实际问题的职工积极参与到创新活动中来。“立足服务野外生产，研发更多降本增效、提速提效的创新产品”是他们团队勠力追求的奋斗目标！

勇于创新的物探队员“智多星”周强

赵占英

周强，生于1975年，祖籍四川。大专毕业，中共党员。

1998年，两年步兵服役期满，周强被分配到塔里木物探处工作。特殊的部队环境使他养成了乐于吃苦、甘于奉献的军人作风。

2007年，周强调到中国石油集团东方物探公司国际部沙特项目部从事设备管理工作，先后参加过S51、S63、S54、SRAK8等多个石油勘探项目，积累了丰富的设备管理经验，获得了丰硕成果。

2012年，为了减少沙漠行车中的车辆损坏，降低行车风险，周强承担了沙漠耙路机的研制工作，取得发明专利，荣获国际部、总公司和中质协科技进步奖一等奖。

由于周在沙特的出色表现，他顺利地转战科威特项目，截至2024年2月20日，相继完成了科威特西和穆特里巴两个项目。

科威特西和穆特里巴两个项目，使用23.4万道G3i数字化采集设备，是目前陆上最大采集道数的地震勘探项目。项目所用的采集设备和运输设备不计其数，设备如何管理？怎样实现增、闯、减？“边思考边实践，尝试着去干！”周强笃定一颗恒心，工作时间总能看到周强频繁穿梭于机械设备维修间、电子设备维修间的身影，从没听他喊过一声累。2022年底，疫情期间启动穆特里巴项目，周强直接卷起铺盖卷搬到维修车间办公室，他说：“这里工作起来方便、安全，不会轻易感染。”面对众多设备管理方方面面的挑战，周强和他的研究团队想方设法寻求解决问题的关键，为科威特生产保驾护航。

1. 研制车载挖沟机

2018年6月，科威特西项目作业区因地表坚硬无比，给埋置检波器和放线带来极大挑战，导致放线生产效率低下；同时，牧民开车往来穿梭造成排列不稳定。甲方要求采用全排列埋置采集设备的方式进行采集作业，这无形中增加了排列埋置工作量。为生产着想他主动担负起车载挖沟机的研制任务，车辆起落架如何调整，铲刀材料如何选择？周冒着酷暑在现场进行一次次试验。当时正处酷暑季节，气温高达52℃，地表温度更高，上下一次车都会热出一身汗。周顾不上这些，他的心里只有改革、创新。几天下来，脸上就因太阳辐射长出了黑斑。他笑着说：“作为一个男人，不能整天打扮成小白脸，晒晒更健康。”为保证质量，他多次与技术专家交流讨论，不断修正设计参数，经反复试验，研发出的车载挖沟机节省了人力，减少了成本，排列很快稳定下来，受到全队好评。

生产队长刘万庆指着正在独立工作的挖沟机兴奋地说：“自从有了挖沟机，埋线效率快了几倍！以前挖沟埋线最少也要3个人，现在一个人就够了。”排列挖沟机因其良好的效果，正在海外项目进行规模推广应用。2019年，车载挖沟机的研制获得了东方物探公司质量科技成果奖三等奖。

2. 研制排列集中供电系统

科威特野外几十万道数字检波器耗电量巨大，需要大量配置电瓶。外加天气因素影响以及电瓶使用寿命的限制，需要经常补充和淘汰电瓶。当地牧羊人多，经常偷盗太阳能板和电瓶用来照明。每年的10月至来年4月，正值雨季，阳光不足，电瓶出现极速馈电，严重地制约生产进度。能不能用一套或多套野外发电系统集中供电缓解生产压力？周强和他的团队投入了排列集中供电系统的攻关。

周强和懂得电路知识的电工刘刚一起不厌其烦地多次询问专家和技术人员，经过一个多月的设计和改进，终于研制出一套便于运输的交流集中供电系统。摆放到野外测试，可以同时给十几个电瓶不间断充电。但新问题也跟着来了：交流电对排列有干扰。再次查阅书籍资料，加装直流逆变器后，解决了干扰难题。排列集中供电系统获得了东方物探公司优秀QC成果二等奖。

局领导在现场察看了集中供电系统后，伸出大拇指赞叹说：“一定要大力鼓励改革创新，对这种有思想有见地的人才，我们一定要表彰。没有什么问题能难倒我们石油物探人！”

3. 保证充电设备完好率

科威特项目投入几十万道采集设备，由于野外工作环境特殊，每天靠营地发电机停电换电，冲击电流很大，容易造成充电机损坏。给电瓶充电的充电机单机就达上千美元，稍有不慎就会造成巨大损失。虽然队上采取了相应的预警防护措施，但收效甚微。周强看到眼里疼在心里，他多次打电话到厂家索要图纸，向专业技术人员请教，但厂家已停止生产。凭着多年的维修经验，他决定自己干，自己焊接保险，充分利用以前淘汰的三极管备件。一个月下来，周强组装恢复了54台充电机，为项目减少了近9万美元的支出。后续新项目启动，再也没有购进一台新机，全部购买零件修旧利废，使设备正常恢复率达到90%，实现了降本增效的目的。

4. 改革创新“智多星”　热忱服务众多人

只要经过周的加工改造和创新，待修设备就会变得“服服帖帖”，聪明睿智的周强被大家亲切地称为“智多星”，这个闪亮的标签曾被《中国石油报》报道。

在部队，周把战友当成兄弟；在地震队，周把同事当成家人。周热爱工作也热爱生活。工作之余他会做些四川特色菜让大家大快朵颐；也会不辞辛劳利用夜间连续四五个小时点手工豆腐，和大家一块分享老豆腐香嫩的味道。他自购理发工具，学会理发手艺，为大家提供理发服务。一桩桩一件件暖心的举动得到了全队上下的一致称赞。在沙特，他利用捡来的硅化木精心雕琢、研磨，打造了一架自制竖琴，琴声悠扬，似高山流水如泣如诉。在周强的世界里，只要到手的物件，哪怕就是一块石头，他也能把它雕琢成玉。

从军营到地方，从战士到员工，变化的是岗位，不变的是军人的优秀品质。周用实际行动诠释了退役军人退伍不退志，退伍不褪色的铮铮誓言。作为一名党员，“永葆初心忠诚担当”是周的座右铭；作为一名军人，“服从命令冲锋在前”是他的职责；作为一名物探人，“脚踏实地无私奉献”是他的人生信条。周率领他的团队在平凡的岗位上俯下身子干实事，随着一项项革新创意的落地生根开花，把海外物探市场装扮得更加靓丽多姿！

拥有“管理黑带”“献血状元”称号的杨勇

叶建华

淄博，乃“齐国故都”和“齐文化”发祥地。这里自成为周朝开国功臣姜太公的封地之后，便人才辈出、群星灿烂。这里孕育了“春秋五霸”之首的齐桓公，名相管仲，晏婴，唐朝开国元勋房玄龄，世界短篇小说之王蒲松龄，县委书记的好榜样焦裕禄等众多经天纬地的著名人物。当下的山东淄博烧烤爆火出圈，成了“网红”城市。

2013年的阳春三月，我有幸踏上了山东淄博这片神奇的热土。用几天时间，我沐浴春风，迎着春雨，带着感动走进工厂，深入农村，跋涉山区，来到中心血站、团市委、文明办……采集和倾听着一位敬业奉献、助人为乐、家庭和谐，将正能量传递四面八方的淄博后人的动人故事。故事的主人公就是中国化工集团公司下属东大化工公司杨勇。他将企业管理黑带、无偿献血状元和公益组织领头人的角色融为一体，为中国化工人争得了荣誉，受到了政府、社会、企业、民众的广泛称赞。

此后，我一直与杨勇保持着联系，不断获得新信息，听到新故事。让我们走近一位不平凡的、让人感动的、令人敬佩的中国化工人。

1. 企业管理为黑带

杨勇出生于1977年，一米七三的中等个头，常带笑容的红润脸庞戴着一副眼镜，乌黑的头发三七分野根丝不乱，西装革履英俊潇洒。他在企业管理领域登堂入室，从事企业管理多年，借助精益六西格玛、绿带、黑带等现代管理理念和方法快速融入公司管理中。他继获得了绿带之后，经过严格培训、考试、考核，做项目，指导绿带，2010年6月获得惠普质量与供应链管理学院颁发的印有“拥有充足的知识和实践经验胜任精益六西格玛黑带资格”证书，成为中国化工集团第一批7名黑带之一；2011年6月又参加了中国化工集团专职黑带培训，成为系统内CI专业人才。通过做绿带、黑带项目，并培训出绿带团队，为公司取得了可观的经济效益。

杨勇的初始学历是中专，他将学习提升当作了终身任务。先后通过自学获得本科学历。在工作中也勤奋好学、刻苦钻研，成为公司审计业务骨干，多次荣获淄博市法制工作先进个人、审计工作先进个人称号。

十余年间，杨勇持续努力发展。杨勇责任心强、工作认真、脚踏实地、行事低调，得到了领导和同事的称赞，获得公司总经理特别奖，2013年荣获国务院国资委、人力资源和社会保障部颁发的“中央企业劳动模范”称号，荣获淄博市第四届“全市助人为乐道德模范”称号，作为“道德讲堂”宣讲员，深入政府机关、企事业单位、学校等宣传公益事业、宣传无偿献血，其职位也提拔为监察审计部副主任。2014年还荣获国务院国资委“中央企业优秀共产党员”“中央企业优秀志愿者”称号。此后在工作和日常生活中，努力拼搏，积极奉献，连续多年获公司和上级公司、政府机构等所评优秀党务工作者、优秀共产党员、无偿献血奉献奖金奖、终身荣誉奖、中国青年志愿者优秀个人等30多项荣誉。盛誉之下，他没有骄傲，而是更加努力珍惜这些荣誉，一如既往地奋斗在工作岗位上，奋斗在无偿献血事业上，让这些荣誉更加闪光。

2. 无偿献血是状元

杨勇的献血之路起源于1998年。那年10月1日，我国《献血法》颁布实施，东大公司工会、团委组织职工参加无偿献血，21岁的杨勇积极报名参加了那次献血。从1998年以来的26年间，杨勇无偿献血累计已达123800毫升，相当于近30个成年人全身血液，300余名伤病人身上流淌着他的血液。

从第一次献出200毫升血之后，杨勇逐渐懂得了无偿献血的重要意义，加深了对血液生理知识的了解。当他了解到，许多病人需要血液抢救生命，科学适量献血有利于身体健康时，他义无反顾地认定了这个奉献爱心的平台。此后，他每年定期到中心血站悄悄献血。从早期每次200毫升，到后来每次400毫升，2003年加入党组织后，他更积极为党徽添光彩，定期捐献血小板，无偿献血成为杨勇生活中不可或缺的一部分。特别在2020～2022年疫情期间，他勇敢逆行，51次参加无偿献血，捐献102个单位血小板；2022年3月在淄博市疫情防控最严峻时刻，他配合公司组织高新区和马桥两个厂区坚守岗位员工，开展了“抗疫情 保供血”无偿献血活动，组织57人次捐献22500毫升热血，公司被市卫健委、市委宣传部、市直机关工委、团市委、市教委、市红十字会联合授予的“全市无偿献血组织表现突出集体”称号。杨勇还影响和带动身边亲友参加无偿献血和公益活动；以实际行动助力疫情防控，用无私奉献的精神践行央企员工社会责任，传递正能量。

3. 公益组织领头人

2018年，根据组织推荐，市委组织部考察，杨勇被任命为共青团淄博市委兼职副书记，负责协管志愿服务工作。并连续两届担任淄博市青联委员、社会组织界别副主任等职务，积极为青年发展和社会志愿服务工作。在工作中，他始终保持了端正的工作态度，严守工作纪律，行事低调，延续了不骄不躁、扎实肯干的工作作风，这也得益于杨勇的家庭和成长环境。

杨勇的父亲年轻时入伍参军因公负伤，退伍后回农村务农，但因身体原因无法从事重体力劳动，靠杨勇母亲操持家务和田间劳作，家庭非常贫寒。杨勇与哥哥都是靠从银行贷款完成学业，偏远农村孩子吃饱饭也是一种奢侈，这也让杨勇懂得了珍惜，看不得别人的疾苦，立志在有能力情况下帮助更多需要帮助的人。杨勇在考取高中后，考虑家庭困境改读中专，3年后入职东大化工集团下属一家分厂，从车间工人做起，5个月成为班组骨干，入职7个月被集团共青团委评为“青年岗位能手”，后又先后在供销、办公室文书、集团审计法规岗位工作。随着岗位的变化、职务的调整，也在不断激发他内心深处那颗奉献的种子发芽、扎根、开花、结果。

杨勇曾说：我要用20年的时间，干出40年的工作。如今看来，他是这样说的，也是这样做的，他在单位本职工作中兢兢业业，他在社会公益事业中付出心血。凭着献血量的攀升和管理协调能力的突出，他在淄博志诚无偿献血志愿者服务中心也由副大队长升任大队长，他带领团队深入政府机关、企事业单位、学校、乡村等宣传，影响数万人加入无偿献血队伍中，配合淄博市中心血站开展宣传活动，带动更多市民参与无偿献血，让更多淄博人投身无偿献血事业，让淄博成为一个不缺血的城市。

前两年，受新冠疫情影响，参与无偿献血人员减少，在后疫情时代，无偿献血事业经受了更为严峻的考验。当问到杨勇是否还坚持无偿献血，是否还会坚持下去时，杨勇坚定地说：作为一名共产党员，深感责任重大，只要身体允许，会一直坚持下去，无私奉献永远在路上。他还介绍，国家倡导无偿献血26年，在不断完善无偿献血相关机制，献血者用血政策不断调整优化，推行“三免”等优待政策。他愿意通过引导健康科学献血理念，让更多的人在爱与被爱中得到健康和快乐。

淄博市连续13届荣获“无偿献血全国先进城市”称号，杨勇带领的淄博志诚无偿献血志愿者服务中心也先后获得“感动淄博年度人物”“山东省雷锋号先进集体”“三好一满意服务品牌”等称号，他本人也9次荣获全国“无偿献血奉献奖”金奖，两次荣获“全国无偿献血志愿服务终身荣誉奖”；获得了“山东省优秀志愿者”、“山东好人”、“淄博好人”、“淄博市优秀志愿者”、“全市献血明星幸福之家金奖”、“我们身边的好青年”特别奖、“全市十佳志愿者”、“淄博市第四届道德模范”、“中央企业优秀志愿者”、“中国青年志愿者优秀个人”等荣誉。

他的先进事迹被《人民日报》《工人日报》《中国青年报》《信息早报》《青年时报》《淄博日报》《淄博晚报》《鲁中晨报》《中国报告文学》等报刊，淄博电视台、淄博人民广播电台，中国文明网、人民网、中国经济网、中工网、中青在线网等多家网站媒体宣传报道；他应邀参加团中央榜样人物大型影视系列专题《身影》在线访谈栏目的访谈。

有一种力量叫坚持。11年前初访，杨勇持之以恒地奉献、奋斗、付出，将梦想照进了现实，为我们确立了标杆、树立了榜样。11年后的杨勇仍然在坚持。工作中的他努力积极，生活中他和团队乐于助人，将正能量传递四面八方，就像一团火一样温暖着他人、温暖着社会，奉献人间大爱真情。

杨勇在用心、用爱播撒生命种子，我们有理由相信，他会一直坚持下去。

沙特物探奋楫笃行者郭超胜

赵占英

郭超胜，男，1980年1月出生于湖北省黄梅县。2003年7月，石油大学（华东）勘查技术与工程硕士研究生毕业，同年加入东方物探公司国际部。2003年7月至2005年1月，在巴基斯坦项目中担任地球物理师。之后，作为技术监督先后参与完成Enirepsa、Srak、S47、S51、S54、S63、S69、S71等项目。2012年8月，郭一到S71项目，就发现地震数据极性反转，及时避免了声誉受损和重大经济损失。2015年9月～2021年1月，郭作为生产队长，根据合同及程序文件及时与甲方进行沟通，为项目高效运作作出了贡献。在2020年疫情期间，面对倒休人员不能到位、高温等不利条件，郭带领团队克服各种困难，顺利完成S77大沙项目；先后启动S87和S90项目；带领队伍完成85队军事区施工等。

1. 技术创造价值

2012年7月，在担任技术监督期间，郭凭着惊人的记忆力和责任心，把甲方的程序文件和施工合同烂熟于心，对施工出现的争议，能及时与甲方沟通，有效地化解了矛盾。在S71项目的某一区块，因为靠近国界，施工的工区图形不规则，不仅给施工设计和观测系统带来很大的技术困难，并且影响到合同中一个重要的参数Pss。这个参数对于单价有很大的影响，引起了甲方和队上很大争议。郭通过合同中关于Pss计算原理，向甲方阐明在不规则工区中施工的困难，有理有据有节地说服甲方，在整个工区要按照统一的平均Pss值进行核算。此举产生了非常可观的经济效益。

2015年，郭担任S77项目队副经理，在队经理休假期间代理队经理之职。郭发挥其技术优势，在生产中严抓大线埋置，合理安排震源跨线束生产。在人员管理方面，合理安排放线班人员；持续推动“沙特化员工”工作，大量使用沙特人，对线班沙特人及非沙特人进行了进一步优化。在不增加定员的基础上，提高了线班的沙特化水平。郭始终把安全生产放在第一位，每天对野外的生产地形都提前踏勘，特殊地形亲自到现场监督施工。最终，5年的项目产生了很好的经济效益。

2. 担当战胜疫情

在长期的海外项目施工中，每个项目都有自身的特点和施工难度。郭充分发挥基层管理者的先锋模范作用，冲在第一线，解决了一个个难题。

2020年初，新冠疫情不期而至，肆虐全球，沙特也是重灾区。S77项目，位于沙漠偏远区域，地形复杂。面对沙特全境封城，小队员工不足，中方人员超期服役等严峻形势，作为代理经理，郭及时传达公司、国际部和项目部的各项防疫措施，并制定严格的小队防疫制度。外防输入，内减接触，严格控制人员进出。针对人员补充困难，他广开思路，一方面和项目部一起做好人员补充计划，对于一些特殊班组实行外围核酸检测，小队专门建立隔离营地，野外生产单独划分区域，确保了项目的顺利施工。新冠疫情也导致中方人员超长服役，给大家带来严重的心理压力。针对这一情况，郭积极组织多项集体活动，活跃小队气氛；对于部分确有困难及压力较大的员工，通过聊天，做好心理疏导。同时配合项目部协调好各班组人员在项目部和队上的岗位倒休，缓解了大家的心理压力，也稳定了队伍。在郭的带领下，S77项目未发生一起新冠感染或疑似病例，圆满地完成了甲方的合同任务，实现了疫情防控和生产经营的双胜利。

3. 创新铸就辉煌

S77项目是地震勘探行业首个超大道数陆地采集项目。面对采集设备规模庞大、全新技术、雇员国籍复杂等一系列问题，唯有打造一个和谐团结、奋进创新的团队，才能实现项目的平稳高效运作。

S77项目于2019年底搬迁到沙特南部最为复杂的大沙无人区。该工区地形复杂，高大沙丘连绵起伏，部分沙丘落差达200米。按照原来的推土机清线方法，不但要大大增加推土机的数量，也会严重影响施工安全和进度。郭带领技术人员通过实地踏勘，组织S77项目全体员工群策群力，积极和甲方沟通，在甲方程序规则范围内通过室内设计结合室外推土机施工、结合反馈信息在高大沙丘相对平缓的平台多布炮点，有效地解决了推土机清线和震源施工面临的困难。该方法不仅满足了甲方质量要求，降低了震源施工风险，稳定了项目生产进度，同时还实现了推土机投入数量由原计划的80多台降低到50台左右，极大地节约了推土机的租赁费用。

郭还是S77项目创新工作室的骨干成员。此工作室坚持以生产实际需求为基础，将以前由问题驱动式的被动创新，转变为全面的主动创新。郭积极参与创新工作室的各项工作，推动了多项小改小革，如“陆地高效多功能仪器车的研制”“震源有线一致性同步测试技术的开发及应用”“提高维修丰田皮卡变速箱的效率”等，实现了降本增效。

作为扎根海外的物探人，郭有担当、敢作为，经受住了各种困难的考验，助力沙特项目部完成了一个又一个金牌项目。郭先后获得2019～2020年度“东方先锋”人物榜样，2020～2021年度“安康杯”先进人物，先进工作者、先进党员及东方先锋人物等荣誉称号。

作为“2023年度中国石油中东大区先进工作者”，他坚持“奋楫笃行，臻于至善”，用实际行动诠释了一个石油人的青衿之志！

附录一
中央研究院首届院士名单

1948年3月26日（民国37年3月26日），南京

数理组	数　　学	姜立夫、许宝騄、陈省身、华罗庚、苏步青
	物　　理	吴大猷、吴有训、李书华、叶企孙、赵忠尧、严济慈、饶毓泰
	化　　学	吴宪、吴学周、庄长恭、曾昭抡
	地　　质	朱家骅、李四光、翁文灏、黄汲清、杨钟健、谢家荣
	气　　象	竺可桢
	工　　程	周仁、侯德榜、茅以升、凌鸿勋、萨本栋
生物组	动　　物	王家楫、伍献文、贝时璋、秉志、陈桢、童第周
	植　　物	胡先骕、殷宏章、张景钺、钱崇澍、戴芳澜、罗宗洛
	医　　学	李宗恩、彭贻瑾、张孝骞
	药　　学	陈克恢
	心　　理	汪敬熙
	生　　理	林可胜、汤佩松、冯德培、蔡翘
	农　　学	李先闻、俞大绂、邓叔群
	体质人类	吴定良
人文组	哲　　学	吴敬恒、金岳霖、汤用彤、冯友兰
	考　　古	李济、梁思永、郭沫若、董作宾
	语　　言	李方桂、赵元任
	历　　史	柳诒徵、陈垣、陈寅恪、傅斯年、顾颉刚
	法　　律	王世杰、王宠惠
	政　　治	周鲠生、钱端升、萧公权
	经　　济	马寅初
	社　　会	陈达、陶孟和
	中国文史	余嘉锡、胡适、张元济、杨树达
	美 术 史	梁思成

附录二
《化工人物剪影》目录

巾帼模范孙铭同志（叶建华）

我的第一次兵工生涯——张珍自传

新中国化工行业领导李苏片段（刘承彦　朱益强）

辉煌在脚踏实地中崛起——陈冠荣同志生平（侯国柱）

我所了解的成思危（杨友麒）

忠诚事业 坚守职责——记戚彪同志在国防化工战线的事迹

（戚彪口述　富志侠整理）

在劳改矿山中成长起来的构造地质学家——李扬鉴（李钟模　宣之强）

在化工行业两化融合发展前沿奋斗——杨友麒自传

一生所爱 一世辛勤——记印尼归侨罗益锋（刘承彦）

助力推进系统培养涂料专业人才——刘国杰（刘国杰）

女科学家王弭力教授发现罗布泊超大型钾盐矿（李钟模　宣之强）

20世纪60年代的大学生小化肥厂工作与生活——张豪禹回忆录

中外合资大型化工企业领导人——武四海（李钟模）

敬畏岗位职责 认真做事——富志侠自传

科海弄潮的二级教授白国宝（王乐意）

录自《中国化工通史·区域卷》附辑（化学工业出版社，2019）

阅评摘记

编者按：

《古今石油和化工人》，自2024年1月至今，仅仅10个月就完成了从约稿到统编成样书的过程。这期间经历了每一篇约稿的几次公示修改；原书名《古今石油化工人》及《华夏石油和化工人》的讨论而最终定名为如今的《古今石油和化工人》无不透出了众人对此书的历史期望；约请了中国化工作家协会主席钱玉贵先生和副秘书长叶建华先生撰写了意义深厚的两篇序，以及许多值得记载的作者之间与编辑部之间的互动故事。

成样书的过程中，因感人的故事太多，正为不知该如何动笔记录之时，魏然先生对《古今石油和化工人》作了精彩的提炼总结，概括了一篇《人生密码》的奇文，寄给了正副主编、主审及编辑部征求意见。同人看后齐曰：妙哉！何不代为《后记》。

人生密码

人生密码可以说是形形色色、林林总总，而志士仁人的人生密码则色彩斑斓、光彩夺目。我最近审读了一本以近现代为主的《古今石油和化工人》样书，被书稿中众多石油和化工领域专家学者、实业和企业家、英雄模范人物的先进事迹，以及诸多平凡石化人不平凡的业绩所感动，被他们学业有成、事业光鲜和家业美满所鼓舞。我将其中一些精英模范在实践中总结提炼出来的人生感悟和哲理加以采撷和汇集，以事业、生活和家业为主，尽管是挂一漏万，我还是冠之以人生密码予以推荐，供大家学习、借鉴和参考。

1. 事业密码

范旭东创办实业的三个原则　在创办久大、永利时，范旭东就为自己规定了三个原则：一是不利用公司的钱财谋私利；二是不利用公司的地位图私益；三是不利用公司的时间办私事。（摘自《百度百科·范旭东》）

范旭东（1883～1945年），中国化工实业家、中国近代化工业奠基人，有“中华民族化学工业之父”之称。

范旭东提出“永久黄”四大信条 “永久黄”团体的四大信条：我们在原则上绝对地相信科学，我们在事业上积极地发展实业，我们在行动上宁愿牺牲个人顾全团体，我们在精神上以能服务社会为最大光荣。（摘自《工业先导范旭东》）

注：“永久黄”团体，是指范旭东在天津创建的久大精盐公司、永利制碱公司及黄海化学工业研究社组成的企业团体，是近代中国第一个大型私营化工生产和研究组织。

侯德榜评说范旭东 “论范先生之伟大，大家均知范先生创立了极伟大事业，吾人应分析其伟大之因素有五：一为其创造能力，二为其笃信科学，三为其远大眼光，四为其艰苦精神，五为其私人道德。（摘自《百度百科·范旭东》）

侯德榜深信“勤能补拙” 侯德榜说：就天赋而论，我不算聪明，但我深知“勤能补拙”的道理。我一生之所以有些成就，除许多客观条件之外，主观上要归于勤奋。

他经常告诫自己的孩子：作学问要踏踏实实，要刻苦努力，这样即使天资差一点，也会有一定作为。（摘自《中国化工泰斗侯德榜》）

侯德榜（1890～1974年），著名科学家，杰出化学家，侯氏制碱法创始人，原化学工业部副部长，中国重化学工业的开拓者。

侯德榜的使命之责 侯德榜说：吾人今日只有前进，赴汤蹈火，亦所弗顾，其实目前一切困难，在事前早已见及，故向来未抱丝毫乐观，只知责任所在，拼命为之而已。最后成败，均看此时坚忍毅力如何，想同仁已鉴及此矣！（摘自《中国化工泰斗侯德榜》）

侯德榜注重在实践中学习 侯德榜深信“处处留意皆学问”，强调在实践中学习。他倡导“寓创于学”，既强调认真学习，又不盲从照搬，要在融会贯通的基础上，结合具体情况改进、创新。他坚持科学态度，严谨认真，遇到疑难问题，总爱说“down to root（追到底）”，直到问题被弄清解决为止。（摘自《百度百科 · 侯德榜》）

吴蕴初的聚财用财之道 吴蕴初认为，他的财产是“取之于社会，应用之于社会。把财产集中起来，为发展事业，培养化工人才，对国家，对社会才会有好处。”（摘自《百度百科 · 吴蕴初》）

吴蕴初（1891～1953年），中国近代化工专家，著名的化工实业家，中国氯碱工业创始人，被称为“味精大王”。

王箴编写辞典的四个结合 “编写《化工辞典》要坚持四个结合，即科学性与实用性结合、专业性与通俗性结合、完整性与主导性结合、系统性与概括性结合。”（摘自《王箴与‹化工辞典›》）

王箴（1899～1994年），化学家、教育家、化学和化工社团组织活动家，《化工辞典》主编。

袁见齐的高等教育理念 “高等学校不仅要传授知识，还必须传授获得知识的方法，并能运用知识和发展知识。”（摘自《百度百科 · 袁见齐》）

袁见齐（1907～1991年），矿床地质学家，中国科学院院士，中国地质大学（北京）教授。

靳仲敏的责任担当 在“文化大革命”开始不久的1967年，靳仲敏对参与编辑出版《机械设计手册》的同事们说：“科技出版社出版科技图书无可非议。如果出了事，无非是把我弄到五七干校去，和你们无关。”“你们就放心大胆工作，成绩是大家的，责任我来承担。”（摘自《靳仲敏和他的‹机械设计手册›》）

靳仲敏（1914～1984年），1937年参加革命，化学工业出版社原副社长，编辑出版《机械设计手册》的组织领导者。

余国琮认为素质教育是核心 余国琮说："素质教育是培养创新人才的一个核心。我们的创新人才一定要有良好的思想素质、文化素质、科学素质。"（摘自《百度百科 · 余国琮》）

余国琮（1922～2022年），化学工程专家，中国科学院院士，天津大学教授，《化学工程辞典》主编，《化学工程手册》主编之一。

王进喜的老黄牛精神 王进喜说："我从小放过牛，知道牛的脾气，牛出力最大，享受最少，我要老老实实地为党和人民当一辈子老黄牛。"（摘自《拼命也要拿下大油田的"铁人"王进喜》）

王进喜（1923～1970年），新中国石油工人，人称"铁人"，被评选为"最美奋斗者"。

王进喜的人生观 李光复拿出一本《毛主席语录》，请他在扉页上签字。王进喜拿出笔，在《毛主席语录》扉页上写下了"大庆油田王进喜"七个大字，并署上"66.10.4"这个日期。李光复仍不满足，就说："请铁人给写几句鼓励的话吧！"王进喜略加思考，又在不太宽余的上方写道："讲进步不要忘了党，讲本领不要忘了群众，讲成绩不要忘了大多数，讲缺点不要忘了自己，讲现在不要割断历史。"（摘自《拼命也要拿下大油田的"铁人"王进喜》）

陆婉珍的科研理念 陆婉珍坚持"研以致用、以用促研"。"科学成绩是常年的累加，而不是一朝一夕的辉煌。年轻人要在大环境中找到自己安身立命的地方，不要为了追求某些不值得的东西花太多的精力。"（摘自《百度百科 · 陆婉珍》）

陆婉珍（1924～2015年），女，中国著名的分析化学与石油化学家，中国科学院院士，中国石油化工科学研究院的总工程师。

陆婉珍的经典比喻 陆婉珍说：分析是我们的眼睛，人才是我们的中枢。（摘自《一门双院士闵恩泽陆婉珍夫妇》）

陆婉珍的成功秘诀 陆婉珍说:“要想成功,必须抛却功利心。不论做学问、做人,都不要太功利,不要太浮躁,要顺其自然,从点滴做起,功夫到了,自然会积涓流以成大海。”(摘自《百度百科·陆婉珍》)

陈俊武的创新理念 陈俊武说:“我自己的生活和科研已经分不开了,每天必须学习。我站在别人的肩膀上,别人再站在我的肩膀上,才能带动创新。”(摘自《时代楷模陈俊武》)

陈俊武(1927~2024年),中国科学院院士、石油炼制工程专家、中石化洛阳炼油设计研究院原院长。

陈俊武的生命寄托 陈俊武说:“科学真理把我诱惑得太苦了!我把如锦的年华投进了无底的深渊,痴心的求知使我成为与世隔绝的孤独者。生命的意义全寄托在了没有生命的分子、原子上了。”(摘自《百度百科·陈俊武》)

毛炳权的科研五要素 毛炳权认为:要想在科学研究上做出成果,第一,需要有一个好的平台;第二,要注重合作团队协作精神;第三,要高度重视知识产权;第四,自主创新的技术要与市场需求和原料资源相结合;第五,要勤奋积累。机会只会留给有准备的人。”(摘自《催化人生的毛炳权与刘新香夫妇》)

毛炳权,1933年生,中国工程院院士,高分子化工专家,北京化工研究院教授级高级工程师,均相、多相和生物三类催化剂第一发明人。

陶宇的科研管理理念 陶宇说:“国内外市场缺什么,我们就马上研制、生产什么。同时又要捕捉研究第二代、第三代新产品,发扬我院本身的优势,不断地创新,不断地创优。”(摘自《勇于创新的科技企业家陶宇》)

陶宇,1933年生,沈阳市石油化工设计研究院原院长。

蒋士成的成功秘诀 著名化工专家、华东理工大学原副校长戴干策对蒋士成院士的评价:蒋士成作为项目第一责任人,聚酯装置国产化所以能取得成功,主要在于他：一有着强烈的报国之志。二有魄力，面对复杂的情况敢于拍板承担责任。三有智慧、懂技术，涉猎广泛，懂其规律，能运筹帷幄。四经历丰富，协调能力强。五谦虚低调，与人为善，具有人格魄力和凝聚力。蒋士成是集多种优秀品质于一身的领军人物。（摘自《聚酯装置国产化功臣蒋士成》）

蒋士成，1934年生，中国工程院院士，化纤工程设计与技术专家，中国聚酯工业主要开拓者之一，仪征化纤工业联合公司副总经理兼总工程师公司副总经理。

阮水龙的科技人才观念 在阮水龙“任人唯贤、唯才是举”“激励成功、允许失败”“让科技人员先富起来”等一系列人才战略实施下，更多有着龙盛创新痕迹的技术成果，在一浪高过一浪的人才集聚中，百花绽放。（摘自《草根起家的染料大王阮水龙》）

阮水龙，1935年生，浙江龙盛集团董事长。

刘俊全的兴厂之路 刘俊全认为：“科技兴厂，企业才有出路；开拓市场，才能走向世界。”刘俊全认为：首先抓团结、聚人心，职工福利向有贡献的科技人员倾斜。其次，优化产品结构，狠抓新产品开发，广开财源，增加创收。最后，调整组织机构，精兵简政，大胆改革。（摘自《“长桥大厦”奠基人刘俊全》）

刘俊全，1936年生，沈阳胶带公司总经理。

胡永康的事业理念 胡永康认为：“做任何事情都要‘始于小，完于大’，既要‘志存高远’又要‘脚踏实地’，远大的志向和目标要靠一步一个脚印地去努力，脚踏实地的工作能为实现远大的志向和目标奠定坚实的基础。”（摘自《百度百科 · 胡永康》）

胡永康，1940年生，中国工程院院士，石油炼制专家，抚顺石化研究院教授级高级工程师。

朱道本的两件法宝 熟悉朱道本的人都知道，惜时如金和善于学习是他在科研、管理和育人“三位一体”中取得成功的两件法宝。他总是说：人的一生是很短暂的，只有珍惜和抓紧时间才可能有所作为。学习应该是一个人生命中很重要的主题，一个人要勤于学习、善于学习，特别是学习其他人的长处，不断丰富自己。他回首自己近 40 年伴随着管理和教学的科研生涯，认为就是一个不断学习、不断实践和不断提高的过程。（摘自《有机化学和物理化学家朱道本院士》）

朱道本，1942 年生，有机化学家、物理化学家，中国科学院、第三世界科学院院士，中国科学院化学研究所研究员。

高金吉认为学习是法宝 学习，是高金吉发现问题与解决问题的法宝。20世纪90年代中后期他任课题组组长完成国家重点推广应用项目“旋转机械振动诊断工程软件包”之后，他开始攻读哲学、系统科学、控制论、仿生学、耗散结构理论和医学特别是传统的中华医学等经典理论著作。他阅读了维纳著的《控制论》、钱学森的《工程控制论》《系统科学概要》《普利高津与耗散结构理论》等著作。在这些理论的指导下总结多年的工程实践，再参加国内外学术交流研讨时才能信心满怀。（摘自《首先提出“人工自愈”理论的高金吉院士》）

高金吉的自行车理论 高金吉说：“人生就像骑自行车似的，往前走就不容易倒。”人生从来不是一条直线，一个新概念、新理论的提出也从来不会一帆风顺。（摘自《首先提出“人工自愈”理论的高金吉院士》）

高金吉，1942年生，中国工程院院士，设备诊断工程专家，北京化工大学教授。

吴重光的知识理念 吴重光说：“人类的知识到底是什么？它是概念知识和过程知识的结合。”“现在的应试教育只能在学生的脑子里装进去10%的概念知识，而90%的过程知识是不能通过这种教育模式进行的。它需要实践，而一个老师如何针对每个学生的实践做出正确、及时的指导呢？现在这个 AI3 就可以做到。”（摘自《化工过程仿真专家吴重光》）

注：AI3是一种应用工具软件，是知识管理、知识传承、知识创新、数字转型、数字孪生的应用工具软件。

吴重光，1945 年生，北京化工大学原副校长，北京化工大学教授、博士生导师，主要从事自动化仿真教学和科研。

臧树良谈人生价值　说起稀散元素化学研究成果的推广和产业化水平，臧树良的眼神闪烁着自信的光芒。他特别自豪地对我说："一个知识分子、科研工作者只有在自己熟悉的土壤中才会迅速成长、成才，才会创造人生最大的价值。现在我在自己建起的实验室里做着自己设计的项目，真正发挥了自己的所好所学和聪明才智。（摘自《记我国著名稀散元素化学专家臧树良》）

臧树良，1951年生，辽宁石油化工大学党委书记，主讲分析化学和稀散元素化学等。

张春锦的"三效""四创"　作为"飞龙"的掌舵者，张春锦在公司成立初期，就决定了公司的发展方向和管理理念，就是强调"效率、效果、效益"这"三个效"和"技术创新、产品创新、管理创新、市场创新"这"四个创新"。（摘自《聚氨酯设备工匠张春锦》）

张春锦，1956年生，温州飞龙聚氨酯设备工程公司董事长、高级工程师。

尤小平提出"四个共同"企业理念　作为企业的灵魂人物，为打造百年华峰，尤小平主席为华峰集团提出了共同目标、共同创业、共同利益、共同发展的"四个共同"企业核心文化理念，体现了以人为本和谐发展的思想。（摘自《聚氨脂产业先锋尤小平》）

尤小平坚持人才培养机制　华峰坚持以人为本，构建"在岗学习，集中培训、知识管理"三大人才培养机制，把人才长效培训作为企业重大发展战略。（摘自《聚氨脂产业先锋尤小平》）

尤小平，1958年生，温州华峰集团董事局主席。

李嘉坚持科技创新是头等大事　李嘉提出：一是持续加大科技投入，搭建多层次创新平台；二是坚持党管人才，大力倡导"以奋斗者为本"的人才理念；三是以需求为导向，建立面向市场的快速研发体系。（摘自《造"氟"者李嘉》）

李嘉，女，1969年生，中昊晨光化工研究院院长、党委书记。

张建军的五个"凡是" 张建军以"凡事有记录、凡事有计划、凡事有执行、凡事有检查、凡事有改进"的工作态度，将自我认识转化为实践成果，将生产困难转变为创新业绩。（摘自《物探发明创新能手张建军》）

张建军，1971年生，东方物探公司"张建军创新工作室"负责人。

张建军创新工作室的文化理念 "人人是创新之源，时时是创新之机，处处是创新之地"，这就是"张建军创新工作室"的文化氛围和创新理念。（摘自《物探发明创新能手张建军》）

2. 生活密码

范旭东的生活习惯 范旭东在生活上，不染烟酒，不事赌博。（摘自《百度百科 · 范旭东》）

侯德榜的生活习惯 侯德榜不喝酒、不抽烟、不用茶、不打牌、不看戏，只喜欢看书刊和思考问题。（摘自《百度百科 · 侯德榜》）

闵恩泽的幸福观 闵恩泽说：能把自己的一生与人民的需求结合起来，为国家的建设作贡献，是我最大的幸福。（摘自《一门双院士闵恩泽陆婉珍夫妇》）

闵恩泽（1924～2016年），中国科学院和中国工程院院士、中国石油化工催化剂专家，被誉为"中国催化剂之父"。

陆婉珍的做人之道 "年轻人要懂得宽容，与人交往时要知道合作的重要性，这样才能团结别人、融入集体，共同努力。"（摘自《百度百科 · 陆婉珍》）

刘新香的夫人之道 女人的天性让她们自然而然地把一部分精力放在家庭里，放在丈夫和孩子们的身上。而刘新香女士，还要做好一个勇于攀登、不断创新的科技工作者。（摘自文稿《催化人生的毛炳权与刘新香夫妇》）

刘新香（1934～2024年），女，北京化工研究院原副总工程师，毛炳权院士夫人。

毛炳权与刘新香的儿女之情 毛院士与刘女士只希望自己的儿女能生活得好、身体健康、家庭幸福。他们认为:“枉费心神空计较，儿孙自有儿孙福。”只要做好自己，无愧于心、无愧于家、无愧于国，做一个顶天立地的“人”就可以了。(摘自《催化人生的毛炳权与刘新香夫妇》)

邹竞的夫人之道 在家务中，邹竞是位能者多劳的高手，有一手高超的烹调技艺，专题组的小青年都品尝过她奉献的美味佳肴；她还忙里偷闲、为外孙女编织漂亮的花毛衣。——摘自《我国感光材料女专家邹竞院士》

邹竞（1936～2022年），女，中国工程院院士，感光材料专家，中国乐凯集团研究院原首席专家。

谢宜凤为老伴服务 邹竞的老伴谢宜凤，慢慢悠悠的性子，退休后默默承担家务，协助妻子查阅资料等。(摘自《我国感光材料女专家邹竞院士》)

谢宜凤，1935生，先于妻子去世，乐凯集团原总工程师。

富志侠的健身体会 我每天坚持走路锻炼，下班后就到附近公园走路7000步。走路间隙，可以唱唱歌。通过唱歌锻炼了肺活量和气管功能，以前每到冬天，都会因上呼道感染而吃药打针。现在通过唱歌锻炼，基本上可以改善，如此一举双得。(摘自《退而不休的富志侠自述》)

富志侠，1949年生，中国乐凯胶片集团有限公司副总经理。

3. 家业密码

萧成基的妇唱夫随 萧成基的化学理论功底非常深厚，在化工行业享有盛誉。为了成就爱妻孙铭，他在更多的时间里甘当配角。当孙铭有需要时，萧成基则会夜以继日地帮助查阅资料，妇唱夫随。(摘自《中国化学工程专家萧成基、孙铭夫妇》)

萧成基（1929～2007年），北京化工研究院原副总工程师。

孙铭（1932～1987年），女，原化工部副总工程师。

刘鹏凯妻子的夫人之道 自从刘鹏凯当上黑松林厂长后，妻子郑佩佩奉行

刘鹏凯妻子的夫人之道 自从刘鹏凯当上黑松林厂长后，妻子郑佩佩奉行“三不原则”，即从不参与公司人事决策，从不插手公司供销业务，从不安排娘家亲戚进黑松林就业。郑佩佩一直在机械厂工作到退休，全力做好家务，全心抚育女儿，精心照顾丈夫，为刘鹏凯营造温馨的港湾，打造坚忍的平台。当黑松林员工遇到困难时，郑佩佩会尽力提供帮助，将温暖输入员工的心田。（摘自《开创企业“心力管理”方法的刘鹏凯》）

刘鹏凯，1951年生，江苏省泰州市黄桥黑松林粘合剂厂厂长。

魏　然

2024年10月17日　北京

后　记

承载着一百多位作家、编辑、联络员、评论员、编审、编委的丹心、情怀、付出与奉献的50多万字、涵盖100多位传主的《古今石油和化工人（第一辑）》传记文学，宛如一朵奇葩，在春天的京城悄然绽放。它承载着岁月的厚重，如同春日暖阳下缓缓流淌的溪流，将古今石油和化工人的奋斗历程、辉煌成就与不朽精神娓娓道来。仿佛春风拂过历史的长卷，让那些沉睡在时光深处的故事焕发生机，为这个充满希望的季节增添了一份独特的文化芬芳。

石油和化工乃国之栋梁，事关国计民生和国家安全。中国石油和化工事业由小到大、由弱到强，离不开几代石油和化工人的聪明才智与拼搏奉献，他们为神州大地留下了无数值得缅怀、讴歌与感动的瞬间。然而，许多可歌可泣的人物和故事随着时间长河的流逝而逐渐被人遗忘，给后人留下了诸多遗憾。文化自信重在建设，弘扬真善美、传递正能量不仅是政府和行业的责任，也是民间凡人的义务。铭记石化人，传承精气神，是一件非常有意义且壮丽的举措。《古今石油和化工人》正是一批民间凡人以民间叙事的方式抢救、挖掘那些感动中国及无数人的石油和化工人物。因此，入传的人物不仅有国内外知名的泰斗、院士、劳模，也有创造不凡业绩的工人、技师、匠人，他们为众多读者朋友提供了可敬可学、可爱可亲、可圈可点的楷模与榜样。

《古今石油和化工人》从2024年1月正式启动到2025年3月出版面世，此刻，我们既满怀喜出望外的喜悦，又有着如同唐朝诗人朱庆馀《近试上张水部》中“洞房昨夜停红烛，待晓堂前拜舅姑。妆罢低声问夫婿，画眉深浅入时无”般的忐忑。我们这些“新媳妇”虽已用心“画眉”，却不知能否得到“公婆”的首肯。我们已做好了接受批评，甚至是严厉批评的心理准备。

随着认知的不断深化与视野的不断拓展，我们对自身存在的不足深感遗憾，如石油人物较少、标题制作不够精炼、未能进行分类（仅以传主出生年代为序排列）、部分文字质量不高等。

俗话说：万事开头难。《道德经》云：“道生一，一生二，二生三，三生万物。”

我们曾对此书作为“选编”是就此收官还是赓续新篇进行过深入讨论，最终决定总结经验、吸取教训，继续呼朋唤友，将更多石油和化工人请进“第二辑”“第三辑”……我们相信，新编将会改进上述不足，提高编纂质量。

《古今石油和化工人》得以与读者见面，为之付出努力、作出贡献的不仅是列入书中的100多位采写、编纂人员，更是汇集了100多个家庭以及成千上万人的力量。正所谓众人划桨开大船。我们需要感谢的人很多很多：

感谢年过八旬的刘承彦主编的创意策划，为本书奠定了基础！

感谢翟海潮主编的慷慨资助，为本书的顺利出版提供了有力保障！

感谢叶建华主编作序及媒体宣传，让更多人了解本书！

感谢副主编、编辑部主任孙可华先生携全家倾注心血，精心编辑和校对，确保了本书质量！

感谢编委（顾问、主审、副主审、委员）们的追求真实、刨根问底、专业把关！

感谢撰稿人、组织联络员、评论员的敬业辛劳！

感谢中国化工作协主席钱玉贵拨冗精彩作序！

感谢中国化工作家协会、中国化工企业管理协会、中国石油企业协会、中国能源化学工会、《中国化工报》社有限公司的指导和支持！

……

我们相信，由民间凡人出版《古今石油和化工人》（有学者称为石油和化工人物“史记”）是一件有意义且富有生命力的事情。百年无废纸，千年纸变金。我们期待更多读者朋友加入记录曾经感动你的石油和化工人的行列，期待汗青史乘中留下你的芳名。我们有信心将《古今石油和化工人》系列图书打造成新时代知名的文化品牌，为行业发展、强国建设、民族复兴奉献文学力量和精神文化资源。

期待读者朋友开卷有益，欢迎读者朋友批评指正，不吝赐教！

编　者

2025 年 3 月 15 日